SCHWEIZER
VERLAGSHAUS

Steven Callahan
James Nalepka

Gekentert

Aus dem Amerikanischen
von Ute Mareik

Schweizer Verlagshaus
Zürich

Die amerikanische Originalausgabe
erschien 1992 unter dem Titel
Capsized
bei Harper Collins, New York

Die Deutsche Bibliothek – CIP-Einheitsaufnahme

Callahan, Steven:

Gekentert : 119 Tage im Pazifik verschollen /
Steven Callahan ; James Nalepka.
[Aus dem Amerikan. von Ute Mareik]. –
Zürich : Schweizer Verl.-Haus, 1993

Einheitssacht.: Capsized ⟨dt.⟩
ISBN 3-7263-6669-5

NE: Nalepka, James:

Schutzumschlag Heinz von Arx, Zürich
Satz: Typobauer Filmsatz GmbH, Ostfildern
Druck und Bindung: Franz Spiegel Buch GmbH, Ulm
Printed in Germany

ISBN 3-7263-6669-5

6 5 4 3 2

Für Richard James Hellriegel, der seinen Frieden gefunden hat.
Rick war mein Freund, ist mein Seelengefährte und wird für immer mein Bruder bleiben.

James Nalepka

Doch siehe! Hier kommen noch mehr Menschen, die direkt zum Wasser streben und scheinbar entschlossen sind, sich hineinzustürzen. Seltsam! Nichts kann sie zufriedenstellen als die äußerste Grenze des Landes; im schattigen Lee jener Lagerhäuser dort zu verweilen, reicht nicht aus. Nein. Sie müssen so nah ans Wasser herankommen, wie sie nur können, ohne hineinzufallen. Und da stehen sie – viele Meilen weit. Allesamt Binnenländer, sie kommen aus den Gassen und Alleen, den Straßen und Avenuen – von Norden, Osten, Süden und Westen. Doch hier vereinigen sie sich alle. Sage mir, zieht die magnetische Kraft der Kompaßnadeln auf all jenen Schiffen sie an?

Kein Mann schläft gern zu zweit in einem Bett. Tatsächlich würde man am liebsten nicht einmal mit dem eigenen Bruder zusammen schlafen. Ich weiß nicht, wie es kommt, aber die Menschen sind gern für sich, wenn sie schlafen. Und wenn es darum geht, mit einem unbekannten Fremden zusammen zu schlafen, in einem fremden Gasthaus, in einer fremden Stadt, und jener Fremde ist ein Harpunier, dann vervielfältigen sich die Bedenken ins Unendliche. Es gab auch keinen Grund, warum ich als Seemann eher zu zweit in einem Bett schlafen sollte als jemand anderes; denn Matrosen schlafen auf See ebensowenig zu zweit in einem Bett wie unverheiratete Könige an Land. Sicher schlafen sie alle zusammen in einem Raum, aber jeder hat seine eigene Hängematte, und jeder bedeckt sich mit seiner eigenen Decke und schläft in seiner eigenen Haut.

Als ich am nächsten Morgen bei Tagesanbruch erwachte, fand ich Queequegs Arm in der liebevollsten und zärtlichsten Weise um mich geschlungen. Man hätte fast denken können, ich wäre seine Frau.

Herman Melville, *Moby Dick*

Vorwort

Jim Nalepka schrieb mir etwa neun Monate, nachdem er von Bord der Rose-Noëlle mit dem Leben davongekommen war. Er hatte mein Buch *Im Atlantik verschollen* gelesen, in dem mein eigenes Überleben als Schiffbrüchiger auf dem Ozean aufgezeichnet ist, und wollte mit mir über sein Vorhaben sprechen, ein Buch über seine Erfahrungen zu schreiben. Ich wußte, wie ausgesprochen wichtig dieses Ereignis für Jim persönlich gewesen sein mußte; aber, fragte ich mich, würde seine Geschichte dem kleinen Bestand von Büchern über das Überleben auf dem Meer irgend etwas Neues hinzufügen, oder wäre es einfach nur eine weitere Geschichte der Verzweiflung, bei der die Guten am Ende überleben?

Ich hatte von der Rose-Noëlle gehört, als ich in der Karibik unterwegs war, um zu schreiben, aber ich hatte mich kaum darum gekümmert. Zwei Dinge waren jedoch bemerkenswert: daß vier Männer schier unglaubliche 119 Tage auf einem gekenterten Trimaran verbracht hatten, die meiste Zeit eingezwängt in einen Raum von der Größe eines Doppelbettes mit nicht einmal fünfzig Zentimetern Platz über dem Kopf, und daß die Behörden und die Presse der Mannschaft vorwarfen, es sei alles nur Schwindel. Dies erschien mir typisch. Wenn diejenigen, die als tot und verschollen abgeschrieben sind, die Geschmacklosigkeit besitzen, wieder lebend aufzutauchen, kann das für die recht peinlich sein, die sie abgeschrieben haben.

Vier Monate auf dem Meer treibend zu verbringen ist eine sehr lange Zeit, aber Rekorde im Überleben für sich genommen beeindrucken mich nicht unbedingt. Alle Erfahrungen sind einzigartig, und manche kurzen Überlebenserfahrungen sind meiner Ansicht nach außergewöhnlicher als lange andauernde. Wenn die Überlebenden der Rose-Noëlle überhaupt einen Rekord halten, dann den, daß sie gemeinsam mit Maurice und Maralyn Bailey die zweitlängste Zeit auf dem Meer überlebt haben, nachdem ihr Schiff irreparabel beschädigt war. In der Seefahrtsgeschichte gewinnen sie dadurch Bedeutung, daß sie die bei weitem längste Zeit in so kalten Gewässern überlebt haben. Offen gestanden habe ich noch von keinem anderen Fall gehört, bei dem Menschen in so hohen Breiten auf dem offenen Meer länger als eine Woche überlebt hatten. In wärmeren Gewässern gab es ein costaricanisches Boot, das 142 Tage umhertrieb, nachdem der Besatzung der Treibstoff ausgegangen war. Das Boot blieb aufrecht und intakt. Im Zweiten Weltkrieg trieb ein Mann namens Poon Lim 133 Tage lang mit einem soliden Rettungsfloß auf dem Meer. Unter Schiffbrüchigen ist er der unbestrittene Champion. 1973 trieben die Baileys 119 Tage in zwei aufblasbaren Rettungsinseln auf dem Ozean. Somit ist nichts Einzigartiges daran, daß die Rose-Noëlle so lange umhertrieb, wenngleich die Überlebenden immerhin zu einem sehr exklusiven Kreis gehören.

Als ich aus der Karibik zurückkehrte, fand ich heraus, daß ein Freund von mir den Skipper John Glennie vor Urzeiten gekannt hatte. Ferner fand ich den Brief eines Besatzungsmitglieds auf meinem Schreibtisch. Dieses scheinbar zufällige Zusammentreffen reizte meine Neugier.

Bei unserer ersten Begegnung wußten wir nicht, was wir erwarten sollten, daher erwarteten wir gar nichts. Jim sah nicht aus wie ein Schiffbrüchiger, aber eigentlich tut das niemand. Überlebende sind selten der John-Wayne-Typ und bleiben auch nicht lange wund und knochig. Mit seinem rundlichen Gesicht, dem dicken Haarschopf, dem schüchternen Lächeln und seiner sanften Stimme wirkte

Jim sensibel und zugänglich. Er erzählte mir: »Ich bin ein bißchen androgyn. Schwule reagieren sofort auf mich.«

Ich bin fordernder, laut und stur. Kurz gesagt, er gleicht einem dieser sensiblen New-Age-Typen, während ich mehr der alten Garde entspreche, zwei seiner Schiffskameraden nicht unähnlich. Möglicherweise macht das unsere Geschichte ausgewogener, weil ich den Standpunkt der zäheren Typen auf der Rose-Noëlle besser verstehe. Wie John Glennie war ich ein erfahrener Seemann, als ich auf dem Meer trieb. Jim hatte so gar keine Ahnung vom Meer und vom Segeln bei schlechtem Wetter, daß er in den Gesichtern seiner Schiffskameraden nach Anzeichen der Angst suchen mußte, um zu wissen, ob er sich fürchten sollte oder nicht. Eine Geschichte vom Standpunkt eines Neulings zu schreiben würde mir Spaß machen. Ich habe jedoch nicht vorhergesehen, wie sehr Jims Geschichte meine eigenen Vorstellungen vom Meer, vom Überleben und von Männlichkeit in Frage stellen würde.

Als ich Jim zuhörte, wie er von seinen Erfahrungen erzählte, war ich sofort davon fasziniert, wie sehr sie sich von meinen unterschieden. Viele haben zu mir gesagt, es müsse schwierig für mich gewesen sein, als Schiffbrüchiger auf dem Meer zu treiben, weil ich allein war. Allein zu sein bereitete mir in der Tat Schwierigkeiten, aber ich habe immer gedacht, daß andere Menschen an Bord möglicherweise ein noch größeres Ungemach bedeutet hätten. Ein Rettungsfloß ist ein sehr ungastlicher Ort, und ich hatte fast keine Nahrungsmittel und kein Wasser außer dem, was ich aus dem Meer gewann. Ein Begleiter wäre ein großer Trost gewesen, aber ich konnte nur ausreichend Wasser für einen produzieren. Zumindest einer von uns wäre gestorben. Die Bedingungen, unter denen Jim und seine Kameraden lebten, entsprachen möglicherweise denen der Verlierer in einem Krieg. Sie waren zweifellos furchtbar. Weil die Crew der Rose-Noëlle auf ihrem unsinkbaren Boot bleiben konnte, war sie jedoch mit mehr Nahrungsmitteln, Wasser und Geborgenheit gesegnet, als andere Schiffbrüchige sich zu erträumen gewagt hätten. Eine Zeitung erklärte den guten Gesundheitszustand der Mannschaft nach der Rettung mit einem Artikel unter der Überschrift ERNÄHRUNG AUSGEWOGEN, SAGEN EXPERTEN. Obwohl eine tägliche Ration von einigen wenigen Löffeln Reis und einem Tupfer Meerrettichsenf für einen erwachsenen Mann kaum als ausgewogene Ernährung bezeichnet werden dürfte, zeigt die Geschichte der Rose-Noëlle deutlich die Möglichkeit auf, auch längere Zeit zu überleben, wenn die Crew gut ausgerüstet ist.

Während ich mich mit widersprüchlichen Teilen meiner Persönlichkeit auseinandersetzen mußte, mußte Jim auf engstem Raum mit anderen Persönlichkeiten zusammenleben. Ich spaltete mich gewissermaßen in drei Menschen auf – den des Körpers, den des Geistes und den der Gefühle. Die Mannschaft der Rose-Noëlle kämpfte darum, aus vier Männern eine kooperative Einheit zu machen. Die Rose-Noëlle war eine einzigartige Bühne, auf der vier höchst unterschiedliche Männer ihre Rollen und Beziehungen untereinander entdeckten, weitab von der Zivilisation und von Frauen, damit beschäftigt, aus dem Nichts eine eigene Gesellschaftsstruktur aufzubauen. Jims Geschichte zeugt an manchen Stellen von der düsteren Seite der menschlichen Seele und von meinem Glück, allein auf dem Meer getrieben zu sein. Sie läßt jedoch auch die Anpassungsfähigkeit und Sensibilität von Männern erkennen, positive Qualitäten, die Männer nur zu oft unterdrükken, um ihre gesellschaftliche Rolle zu erfüllen.

Ich hätte mich nicht für Jim Nalepkas Geschichte interessiert, wenn sie mir nicht so anders als *Im Atlantik verschollen* erschienen wäre. Ich hätte mich nicht dafür interessiert, wenn Jim mir die Geschichte nicht hätte erzählen können. Ich habe zwar die Worte in diesem Buch geformt und damit jongliert, aber sie hätten unmöglich lebendig werden können ohne Jims Redegewandtheit, ohne seine Offenheit und seinen einfühlsamen Blick für die Stärken und Schwächen seiner Kameraden und seiner selbst. Während er erzählte, begann ich zu verstehen, daß dies nicht sosehr eine Geschichte vom Überleben auf dem Meer war, sondern vielmehr eine Geschichte vom Überleben des Menschen in der modernen Gesellschaft. Sie hätte sich ebensogut in einer Gefängniszelle an Land abspielen können wie in den engen Grenzen ihres Gefängnisses auf dem Pazifik.

Skipper John Glennie hat seine Version der Ereignisse aufgeschrieben, aber im Tonfall und manchen Details unterscheidet sie sich recht deutlich von diesem Bericht. Das vorliegende Buch konzentriert sich auf Jims Blickwinkel. Natürlich ist eine solche Sicht niemals völlig objektiv. Weil Erinnerungen mit Fehlern behaftet sind, ist es gut möglich, daß sich in unsere Darstellung der Fakten kleinere Irrtümer eingeschlichen haben. Es war niemals unsere Absicht, Glennies Bericht zu kopieren oder ihn schlecht zu machen, sondern es ging uns darum, ein weiteres Bild von der gleichen Szene zu malen. Interviews mit John und sein eigener Bericht halfen mir, eine zeitliche Abfolge festzulegen und seine Gefühle und Gedanken während seines Überlebenskampfes auf dem Meer besser zu verstehen. Ich möchte John an dieser Stelle für seine Mühe danken.

Gespräche und Redeweise der einzelnen Besatzungsmitglieder wurden nach Jims Erinnerung rekonstruiert und in den meisten Fällen von den anderen Mitgliedern der Crew und von Glennies Bericht bestätigt. Rick Hellriegel, Jims enger Freund und Schiffskamerad, wollte ihm ursprünglich bei diesem Buch helfen, aber seine Krankheit erlaubte es ihm nicht. Rick und Jim wurden, kurz nachdem sie glücklich festen Boden erreicht hatten, von Bruce Ansley in aller Ausführlichkeit befragt; und Bruce gestattete uns freundlicherweise, alle Bänder und Niederschriften der total vierundzwanzig Stunden Interviews zu benutzen, wofür wir sehr dankbar sind. Außerdem haben wir Dutzende von Artikeln aus der Presse als Informationsquellen verwendet, dazu den Untersuchungsbericht der neuseeländischen Regierung und Informationen von vielen Leuten, die Überlebenserfahrungen an Land durchmachten, insbesondere von Heather Hellriegel.

Jim kannte sich mit Überlebens- und Seefahrtsgeschichte ebensowenig aus wie mit dem Segeln. Ich habe mir die Freiheit genommen, Informationen aus diesem Bereich hinzuzufügen. Außerdem habe ich Einzelheiten über die Such- und Rettungsaktion und über das Leben der an Land Zurückgebliebenen eingefügt. Obwohl Jim auf See nichts von alldem wußte, haben wir sie in den Bericht eingestreut, um die Bedeutung mancher Ereignisse klarer hervortreten zu lassen.

In Fällen, in denen die Erinnerungen der Mannschaft an die zeitliche Abfolge oder bestimmte Details widersprüchlich waren, entschieden Jim und ich uns dafür, auf den gesunden Menschenverstand und die Ansicht der Mehrheit zu vertrauen. Glennie sagt zum Beispiel, er habe die erste Batterie weggeworfen. Da er jedoch die Batterie herausgeholt hatte, befand er sich in dem geschützten Raum im Innern der Rose-Noëlle. Warum hätte er hinauskriechen sollen, um sie selbst wegzuwerfen, statt sie einfach einem von drei Paaren wartender Hände zu übergeben? Rick erinnert sich daran, sie weggeworfen zu haben, daher ist dies unsere Version. Wenn Glennie sofort daran dachte, die Seenotfunkboje an die Batterie des Schiffes anzuschließen, wie er sagt, warum warf er dann auch die zweite, gute Batterie weg, und warum wartete er später, nachdem die Funkboje ausgefallen war, mehrere Tage, ehe er versuchte, sie mit der letzten Batterie wiederzubeleben? Solche Abweichungen beeinträchtigen wohl weder die Integrität des einen noch des anderen Berichts.

Jim lag viel daran, zu betonen, wie sehr alle Männer während ihrer Tage auf See voneinander abhängig waren – ein Umstand, den Skipper Glennie Jim und Ricks Meinung nach herunterspielte. Jim erkennt Glennies Kompetenz und die Abhängigkeit der Crew von ihm an, aber der Rest der Mannschaft erinnert sich daran, daß Glennie sich ihren Versuchen, Fische zu fangen, widersetzt hatte. Er war ebenfalls dagegen gewesen, nach den Gasflaschen zu suchen, um einen Herd einzurichten. Der Fischfang und eine Energiequelle veränderten ihre Welt grundlegend. Phil Hofman wurde oft als eher kleines Licht behandelt, aber er war es, der ein wertvolles System zum Sammeln von Regenwasser entwickelte, und er war ihr wichtigster Fischer.

Unsere Geschichte braucht keine Helden oder Dämonen. Wie der Kurs ihrer Reise wurden auch die Männer und die verschiedenen Situationen von einem komplexen Zusammenspiel verschiedenster Faktoren bestimmt. Dazu gehören Momente der Komik, des Zynismus, der Leidenschaft, der Depression, der Hoffnung und der Hoffnungslosigkeit. Unglaubliche Selbstsucht steht unmittelbar neben ergreifender Großzügigkeit. Jeder Mensch ist eine Kombination aus verschiedenen Charakterzügen, die in manchen Situationen Vorzüge sind, in anderen Belastungen darstellen können. Wie alle Menschen hatten alle an Bord der Rose-Noëlle ihre Fehler, aber irgendwie rauften sie sich zusammen, um eine Einheit zu bilden, um zu überleben und das Leben neu zu beginnen. Manche Leser, zurückgelehnt in ihren Armsessel oder im Bett, mögen sich einbilden, daß sie unter ähnlichen Bedingungen weniger Schwächen zeigen würden. Ich hoffe, daß die Fakten und eine ehrliche Analyse dazu beitragen, in jedem von uns Zweifel an den Grenzen der eigenen Integrität zu wecken.

Fakten allein erzählen jedoch noch keine Geschichte. Wir haben in diesem Buch versucht, Fakten und Eindrücke so zusammenzustellen, daß sie eine lesenswerte Geschichte ergeben. Dazu gehören auch die unvollkommenen und voreingenommenen Ansichten der Männer – sie sind ebenso real wie die Wellen, auf denen sie trieben.

Steven Callahan

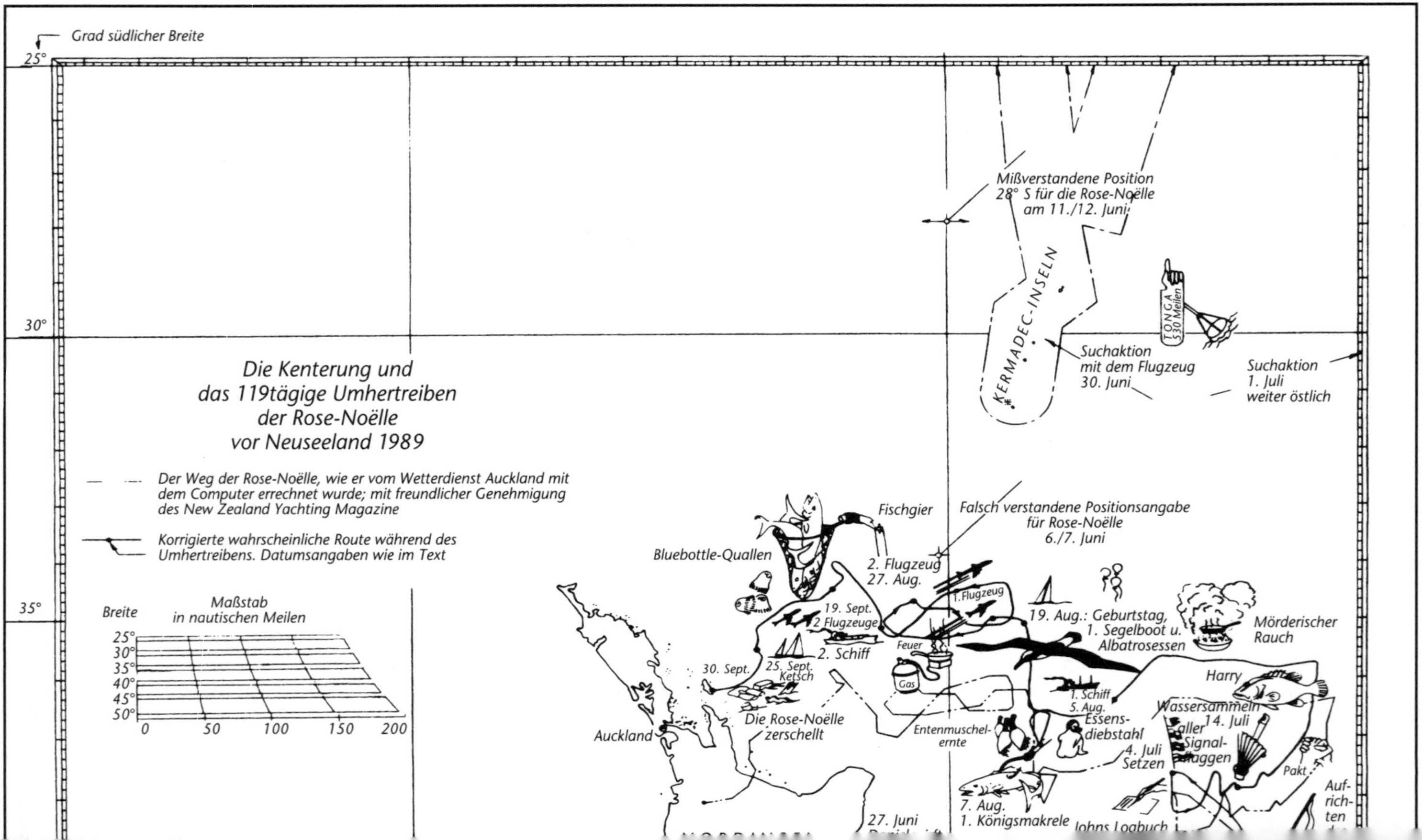
Grad südlicher Breite
25°
30°
35°
Die Kenterung und
das 119tägige Umhertreiben
der Rose-Noëlle
vor Neuseeland 1989
Der Weg der Rose-Noëlle, wie er vom Wetterdienst Auckland mit dem Computer errechnet wurde; mit freundlicher Genehmigung des New Zealand Yachting Magazine
Korrigierte wahrscheinliche Route während des Umhertreibens. Datumsangaben wie im Text
Maßstab
in nautischen Meilen
Breite
25°
30°
35°
40°
45°
50°
0
50
100
150
200
Mißverstandene Position
28° S für die Rose-Noëlle
am 11./12. Juni
KERMADEC-INSELN
TONGA
530 Meilen
Suchaktion
mit dem Flugzeug
30. Juni
Suchaktion
1. Juli
weiter östlich
Fischgier
Falsch verstandene Positionsangabe
für Rose-Noëlle
6./7. Juni
Bluebottle-Quallen
2. Flugzeug
27. Aug.
1. Flugzeug
19. Sept.
2 Flugzeuge
19. Aug.: Geburtstag,
1. Segelboot u.
Albatrosessen
Mörderischer
Rauch
2. Schiff
Feuer
30. Sept.
25. Sept.
Ketsch
Gas
1. Schiff
5. Aug.
Harry
Die Rose-Noëlle
zerschellt
Auckland
Entenmuschel-
ernte
Essens-
diebstahl
Wassersammeln
14. Juli
aller
Signal-
flaggen
4. Juli
Setzen
Pakt
Auf-
rich-
ten
7. Aug.
1. Königsmakrele
27. Juni
Johns Logbuch

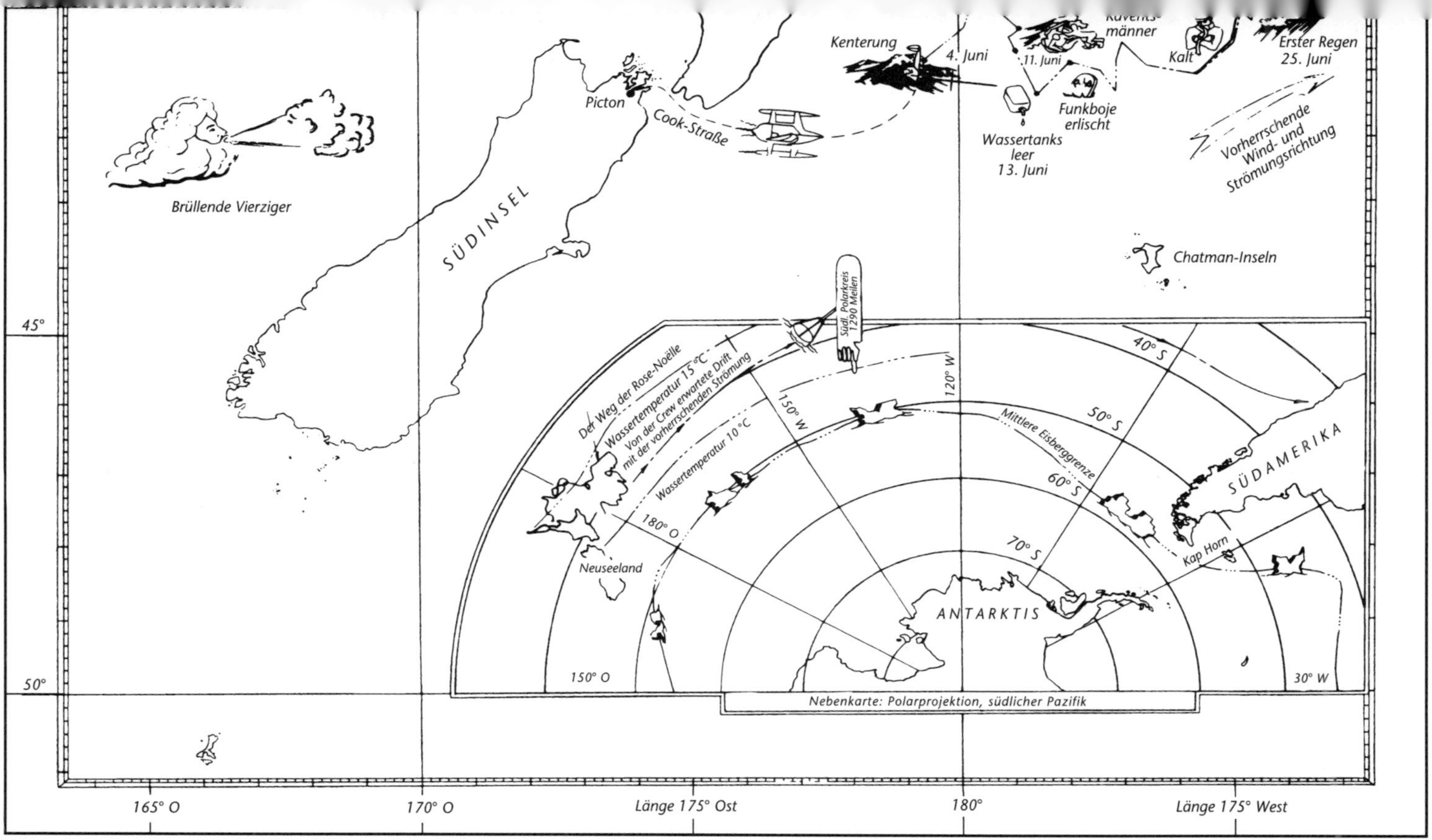

Kenterung
4. Juni
11. Juni
männer
Kalt
Erster Regen
25. Juni
Picton
Cook-Straße
Funkboje
erlischt
Wassertanks
leer
13. Juni
Vorherrschende
Wind- und
Strömungsrichtung
Brüllende Vierziger
SÜDINSEL
Chatman-Inseln
Südl. Polarkreis
1290 Meilen
Der Weg der Rose-Noëlle
Wassertemperatur 15 °C
Von der Crew erwartete Drift
mit der vorherrschenden Strömung
Wassertemperatur 10 °C
150° W
120° W
40° S
50° S
60° S
70° S
Mittlere Eisberggrenze
SÜDAMERIKA
Kap Horn
180° O
Neuseeland
ANTARKTIS
150° O
30° W
Nebenkarte: Polarprojektion, südlicher Pazifik
45°
50°
165° O
170° O
Länge 175° Ost
180°
Länge 175° West

1 Dienen, streben und nicht aufgeben

Ende Mai 1989

Weiße Wolken in die frische Morgenluft hineinatmend, trotte ich weiter, achtunddreißig Jahre und acht Zeitzonen von Zeit und Ort meiner Geburt in Minnesota entfernt. Für einmal wünschte ich mir, daß ich deutlich sehen könnte, wohin ich gehe, aber es ist Viertel vor sechs neuseeländische Zeit und noch tief dunkel. Auf der Südhalbkugel hat der Winter begonnen. Ein Hauch von Schnee liegt auf den fernen Berggipfeln. Meine Füße hinterlassen dunkle Abdrücke auf dem leicht überfrorenen Boden. Ich gehe einen Pfad durch den Busch entlang, folge einer unbefestigten Straße, die sich scheinbar ziellos den Hügel hinunterwindet, und überquere eine kleine Brücke, unter der ein Bach vor sich hin murmelt, während er sich in das Ende des Queen Charlotte Sounds ergießt. Der Ozean liegt so schwarz und still da, als wäre er von einer dünnen Eisschicht bedeckt. Ich gehe an dem Anleger vorbei auf der Hauptstraße, die mich schließlich zur guten alten Outward-Bound-Schule führt, von uns auch OB genannt.

Durch die kleinen Fenster der schweren Holztüren zur Küche sehe ich drinnen das schwache, violette Leuchten von zwei Insektenvernichtern. Als ich eintrete, ist alles leer und still in der Küche, abgesehen von dem langsamen Kreisen des Ventilators über meinem Kopf. Ich wandere herum, betätige Schalter, beginne meinen Tag mit blendender Helligkeit. Um den Raum aufzuwärmen, drehe ich alle Herdflammen auf volle Kraft.

Innerhalb weniger Minuten habe ich zwei 40-Liter-Töpfe auf den Herd geknallt, damit der Porridge heiß wird.

An manchen Tagen gibt es einen dritten Topf für gebakkene Bohnen, aber heute sind die Eier dran. Eine Batterie von Broten – dreißig Laibe – stehen auf einem Rollwagen bereit, die für den Toaster bestimmt sind. Als nächstes gehe ich zu einem 120-Liter-Faß und lasse kochendes Wasser in meine viel zu kleine Tasse laufen, so daß der Riesenlöffel Instant-Kaffee auf dem Boden zerschmilzt. Bei OB gibt es keinen echten Kaffee. Im Kühlraum schnappe ich mir eine Flasche Milch, schäle den Folienverschluß ab, schöpfe die zwei Zentimeter Sahne heraus und lasse sie in meinen Kaffee gleiten.

Drei meiner Arbeitskollegen stolpern herein, murmeln jeder ein völlig verschlafenes »Tag« und beteiligen sich an meinem Kaffeeritual. Während sie darum kämpfen, die Augen aufzubekommen, unterhalten wir uns über das Maori-Tabu, das es verbietet, auf Küchenbänken zu sitzen. Wir ignorieren es mit einem leichten Schuldgefühl, schlüpfen an unsere Plätze und unterhalten uns gemütlich, bis unsere Tassen geleert sind. Dann verteilen wir uns auf unsere Pflichten. Einer paßt auf den Porridge auf, ein anderer faltet die Handtücher, und der dritte organisiert die Verpflegung für die OB-Wachen oder Gruppen von Schülern, die in den Busch, auf die Flüsse oder aufs Meer hinausziehen werden.

Durch die Wände hören wir die Schüler draußen schnaufen und zählen: »Eins, zwei, drei, eins zwei drei …«, während sie sich strecken, nach unten beugen und herumhüpfen. Eine lange Reihe aufgewärmter Körpern stellt sich vor der Schule auf und bricht zu einem Dreitausendmeterlauf auf. Die Betreuer, die zurückbleiben, um die Einlaufzeiten festzuhalten, kommen in die Küche geschlendert, unterhalten sich mit uns und trinken einen Schluck Tee, bis die Schüler zurückgetrottet kommen und ins Meer springen – ein eisiges Schwimmvergnügen. Als nächstes geht es unter die kalten Duschen, die warm sind im Vergleich zum Wasser des Sounds. Schließlich ist die Gruppe vom Dienst bereit zur Arbeit und strömt in die Küche, um zu helfen. Es ist sieben Uhr.

Wir von der Küchenmannschaft rollen einen Wok aus Hongkong herbei, der einen Meter im Durchmesser mißt. Der metallene Krater ruht auf einem Wagen, komplett ausgestattet mit einer Gasflasche und einem großen Brenner. Auf einem Schild an der Seite des Wagens steht THE BIG GUN (DAS GROSSE GESCHÜTZ). In die Schüssel haue ich zweihundert Eier und verrühre sie mit etwas Reis, der von gestern abend übriggeblieben ist.

Um halb acht bricht die scheppernde Essensglocke den Damm, und die Schüler überfluten den Eßsaal. Alle stehen still. Die Gruppe vom Dienst spricht das Tischgebet. Dann stürzen sich die Massen auf ihre Teller und langen zu.

Unsere Küchencrew ruht sich aus, frühstückt und unterhält sich mit den Betreuern, die herein- und wieder hinausschlendern und uns dabei von den Aktivitäten erzählen, die sie in den nächsten drei Tagen für ihre Gruppen geplant haben. »Wir brechen heute zu einer Kajak-Exkursion auf dem Pelorus auf«, sagt einer. Ungefähr ein Drittel der Schüler wird dabei an den Stromschnellen scheitern. »Unterwegs auf Buschtour Nr. 1«, sagt ein anderer mit einem sadistischen Lächeln. »Busch Nr. 1« ist ein Fußmarsch über »Hügel« von sechshundert bis tausendfünfhundert Metern Höhe, bedeckt mit messerscharfem Stechginster, einem dornigen Gestrüpp, das dort ungehindert wächst. »Den Queen Charlotte Sound hinauf«, fügt ein anderer hinzu. Er wird vierzehn Leute in einen offenen Segelkutter von sechs Metern Länge zwängen. Sie werden sich mit schmerzenden Rücken in die blasentreibenden, schweren Holzruder legen, bis sie das Glück haben, auf Rückenwind zu stoßen.

Outward Bound: »Dienen, streben und nicht aufgeben.« Lerne, wie die Gefahr nahrhafter sein kann als das Essen. Begib dich ins Ungewisse. Tritt Gefahren mit Selbstvertrauen gegenüber. Überwinde Widrigkeiten, indem du deine Stärke erkennst und darauf vertraust sowie auf die der Fremden, die deine Kameraden sind. Vertrauen, im Grunde geht es nur darum. Das, und den Umgang mit den eigenen Grenzen lernen, entdecken, wann sogar deine Stärken eine Belastung werden können, lernen, wann man zurückweichen muß. Soviel zur Theorie.

Den Gruppenleitern scheint wichtiger zu sein, wer das Sagen hat, was sie einander und ihren Schülern beweisen werden, wer sich durchsetzen wird, als daß sie sich für die Zusammenarbeit interessieren, dafür, was sie in sich entdecken können und wie jeder etwas gewinnt. Vielleicht liegt es daran, daß das Abenteuer künstlich ist. Sie befinden sich dort draußen nicht wirklich am Rande des Abgrunds, jenseits vertrauten Geländes oder in unbekannten Gewässern. Die Betreuer führen ihre Schützlinge wie eine Reihe von Entenküken in einer festgelegten, nicht in Frage gestellten Hackordnung auf vertrauten Routen mit bekannten Risiken. Die Unsicherheiten sind begrenzt, und sie werden alle in drei Tagen zurück sein.

Mist, denke ich. Ich wünsche mir immer noch, ich würde mitgehen. Bin nicht sicher, warum. Vielleicht weil selbst ein begrenztes Risiko mich an meine Grenzen bringen könnte. Selbst eine Routineunternehmung von OB ist immer noch kein Kinderspiel. Die Natur scheint in der Lage, einen mit Unannehmlichkeiten zu überraschen. Mitunter lauert die Gefahr gerade darin, daß man so vertraut mit ihr ist. Seit ich hier bin, sind drei Menschen auf ihren Routinetouren umgekommen. Selbst ein kleines Abenteuer könnte mir den Spielraum eröffnen, etwas Neues zu entdecken. Andererseits will ich vielleicht nur deswegen an einer OB-Tour teilnehmen, weil ich jetzt hierbleiben und statt dessen sechsunddreißig Bleche Haferkekse bakken muß.

Bin ich um die halbe Welt gereist, nur um zweihundert Eier auf einmal zuzubereiten? War ich verrückt, meinen sicheren Job in der Stadt aufzugeben? Um jenen Job zu bekommen, hatte ich mich unter zweitausend andere Städter eingereiht. Drei Tage lang standen wir in der Schlange mit unserem Tischfußball, den Fernsehern, Kneipen, Besäufnissen, Hoffnungen und unserem ganzen neurotischen Leben. Ich war einer von den zweihundert Glücklichen, die Arbeit bekamen.

Die wenigen Jahre, die ich als »Kloakenputzer« in der städtischen Kanalisation verbracht habe, waren nicht lustig, aber über ein Jahrzehnt habe ich als Straßenbauer an der frischen Luft gearbeitet. Die Sonne schien, und ich mochte das Gewicht des Preßlufthammers, den Schweiß, das Gefühl, wie meine Muskeln sich spannten unter der Anstrengung der Arbeit. Diese Art von Arbeit war so schlicht und einfach wie der Flug eines Vogels. Es war kein Problem. Man machte seinen Job, und am Abend ging man nach Hause und wusch sich den Schmutz ab. Man mußte nicht allzuviel nachdenken. Niemand erwartete etwas Besonderes.

Als im November Schnee fiel, war die Straßenbausaison vorbei. Wir warfen unsere Arbeitsschuhe in ein frisch asphaltiertes Fahrbahnstück. Riesige, vibrierende Walzen preßten sie in die weiche Masse, doch die Stiefelränder sprangen wieder hoch wie Wachtposten, die auf unsere Rückkehr im Frühling warteten. Bis April sollten wir uns zum Schneeräumen bereithalten, aber die Bürokraten gingen weiter zum nächsten Namen auf der Liste, wenn man nicht ans Telefon ging. Geld für zwölf Monate, Arbeit für sieben: Es war ein feines Leben.

Ach ja, die gute alte Zeit. Aber wenn ich jetzt noch einmal darüber nachdenke, war sie eigentlich gar nicht so gut. Nach vierzehn Jahren war ich meine eigenen stumpfsinnigen Gedanken, die in Staub und Hitze kreisten, leid, das geistlose Gerede über die neuen Stripperinnen unten in BJs Kneipe oder in Zeke's Night Cap, das endlose Gemekker – der Boss war unfähig, niemand fühlte sich von seiner Frau verstanden, immer war die Tochter von irgend jemandem bereit, mit einem Typen mit lila Haaren wegzulaufen, die Polizei zog eine Gehaltserhöhung um drei Prozent an Land, während wir nur lausige eineinhalb Prozent bekamen. Das Leben war beschissen. Aber wir taten unsere Arbeit; es war nicht unsere Schuld.

Jedes Frühjahr kehrte ich zurück, um in die immer müderen Gesichter zu sehen, auf die hängenden Bäuche und das immer grauer und dünner werdende Haar der Kumpel, mit denen zusammen ich angefangen hatte. Wozu? Ein besseres Haus, den einzigen Swimmingpool in der Nachbarschaft, die hübscheste Ehefrau? Das verdammte System hatte uns zu Gehirnamputierten gemacht. Unsere Träume drehten sich nicht mehr darum, wer wir einmal werden sollten oder was wir vollbringen könnten. Unser Ehrgeiz galt einzig dem Angeln oder der Jagd oder den Mädchen in Zeke's Kneipe. Auf dem Klo, unten in der städtischen Garage, damit beschäftigt, den Berg von scharfen Zeitschriften durchzublättern, die aus dem blitzsauberen Abfall des braven Steuerzahlers gefischt worden waren, schien es mir immer mehr, als würde sich auf der Welt gar nichts verändern. Sogar die Pornomagazine zeigten mir genau die gleichen Brüste, die ich schon 1975 gesehen hatte. Ich schwöre, es waren dieselben. Alle meine Kollegen warteten nur auf ihren glanzvollen Ruhestand. Einer sprach verträumt davon, sich in einer dieser Rentnerstädte in Florida niederzulassen. Wir hörten uns allmählich alle an wie miese Kopien von Barney Geröllheimer. Jeder zählte die Jahre, die Jahrzehnte! Nur noch sechszehn Jahre, und ich könnte in den Ruhestand gehen. Großer Gott! Ich war erst sechsunddreißig.

Doch es war einfacher, mit dem Kopf gegen eine vertraute Wand anzurennen, als darum herumzugehen und dem Ungewissen auf der anderen Seite ins Auge zu sehen. Zumindest bis zu jenem faulen Winternachmittag.

Meine Freundin Bobette und ich blickten durch die Schneeflocken hinaus über das Stadtzentrum und jammerten über die Kälte. Ich erging mich in romantischen Erinnerungen an Neuseeland, wo ich einmal eine Fahrradtour unternommen hatte. Bobette ist eine Frau, die zuversichtlich spontan handeln kann, das selbstbewußte Ergebnis von dreißig Jahren Frauenbewegung. »Fahr doch einfach hin«, war ihr Rat. »Aber ich habe doch meinen Job«, wandte ich ein, obwohl man mir in Neuseeland einen Job bei Outward Bound angeboten hatte.

»Was?« schrie sie mich an. »Sie haben dir einen Job angeboten, und du sitzt noch hier? Du bist ein Schwachkopf, Jim Nalepka!«

»Aber ich habe meine Rente, die Versorgung im Krankenhaus, die Lebensversicherung. Wir haben dieses Jahr sogar Zahnvorsorge bekommen.« Ich konnte mich einfach nicht vom Busen der Stadt losreißen. Bobette blieb jedoch dabei, mich zu nerven und brachte mich dazu, eine Liste aufzustellen. Auf der positiven Seite verzeichneten wir: eine Gelegenheit, neuen Menschen zu begegnen, eine andere Kultur kennenzulernen, dem Winter in Minnesota und den Asphaltgerüchen der heißen Sommer zu entgehen, mich der Herausforderung eines interessanten Jobs zu stellen, ein Risiko einzugehen, auf meine Intuition zu vertrauen, die Verantwortung für meine Zukunft selbst zu übernehmen ... Alles in allem waren es etwa vierzig Pluspunkte. Auf der negativen Seite mußte ich mich anstrengen, Dinge zu finden wie: »Was ist mit meiner Katze Tony, und wer wird den Schnee vom Bürgersteig fegen? Du weißt, daß man neuerdings eine Geldstrafe zahlen muß, wenn man den Bürgersteig nicht räumt, Bobette.«

Am Ende hatte Bobette natürlich gewonnen. Darum bin ich jetzt hier, in Neuseeland, und wo bleibt das Risiko, die Herausforderung? Ich arbeite zwar für Outward Bound, aber ich bin nicht an dem Abenteuer beteiligt. Mag sein, daß ich diene, aber wonach strebe ich?

Um neun Uhr abends ist dieser Ort eine Geisterstadt. Allein, damit beschäftigt, die Scheiße von gestern abend aus der 40-Liter-Schüssel des Hobart-Mixers zu kratzen, schaue ich durch die Fensterreihe hinaus, die auf den Queen Charlotte Sound geht. Grüne Felder erstrecken sich über Berghänge, die im Meer entspringen. Von meinem Wachtposten aus sehe ich oft Enten, Baßtölpel, Krähenscharben und gelegentlich Delphine. Jedes Jahr kommt ein weißer Reiher. Einer der fernen Kutter der Schule sieht aus wie ein Wasserkäfer, der auf seinem Weg den Sound hinauf langsam über die Oberfläche wandert. Seine rudernden Beine heben sich in die Höhe, schwingen vor, fallen herab and schwingen zurück in willkürlicher Eintracht. Als das Boot den Rand meines Fensterausschnitts passiert und ich die eifrig rudernde Mannschaft aus dem Blick verliere, wende ich mich wieder meiner Arbeit zu.

Als die Kekse fertig sind und die Post durch ist, gehe ich für eine Stunde nach Hause. Zurück den Hügel hinauf. Martha ist die Woche über weg, wie immer, aber bald – nächsten Monat – werden wir drei gemeinsame Wochen haben. Sie hat es versprochen. Wenn sie am Wochenende nach Hause kommt, ist sie völlig ausgelaugt. Martha ist großartig, wirklich. Sie steckt voller Energie und Begeisterung. Sie schreibt Briefe für Amnesty International zugunsten gefolterter Gefangener, organisiert Frauengruppen, die in der Wildnis Abenteuer bestehen; aber ich sehne mich nach den Dingen, die sie nicht braucht. Sie braucht keine wachsende Verpflichtung, will keine Familie. Ich weiß nicht, ob es ihr wirklich etwas bedeutet, Zeit mit mir zusammen zu verbringen. Eigentlich braucht sie nur einen Schreibtisch und eine Unmenge Projekte, dann ist sie glücklich. Manchmal, irgendwo versteckt zwischen Briefen und neuen Plänen, entdecke ich ihre sanfte Seite. Manchmal, in sorgfältig abgepaßten Lücken ihres Arbeitspensums, drückt sie mich zärtlich an sich. Aber diese Zeiten sind zu selten. Zum Teufel, ich überlege mir schon, mit den verdammten neuseeländischen Schafen zu schlafen. Glaubt nicht, ich hätte nicht daran gedacht.

Rick kommt durch die Tür wie ein junger Hirsch, sagt »Gibt es Tee?«, stolziert dann zum Kühlschrank, reißt die Tür auf und fragt: »Irgendwas zu essen?« Ich schenke ihm eine Tasse Tee ein. Während er sich Schokoladenkuchen in sein kantiges Gesicht stopft, wobei ihm die Krümel aus dem Mund fallen, nuschelt Rick etwas von Segeln und Tonga.

»Wie bitte? Was hast du gesagt?«

»Tonga. Ich segle nach Tonga.«

Sonne. Strände. Wärme. Früchte. Abenteuer. »Mann, das wär' auch was für mich«, deute ich an. »Wann soll's denn losgehen?«

»In den nächsten Tagen. Heute erfahre ich Genaueres.« Rick leert seine Tasse und flitzt wieder zur Tür hinaus. Er verliert nie viel Zeit.

Und was zum Teufel habe ich zu tun? Kühlraum aufräumen und die dämlichen Mausefallen überprüfen. Mist.

Mattie zappelt neben mir auf seinem Sitz im Auto herum, sein Haar weht in alle Richtungen, und seine Augen sind groß vor Staunen, während eine immer neue Welt sich vor ihm entfaltet. Rick und Heather, seine Eltern, sitzen vorn, fahren uns beide unserem Schicksal entgegen. *So nennt mich denn James.* Wie Ismael in *Moby Dick* denke ich mir, ich werde »ein wenig herumsegeln und den wäßrigen Teil der Welt kennenlernen«. Ich kann es gar nicht glauben, daß ich tatsächlich nach Tonga unterwegs bin, fast tausendfünfhundert Meilen nach Norden über das offene Meer. Okay, beruhige dich. Ich bin noch nie auf hoher See gewesen – kaum je auf einem Boot. Ich schätze, das macht nichts. Rick wird mich auf dem laufenden halten. Aber habe ich die richtige Ausrüstung? Natürlich habe ich die richtige Ausrüstung. Martha ist all das mit mir durchgegangen. Sie hat mir sogar ihre Regenjacke gegeben. Aber was sollte das mit der Adresse meiner Schwester? »Falls etwas passiert«, sagte sie. Einmal tief durchatmen.

Rick hält bei OB an, damit ich mich verabschieden kann. Da ist der gute alte Bill Hathorne, immer mit irgendeiner Arbeit beschäftigt, eine Axt oder einen Schraubenschlüssel oder etwas anderes unter den Arm geklemmt, wie ein überarbeiteter Höhlenbewohner. Rick steigt auf die Bremse, und Bill steckt seinen gutaussehenden, braungebrannten, siebzigjährigen Kopf durch das Fenster. »Wo zum Teufel fahrt ihr Spaßvögel denn hin?«

»Bill, ich gehe segeln! Ich wollte nur auf Wiedersehen sagen.«

»Na dann, Yankee, wenn du nicht mehr wiederkommst, kriege ich dein Fahrrad, okay?«

»Klar, Bill. Es gehört dir, Mann!«

Rick steuert den Subaru bergauf, bergab und um die vielen Kurven des Queen Charlotte Drive herum die siebzehn Kilometer nach Picton, unserem Ausgangspunkt. Schon jetzt ist mir mulmig. Wenn ich mich hier schon krank fühle, wie soll es erst werden, wenn wir auf der tiefen, blauen Unendlichkeit schwimmen? Warum mache ich mir Sorgen? Jeder weiß, daß ich kein Seemann bin.

Rick und ich sind schon zweimal auf dem Boot gewesen. Der Skipper, der siebenundvierzigjährige John Glennie, scheint ein ganz netter Kerl zu sein, obwohl er Knopfaugen hat wie Jack Nicholson, engstehend um eine scharfgemeißelte Nase. Wie ein stolzer Raubvogel ist er immer angespannt und gut in Form, vielleicht ein bißchen zu nervös. »Verdammter alter Segelnarr« nennt Rick ihn. Wie sonst könnte man jemanden bezeichnen, der eine Visitenkarte bei sich trägt, auf der steht:

JOHN A. GLENNIE	Bootsüberführungen
Yacht Rose-Noëlle	Bootsbauer von Beruf
	Abenteurer aus Berufung

Aber John hat uns erzählt, er habe mehr als vierzigtausend Meilen auf dem Meer zurückgelegt, größtenteils in den sechziger Jahren, als er und sein Bruder von hier nach Kalifornien gesegelt sind. Rick glaubt, daß er sich etwas beruhigen wird, wenn wir erst einmal abgelegt haben.

Ich kann einen Bugspriet nicht von einer Rahnock unterscheiden, aber dies ist mit Sicherheit ein schickes Boot. Und vom ersten Entwurf auf dem Papier bis hin zum Auftrag der letzten, leuchtend gelb und weißen Farbschicht, die glänzt wie Glas, hat Glennie es selbst geschaffen. Er ist offensichtlich begabt. Rick ist beeindruckt.

Die Rose-Noëlle stammt von mikronesischen Auslegerkanus ab. Anders als Boote westlicher Bauart mit nur einem Rumpf besteht die Rose-Noëlle aus einem Hauptrumpf, der wie eine Wohnung eingerichtet ist (fehlt nur noch die Mikrowelle), und zwei kleineren äußeren Rümpfen, die John Schwimmer nennt. Von beiden Seiten des Hauptrumpfes reicht ein Paar langer, sich verjüngender Arme hinüber und biegt sich auf die Schultern der beiden stützenden Schwimmer hinunter.

Anders als ein Schiff mit nur einem Rumpf hat Johns Trimaran keinen schweren Kiel, der ihn aufrecht hält. Seine Stabilität beruht auf den weit auseinanderliegenden Auftriebskörpern. Ein Einrumpfboot mit einem Bleikiel ist wie ein Stehaufmännchen, das die Kinder umstoßen, damit es sich von allein wieder aufrichtet. Die Rose-Noëlle ist mehr wie ein Tisch – schwer umzustoßen. Manche Leute rümpfen die Nase über Boote mit mehreren Rümpfen, weil sie sich, wie ein Tisch, nicht wieder aufrichten, wenn sie einmal durchgekentert sind. John weist gern darauf hin, daß – ohne das Blei, das ein Boot nach unten zieht – ein Boot wie die Rose-Noëlle nicht sinkt, wenn es durchgekentert oder mit einem Wal oder Schiff zusammengestoßen ist. Glennie sagt, eine so moderne Form wie seine könne ohnehin nicht kentern, also schätze ich, werden wir keine Gelegenheit haben, die Sicherheitsdebatte im Experiment zu entscheiden.

Rick hatte mich davor gewarnt zu erzählen, daß ich bei Outward Bound koche, aber ich konnte mein loses Mundwerk nicht halten. Also führte Glennie mir all seine Töpfe, Pfannen, den Herd, den Ofen, sogar das verdammte Mehl vor. Wie soll ich da draußen kochen, wenn ich nicht einmal hier, auf der Straße, meinen Magen unter Kontrolle behalten kann?

Warnungen vor einem niederträchtigen antarktischen Südwind haben Kapitän Glennie dazu veranlaßt, unsere Abreise um zwei Tage zu verschieben. Rick hat Glennie täglich angerufen, um sich über die jüngste Wettervorhersage zu informieren. Soweit ich verstanden habe, ist sie nicht großartig, aber es ist nicht gar so schlimm, und es ist an der Zeit, die Zähne zusammenzubeißen und abzulegen.

Als wir die Höhe des letzten Hügels oberhalb von Picton erreichen, blicken wir auf ein großartiges Panorama des Hafens, wo unser Schiff, die Rose-Noëlle, auf uns wartet. Seit Menschengedenken sind Menschen mit unbekannten Schiffskameraden an Bord gegangen, denen sie schon um des nackten Überlebens willen vertrauen mußten. Ich schätze, Jahrhunderte der Seefahrt haben nicht viel daran verändert. In *Moby Dick* schiffte sich Ismael auf der Pequod ein, um Wale aufzuspüren. Kapitän Ahab führte seine Mannschaft auf die Jagd nach Moby Dick und in den Untergang. Nach seinen eigenen Worten hat unser Kapitän »keine Geduld mit Dummköpfen«. Wie alle Skipper in der Geschichte der Seefahrt wird er seine Mannschaft auf die Probe stellen und nur zu bald herausfinden, aus welchem Holz wir geschnitzt sind. Und umgekehrt, denke ich.

Und was ist mit meinen anderen Kameraden?

Schau dir Rick an mit seinen Händen, fein und doch kraftvoll, genau plaziert auf zehn und zwei Uhr am Steuerrad. Eindeutig alles unter Kontrolle. Hält sich streng an die Spielregeln. Mit seinen einunddreißig Jahren war Rick Polizist und OB-Betreuer, heute hat er sein eigenes Seekajakgeschäft. Er ist unabhängig und zäh. Vor drei Jahren diagnostizierten die Ärzte einen tödlichen Gehirntumor und gaben ihm eine sechzigprozentige Chance, noch zwei

Jahre zu leben. Nach fünfundzwanzig Bestrahlungen fuhren Rick und Heather nach Hause und vergaßen die ganze Geschichte, als handelte es sich um ein gebrochenes Bein, das einfach nur wieder gerichtet werden mußte. Die Mediziner sagten, die Bestrahlung habe den Tumor wundersamerweise erledigt, aber ich denke mir, er kam einfach nicht gegen Ricks Sturheit und sein dickes Fell an. Ich bewundere seine Furchtlosigkeit und seine Energie.

Rick ist viel gereist, belesen und zögert nicht, dich wissen zu lassen, was er für richtig hält. Das selbstgebraute Bier seines Partners war nie ganz perfekt, bis er Rick eines Tages heimlich eine Flasche erstklassigen gekauften Bieres unterschob. »Jetzt hast du's«, meinte Rick anerkennend. Er weiß, was das Richtige ist, und er wird dir nie zu etwas Geringerem gratulieren.

Wenn er aus dem Haus geht, muß jedes Haar sitzen. Er hält seinen Körper so fit wie eine Wildkatze. Die Art und Weise, ein Foto zu rahmen oder ein Paddel zu halten, alle praktischen Einzelheiten seines Lebens müssen genau so und nicht anders sein, um größtmögliche Effizienz oder größtmögliche Wirksamkeit zu gewährleisten, selbst wenn es nicht darauf ankommt. Treibt mich manchmal zum Wahnsinn, aber ich muß ihn einfach gernhaben.

Klar, daß der Mistkerl ins Haus gestürmt kommt, mich wegen Tonga heiß macht und mich dann nicht einmal fragt, ob ich mitkommen will. Er testet immer Leute aus, beobachtet, wie sie reagieren, nach welchem Köder sie schnappen. Er sucht die Auseinandersetzung, aber nie mit bösen Absichten. Und er kam tatsächlich zurück. Er wußte, daß ich mitkommen wollte und wieviel es mir bedeutete. Er bemüht sich immer, uns einfachen Sterblichen auf der Perfektionsleiter, die er selbst unbeirrt zu erklimmen trachtet, eine Sprosse weiter hinaufzuhelfen. In seinem Innern besteht dieser stahlharte Mann aus reichlich Mitgefühl. Rick bringt dich am Ende immer mit durch, und ich vertraue ihm; das ist es, was zählt.

Bleibt Phil Hofman. Als wir das Boot zum zweiten Mal aufsuchten, fanden Rick und ich Phil über eine Schüssel gebeugt, damit beschäftigt, sich jede zweite Walnuß, die er knackte, in den Mund zu stopfen. Er blickte auf, grüßte uns ungezwungen mit einem festen Händedruck und wandte sich wieder dem Nüsseknacken zu, während wir uns freundlich unterhielten. Ich weiß noch nicht besonders viel über Phil, aber er scheint ein echter Neuseeländer zu sein, ein freundliches Dickerchen mit ausgeprägten dunklen Augenbrauen, die in deutlichem Kontrast zu seinem bleichen, runden, größtenteils kahlen Kopf stehen. Alles, was an Haar noch übrig ist, ist ein Kranz von Ohr zu Ohr, dünn und weiß. In gewissem Licht sieht er aus wie ein pummeliges Baby, dann wieder wie ein Mann in den Fünfzigern. Phil ist zweiundvierzig, nur vier Jahre älter als ich, aber unter seinem prall sitzenden Hemd zieht sich bereits die lange Narbe von einer schweren Herzoperation über seinen Oberkörper. Er nimmt immer noch Herztabletten. Zusammen mit seiner alten Liebe aus den Jugendjahren und zwei Kindern lebt Phil auf einem namenlosen Stahlbetonboot. Irgendwie paßt es zu ihm.

Phil weiß, wie man segelt, aber er war noch nie auf hoher See und entfernt sich selten weiter von seiner Frau und seinen Kindern als bis in die nächste Kneipe. Er ist noch nie über Neuseeland hinausgekommen, aber seit sein Boot neben Glennies gelegen hat, ist in Phil die Reiselust erwacht. Für Phil ist Glennie überall gewesen und hat alles erlebt. Phil würde sich gern ein oder zwei Scheiben davon abschneiden. Glennie sagt immer wieder zu Phil: »Mit mir auf die Inseln zu fahren wird dir guttun, Philip.« Glennie zieht auch über Phils »Steinboot« her, aber Phil läßt sich nicht davon abhalten, John auf der Rose-Noëlle überallhin zu folgen, er fragt ihn aus, spricht über Boote, das Meer, den fernen Horizont.

Als wir Phil das erste Mal trafen, saß ihm gegenüber am Tisch eine hübsche und nette Rose, John Glennies aktuelle

Auserwählte, die bald zur Ex-Auserwählten werden sollte. »Oh«, sagte ich zu ihr, »das Boot ist nach dir benannt!«

Rose verstummte, blickte mit riesigen, tränenreichen Kuhaugen zu mir auf wie ein kleines Mädchen und sagte: »Nein. Er hat es nach einer seiner alten Freundinnen benannt.«

Es folgte ein eisiges Schweigen.

Am Abend vor unserer Abreise nahm Phil seinen üblichen Platz in der Kneipe ein. Seine Kumpel beteiligten sich am Abschiedstrunk und am allgemeinen Geplänkel. Einer wandte sich ihm zu und sagte: »Du bist verrückt, mit einem Trimaran loszusegeln.«

»Was soll schon schiefgehen?« fragte Phil.

»Trimarane sind berüchtigt dafür, daß sie durchkentern«, war die nur allzu deutliche Antwort.

Phil zuckte mit den Schultern. »Na, und wenn schon«, sagte er, »ein Boot wie die Rose-Noëlle sinkt nicht. Ein solches Boot würde einfach monatelang auf dem Pazifik umhertreiben.«

Während wir steil zum Hafen hinuntergleiten, ziehen Heather und Rick sich auf dem Vordersitz gegenseitig auf. Zwischen ihnen scheint zur Abwechslung einmal alles klar zu sein, vielleicht weil er wegfährt. Rick kann ein richtiges Aas sein. Er erwartet von Heather, daß sie ihm das Essen serviert, seine Wäsche macht, sich um Mattie kümmert, jede Kleinigkeit seines Lebens einwandfrei in Ordnung hält. Er würde es nie zugeben, aber seine Familie und sein Zuhause sind wie einengende Fesseln für ihn. Während sie unter Bergen von Windeln stöhnt, lehnt Rick es sogar ab, ihr Wasser in den Wäscheschuppen zu legen. Sie hat ihm wieder und wieder vorgeworfen, ein Egoist zu sein. Er haßt das, hat sich aber nicht geändert. Rick hat noch so viele Jahre vor sich, aber er fühlt sich dazu getrieben, noch soviel mehr aus seinem Leben zu machen. Er muß ein Abenteuer planen, ein Buch schreiben, das Meer mit dem Kajak entdecken, Afrika durchstreifen, frei sein. Kürzlich parierte er Heathers Vorwürfe in einem Wutanfall mit: »Ich bin ein Egoist. Ich bin immer ein Egoist gewesen. Das hast du gewußt, als du mich geheiratet hast.« Wie instabile Moleküle haben sie sich schon oft getrennt und wieder zusammengefunden. Rick weiß, daß er sich mehr Mühe geben muß, damit es zwischen ihnen klappt, aber da ist zu viel, was er noch beweisen muß. Heute, nach einem wirklich guten Gespräch, ist Heather glücklich. Er wird tatsächlich versuchen, es ihr erträglicher zu machen. Daher läßt Heather ihn mit ihrem Segen ziehen. Diese Reise ist etwas, was er tun muß. Und vielleicht wird alles anders sein, wenn er zurückkommt.

Als wir uns zum Kai hinunterwenden, macht die Rose-Noëlle den Eindruck eines emsigen Bienenstocks mit Phil, Rose, John, Johns Schwester und ihrem Ehemann, die alle herumschwirren, Kohl, Äpfel, Kiwis und andere Nahrungsmittel in den prallen Rümpfen verstauen. Ich bringe meine Sachen nach unten und stelle sie neben der Navigationsstation ab. John erwischt mich. »Du kannst das nicht da hinstellen. Nimm heraus, was du brauchst, und pack den Rest in den äußeren Rumpf«, befiehlt er und läuft weg, um unser Nest für die lange Zeit fern der fruchtbaren Felder vorzubereiten. Was werde ich brauchen? Nun, zumindest trage ich meine 180-Dollar-Salopettes – eine warme Latzhose aus synthetischem Material, die alle Ausrüstungsfanatiker bei OB für unverzichtbar halten, wenn es darum geht, Berge, wilde Flüsse oder stürmische Meere zu bezwingen.

Noch etwa eine Stunde lang laufe ich den anderen hinterher wie ein verlorengegangenes Hündchen, weiß nicht so recht, wie ich mich nützlich machen kann, höre Befehle wie: »Pack das nach draußen in den Backbordschwimmer.« Oder: »Hol das aus der Achterpiek.« Backbord? Wo ist backbord? Der Kapitän steuert mit der rechten Hand auf die linke Backe des Schiffsjungen zu. In Ordnung, backbord ist links. Aber die Achterpiek? Ich beobachte also die Drohnen beim Herumfliegen und merke mir, in welche Löcher sie vordringen. Sie sprechen über ein Trampolin, und ich frage mich, ob wir zu einem Turnfest auf dem Meer fahren, bis ich begreife, daß sie die Netze meinen, die über die freien Stellen zwischen den Rümpfen und den vorderen und hinteren Querholmen, welche die drei verbinden, gespannt sind.

Zwei andere Segler von Booten im Hafen sehen sich das Treiben aus einiger Entfernung an, die Hände in die Hüften gestützt. Wie alle Beobachter, die meinen, sie verstünden mehr davon, wie man etwas macht, als die Leute, die tatsächlich mit der Arbeit beschäftigt sind, der sie nur zusehen, werfen sie einander heimlich Bemerkungen zu.

Gerade als ich allmählich begriffen habe, wie der Hase läuft, kommen alle Aktivitäten um das Boot herum zur Ruhe – nur das flaue Gefühl in meinem Magen bleibt.

Ich bekomme mit, daß die Wettervorhersage ein bißchen unsicher ist. Einer von den Seglern auf dem Anleger ist Jim Bramwell, ein Kumpel von John, der Neuseeland in Kürze in unserem Kielwasser mit seiner Familie verlassen wird. Bramwell beruhigt Glennie mit einer Wetterkarte, die zeigt, daß ein leichter Wind aus Nordost uns beim Verlassen der Küste unterstützt, wo uns ein Südwind dann schnell nördlich nach Tonga schieben wird. John ist zufrieden, und das reicht mir. Laßt uns abhauen.

Das übliche Abschiedsritual beginnt. Ich berühre Roses Hand, dann strecke ich die Arme nach oben zum Steg aus und greife nach Heather, die Mattie trägt, als wäre er ein Teil ihrer selbst. Sie beugt sich hinunter und gibt mir eine letzte weibliche Umarmung.

»Einen Moment noch!« Alle blicken auf und sehen John auf dem Anleger stehen. Mit einem Handtuch über dem Arm, einen lebhaften Finger hoch in der Luft, mit schelmischem Gesicht, den Mund zu einem schiefen Lächeln verzogen, wendet er sich um und schlurft mit Tausendfüßlerschritten auf Entenfüßen davon. Rick, Heather und ich, sogar Mattie, schauen einander fragend an, mit hochgezogenen Brauen eine Erklärung suchend.

Fünf Minuten später kommt John zurück. Er hat kurz geduscht und dann mit Jim Bramwell einen geheimen Funkzeitplan verabredet. Bramwell soll sich die aktuellen Wetterkarten besorgen und die Informationen per Funk an uns weitergeben. John wird Bramwells Ruf bestätigen, sich aber nicht zu erkennen geben, weil er keine Amateurfunklizenz besitzt; das heißt, er darf das Funkgerät nur benutzen, wenn Gefahr für Leib und Leben besteht. Zwar werden wir nie irgendwelche Wetterinformationen von Jim Bramwell erhalten, doch er und sein Sohn Daniel werden in unserer Zukunft eine unerwartete Rolle spielen.

Schließlich legen wir ab. Die Rose-Noëlle entfernt sich so schnell vom Ufer, daß in den wenigen Minuten, die wir brauchen, um die Leinen aufzuschießen und wegzustauen, Heather und Mattie zu einem fernen Punkt am Ende des Steges geschrumpft sind. Der Außenbordmotor brummt noch etwa eine Meile weit. Rick und ich unterhalten uns, während das üppige Panorama vorbeigleitet und wir die noch unvertrauten Bewegungen des Bootes spüren, das leichthin über die Hafenwellen tanzt. Phil und John setzen das Großsegel. Ich warte auf Befehle, die jedoch nicht kommen, und nehme alles, was es zu sehen und zu hören gibt, in mich auf. John entrollt die große Fock. Sie wickelt sich mit einem Grollen ab, dann schlägt sie knatternd im leichten Wind. Die Winden lassen das abgehackte Klicken von gut gefettetem Metall auf Metall hören, wie riesige Angelrollen, die sich zum Lied eines wahren Untiers am Angelhaken drehen. Als die Segel in die richtige Position gezerrt und prall mit der Brise gefüllt sind, lehnt sich die Rose-Noëlle etwas vom Wind weg und gleitet. Ich bin beeindruckt von dem schwebenden Gefühl, das nur durch das zischende Kielwasser gestört wird, das am Heck tost und zum Hafen zurückläuft. Segeln ist genau so, wie ich es mir erträumt habe.

Als wir das klippengesäumte äußerste Stück des Tory Channel hinuntersegeln, trifft John letzte Vorbereitungen für das offene Meer – er sichert die noch losen Vorräte, zieht Rick in einem Sitz aus Stoff am Mast hoch, um ein Stück Seil durch irgend etwas an der Mastspitze zu stekken. Wir sind soweit, denke ich. Die enge Passage des Kanals weitet sich plötzlich, und die Berge bleiben zurück wie Vorhänge, die eine Bühne freigeben. Die Rose-Noëlle dringt in die wirbelnden, strömungsreichen Wasser der berüchtigten Cookstraße vor, die sich vor uns öffnet. Unser einziges Publikum ist die Nordinsel, die vor uns liegt, ein vor sich hin brütender einsamer Zeuge unseres Debüts.

John nimmt UKW-Funkkontakt mit der Sekretärin des Seeflugdienstes von Picton auf. Dies ist die letzte Verbindung, die wir mit dem festen Boden haben werden, solange wir an Bord der Rose-Noëlle sind.

Ungeschützt durch die Hügel, fliegt die Rose-Noëlle vor dem nordwestlichen Wind dahin in den späten Nachmittag hinein. Sie läuft mit zwölf bis vierzehn Knoten; der Geschwindigkeitsmesser rückt manchmal bis auf sechzehn Knoten vor – dreißig Kilometer in der Stunde. Ich wußte nicht, daß Boote so schnell segeln können. Die Rose-Noëlle teilt die Wellen so glatt, daß mir die Fläche des Decks vor mir von meinem Standort neben Rick aus fast bewegungslos zu sein scheint. Nur wenn ich sehe, wie das Land schnell zurückbleibt, und wenn ich das rauschende Kielwasser betrachte, spüre ich unsere Geschwindigkeit.

John mag keine Einrumpfboote und macht abfällige Bemerkungen darüber. Ohne all den Bleiballast, den solche Boote mit sich herumschleppen müssen, sind dreirümpfige Trimarane wie die Rose-Noëlle und zweirümpfige Katamarane wirklich leichtgewichtig und entsprechend leicht zu schieben. Ihre Breite macht sie so stabil, daß sie obendrein mehr Segelfläche tragen können. In Johns Augen sind Einrumpfboote westlicher Bauart Lastkähne, die durch das Wasser pflügen, während Mehrrumpfboote Vögeln gleichen, die über die Oberfläche dahinhuschen. Als Kapitän Cook das erste Mal nach Hawaii kam, fiel ihm auf, wie die Katamarane und Proas der Einheimischen regelrechte Kreise um seine Schiffe zogen. Die Pazifikinsulaner besiedelten Inseln über Millionen von Quadratmeilen offenen Meeres hinweg, während die Europäer sich nicht trauten, außer Sichtweite des Landes vorzustoßen, aus Angst, über den Rand der Erdscheibe hinunterzufallen.

Ich weiß nichts über solche Zusammenhänge. Auch ist mir nicht bewußt, was es bedeutet, auf einundvierzig Grad südlicher Breite zu segeln, am Rande der »Brüllenden Vierziger«, dem Reich des Albatros. Hier peitschen die Winde ungehindert durch Landmassen um den Globus, die einzige Ausnahme ist das berüchtigte Kap Hoorn. In diesen Breiten trägt die Erde sogar im Sommer eine kreisende Halskette von Stürmen. Brecher bis zu zwölf Metern Höhe sind an der Tagesordnung. Die Farbe dieser brüllenden, flüssigen Berge wird durch den Himmel mit seinen dahinjagenden Sturmwolken und die Streifen windzerfetzter Gischt so stumpf, daß man sie »Graubärte« nennt. Verlaß den Hafen im südlichen Neuseeland im Winter, und du kommst in eines der verrufensten Gewässer der Welt.

Ich bin nur ein Passagier. Unwissend. Vertrauensvoll. Überfordert. Ich weiß nicht, was ich kann oder je in der Lage sein werde zu tun. Darf ich hier sitzen? Ich habe den Eindruck, es ist in Ordnung, aber bin ich im Weg? Immerhin, niemand schreit mich an. Ich sollte irgend etwas tun. Inspiriert durch Erinnerungen an die Straßenbaumannschaft, verfalle ich auf einen alten Roids-Rogers-Trick. Roids sollte eigentlich Asphalt harken, aber im Alter von sechzig Jahren hatte er längst gelernt, immer einen beschäftigten Eindruck zu machen. Wenn es darum ging, sich freiwillig zu melden, war er immer ganz und gar darin vertieft, Straßensperren umherzutragen oder eine Schaufel, um sie dann eine Stunde später wieder zurückzutragen. Also bücke ich mich, löse meine Schnürsenkel und binde sie mit größter Sorgfalt neu, damit ich den Eindruck erwecke, etwas Sinnvolles zu tun. Rick, Phil und John wechseln sich am Ruder ab, während Wolken sich am Himmel drängen und der grünliche Schein der Dämmerung die Welt auslöscht.

Der Wind jagt über das dunkel werdende Meer, baut es zu steilen Kabbelwellen auf. Das Schiff wird in die Höhe geworfen und kracht wieder herunter. Wolken von Gischt wehen nach achtern. Meine Wahrnehmung ist durch die hereinbrechende Nacht eingeschränkt. Jedes Schlingern unseres Schiffes, jedes Knacken von Dacron trifft meine Nerven wie ein unerwarteter Elektroschock. Phil folgt John nach vorn, um das Großsegel niederzuholen und seine Größe zu verringern. Phil wirkt wie ein Anfänger im Seiltanzen auf dem schwankenden Deck, stolpert, fällt, steht wieder auf. Während Phil und John vorn an dem Segel arbeiten und Rick steuert, betrachte ich achteraus einen kleinen Fleck am Horizont, der einen winzigen, blinkenden Lichtfunken aussendet. Innerhalb weniger Minuten wächst das Licht zu einem stetigen Punkt. »He, Rick, siehst du die Fähre?« frage ich.

»Ja, Mann.« Er wartet, bis John und Phil es geschafft haben, das Segel zu reffen, und ruft zum Deck hinauf: »He, John, die Fähre ist hinter uns.« John antwortet nicht. Windstöße dröhnen in unseren Ohren und tragen unsere Stimmen davon. Rick ruft mehrmals zu John hinaus, während die Fähre näher kommt, aber John reagiert nicht, außer mit einem kurzen Blick nach achtern. Er wendet sich um und beginnt, noch ein Reff einzubinden. Hat er Rick nicht gehört, oder ignoriert er ihn?

Die Fähre wächst, ihr Umriß ist deutlich zu sehen und ihr Licht jetzt ein stetiger Strahl. Ricks Hände umfassen das Steuerrad genauso angespannt wie im Auto auf dem Weg nach Picton. Er blickt immer wieder nach achtern, dann nach vorn. Ich schaue zu Phil hinauf, der sich bemüht, John mit dem Segel zu helfen. Rick ruft noch einmal: »John, was zum Teufel ist mit dieser Fähre los?« Phil guckt achteraus auf die bedrohliche graue Form, die sich immer dichter über uns erhebt, und sagt zu John neben sich: »He, Mann, siehst du die Fähre?«

»Ja, ja, ich seh' sie.«

Alle außer John scheinen nervös zu sein, also wächst auch meine Anspannung noch. Rick ist jetzt außer sich vor Wut und schreit nach vorn: »John! Sind die verdammten Positionslichter an?«

Ich bin verwundert über den riesigen Schatten, der über uns aufragt. Strahlende Lichter aus den Kabinen, den Aufenthaltsräumen und vom Deck attackieren die fast schwarze Nacht. Die Fähre scheint über uns innezuhalten, schweigend, wie ein wildes Tier im letzten Moment, bevor es zuschlägt und uns zermalmt. John springt den Niedergang hinunter und schaltet die Lichter ein. Die Fähre scheint plötzlich abzudrehen. Vielleicht ist es Rick am Steuer, oder vielleicht hat John das Ruder ergriffen und unseren Kurs geändert. Ich weiß es nicht; ich habe viel zuviel damit zu tun, mich festzuhalten. Ich weiß nur, daß das Monster in hundert Metern Entfernung vorbeigleitet.

Wir versammeln uns um das Cockpit, alle Augen außer Johns rund wie Frisbees. Mit einem kurzen, diabolischen Auflachen weist John unsere Befürchtungen zurück und murmelt: »Das war mein alter Kumpel Brownie oben am Steuer. Er hätte uns nicht gerammt.« Es ist, als ob unser Skipper unsere Angst genießen würde.

Die Fähre schrumpft wieder zu einem Lichtpünktchen, genauso schnell, wie sie herankam, und ich bleibe zurück und frage mich, ob es wirklich so gewesen ist.

Wir segeln mit der Rose-Noëlle vor dem Wind davon nach Nordosten, gleiten an der Küste der Nordinsel entlang und davon weg, um uns dem Pazifik und noch größeren Ungewißheiten zu stellen.

Unterschätze nie die Gewalt des Wassers 2

Ich stehe hinter dem Steuerrad! Ich steuere tatsächlich ein Boot auf dem offenen Meer. Ein leichter Wind füllt die Segel, und wir gleiten dahin, Mann! Ruhig und glatt – als würde man in einem großen amerikanischen Straßenkreuzer auf der Autobahn fahren: in einem 59er Cadillac mit großen weißen Haifischflossen oder in einem 53er Buick mit den dekorativen Bullaugen an der Seite. Im sanften roten Licht der Kompaßbeleuchtung zittern die kleinen Kompaßmarkierungen nur leicht und bestätigen damit, daß wir bei eingeschalteter automatischer Kursüberwachung auf Kompaßkurs laufen. Es dauert ungefähr dreißig Sekunden, und das Boot gleitet weg. Der Kompaß spielt verrückt und dreht sich im Kreis. Ich reiße das Steuerrad herum, das Boot schlingert auf seinen Kurs zurück, darüber hinaus und schießt zur anderen Seite weg. Ich drehe schnell am Rad, um die Rose-Noëlle zurückzuholen. Wrrrumm – schon geht es zur anderen Seite. Nochmals eine Drehung am Rad, und auf geht's: Schleuderkurs.

John springt zum Cockpit, packt das Rad und bringt uns wieder sicher auf den richtigen Weg. »Ich habe dir gesagt, du sollst es langsam machen«, belehrt er mich. »Nicht übersteuern.« Ich nicke. Wir sind jetzt in Ordnung, wieder auf Kurs, John klettert nach unten.

Ich fühle mich wie ein Kind, das versucht, den Wagen seines Vaters zu fahren, das weiß, wieviel Spaß es macht, das Steuerrad herumzuwirbeln, die Folgen seines Tuns jedoch nicht wirklich begreift. Eine weitere Minute am Ruder, und ich lasse die Rose-Noëlle die Wellen hinunterschlingern wie ein Raumschiff, das durch einen Meteoritengürtel kurvt. John taucht wieder auf. »Hast du noch nie ein Boot gesteuert?« schreit er mich an. Ich fühle mich etwa zwei Millimeter groß. Manche Männer vergessen, daß auch sie einmal lernen mußten. Manche Männer haben kein Verständnis für diejenigen, die nicht in der Lage sind, geradewegs auf unser hochwichtiges Ziel zuzusteuern, auf ihr hochwichtiges Ziel. Nachdem er unseren Kurs wieder aufgenommen hat, rollt sich der arme John vor mir auf dem Boden zusammen wie ein schlafender Drache.

Großer Gott, bin ich nervös. Mein Kiefer schmerzt vom Zähneknirschen. Und diese Sturmhaube aus Wolle juckt. Kein Kratzen erlaubt. Nicht loslassen. Ich darf nicht loslassen. Also, mal sehen – dreh das Rad in diese Richtung, und der Kompaß geht in die andere Richtung. Oder ist es andersherum? Inzwischen drehen sich die Sterne in Übereinstimmung mit dem Kompaß; oder rotieren sie in entgegengesetzter Richtung? Oh, Gott, dieses Jucken. Ich ziehe das verdammte Ding aus.

Als ich mir die Mütze endlich heruntergerissen habe, laufen wir Kurs zurück nach Picton, die Rose-Noëlle tut ihr Bestes, alle Mann aus den Kojen zu buckeln, die Segel beschweren sich mit lautem Schlagen, und John kann sich nicht mehr zurückhalten. »Du weißt wirklich nicht, wie man ein Boot steuert!« schimpft er und schubst mich zur Seite. Unter der Last seiner Zurückweisung falle ich auf den Sitz. Der winzige Überrest meines Selbstvertrauens schmilzt dahin und fließt still und leise durch das Speigatt davon. Soll ich mich davonstehlen? Soll ich ihn bitten, es mir noch einmal zu zeigen? Soll ich hier einfach sitzenbleiben? Verdiene ich es, mich schlafen zu legen? Was mache ich bloß? John gibt mir keinen Hinweis. Ich weiß, daß er mich sieht, aber scheinbar bin ich ein Gespenst.

Eine Stunde später gleite ich unter Deck, um Rick aufzuwecken, damit er John ablösen kann. »Ich habe noch eine

Stunde Freiwache«, beschwert sich Rick. Ich gestehe ihm mein Versagen, so daß er Mitleid mit mir hat und sein Schicksal mit leisem Brummen akzeptiert.

Man sieht die Sterne. Ein leichter Wind geht. Musik läuft. John Lennon säuselt sanft »Imagine«. Rick und ich aalen uns in dem Gefühl eines alles durchdringenden Friedens. Hier, auf einem Schiff auf dem Meer, gibt es kein Land, gibt es keinen eigentlichen Besitz – nur gemeinsamen Raum.

Als nächstes begleiten wir Bo Diddley, der davon singt, was für ihn ein »Mann« ist. Rick und ich bewegen uns im Takt der Musik, während ich mich frage, was ich unter einem Mann verstehe.

Vielleicht schreibe ich es auch groß, gerade hier, gerade jetzt. Anders als mit John fühle ich mich jetzt erstaunlich entspannt. Rick leitet mich geduldig an, während ich versuche zu steuern. Gemeinsam unterhalten wir uns über Minnesota, summen die Musik mit und sprechen über die Möglichkeiten, die uns dieses Abenteuer eröffnet. Unsere Gründe dafür, diese Reise zu unternehmen, mögen so verschieden sein, wie sie nur sein können, aber das Abenteuer ist der eine unausweichliche gemeinsame Nenner, der uns beide vorwärtstreibt. Ich frage mich selbstgefällig, was all die Kumpel daheim bei OB wohl gerade tun. Für einmal bin ich ein »richtiger Mann«. Ich lache vergnügt in mich hinein.

Am Ende unserer Wache gibt es praktisch keinen Wind mehr, und wir dümpeln nur noch vor uns hin, das heißt, das Boot bleibt stehen, treibt zurück, dreht sich im Kreis. Es ist unglaublich still. Das einzige Geräusch ist das gelegentliche Klackern der Takelage, wenn das Segel von einer Seite zur anderen schlägt. Das Meer hat offensichtlich genug von uns, daher gehen wir nach unten zum Schlafen.

Die Privatsphäre auf einem Boot ist ein relativer Begriff. Wenn sich das Boot durch die Wellen arbeitet, heben und senken sich Vor- und Achterschiff am stärksten. Würde man in den Enden schlafen, wäre das ein Gefühl wie auf einer Schaukel. John hat die Inneneinrichtung so entworfen, daß alle Betten – ich meine Kojen – sich in der Mitte des Bootes befinden, weil das am bequemsten ist. Sein Platz ist eine Nische hinter der Kombüse, nahe am Cockpit – genaugenommen unter dem Cockpit. Phil hat eine Koje auf einer Seite der Hauptkajüte, das heißt des Wohnraumes. Rick und ich haben die Doppelkoje auf der gegenüberliegenden Seite. Unsere Koje und Phils sind hochgelegen, sie sind innerhalb der Kajüte dort untergebracht, wo sie über das Wasser reichen, aus dem Rumpf herausragen. Manchmal schlagen Wellen, die unter uns vorbeirauschen, gegen den Boden unserer Betten. Allenfalls die Bodenbretter oder einer der Sitze in der Eßecke könnten noch als Bett dienen, aber dort würden die anderen auf einen treten oder sich auf einen setzen. So wie es ist, können wir alles hören, was gesprochen wird, und wir können alle sehen, außer John. Unsere Betten sind unser einziger privater Raum, und selbst sie sind offensichtlich nicht allzu privat. Ich bin sicher, daß wir, wenn wir Tonga erreichen, alles wissen werden, was es über einander zu wissen gibt. Ich hoffe, wir können die kleinen Geheimnisse und Schwächen der anderen ertragen.

In der Armee habe ich mit vielen Typen im gleichen Raum geschlafen, aber ich bin nie jemandem so nahe gewesen, daß ich ihn hätte berühren können. Rick und ich sind schon länger befreundet, aber ich fange an zu begreifen, daß ich die Feinheiten seiner Seele noch ausloten muß. Als ich mich neben Rick ausstrecke, beginne ich die Form seines Körpers zu verstehen. Ich möchte es nicht, aber ich weiß, daß ich mich auf dieser Reise an ihn lehnen muß, und er läßt es zu. Im Moment ist dieses Gefühl beruhigend und behaglich genug.

2. Juni

Rick, John und ich schweigen, als uns ein golden erstrahlender Sonnenaufgang von unserer ersten Nacht auf See erlöst. Die glänzenden gelben Rümpfe und schneeweißen Segel der Rose-Noëlle scheinen vor Licht zu vibrieren, während wir über zinnfarbenes Wasser gleiten, das der klare Himmel in ein kristallenes Aquamarin verwandelt. Die zerklüfteten, bewaldeten Berge der Küste von Wairarapa sind noch immer zu sehen, aber ein leichter, frischer Winterwind führt uns von unserer Heimat, unserer Vergangenheit fort. Jeder von uns weiß, was er zurückgelassen hat, aber ich frage mich, wie sich unsere Erwartungen an unser Ziel unterscheiden.

Tonga – das letzte wahre Königreich des Pazifik, wo ein Monarch uneingeschränkt regiert. Kapitän Cook nannte sie die »freundlichen Inseln«. Viele der rund 150 Eilande sind wenig mehr als Korallenriffe. Alle zusammengenommen, bedecken sie nicht mehr als 700 Quadratkilometer. Für Rick und mich ist diese Reise Selbstzweck. Es spielt wirklich keine Rolle, ob wir Tonga oder Timbuktu ansteuern. Wir suchen nur eine fremde Umgebung, wollen weiter kommen, als wir bisher gegangen sind. John sucht Tonga, nichts anderes.

John ist anderthalbmal so alt wie Rick und ein halbes Jahrzehnt älter als Phil. Während er alten Eddie-Fisher-Liedern lauscht, erzählt er uns von jenen längst vergangenen Jahren, als er zum ersten Mal weiter reiste als je zuvor. In den frühen sechziger Jahren wandte sich John vom Radrennsport dem Segeln zu. Er und sein Bruder David machten sich auf den Weg über den Pazifik, legten 35 000 Meilen zurück und erfüllten sich ihren Traum, den John so beschreibt: »Wir wollten uns als Playboys des Südpazifik einen Namen machen.« Nach dieser langen Reise tat John sich mit einem befreundeten Journalisten zusammen, um seine verschiedenen Eroberungen in einem bis jetzt noch unveröffentlichten Manuskript festzuhalten, das tatsächlich den Titel *Playboys des Südpazifik* trägt. »Es wäre beinahe veröffentlicht worden«, sagt John, wurde dann aber von einer Herausgeberin abgelehnt, »du weißt ja, wie die sind.« Ein Höhepunkt auf Johns Traumreise war die Begegnung mit einem wunderhübschen französisch-polynesischen Teenager, einer Miss July. Nach ihrer Reise begannen John und sein Bruder damit, Zwillingstrimarane zu bauen. Sie lebten in einer heruntergekommenen Bude, deren Wände mit Pin-ups aus dem »Playboy« tapeziert waren, als John die tragische Nachricht erhielt, daß seine jugendliche Königin bei einem Flugzeugabsturz ums Leben gekommen war. Ihr zu Ehren trägt dieses Schiff jetzt den Namen Rose-Noëlle.

John scheint sich an Land nicht wohl zu fühlen. Er läßt die Unruhe der letzten zwei Jahrzehnte am Ufer zurück, eine Reihe von Beziehungen, zwei Kinder von zwei verschiedenen Frauen. John spricht von den Inseln, wo »die Frauen dich richtig behandeln«.

Neunzehn Jahre lang baute John an der Rose-Noëlle, schmirgelte, pinselte, sparte Geld, wartete ab. Er hat keine Kosten und Mühen gescheut, um jede Einzelheit genau auszutüfteln, hat sich mit Haut und Haaren dieser Aufgabe gewidmet. Es ist, als dürfe es keinen Raum für Irrtümer geben, wenn es ihm gelingen soll, den archetypischen männlichen Traum von den »Swinging Sixties« wiederzufinden, den er hinter sich ließ, als Rick und ich noch Kinder waren. Hier draußen hat er das Kommando, uneingeschränkt durch die Erwartungen anderer Leute, frei vom Geben und Nehmen der Beziehungen, vor dem auch ich geflohen bin. Wir sind auf einer Reise nach Tonga, dem Paradies im Pazifik mit seinem kristallklaren Wasser und den sich wiegenden Palmen, unter denen halbnackte Frauen in Grasröcken tanzen und die Wünsche der großmütigen weißen Götter befriedigen, die über das weite Meer kommen.

Ich muß gestehen, daß es in meiner Jugend eine Zeit

gab, in der sich meine Träume nicht gar so sehr von Johns unterschieden.

Unsere Reise scheint ebenso durch die Zeit wie durch den Raum zu führen, in das Land, wo Männer noch Männer und Könige noch Könige sind. Ich frage mich, wie weit wir in Johns gute alte Zeit hineinreisen werden. Werden wir sogar Johns Geburtsdatum hinter uns lassen und in noch frühere Zeiten eintauchen, als die Menschen auf die Geschicklichkeit eines jeden bei der Jagd angewiesen waren, als sie um des nackten Überlebens willen so sehr voneinander abhängig waren, daß sie sich den Luxus gegenseitiger Zerstörung nicht leisten konnten? Oder ist selbst das ein Mythos? Jedem von uns ist eine andere Zeit teuer, ein anderer Traum. Vielleicht braucht John einen Ort, an dem ein überholtes politisches System regiert, das jene Ideale und kulturellen Werte hochhält, die ihm vertraut und angenehm sind. John beginnt oder beendet seine Sätze oft mit: »Wenn ich dann auf die Inseln zurückkomme«, oder: »Laßt mich erstmal wieder auf den Inseln sein.«

Trotz des schwachen Windes und der ruhigen See fühlt sich mein Magen zunehmend unbehaglich – wie bei einem Kater, allerdings ohne den dröhnenden Kopf –, aber das Tageslicht enthüllt eine vertraute Realität, zu der ich eine Beziehung herstellen kann und in der ich mich zuversichtlicher fühle. Das Innere der Rose-Noëlle sieht aus wie die Behausung eines Yuppie-Junggesellen, voll von technischen Spielereien. In der Küche – Kombüse, meine ich – gibt es eine Spüle aus rostfreiem Stahl, eine vorbildliche Sammlung edelster Bestecke und anderer Kochausrüstung, sogar einen vierflammigen Herd mit Backofen. Fein, ich kann Brot backen. Der Eßplatz sieht aus wie eine Nische im Restaurant und bietet einen traumhaften Ausblick auf den ganzen Pazifik. Sogar ein Farbfernseher ist vorhanden. Vorn ist eine von den anderen »Latrine« genannte Toilette. Ich muß einmal dorthin, aber ich weiß noch nicht, wie das verdammte Ding funktioniert. Außenherum liegen die Kojen, wo alle außer John schlafen. Er hat sein eigenes großes Bett, das er durch ein Loch unter dem Kombüsentresen erreicht, achtern unter dem Cockpit. Die Rose-Noëlle ist in leuchtenden Farben zurechtgemacht. Wie bei den beliebten, in Zuckerguß getauchten Schokoladenbonbons für Kinder haben wir die Wahl zwischen Limonengrün und Zitronengelb, reizvoll abgesetzt durch einen kirschroten Papagei aus Plastik, der in einem Reifen über der Spüle hängt. Zum Dekor gehört auch ein ganzer Garten aus Polypropylen- und Vinyl-Blumen. Als zeitloses Erinnerungsstück an seine Jugend findet sich in der Kombüse eine Girlande aus Plastikblumen, die John auf den Inseln geschenkt bekam. Plastikblumen aus Polynesien? Wer bin ich denn, Kritik anzumelden? Zumindest muß ich sie nicht gießen.

Das Auge des Seglers mag die wirksame Platzausnutzung bemerken, das einheitliche Design der Rose-Noëlle, ihre geschmeidige Linienführung und die erstklassige Qualität ihrer Konstruktion und Ausrüstung. John hat zwei Funkgeräte – ein Amateurfunkgerät für große Entfernungen und UKW für kurze Reichweiten –, Sonnenkollektoren neben einem Windgenerator zum Aufladen der Batterien, Radar, sogar ein Satelliten-Navigationssystem, das unsere Position nach den Signalen, die es von kreisenden Satelliten empfängt, bestimmen kann. Natürlich versucht John immer noch, die Anleitung für das Satelliten-Navigationssystem wirklich zu verstehen, da sich praktisch seine ganze Segelerfahrung in den sechziger Jahren zusammen mit seinem Bruder abspielte, als ein Sextant als anspruchsvolle navigatorische Ausrüstung galt, aber wir bekommen Standorte. Sogar mir ist klar, daß John so gut darauf vorbereitet ist, den Gefahren des Meeres zu trotzen, wie es ein Seemann nur sein kann, und daß die Rose-Noëlle ein schönes, seetüchtiges Schiff ist, selbst wenn der Stil der Inneneinrichtung nicht mein Fall ist.

Jetzt, wo das Wetter einmal eine Pause eingelegt hat, springe ich an Deck und erkundige mich bei meinen Mannschaftskameraden, wie ich seekranker Faulpelz mich nützlich machen kann, aber es gibt nichts zu tun, also zieht es mich in die Kombüse und die vertrautere Umgebung unter Deck zurück. Auf Deck habe ich in der Nähe von Glennie immer noch das Gefühl, auf rohen Eiern zu gehen. Werde ich je seiner Vorstellung von einem guten Besatzungsmitglied entsprechen? Ich ziehe meine Lieblingsschokolade hervor – einen 500-Gramm-Block Cadbury's, genannt »Energieriegel« –, werfe sie auf den Eßtisch und lade meine Kameraden ein, sich zu bedienen. Kein allzu großartiger Beitrag, aber immerhin. Es dauert nicht einmal fünf Sekunden, bis Phil vorbeischlendert und sich ein Stück schnappt. Wenn man in einem neuseeländischen Lexikon unter »guter Kumpel« nachschlagen würde, stünde dort »siehe Phil Hofman«. Wir beginnen spontan ein Gespräch. Nichts Tiefsinniges; es gibt keine Spitzfindigkeiten, wenn man sich mit Phil unterhält. Phil war den größten Teil seines Lebens eine Landratte, er arbeitete als Hausmeister und Wartungsmonteur für ein Elektrizitätswerk der Regierung. Als ein Computer seinen Job übernahm, wurde Phil nach Hause geschickt, aber die Regierung überweist ihm immer noch genug Arbeitslosengeld, daß er das Betonboot kaufen konnte, auf dem er lebt und auf dem er John kennengelernt hat. Er hat nicht vor, jemals wieder einer geregelten Tätigkeit nachzugehen, und lebt recht glücklich von dem Stempelgeld, das er durch Gelegenheitsarbeiten aufstockt, solange sie nicht am Freitagnachmittag nach vier Uhr stattfinden, denn diese Zeit ist ausschließlich für den »Terminus«-Pub reserviert. Phil wirkt ruhig und zufrieden; dennoch läßt er sich von Glennies Lebenseinstellung beeindrucken. Phil weiß, wie man segelt, aber er scheint ein bißchen wackelig auf den Füßen zu stehen. Er bemüht sich, John alles recht zu machen, folgt ihm oft auf den Fersen und stellt ihm zahllose Fragen, wie man dieses oder jenes macht, diskutiert die geheimnisvollen Eigenarten von Schiffen und Meeren und ist fasziniert von der Aura des ungebundenen Abenteurers, die John umgibt.

Ich komme an Deck zurück, und John fragt mich: »Heh, willst du das Band noch mal hören?«

»Nein, danke, John. Vielleicht später.«

Gestern abend, nachdem wir zur Musik von Eric Clapton dahingeglitten waren, fragten wir John, was er gern hören würde. Mit leuchtenden Augaben gab er mir eins von seinen Bändern. »Hier, probier das mal.«

Aus den Lautsprechern drang eine verzerrte, unheimliche Stimme mit breitem amerikanischem Akzent, die sich anhörte wie die Sexberaterin Dr. Ruth unter dem Einfluß eines Beruhigungsmittels. Sie belehrte ihre Zuhörer über den Gott in jedem von ihnen. Sie nannte diesen Gott Ramtha oder so ähnlich. Vielleicht war es auch Rambo; ich weiß es nicht. Die eindringliche, feierliche Stimme leierte vor sich hin, sanft, glatt und tief. Dann durchbrach sie den Grabgesang mit einem plötzlichen, laut herausgerufenen, anfeuernden Sing-Sang, der sich im Crescendo bis zum Refrain steigerte, in den die Zuhörer in einer Sprache einstimmten, die ich nicht identifizieren konnte. Die Rednerin sprach weiter über die Fähigkeit eines jeden, sein oder ihr Geschick selbst zu bestimmen, was roh durch einen neuen wilden Gesang unterbrochen wurde. Ich glaube an dieselben Prinzipien, aber das schrille Singen und die bizarre Wiedergabe standen in einem überwältigenden Gegensatz zu der majestätischen, einfachen Schönheit des Meeres und der Sterne, die uns umgaben. Rick und ich tauschten nur verwirrte Blicke aus. Phil, der auf einen Ellbogen gestützt in seiner Koje lag, runzelte die hohe Stirn zu einem Feld von Furchen und winkelte den Kopf an.

Wir kehrten für eine Weile wieder zu Rock-and-Roll zurück, dann legte John noch ein Rambo-Band auf. Danach ein wenig Van Morrison, gefolgt von einem weiteren Band aus der *Twilight Zone.*

Mir ist immer noch nicht klar, wie Johns inspiratorische Bänder, seine begeisterte Lektüre von Shirley MacLaine und andere New-Age-Interessen mit seinem Idealbild eines Playboys und kernigen Typen zusammenpassen.

Der Tag geht in einen friedlichen Nachmittag über. Gerade als ich beginne, mich an Bord wohl zu fühlen, rollt eine massive Armee grauer Wolken von Süden heran. Keine Stunde später attackiert uns ein eisiger antarktischer Wind bösartig aus südlicher Richtung mit Windgeschwindigkeiten bis zu 35 Knoten. Feine Regennadeln, von Windstößen herangetrieben, fegen über das Boot. Phil und Rick verringern die Segelfläche, indem sie erst ein Reff einbinden, dann noch eins. John holt schließlich das Großsegel ein und rollt die Fock vollständig auf. Er versucht, die Sturmfock zu setzen, aber als Rick sie hochzieht, sichert niemand die Leinen, die sie unter Kontrolle halten. Innerhalb einer Sekunde wird die Sturmfock zu einem wahnsinnigen Monster, knattert wild vor dem Sturm, verfängt sich in den Leinen und verwickelt sich darin, bis sie festsitzt wie in einer Zwangsjacke. Sie schaffen es, das Segel wieder einzuholen, und John verstaut es unter Deck. Murrend über die Unfähigkeit seiner Mannschaft, gibt er auf und rollt ein winziges Segeltuchdreieck von der regulären Fock aus.

Als die Nacht hereinbricht, bläst der Wind mit 40 Knoten. Rick hat nicht wirklich Angst, aber er steht ein wenig beunruhigt am Ruder, wenn die Rose-Noëlle die hoch aufsteigenden Wellen hinunterrast wie ein Jet auf der Startbahn. Er ist noch nie so schnell gesegelt und macht sich Sorgen, daß er einen Fehler machen könnte. Schon durch eine einzige falsche Bewegung des Steuerrades in der Beschleunigungsphase könnte sich die Rose-Noëlle seitlich eine Welle hinunterstürzen und umschlagen. Der Himmel ist kohlrabenschwarz. Rick kann nichts sehen. Weil der

Kompaß wie wild herumtanzt, ist Ricks beste Orientierungshilfe der Wind, der immer von der Seite auf sein Gesicht treffen muß. Er nimmt also die Sturmhaube ab, um das Gefühl für den Wind nicht zu verlieren.

Ich bleibe unter Deck, strecke dann und wann meinen Kopf heraus, um festzustellen, daß das Unwetter noch immer mit voller Kraft wütet. Zwei meiner Kameraden sind ständig auf Deck. Der Lärm und die Bewegungen des Schiffes sind neu und schrecklich für mich, aber ich weiß nicht, ob ich Angst haben soll. Ich suche nach einem Hinweis in den Gesichtern meiner Kameraden, wenn sie abwechselnd nach unten kommen, tropfnaß und fröstelnd, sich ein Stück von dem Energieriegel schnappen und sich hinsetzen, um auszuruhen. Ich bin schockiert, wenn sie in ihrer nassen, kalten Regenkleidung an mir vorbeistreifen, und ich schäme mich, daß ich ihnen nicht helfen kann. Phil wirkt zunehmend gereizt und ist nicht mehr in der Lage, unsere schnelle Fahrt unter Kontrolle zu behalten, wenn er das Steuer übernimmt. Rick scheint in Ordnung zu sein, wenn auch angespannt. John zeigt wie immer ein Gesicht aus Stein.

Phil und Rick drängen John, den »Tintenfisch« auszusetzen, um unsere Fahrt zu verlangsamen. Der »Tintenfisch« ist ein Kegel aus Plastik, aus dem auf allen Seiten flache Blätter herausklappen, die als eine Art Bremse dienen, wenn man sie achteraus an einer Leine hinterherzieht. Als John dieses Gegenmittel einsetzt, werden wir etwas langsamer, aber wir rennen immer noch davon wie eine wildgewordene Katze, wenn der heulende Wind uns nach Norden treibt.

Die Teller und Gläser in der Spüle rutschen klappernd hin und her. Das Wasser grollt, wenn es unter uns hindurchschießt und lautstark die Luft im Abfluß ansaugt, ähnlich dem Sog in der Badewanne, wenn der letzte Rest abläuft. Unsere Taschen fliegen von den Kojen und rollen auf dem Boden herum. Ich beschäftige mich damit, Sachen aufzuheben, damit ich etwas zu tun habe. Es gibt immer mehr Zeug aufzusammeln.

John will die Sturmfock entwirren und setzen, damit wir schneller vorankommen, aber Phil und Rick sagen ihm immer wieder, daß sie so schon Schwierigkeiten mit dem Steuern haben, und drängen ihn statt dessen, alle Segel einzuholen. Während Phils nächster Ruderwache schlägt die Rose-Noëlle quer und schlingert seitlich die Brecher hinunter. Das Boot krängt stark. Gegenstände fliegen herum. Auch die Schokolade landet auf dem Fußboden.

John hört auf, vom Segelsetzen zu sprechen, und übernimmt selbst eine lange Wache am Ruder, während wir anderen uns unter Deck verkriechen. Wir fragen uns, wie lange John durchhalten kann. Was passiert, wenn er ohnmächtig wird oder über Bord fällt? Ohne ihn sind wir geliefert. Wir rufen immer wieder zu ihm hinaus: »John! Warum zurrst du das Ruder nicht fest und kommst runter?« Er scheint uns nicht zu hören.

Ich frage Rick: »Ist alles in Ordnung?«

»Ja, wir schaffen's schon.«

Phil, der nervös noch ein Stück Schokolade kaut, beruhigt mich ebenfalls: »Unterschätze nie die Gewalt des Wassers. Das Meer macht keine Gefangenen.«

»Danke, Phil. Genau das, was ich brauchte.«

Nach mehreren Stunden ist John zu erschöpft, um noch weiterzumachen. Er bindet das Ruder fest, holt alle Segel ein und kommt nach unten. Während er sich aus seiner Regenkleidung schält, sagt er: »Mann o Mann, eine heiße Tasse Tee würde jetzt guttun.« Als ich ihm den Tee bringe, bohrt sich sein Blick geradezu hinein, er greift mit beiden Händen danach und sagt: »Oh, lecker.« Er sitzt ruhig da und schlürft, während wir uns um ihn versammeln wie Platos Schüler.

Wir bombardieren ihn mit Fragen. »Wie schlimm wird es werden?« »Wie lange wird es dauern?« »Wie groß müßte eine Welle sein, um uns umzuwerfen?«

John sagt eine Zeitlang nichts, sondern bleibt auf die dampfende Tasse in seiner Hand konzentriert, grinst über unsere Sorgen. »Also«, sagt er, »das hier sind nicht die Brüllenden Vierziger.«

Was bedeutet das?

»Ich bin vierzigtausend Meilen gesegelt, und auch dieser Sturm wird vorbeigehen«, sagt John.

Ja, vor zwanzig Jahren bist du vierzigtausend Meilen gesegelt, denkt Rick. Er fragt sich, ob Johns heutige Fähigkeiten seinen selbstbewußten Erinnerungen entsprechen, aber sogar Rick muß sich auf Johns Urteilsfähigkeit verlassen. Hier draußen ist John der Fachmann.

»Dieses Boot wird niemals kentern. Es kann nicht kentern.« John vertraut so sehr auf sein Boot, daß er für den Fall eines Falles nicht einmal eine Fluchtluke installiert hat.

»Hier, Rick, sieh dir das mal an. Probier mal, ob du's verstehst«, sagt Phil, reicht ein Blatt Papier mit einer Bedienungsanleitung über den Tisch und nimmt sich von den restlichen Stücken des Energieriegels. Rick soll als nächster versuchen, die Anleitung für unseren Fallschirmanker für Notfälle zu entschlüsseln. Wenn man ihn am Bug befestigt, soll der Schirm sich mit Wasser füllen und die Nase des Bootes gegen Wind und Wellen drehen. Wenn es funktioniert, sollte das die Rose-Noëlle davon abhalten, sich quer zu den Wellen zu legen, und so ein Kentern verhindern. Völlig unbeeindruckt vom Lärm des Sturms, ist John der nächste, der in aller Ruhe liest, wie der Treibanker immer wieder das Leben von Seglern gerettet hat, die das Kap Hoorn umrundeten. Erhöht sogar die Ausbeute beim Angeln! Aber die Anleitung scheint von jemandem geschrieben worden zu sein, der vom Finanzamt gefeuert wurde, weil er nicht in der Lage war, sich klar auszudrücken, und die Fotos von Leuten, die mit dem Hubschrauber gerettet werden, sind nicht besonders vertrauenerweckend.

Phil klettert in seine Koje, zieht die Vorhänge zur Seite und späht lange aufs Meer hinaus, brummt: »Zum Teufel, John, da draußen bläst schon ein ganz ordentlicher Wind.« John ignoriert ihn, und Phil legt sich ein wenig hin.

Jede Welle türmt sich hoch über uns auf, hält inne, stürzt dann hinunter. Der Kamm eines zehn Meter hohen Brechers rollt sich über uns zusammen und bricht mit dem Krachen und Dröhnen einer Bombe über das Boot herein. Das Meer ist größtenteils weiß, mit einem Stich ins Grünliche, durchzogen von Linien wie Straßenkarten aus Schaum. Der Regen prasselt herab, während der Sturm die Wellenkämme flach bläst und den Guß von oben in horizontalen Streifen vor sich her treibt.

Bei jedem Krachen springt Phil auf, stößt mit dem Kopf an die Decke, reißt die Gardinen zurück und späht durch die kleinen Fenster hinaus ins Chaos. *Unterschätze nie die Gewalt des Wasser. Das Meer macht keine Gefangenen.*

Alle außer Rick haben sich schon erbrochen. Wenn bei gutem Wetter auf einer Hochseejacht jemand seekrank wird, macht man häufig Scherze über das filmreife Gähnen, das flüssige Lachen oder das große Spucken, aber unsere Stimmung ist zu düster. Unsere Köpfe sind angefüllt mit dem Lärm, dem Durcheinander herunterfallender Ausrüstungsgegenstände, dem schlingernden, sich aufbäumenden Schiff und aufsteigender Übelkeit. Jedesmal wenn wir das Ritual vollziehen und das Toilettenbecken umarmen, erhalten wir eine kurze Atempause, frei von der lähmenden Übelkeit. Immens erleichtert, spüren wir dann wieder, daß das Leben, selbst unter den Attacken des Meeres, noch Hoffnung birgt. Aber langsam, wie der Sturm selbst, wird alles wieder schlimmer, unsere Gedanken werden unklar und trostlos vor Lärm und Übelkeit. Auf dem dahinrasenden Boot umherzulaufen ist anstrengend. Selbst das Sitzen ist ermüdend. Wie lange wird es so weitergehen?

Phil setzt John zu, den »Tintenfisch« einzuholen und den

Treibanker auszuwerfen. Rick ist der gleichen Ansicht. John springt auf die Füße. »Okay«, sagt er, »wer kommt mit mir raus?« Die Antwort ist ein langes Schweigen.

Das ist meine Chance, denke ich, während ich hoch und trocken in meiner Koje sitze. Zu guter Letzt doch noch etwas, was ich beitragen kann. Endlich kann ich meinen Wert beweisen, besonders John gegenüber. Und mir selbst. John fängt an, sich seine durchnäßten Regensachen anzuziehen. Ich lehne mich nach außen und spähe aus dem Fenster. Oh, mein Gott! Mein Herz hört praktisch auf zu schlagen. Wenn ich dort hinausgehe, könnte ich über Bord geweht werden. Wahrscheinlich werde ich über Bord geweht. Mein Körper wird so steif wie eine gefrorene Rinderhälfte. Glücklicherweise steht Rick auf und sucht seine Sachen zusammen, während er zu niemandem im besonderen sagt: »Ich werde gehen, Kumpel.« Was für eine Erleichterung. Und was für ein Stück Scheiße ich doch bin.

Eineinhalb Stunden lang sind Rick und John in einem verschwommenen, wilden Durcheinander von Sprühnebel, Regen und 60-Knoten-Böen verschwunden. Sie arbeiten mit dem Rücken zum Wind, sitzen gefährlich weit auf der scharfen Nase des Bootes. Sie hängen über dem sturmgepeitschten Meer, das der Bug der Rose-Noëlle teilt wie eine Axt. Durch das Eintauchen des Bootes wird Wasser in die Höhe geschleudert, das als grollende Woge von Schaum das Deck überzieht, in Wasserfällen herabstürzt und an den Seiten entlanggleitet, wenn die Rose-Noëlle mit zehn, zwölf, vierzehn Knoten die Wellen hinunterrast und vor ihnen davonläuft, den Sturm flieht, sich ihren Weg nach Norden bahnt. Obwohl sie mit ihren Sicherheitsgurten am Boot eingeklinkt sind, müssen John und Rick sich vorsichtig und langsam bewegen, eine Hand immer am Boot, damit sie nicht weggespült werden. Selbst mit den Gurten sind sie nicht sicher. Sollten sie über Bord fallen, würden sie immer wieder gegen die auf und ab wogenden

Rümpfe schlagen. Sie würden in das eiskalte Wasser gezogen, müßten erfrieren, ertrinken.

Wie durch eine Windschutzscheibe ohne Scheibenwischer in einem Wirbelsturm sehen Phil und ich nur gelegentlich eine Bewegung von undeutlichen Schatten durch die Seitenfenster. Das Geheul des Sturms ist so laut, daß wir von der Arbeit unserer Kameraden nichts hören. Wir fragen uns unruhig, ob sie je wiederkommen werden.

Obwohl der Wind das Meer zu rollenden Bergen auftürmt, bewegen die Wellen selbst kein Wasser vorwärts. Erst die Gesamteinwirkung des Windes zwingt den Ozean langsam in Strömungen. Der Sturm köpft große Wellen und läßt ihre Kämme über uns hinwegrollen, aber die Torsos dieser Wellen bewegen sich nur auf und ab, bleiben im wesentlichen am Ort. Wir werden den halbkugelförmigen Fallschirm, der fast achteinhalb Meter im Durchmesser mißt, hinter uns herziehen. 183 Tonnen Wasser hinter uns her zu schleppen wird uns auf dem Meer verankern, das zwar auf und nieder tanzt, sich aber nur langsam mit der Strömung voranbewegt.

Als John und Rick den Fallschirm über Bord werfen, dauert es nur eine Sekunde, bis er untergeht, sich öffnet und sich füllt, während die Rose-Noëlle vorwärts rast. Die Schleppleine läuft hinter uns aus. Es ist, als hätten Rick und John einen Wal harpuniert, der in die entgegengesetzte Richtung schwimmt. Sie halten die Leine fest, darauf bedacht, keinen Finger oder etwa eine Zehe dazwischenzubekommen, als sie sich hart wie eine Stahlstange spannt und den Bug der Rose-Noëlle herumreißt. Das Boot zittert, schwingt herum und wendet sich den heranrollenden Wellen entgegen. Rick und John geben mit dem elastischen Nylonseil stückchenweise nach – *sssst, rumms.* Sie lassen der Leine mehr Spiel, als sie sich wütend unter der Last schüttelt: *sssst, rumms – sssst, rumms.* Schließlich ist es geschafft.

Unter Deck werden die Bootsbewegungen ruhiger. Phil

und ich sehen uns nur an, es kommt mir vor wie eine Ewigkeit. Schließlich frage ich ihn: »Was glaubst du, Phil?«

»Zum Teufel, Mann. Du hast mich verstanden.« Wir sitzen schweigend, atmen wieder die beengte Atmosphäre, die schwer ist von Schweiß, Urin, Erbrochenem und dem Fett in einem Spülbecken voller Abwasch.

Das Luk springt auf. Ein kalter Windstoß durchschneidet die tote, feuchte Luft in unserer Höhle. Rick schlägt die Türen mit einem lauten Krachen gegen die Kajütenwand und springt herunter; John fällt praktisch hinterher. Wasser stürzt aus ihrer Regenkleidung. Rick murmelt: »Zum Teufel.« Während John undurchdringlich lächelt, sagt er: »Scheiße, Mann, ist das ein Wind«, und vollführt eine Art Tanz, schüttelt sich die Nässe aus den Kleidern wie ein Hund, der gerade aus dem Fluß gestiegen ist. Phil und ich sind erleichtert, daß wieder alle unter Deck sind. »Eine Tasse Tee wäre jetzt ganz nett«, sagt John.

Während wir uns wieder unter Deck einrichten, gleitet die Rose-Noëlle sehr viel ruhiger dahin, aber der Sturm nimmt immer noch zu. Phil geht auf und ab, späht nach draußen, murmelt: »Mir gefällt das nicht, John. Es gefällt mir ganz und gar nicht.« John sagt nichts. Einige Stunden später sagt Phil zu John: »Was hältst du davon, wenn wir jemandem mitteilen, wo wir sind?«

»Nein!«

Phils Sorge vergrößert meine eigene, aber die Tatsache, daß wir mit Leuten an Land sprechen könnten, ist beruhigend. Andererseits sagt uns das Satelliten-Navigationssystem, daß wir uns 140 Meilen östlich von Castle Point befinden. Wer zum Teufel würde hier herauskommen, ganz egal, was passiert?

Während wir in eine weitere Nacht hineingleiten, ersetzt John die Hoffnung auf das Licht der Sonne durch Spiegeleier. Die leuchtend gelben Eigelbe tropfen über braune Hügel aus Chilibohnenbrei. Es sieht aus wie Kotze. John gibt jedem von uns einen Teller. »Hier, eßt was«, sagt er. Wir schieben es ein wenig auf unserem Teller herum oder schließen beim Schlucken die Augen, dann werfen wir die Teller in das Spülbecken und fliehen in unsere Kojen.

Bumm! Die Rose-Noëlle schlingert, kippt mit einem Ruck nach hinten, und ich fliege durch die Luft, knalle auf den Eßtisch und rolle zu Boden. Etwas stimmt hier ganz und gar nicht.

John weiß, der Treibanker ist abgegangen oder hat sich verheddert. Er macht sich fertig, um nachzusehen. Rick wendet sich zu mir um. »Willst du's diesmal riskieren, Kumpel?« Ich stehe unter Schock, bin nicht in der Lage zu antworten. Nach ungefähr fünfzehn Sekunden klettert Rick aus seiner Koje, zieht die Klamotten an und greift sich eine Taschenlampe. John und Rick verschwinden im Grabesdunkel, welches das schwache Licht ihrer Taschenlampen sofort verschluckt. Während sie draußen sind, murmelt Phil: »Wir werden kentern. Ich glaube wirklich, wir werden kentern.«

Der Treibanker ist jetzt völlig nutzlos. Die Trippleine, die dazu dient, den Fallschirm einzuholen, hat sich darum gewunden und ihn zusammenklappen lassen. Eins der Trampolins hat sich ebenfalls losgerissen. John nimmt das Trampolin ab und wirft es ins Cockpit, bevor er wieder nach unten kommt.

Mit dem zusammengeschnürten Treibanker hinter sich bleibt die Rose-Noëlle jetzt sich selbst überlassen. Sie gleitet seitlich die Wellen hinunter, entblößt ihre Flanken, enthüllt uns die ganze Tiefe unserer Angst.

Als wir wieder unter Deck sind, sagt Rick, daß er John hier draußen für den absoluten Experten halte, während er ein Neuling sei, aber er glaube doch, daß wir den Treibanker loswerden sollten, weil er dazu beitrage, uns quer zu den Wellen zu halten. John weist darauf hin, daß ein Fehler beim Einholen des Ankers fatal sein könnte. Er könnte einem mit Leichtigkeit den Finger abkneifen oder eine Hand abreißen. Rick meint, wir sollten den Treibanker abschneiden, aber John widersetzt sich. Es handelt sich um ein neues, teures Stück Ausrüstung, und es ist zu gefährlich auf Deck. Schließlich stimmt Rick Johns Entscheidung zu, als brauche der Kapitän seinen Segen.

Kawumm! Ein neuer Brecher wuchtet mich aus der Koje. Ich versuche, meinen Fall aufzuhalten, aber es geht so schnell, daß der Versuch nutzlos ist. Meine Latzhose ist eingerissen. Ich kämpfe wie ein benommener Boxer, um wieder auf die Knie zu kommen. Phil beginnt, wirklich verrückt zu spielen, und ich überrasche mich dabei, wie ich ihn beruhige, während ich mich frage, wer mich beruhigen wird.

Die Angriffe der Wellen erfolgen in unregelmäßigen Abständen. Rick und ich werden eine halbe Stunde später quer durch die Kajüte geschleudert, dann zweimal in zehn Minuten. Ich warte auf die nächste Monsterwelle, aber sie bleibt aus. Ich entspanne mich – bis zum nächsten Auftritt der Fliegenden Nalepka-Brüder. Ich habe verdammt noch mal die Schnauze voll. Von allem.

John liegt sicher in seinem kleinen Nest hinter der Kombüse unter dem Cockpit, nur wenige Meter entfernt, wo wir ihn nicht sehen können, aber wir wissen, daß er alles hört. Phil liegt auf der abwärtsgewandten Seite, weg von den Wellen, so daß er, wenn wir herumfliegen, nur um so sicherer in die Koje gedrückt wird. Wir bekommen keine Hilfsangebote, von keinem der beiden. Phil leidet unter Platzangst, ist aber eingeschlossen in einer sargähnlichen Koje auf der anderen Seite des Bootes. Nach jeder krachenden Welle springt er fluchtbereit auf und schlägt dabei mit seinem kahlen Kopf so oft gegen die Decke, daß seine Stirn mittlerweile mit Blut verschmiert ist. »Unterschätze nie die Gewalt des Wassers. Wir werden kentern. Ich muß hier raus«, stöhnt er wieder und wieder. Warum hält er nicht den Mund?

Vielleicht werden wir tatsächlich kentern. Ich weiß nicht mehr, was ich denken soll. John ist so völlig ruhig, als wäre all dies reine Routine. Aber jede schlimme Welle hört sich an, als ob eine Haubitze losgeht. Die Rose-Noëlle wird hochgehoben und mit einem Zittern und einer Art *Duga-Duga-Duga*-Geräusch über das Wasser gejagt. Rick sagt, er habe nicht wirklich Angst, aber diese Bedingungen seien das Äußerste, was er sich vorstellen könne.

John steht schließlich auf, denkt wohl, es sei an der Zeit, die Stimmung an Bord etwas aufzuheitern, und steckt ein Tape in den Kassettenrecorder. »Meine Damen und Herren, lassen Sie uns Kevin Bloody Wilson begrüßen.« Der australische Kneipen-Troubadour schmettert einen herben Song nach dem anderen. Ein typisches Lied stellt die Frage, warum Männer ihre Zeit auf Frauen verschwenden sollten. Warum sich Gedanken über ihre Empfindlichkeit machen oder sich für ihr Gefühlsleben interessieren? Schließlich ist alles, was ein Mann wirklich wissen muß, die Antwort auf den Refrain: »Fickst du gleich beim ersten Treffen? Besitzt dein Vater eine Brauerei? Zeigst du mir deine Titten?« John fällt fast hintenüber vor Lachen. Ich höre ein gelegentliches unterdrücktes Kichern von Rick. Soviel zum Thema Gleichberechtigung, Aufklärung, und männliche Sensibilität. Phil späht weiterhin aus seinem kleinen Fenster. Er hat außer dem Sturm draußen alles vergessen.

Als Kontrastprogramm zu Bloody Wilsons Auftritt hören wir als nächstes die BBC-Nachrichten im Radio – etwas über Tausende von Studenten, die auf dem Tiananmen-Platz in China von Panzern überrollt wurden. Darauf folgt eine triefende John-Denver-Liebesschnulze. Nichts paßt zusammen. Wenn man einen Schnappschuß von diesem Innenraum machen würde, sähe er aus wie eine gemütliche Einzimmerwohnung. Dabei gleicht er viel mehr einer Filmkulisse, in der wir uns hinter dünnen Glasfaserwänden verstecken, während das Meer versucht, sie zu zertrümmern. Dieses Potpourri kontrastierender Reize ist zuviel für mich – Neuigkeiten vom Festland, dieses tobende Meer, Übelkeit, übelkeiterregende Eier, Angst, Liebeslieder,

Studentenproteste, Phils Gejammer, das Gute im Menschen, Kevin Bloody Wilson, auf den ich gut verzichten könnte ... Auf diesem unwirklichen Karussell der Wirklichkeit fühle ich mich so verloren, als hätte ich eine bewußtseinsverändernde Droge genommen. Ich bin so müde. Ich möchte nur Stille, Ruhe, einen leeren Kopf.

Wie viele Menschen überall auf der Welt gehen völlig in ihrer Umgebung auf, wissen nichts über die drastischen Lebensumstände derer, die in China zermalmt werden, die in Afrika hungern oder vom Pazifik überwältigt werden? Wir kümmern uns um niemanden sonst, nur um unsere eigene Haut.

Eine neue Welle trifft uns. Rick und ich fliegen wie Kleingeld in der Tasche eines Riesen umher und krachen auf den Fußboden.

Phil ist wieder aufgestanden. »Ich halte das nicht mehr aus!« Er greift nach dem Mikrophon des UKW-Funkgerätes und ruft irgend jemanden, der uns hören kann. Keine Antwort. Er wiederholt den Ruf. Stille. Noch einmal. John sagt ihm, wir seien zu weit draußen; höchstens ein vorbeifahrendes Schiff könnte die kurze Reichweite des UKW-Senders hören. »Zum Teufel, John! Dann wirf doch das Funkgerät an und ruf um Hilfe. Ich will einen Hubschrauber, und ich will ihn jetzt, John!«

John lacht in sich hinein und lehnt ab. Er hat keine Lizenz für das Amateurfunkgerät, also wird er nicht funken, außer in einem Notfall. »Dies ist kein Notfall.«

»Aber wir werden kentern.«

»Wir werden nicht kentern, Philip. Dieses Boot wird niemals, niemals kentern.«

Phils Angst ist ansteckend. Wir fragen John, wo sich die Ausrüstung für den Notfall befindet. Rick holt die Funkboje heraus, steckt sie in einen wasserdichten Sack und bindet das Ganze am Tisch fest. Er legt Leuchtschußmunition auf die Tischplatte. Ich schnappe mir unsere beiden Schwimmwesten und lege sie auf unser Bett.

Wir kehren alle in die Kojen zurück, wo wir wach und angespannt liegen bleiben. Doch als der Tagesanbruch näher rückt, beruhigt sich der Sturm eindeutig. Die dröhnenden Attacken der Wellen hören auf. Das Geräusch klappernder Töpfe, Pfannen und Gläser verschwindet auf unheimliche Weise. Alles ist erstaunlich friedlich, und ich werde mir meiner schmerzenden Muskeln bewußt, die sich aus ihrer Verspannung lösen. Ich schwimme wie auf einem Wasserbett. Sogar Phils Angst scheint sich in Luft aufgelöst zu haben. Ich sehe mich in der Kajüte um, die in den beruhigenden, warmen, orangefarbenen Schein des Lichtes vom Satelliten-Navigationssystem getaucht ist. Es ist wie eine ständig aufgehende Sonne, bringt all die Hoffnung eines neuen Tages mit sich. Wir haben es geschafft.

Rick schaut immer wieder auf die Uhr und nach draußen. Die weißen Streifen und Schaumkronen sind verschwunden und haben riesige runde Wellen zurückgelassen, über die wir dahingleiten wie im Wagen einer Berg-und-Tal-Bahn. John ist auf. Rick und John sehen sich einen Moment lang an, und Rick sagt: »Also heute können wir wieder segeln gehen.« John nickt und geht zurück, um sich auf die Bank in der Eßecke zu setzen. Es ist ungefähr halb sechs.

Noch eine halbe Stunde warten wir auf die Dämmerung. Die Rose-Noëlle scheint einen Moment innezuhalten, einen langen Moment. Es ist unheimlich still. In meinem Kopf wird eine alte Erinnerung wach. 6. Mai 1965. Ich bin vierzehn, kauere mit meinem Bruder und meiner Schwester im Keller. Das Haus erzittert. Die Luft dröhnt. Das Dach wird weggerissen, als der Tornado vorbeifegt und nur ein Stück weit die Straße hinunter drei Häuserblocks flachlegt.

Jetzt überrollt eine Lawine von Wasser die Rose-Noëlle mit einem gewaltigen Rumpeln und Krachen. Ich spüre, wie das Boot sich dreht und erzittert. Ich fliege durch die Luft. Ich blicke nach oben und sehe den Tisch auf seiner Flugbahn wie eine Rakete über mir. Menschliche Körper,

Schlafsäcke, Geschirr, Bücher, der Fernseher, alles hagelt herunter. Ich glaube, wir stehen auf dem Kopf.

Alles ist kalt und naß. Wasser an meinem Rücken. Ich springe auf. Es reicht mir bis zu den Knöcheln, steigt schnell zu den Waden. Wo ist Rick? Wo sind die anderen? Phil schreit etwas, er wird in seiner Koje von dem steigenden Wasser abgeschnitten. Rick ruft »Jim! Jim, wo bist du, Mann?« Ich fasse zu ihm hinüber, finde seine Hand und ergreife sie. Jeder drücken wir die Hand des anderen, fest, aber sanft. Das Wasser sprudelt herein, steigt uns bis zu den Knien.

»Rick, wie hoch wird es steigen?«

»Keine Ahnung, Kumpel.«

Die orangefarbene Lampe des Satelliten-Navigationssystems erlischt, läßt uns in totaler Dunkelheit zurück.

Höhlenmenschen 3

Phil hat schließlich doch recht behalten. Der Boden ist jetzt das Dach. Unsere Betten, die sich hoch oben in der Kajüte befanden, stehen unter Wasser. Unser Tisch und die Toilette baumeln kopfüber in der Luft. Waschbecken und Arbeitsflächen hängen von der Decke. Das Wasser steigt immer noch. Wie kommen wir hier raus?

Aus dem schwarzen Chaos höre ich Phils unheimliches Stöhnen und Fluchen. Abgeschnitten durch das vorrükkende eisige Wasser, erkämpft er sich seinen Weg, poltert gegen irgend etwas, kriecht über das ehemalige Kajütendach, das jetzt unser Fußboden ist. Er zwängt seinen korpulenten Körper aus seinem überfluteten Sarg heraus und unter die kopfüber hängende Tischplatte.

Ich stehe unter Schock, bin fast gelähmt von der Kälte. Es würde mich nicht überraschen, Eisberge in dem Wasser vorbeitreiben zu sehen, das weiter steigt und uns bereits bis zum Bauch reicht. Das metallisch graue Licht der Morgendämmerung dringt von der Meeresoberfläche draußen durch die Fenster des gekenterten Bootes gedämpft zu uns herunter in die Kajüte. Im Innern schimmern die auf und ab tanzenden Wogen jetzt in silbernem Glanz. Die blassen Umrisse der Gesichter meiner Kameraden tauchen aus dem Halbdunkel auf. John fragt: »Sind alle okay?«

»Ja, ja, wir sind in Ordnung.« Das Wasser steht uns jetzt bis zur Rumpfmitte, und wir vollführen einen dieser Badetänze, bei denen man auf Zehenspitzen watet, um vergeblich den unvermeidbaren Schock des gänzlichen Untertauchens hinauszuzögern. John versichert uns noch einmal, daß das Boot nicht sinken und das Wasser nicht höher steigen wird. Ich nehme ihn beim Wort. Rick grummelt: »Was für ein Schmierenkomödiant. Er hat uns auch erzählt, wir könnten nicht kentern.« Phils schlimmster Alptraum ist Wirklichkeit geworden, wodurch er offenbar seine Angst verloren hat und jetzt ruhig auf weitere Befehle wartet.

Eine unwirklich anmutende Flottille aus Äpfeln, Plastikblumen, Schlafsäcken, Büchern, Instruktionen für den Treibanker und dem Einwickelpapier des Energieriegels treibt vorbei, nimmt Kurs auf das Eingangsluk, das sich irgendwie gelöst hat. John macht Phil Vorwürfe, weil er in seiner Panik das Luk herausgetreten hat, aber Phil streitet das ab. Da verschwindet ein Floß mit all meinen wertvollen Kassetten. Auf Wiedersehen, Muddy Waters. Ciao, Eric Clapton. Bis dann, Stevie Wonder.

Oh, und gute Reise, Kevin Bloody Wilson!

Die kleinen Rädchen in Johns Kopf beginnen sich offensichtlich zu drehen. Er sagt mir, ich solle mich neben dem Niedergang noch tiefer ins Wasser hinablassen und alles, was ich greifen kann, festhalten, bevor es hinaustreibt. Herzlichen Dank. Versunkene Schätze schwimmen vorbei. Manche stoßen gegen meine Beine. Gläser mit Erdnußbutter, die Leuchtschußmunition, die Rick auf dem Tisch liegengelassen hatte, Teller und Tassen, meine Tasche ... alles wird hinausgesogen und davongetragen. John stellt sich vor dem Eingang zu seiner Schlafnische auf, die sich unter – jetzt über – dem Cockpit befindet. Ihr Zugang ist nun ein Kriechtunnel *über* dem Küchentresen; er bleibt glücklicherweise wie ein kleiner Strand wenige Zentimeter über dem Wasser. Auf Johns Anordnung klettern wir eilig herum, um alles, was herumtreibt und davonzuschwimmen droht, einzusammeln. Wir reichen es ihm zu, und er packt es nach achtern an die Stelle, die seine Höhle war und jetzt uns allen gehört.

Als das Durcheinander in der Achterkajüte zunimmt, klettert John hinein. Ein beißender Gestank schlägt ihm entgegen, und er entdeckt eine der beiden Batterien, wie sie an ihren Drähten hängt, die Schwefelsäurelösung zum größten Teil ausgelaufen. Vermischt mit Meerwasser, bildet die Lösung giftiges Chlorgas. John löst beide Batterien und reicht sie heraus. Rick schubst die lecke Batterie aus dem Luk, und ich stelle die andere auf ein Regal über dem Tisch. Vorn gibt es eine dritte Batterie für das Ankerspill, die John später aufrichtet und birgt, aber er macht sich immer noch Sorgen wegen der Dämpfe.

Die unebenen Konturen des Cockpits bilden jetzt den Boden der Achterkajüte. Sie füllen sich mit Wasser. Um ein ebenes Bett über der Wasseroberfläche zu schaffen, auf dem wir schlafen können, errichtet John zunächst einmal ein Fundament aus losen Schubladen, dann baut er weiter und glättet die Oberfläche mit Hilfe von Regenkleidung, Schlafsäcken, sogar einigen Dutzend Rollen Toilettenpapier. John vervollständigt die Plattform, indem er auf die Oberfläche die Türen des Eingangsluks legt. Einige Stunden später haben wir den Großteil des Treibgutes geborgen, und John hat es in Fächern über unserem Kopf verstaut, die früher Teil seiner Bettplattform waren und jetzt die Decke unserer Höhle bilden. Ihre Deckplatten sind mit Schraubverschlüssen gesichert.

Fröstelnd und taub vor Kälte kriechen wir durch den Eingangstunnel, der etwa sechzig Zentimeter im Quadrat mißt und fünfundvierzig Zentimeter lang ist. Doch als wir die offeneren, innersten Regionen unserer Zufluchtsstätte erreichen, ist es dunkel, dunkel, dunkel, und die Luft ist absolut stickig. Phil, der an Platzangst leidet, dreht durch bei der Aussicht, auf der am weitesten entfernten Seite vom Eingang unserer Höhle, gegen den Rumpf gelehnt, eingesperrt zu sein, also läßt John sich dort nieder. Die Eingangsöffnung der Höhle ist wie ein Fernsehgerät, durch das wir ein beruhigendes Licht und einen Ausschnitt der Hauptkajüte vorn sehen.

Die Achter»kajüte« ist zwei Meter lang, also lang genug,

um sich hinzulegen, aber auf Schulterhöhe ist sie nur einen Meter vierzig breit, macht für jeden wahnsinnige fünfunddreißig Zentimter in der Breite. Am Fußende verengt sie sich auf weniger als neunzig Zentimeter. Nach vielem Hin-und-her-Gerutsche und Geremple kommen wir endlich zur Ruhe. Wenn wir flach auf dem Rücken liegen, sind unsere Schultern gegeneinander geklemmt, und wer außen liegt, wird seitlich am Rumpf hochgedrückt. Fünfundvierzig großartige, lustvolle Zentimeter machen den Platz zwischen unseren Nasen und der Decke aus. Unsere Matratze aus Brettern wird nur durch zwei nicht einmal einen Zentimeter dicke Campingmatten aus Isolationsschaum etwas weicher, die Rick und ich mit an Bord gebracht haben. Sie sind gerade groß genug, um unsere luxuriöse Bettstatt von den Schultern bis zu den Hüften abzudecken. Jetzt weiß ich, was für ein Gefühl das gewesen sein muß, auf engstem Raum auf einem Sklavenschiff untergebracht zu sein. Phil hat sich in einem Punkt geirrt: Das Meer macht Gefangene.

Unsere einzige Zuflucht vor dem eisig kalten Wasser ist dieser Wirrwarr von nassen, kalten Körpern, dicht nebeneinander gepackt. Wir passen am besten hinein, wenn wir auf der Seite liegen wie säuberlich verpackte Löffel. Wenn einer sich umdreht, müssen sich alle drehen. Es ist wie bei Simon Says. Jeder von uns ist einmal Simon, der sagt, was die anderen tun sollen, damit wir alle als Einheit handeln können. Doch wir fühlen uns so kalt und müde, daß wir einfach zusammenklappen und gleich weg sind, jeder die Arme um seinen Körper geschlungen, aber begierig nach der Wärme der anderen.

In der tiefsten Dunkelheit, am weitesten entfernt vom Eingang zu unserer Höhle, liegt John. Als nächster kommt Phil, dann ich, dann Rick. Phil ist ein Hochofen. Hier liege ich richtig.

Rumms! »Zum Teufel!« Phil hat sich wieder einmal den Kopf gestoßen. Als ich aufwache, tanzt das Meer immer noch auf und ab. Wellen im Rumpf schwappen gelegentlich in den Eingangstunnel und brechen sich an seinem fünfundvierzig Zentimeter breiten Strand, der uns von der überfluteten Hauptkajüte trennt. Die Ausläufer dieser Brecher verteilen einige Liter erschreckend kaltes Wasser über das Kopfende des Bettes, wo Rick und ich liegen. Zumindest haben wir hier ein wenig frische Luft und Licht, anders als John am anderen Ende, der schläft wie in einer Gruft. Eine wirklich bevorzugte Position, in der sich leben ließe, gibt es in diesem Gefängnis nicht.

Halbwegs aufgerichtet, so gut es eben geht, schneiden wir uns dicke Stücke von einem Hammelschinken, so groß wie ein Truthahn, und von einem Kiloblock Käse ab. Ein passendes Glas Meerrettich trudelt vorbei, also klaube ich es aus dem Wasser. Ich stopfe ein Stück Hammel in das Glas, dann in den Mund. John folgt meinem Beispiel und sagt: »Lecker. Ist es nicht schade, daß wir keine Brötchen von Christabel [seiner Schwester] dazu haben?«

»Brötchen? Er macht sich noch Sorgen um Brötchen!« brummt Rick mißvergnügt und genervt, als hätte John höchstpersönlich das Boot umgedreht.

Vielleicht hat John ja recht. Ich fühle mich merkwürdig wohl und sicher. Jeder Bissen ist eine Befreiung, ein Schritt weg von der Realität unserer kalten Umgebung. Ich genieße das Essen wirklich. Die tornadoartige Kenterung und jetzt dieses bizarre Picknick geben einem das Gefühl, eine seltsame Mischung aus *Der Zauberer von Oz* und *Alice im Wunderland* zu erleben.

Es ist zu spät, um jetzt noch nach Phils Rettungshubschrauber zu rufen. Die Funkgeräte befinden sich beide unter Wasser. Phil fragt John nach der Funkboje. Wann werden wir unseren einzigen Notrufsender einschalten? Wir können ihn nicht benutzen, um zu sprechen, aber er wird ein SOS-Signal an Flugzeuge aussenden. Wie lange wird es dauern, bis ein Flugzeug dieses Signal hört? Wie lange noch bis zur Rettung? John antwortet, daß das Signal möglicherweise nicht durch den Rumpf dringt, also müssen wir erst ein Loch nach draußen schneiden. Danach vielleicht fünf Tage, »vorausgesetzt, daß die Piloten uns hören«, fügt er hinzu, aber ich registriere diese Einschränkung kaum. Meine Gedanken werfen nur zurück: *Fünf Tage! Ich kann niemals fünf Tage lang so leben.*

Phil und John patschen durch das ein Meter zwanzig tiefe Wasser nach vorn und steigen vom Boden des Kajütendachs zum Boden des Vordecks hinauf, wo das Wasser nur noch knietief ist. Wie Grubenarbeiter, die sich mit Hammer und Meißel einen Weg aus einer Einsturzstelle graben, schlagen sie vier Löcher durch die innere Glasfaserhaut, den Schaumkern und die äußere Glasfaserhülle der Rose-Noëlle. Sie schieben eine dünne Säge durch die vorgebohrten Löcher und verbinden die Punkte miteinander.

Rick und ich bleiben achtern und mampfen Äpfel. Wir haben viele Äpfel. Wir ernten sie, wie sie in einem fort aus der Tiefe auftauchen. Zwar hat Neptun einen ganzen Teil unserer Ausrüstung beim Großreinemachen aufgesaugt, doch einem makellosen Hausputz hat sich die Rose-Noëlle entzogen. Außer den Kleidern auf dem Leib haben wir alles verloren, John einmal ausgenommen. Er hat erstaunlich viele Dinge in den verschiedensten Ecken und Winkeln verstaut. Alles, was John besaß, war von Anfang an an Bord. Er hat immer noch ein Fach voller Kleider. Außerdem existiert eine ganze Werkstattausrüstung, von einer Unmenge Handwerkzeugen bis hin zu Bohrern und einer Schleifmaschine. Unter unserem behelfsmäßigen Bett befindet sich eine isolierte Kühlbox. Wir haben den unteren Teil einer Angelrute, eine Angelrolle, Papier, Stifte, einen Satz Signalflaggen, einen Scheinwerfer, einen Grill aus rostfreiem Stahl und eine Unmenge anderer nützlicher Sachen, zu denen unter anderem die eingebaute Grundausstattung des Bootes gehört. Die Zwölf-Meter-Konstruktion selbst ist ein Steinbruch, aus dem wir eine Vielzahl von

Rohmaterialien gewinnen können. Wir entdecken auch so praktische Dinge wie Johns Radrennmedaillen, den blockflötenähnlichen Hals seines Dudelsacks und seinen Siegerkranz aus Plastikblumen.

Zu unserem großen Glück haben wir einen beträchtlichen Vorrat an Lebensmitteln. John hatte die Rose-Noëlle mit Grundnahrungsmitteln für ein Jahr ausgerüstet. Ich habe das vor der Abreise noch um Reiseproviant im Wert von hundert Dollar ergänzt. Selbst ohne alle Schränke zu erkunden, in denen möglicherweise noch etwas zu essen versteckt ist, haben wir drei Pfund Reis zusammengebracht, zehn Dosen gebackene Bohnen, je fünf Dosen Corned Beef und Suppe, je viermal Rote Bete und Makrelen in Tomatensauce, einige Dosen Mais in Sahnesauce und ein halbes Dutzend verschiedener Obstsorten in Dosen. Um unserer Kost etwas Pfiff zu geben, haben wir Johns randvolle Tupperware-Kiste mit Gewürzen geborgen. Die Zahl der Granny-Smith-Äpfel beläuft sich insgesamt auf etwa fünfzig.

Was Flüssigkeit angeht, haben wir zunächst einen 20-Liter-Kanister Wasser, einen Haufen Kondensmilch, fettarme Sahne und Kokosnußmilch in Dosen und fünfzehn bis zwanzig Liter Brause in Plastikflaschen. John hatte sich außerdem einige Liter Orangensaft und ein paar Milchflaschen geschnappt, die wir in uns hineingeschüttet haben, um das Picknick hinunterzuspülen und den salzigen Geschmack loszuwerden. John erzählt uns außerdem, daß alle drei Tanks des Bootes voll sind mit einer Gesamtmenge von 360 Litern Frischwasser.

Uns mag zwar kalt sein, und wir sind durchnäßt, aber wir werden nicht innerhalb von fünf Tagen an Hunger oder Dehydration sterben müssen. Wir essen und trinken ohne Einschränkung, was immer wir wollen. Keinem von uns fällt es ein, die Lebensmittel zu rationieren.

John macht sich immer noch Gedanken über die Batterien, also wirft er die von vorn, die das Ankerspill antreibt, mit mir zusammen über Bord. Sie poltert gegen den Rumpf und verschwindet im drei Meilen tiefen Wasser.

Phil und Rick benutzen eine von Johns Schraubzwingen, um die Funkboje seitlich an unserem Eingangsluk zu befestigen. Wir starren alle auf die stumme kleine Box. Ein rotes Licht blinkt. Wir sind guten Mutes. Ich frage mich nicht, ob wir gerettet werden. Ich frage mich nur, wann.

Als John vor unserer Abfahrt mit Jim Bramwell vereinbarte, Wetterinformationen weiterzugeben, hat John Jim gesagt, er würde unsere Identität nicht bekanntgeben, sondern nur unsere Position mitteilen. Jim sollte dann als Antwort den Wetterbericht durchgeben. John ging davon aus, daß der Kontakt um acht Uhr fünfzehn stattfinden sollte. Bramwell dachte, um acht Uhr dreißig. In dieser Nacht, als wir kopfüber dahintreiben, hört Jim eine Nachricht. Sie könnte von einem der vielen hundert Fahrzeuge auf See stammen, wird häufig von der Unterhaltung japanischer Fischerboote unterbrochen und ist so undeutlich, daß er die Stimme nicht erkennen kann. Position: 34 Grad südlicher Breite, 179 Grad 45 Minuten östlicher Länge. Ihm scheint das in etwa dort zu sein, wo sich die Rose-Noëlle befinden müßte, also trägt er es auf seiner Karte ein. Tatsächlich liegt diese Position mehr als dreihundert Meilen nördlich von uns. Trimarane, selbst aufrecht schwimmende, so scheint es, bewegen sich doch ein gutes Stück langsamer, als er erwartet.

Ungefähr 6. Juni, Tag 3 nach der Kenterung

In unsere Höhle gezwängt, haben wir immer noch Angst vor der Gewalt des Ozeans, während die Rose-Noëlle auf dem sich hebenden und senkenden Brustkorb des Pazifiks dahingleitet. Das Boot schlingert und stampft. *Was wäre wenn …?* fragen wir uns. Was wäre, wenn sie sich wieder richtigherum dreht? Wenn das passiert, werden wir unter einer Lawine von Ausrüstung, auf der wir liegen, und von dem Wasser, das sie umgibt, begraben. In den Sekunden vor dem Ertrinken, im Dunkeln, müßten wir uns unseren Weg nach oben durch den Müllhaufen erkämpfen und die Öffnung finden. Diejenigen am Höhleneingang werden eine Chance haben, aber diejenigen weiter drinnen, nun … Wir wechseln unsere Ruhepositionen, um niemanden zu benachteiligen, aber Phil lehnt es nach wie vor ab, auf dem hintersten Platz zu schlafen. Er behauptet, er komme einfach nicht damit zurecht. Niemals werde er in der Ecke da schlafen. Jedesmal, wenn eine große Welle gegen den Rumpf kracht, springt er auf den Eingang zu, über alle hinweg, die ihm im Weg liegen. Wir fluchen und schubsen ihn zurück an seinen Platz.

John findet unsere Befürchtungen lächerlich. »Dieses Boot wird sich nie wieder aufrichten.«

Wenn er so verdammt schlau ist, was machen wir dann hier draußen kopfüber? denke ich mir.

Rick wird deutlicher. »Das hat du bereits übers Kentern gesagt.« Ricks Meinung nach hat John alles vermasselt, und jetzt sitzen wir da und können die Suppe, die er eingebrockt hat, gemeinsam auslöffeln. Für Rick ist John nicht länger der große Experte, ist er nicht mehr unser Kapitän. Und wir sind keine Segler mehr. Wir sind Überlebende auf einem treibenden Wrack. Dies ist Ricks Territorium. Nach der Kenterung hat sich alles geändert. John will anscheinend gar nicht weiterhin das Sagen haben.

Beim Grollen der großen Wellen, die auf die Rose-Noëlle herunterdonnern, bei jedem einzelnen Krachen spannen sich unsere Muskeln an. Rick und ich fassen uns an den Händen und drücken sie. Es ist alles, was wir haben. Wir haben Glennies wertlose Versicherungen, und wir haben einander.

Ungefähr 7. Juni, Tag 4 nach der Kenterung

Ich komme gern zur Arbeit. Klar, manche meiner Kollegen sind dämliche männliche Chauvis ersten Ranges, aber was soll's, ich kann nicht bestreiten, daß unsere Kameradschaft angenehm ist. Natürlich sind es die Frauen in meinem Leben, die ich am meisten bewundere und die am meisten für mich getan haben, aber etwas zieht mich immer wieder hierher zurück, wo alles einfach und geradlinig ist. Am besten ist es, hier draußen in der Sonne zu sein, einfach zu arbeiten. Auf der breiten Vorderseite des Kehrbesens steht DER BULLDOZER. Ich lehne mich auf den vier Zentimeter starken Griff, schiebe den Schutt von Straßenausbesserungsarbeiten zusammen, wirble Unmengen von Staub auf, die sich mit dem Schweiß mischen, der an meinen Muskeln herunterrinnt, während ich zwischen den vorbeifahrenden Autos vor und zurück tanze. Ich liebe dieses Gefühl: die Anspannung in meinen Schultern, den Himmel, die Hitze, den Dreck, die Erprobung meines, wenn auch kleinen, persönlichen Machtpotentials. Ein kahlköpfiger, fetter Typ kommt mit einem anderen BULLDOZER auf mich zu, hebt ihn hoch und stößt ihn mir ins Gesicht.

Bah! Was zum ... Ich kneife die Augen zusammen, attakkiert von Phils feinen Haaren, der seinen Kopf rückwärts gegen mein Gesicht drückt, tief einatmet, dann einem Stöhnen Luft macht, gefolgt von einem lauten Rülpser. Gleichzeitig vollführen seine Zehen einen irritierenden Einrolltanz auf meinen Füßen. »Eh, Phil. Großer Gott!«

»Oh, tut mir leid, Kumpel.«

»Deine Haare waren genau in meinem Gesicht!«

»Waren sie nicht. Du hast dein Gesicht in meine Haare gedrückt.«

Keiner von uns ist ein Gentleman, aber Phil ist wirklich ein ungehobelter Klotz. Gott sei Dank ist diese Kajüte nicht einen Zentimeter schmaler und keiner von uns auch nur ein Pfund schwerer. Wir halten es nicht aus, wenn einer von uns draußen ist, um Ausschau zu halten, weil wir die gegenseitige Wärme unbedingt brauchen. Wir halten es aber auch nicht aus, wenn wir alle zusammen hier drinnen sind, weil es verdammt eng ist.

Unsere Muskeln schmerzen vom Liegen auf der harten Unterlage. Wir alle haben inzwischen jede noch so kleine topographische Einzelheit unseres winzigen Reiches erkundet. Wir verfolgen genau die Positionen der Längsversteifungen auf dem Rumpf, die Ränder der Öffnungen im Mobiliar, die Markierungen, die den Kalender bilden, den wir über uns aufgemalt haben. Unsere Augen bestimmen Winkel und Flugbahnen zwischen diesen Vorsprüngen, Tälern, Signalmasten und unseren Körpern. Wir haben Grenzen errichtet, Wachttürme gebaut, Frühwarnsysteme entwickelt.

Rick und ich lächeln uns zu, wenn wir unsere Schultern und Arme ausbreiten, über Grenzen hinweg auf feindliches Gebiet vordringen, die Probe aufs Exempel machen, auf den Gegenangriff warten. Johns monotone, sichere Stimme gibt das Angriffssignal: »Ich weiß ja nicht, was hier vor sich geht, aber plötzlich habe ich keinen Platz mehr.«

»Verdammter Mist! Und von hier kommt das nicht!« fügt Phil hinzu.

Rick und ich würden am liebsten laut auflachen. Rick reizt sie noch mehr. »Wir sind's nicht, Kumpel.« Ich weiß, wie genervt sie sind. Ich selbst werde stocksauer, wenn sie es mit uns machen, aber so hat man wenigstens etwas zu tun.

Phil greift nach dem wasserfesten Stift, den wir benutzen, um unseren Kalender zu führen, richtet sich auf und zieht an der Decke einen dicken Strich. »Da!« sagt er. »Dies hier ist mein Platz, Mann! Das ist deiner.« Betont gelassen wirft er den Marker nach oben in sein Fach. Er fällt wieder herunter und prallt von Phils Bauch ab. Rick und ich grinsen, unterdrücken ein Lachen. Phil schnappt sich den Stift erneut und wirft. Er springt heraus. Phil nimmt ihn fest in die Hand und staut ihn sicher weg. Wir rutschen herum und beruhigen uns für eine Weile.

Keiner von uns gibt sich allzuviel Mühe, mit den anderen auszukommen. Wir werden bald genug hier heraus sein, warum also sich um Abmachungen und Kompromisse kümmern? Tatsache ist, jeder beginnt seinen Nebenmann immer mehr zu verachten.

Phil kriegt die Hauptlast unserer Frustrationen ab. Seine Einstellung resignierter Schicksalsergebenheit nervt uns alle. Solange wir geschlossen auf ihm herumhacken, hackt keiner auf uns herum. John nörgelt fortwährend: »Wäre es nicht schön, wenn wir dieses oder jenes hätten? Es wäre nicht verlorengegangen, wenn du nicht die Türen zum Niedergang herausgetreten hättest, Philip.« Und warum kann Phil sich nicht wenigstens einmal ganz nach innen legen? Rick meint, wir anderen machten ein schlechtes Geschäft dabei, besonders wenn das Boot sich wieder aufrichten sollte. Phils Platzangst ist nur ein Haufen Scheiße. Auf der Innenseite kriegt jeder Platzangst, weil man fast erstickt. Es dringt überhaupt nur ein winziger Lufthauch in die Kajüte, und der muß dann auch noch über drei Körper hinweg, um auf die dunkle Seite zu kommen. Manchmal müssen wir laut schreien: »Laßt mir etwas Luft, laßt mir Luft!« Die Kameraden rücken dann einige Zentimeter zur Seite, und wir spüren das kleine bißchen frischer Luft und saugen es ein. Phil lehnt den Platz an der Innenseite nur deshalb ab, weil er mehr frische Luft haben will und eine Position, aus der er leichter entkommen kann. Wir versuchen, zwölf Stunden am Tag zu schlafen, aber man hat das Gefühl, als würden wir uns in einem Schützengraben verstecken, um den herum überall die Bomben des Ozeans detonieren. Phil ist ein liebenswerter Holzkopf, aber in diesem kleinen Raum erhalten sein ewiges Rülpsen, sein Zehenrollen und seine kitzelnden Haare die Dimension von Kriegsverbrechen.

Aber es ist nicht nur Phil.

John grunzt immer, wenn er etwas Gutes schmeckt oder riecht. Besonders wenn er die Flasche mit dem Knoblauch von seiner Schwester öffnet, stößt er vor orgiastischer Ekstase laute Oh-Rufe aus. Wir wissen, er wird jeden Tag in Oh-Rufe ausbrechen; die Frage ist nur, wie oft. Vielleicht zeigt John auf diese Weise einfach seine Dankbarkeit für das, was wir haben, oder er denkt aus einem nostalgischen Gefühl heraus an seine Schwester. Aber für uns, besonders für Rick, ist sein Verhalten eine schmerzliche Erinnerung an das, was wir nicht haben, und es hört sich an, als hätte John seinen Spaß daran. Wir wollen, daß er genauso unglücklich ist wie wir.

Rick und ich freunden uns immer mehr an, indem wir über alles mögliche diskutieren, von mexikanischem Essen bis hin zu unseren Reaktionen auf die Frauen, die wir kennen, mit ihrem Bedürfnis nach Unabhängigkeit und Selbständigkeit. Wir sprechen über schwierige Dinge und über einfache.

Rick will wissen, wie man überbackene, mit Sauce bedeckte und mit Käse und Fleisch gefüllte Tortillas nennt. Ich sage ihm, es sind Enchiladas.

Aus dem Dunkel meldet sich John: »Tamales.«

»Nein, John. Es sind Enchiladas«, sage ich.

»Als ich in San Diego war, hießen sie Tamales.«

Das ist typisch John. Mischt sich immer ein. Seine Antwort ist die einzig richtige. Er hat alles immer schon größer, besser und vor allen anderen gemacht. Und wenn nicht, lohnt es sich auch nicht, oder es ist unmöglich. Und das von dem Typen, der uns versichert hat, sein Boot könne nicht kentern!

Rick greift John direkt an. »John, du könntest einen Haufen Scheiße nicht von zerkauten Datteln unterscheiden.«

Und Rick. Ich mag ihn wirklich gern, aber er kann einem auch auf die Nerven gehen. Er überfällt uns mit alten OB-Gedankenspielen. Zu seinen verschiedenen logistischen Problemen gehören Dinge wie: »Die Welt wird in zwei Wochen untergehen. Welche zehn Leute würdest du mitnehmen?«

Laß es, Rick! Erinnert einen viel zu sehr an Zuhause. Keiner antwortet ihm, also nimmt er an, wir denken immer noch nach. Schließlich sage ich: »Sieh mal, Rick, wir möchten dein Spiel nicht spielen.« Wir gehen alle wieder dazu über, unsere Positionen im Auge zu behalten, die Grenzpatrouillen zu überprüfen.

Was mich angeht, nun, ich bin mir sicher, daß ich zumindest John schwer auf die Nerven gehe. Ich bin der Ignorant hier draußen, totes Kapital. Ich habe keine Ahnung, von reinweg gar nichts, war schon vor der Kenterung keinerlei Hilfe.

John trauert um sein Boot und den Verlust all seiner Besitztümer. Diese Trauer wird durch unsere Gegenwart noch verstärkt und kompliziert. Unsere Höhle, alles um uns herum ist in der Inventarliste in Johns Kopf als John Glennies Eigentum aufgeführt. Aber die Besitzurkunden sind schon vergilbt, ausgestellt in der Vergangenheit eines Mannes, von der wir nichts wissen und zu der wir keine Beziehung haben. Wir erkennen Johns Rechte und Grenzziehungen nicht mehr an, wenn wir dies überhaupt je getan haben. Er ist sauer auf Rick und mich, wenn wir uns einfach nehmen, was wir gerade essen wollen, aber er macht kein großes Theater. Wir würden ihn möglicherweise ohnehin ignorieren, aber wir nutzen seine unbeholfene Art sich mitzuteilen extrem aus, während er seine Befehlsgewalt praktisch aufgibt. Phil, Rick und ich sind Eindringlinge in Johns Reich, wir mißachten seine Rechte und Gefühle gegenüber seiner zerstörten materiellen Welt, benutzen seine Sachen, stellen seine Herrschaft in Frage, erwarten aber, daß er uns am Leben erhält.

Wenn John leise etwas einwendet, weil wir uns etwas zu essen nehmen, weist Rick gern auf sein bisheriges Versagen hin. John hat uns versichert, sein Boot würde niemals kentern, und hier sitzen wir nun. Rick schlägt wieder und wieder in diese Kerbe: »Seit der Kenterung ist alles anders.«

John mag seine Schwierigkeiten haben, mit Dummköpfen zurechtzukommen, aber er ist weich, verglichen mit Rick. Rick ist wirklich hart, vielleicht zu hart. Er sitzt nicht einfach passiv herum und wartet auf Befehle, sondern übernimmt das Kommando. Wir brauchen mehr Luft, also werden wir morgen ein neues Luk in den Rumpf schneiden. Wir müssen Prioritäten setzen, also gut: am Leben bleiben, gesund bleiben, lernen, miteinander auszukommen. Sobald das Wetter besser wird, werden wir uns etwas einfallen lassen, um hier herauszukommen. Wenn dir etwas nicht paßt, friß es nicht in dich hinein. Konfrontier den Betreffenden geradeheraus damit. In vieler Hinsicht beneide ich Rick um seine direkte Art, auch wenn sie manche Leute wütend macht. John sagt nichts, aber man kann die Spannung zwischen den beiden spüren.

Ich weiß nicht einmal genau, was mich zu Rick hinzieht. Vielleicht sind es seine Vitalität und seine Entschiedenheit. Ich brauche ihn um der Hoffnung willen, die er in mir weckt. Er hat schon früher Grenzsituationen durchlebt, und er hat überlebt. Nüchtern betrachtet, kann ich meine Hingezogenheit zu Rick jedoch nicht begründen. Ich kann meine Gefühle nicht sezieren, klonen, konservieren oder unter einem Mikroskop betrachten. Ganz egal, wie schwankend, verwirrend oder unpassend sie sein mögen, unsere Gefühle sind genausowenig im Unrecht wie die Wellen des Meeres, sie sind eine genauso wirkliche Kraft, mit der man umgehen muß. Beide bewegen uns schon durch ihre bloße Existenz. Unsere Sünde rührt nur daher, wie wir unsere Gefühle rationalisieren, wie wir sie koordinieren und einander aufdrängen. Und hier, auf der Rose-Noëlle – wie in den Köpfen von Millionen Menschen auf der Welt – gedeiht die Sünde auf dem Boden des irrigen Glaubens, daß, wenn unsere Gefühle oder Gedanken nicht falsch sind, sie dann wohl richtig sein müssen.

Rick scheint zu glauben, daß er sich einen Ausweg aus dieser Situation erzwingen kann. John meint, wir müssen an unsere gottähnlichen Fähigkeiten glauben, im Hier und Jetzt leben, das Beste aus dem machen, was wir haben. Wenn unser Glaube nur stark genug ist, wird für uns gesorgt werden. Ich beneide John um diese Schicksalsergebenheit und wünsche mir, daß ich mich hier ebenso wohl fühlen könnte; aber wenn man konsequent weiterdenkt, würde einen eine solche Ergebenheit kampflos in den Tod führen. Ich bin nicht bereit zu sterben.

Ich brauche John. Ich vertraue auf sein Wissen über das Meer und das Boot, aber ich brauche auch Rick. Dies ist meine Chance, etwas zustande zu bringen, mit Rick zusammenzuarbeiten, damit wir hier herauskommen. Wenn ich es jetzt nicht versuche, werde ich vielleicht nie wieder die Gelegenheit bekommen.

Ohne Rick würde ich wahrscheinlich einfach tun, was John mir sagt, aber gemeinsam haben wir die Kraft, ihm entgegenzutreten. John mag es übelnehmen, daß wir uns mit allem, was die Rose-Noëlle zu bieten hat, bedienen, aber Rick und ich fühlen uns gerechtfertigt, Johns Besitztümer zu plündern, und klammern uns an das Wenige, was uns noch geblieben ist. Was uns gehört, gehört immer noch uns, und was John gehört, gehört uns auch.

In bin mit der Wache dran, das heißt, ich muß meinen Kopf einige Minuten lang hinausstrecken und nach einem Schiff Ausschau halten. Ich plantsche durch die Kajüte nach vorn, pinkle, überprüfe die Funkboje. Tickt noch. Gott sei Dank. Bald werden wir hier raus sein. Ich spähe umher, auf die See, die sich weiter beruhigt, aber der antarktische Wind bläst immer noch von Süden. Es ist zu kalt, um draußen zu sein.

Als ich in unsere feuchte, eklige Höhle zurückkomme, krieche ich neben Rick, der sich neben Phil unter die eine Wolldecke gekuschelt hat, die wir alle miteinander zu teilen versuchen. Wellen sind so oft durch den Eingang geschwappt, daß unsere Plattform praktisch schwimmt. Wir sind durchweicht. Bilgenwasser, die Feuchtigkeit aus unseren tropfnassen Kleidern, unser Atem und unser Schweiß verdunsten, und die daraus resultierende hundertzehnprozentige Feuchtigkeit ist genauso gefangen wie wir. Eine dicke Schicht Wasser überzieht die Decke und fließt in winzigen Wellen von einer Seite zur anderen, wenn das Boot sich hin und her wiegt. Fette Tropfen hängen dort oben, fallen herunter, bilden sich neu; plink, plonk, plink-plink ... Ich ziehe die Decke über mich. Sie wird zurückgerissen. »Kommt schon. Gebt mir ein bißchen Decke.«

»Hör auf zu drängeln«, beschwert sich Phil.

»Moment, Moment, Moment. Ich bin nicht auf deinem Platz«, entgegnet Rick.

Phil dreht sich um, sieht Rick an: »Heh!« Er bohrt Rick seinen Finger in die Brust und sagt drohend: »Bleib von meinem Platz weg!«

Rick explodiert, packt Phil am Kragen seines Holzfällerhemdes, reißt ihm den Kopf hoch und hebt die Faust, dabei schreit er: »Zeig du noch einmal mit dem Finger auf mich!«

John und ich beschwichtigen: »Heh! Heh! Hört auf damit!«

Rick läßt Phil los. Sie sagen nichts mehr und lassen sich nieder. Ich ziehe eine Ecke der Decke über meine Schulter, froh, daß ich meine Grenzen noch nicht erreicht habe, daß ich mich nicht so schlecht fühle wie Phil und Rick. Nur fünf Tage, bis wir gerettet werden; schaffen wir es wenigstens noch einen Tag länger?

Ungefähr 8. Juni, Tag 5 nach der Kenterung

Wie ein Affe hangelt sich John vor mir aus dem Eingangsloch. »Komm schon! Laß uns gehen!« sagt er.

Ich strecke den Kopf nach draußen. Heilige Kacke. Die

Rose-Noëlle liegt in einem Tal zwischen wogenden Wellenbergen, die sie hoch und höher tragen, bis ich über die endlose Weite des leeren Pazifiks hinwegblicke. Der Sturm hat sich endlich beruhigt. Eine leichte, kalte Brise raschelt in meinen Ohren. Kleinere Wellen geben den umgekehrten Rümpfen einen glasigen Anstrich, wenn sie mit einem hohlen *ka-tank, blasch, ka-tank* dagegenspülen.

Ein elektrisierend blauer Himmel steht in starkem Kontrast zu den strahlend zitronengelben Rümpfen, gekrönt von ihrem schmutzigweißen Bodenanstrich. Die Rose-Noëlle sieht aus wie eine Walmutter, flankiert von zwei Jungen. Unsicher klettere ich aus dem Luk und sitze rittlings auf der Mutter – ohne Sattel. Die nassen Oberflächen des Bootes wirken so glatt wie schmelzendes Eis. Ich frage mich, ob ich nicht einen Sicherheitsgurt tragen sollte.

John lacht über meine Angst. Er schlendert nonchalant das Seitendeck entlang. Die Seitendecks dienten als Erweiterungen der Kajüte, jetzt sehen sie aus wie Fußwege, die sich zu beiden Seiten des Hauptrumpfes erstrecken, nur wenige Zentimeter höhergelegen als die Straße, die Meilen tief mit Wasser überflutet ist. Vorn und achtern schneiden Querholme die Seitendeck-Fußwege wie ausgestreckte Arme im rechten Winkel und halten die Baby-Rümpfe in ihrer Position zu beiden Seiten der Mutter. Sie dienen ebenfalls als Gehwege knapp über dem Wasser, aber sie sind abgerundet und geneigt wie eine Uferlinie, die sich zum Meer hin senkt. Das Trampolin, das John abgenommen und ins Cockpit geworfen hatte, und das andere, das zwischen den Rümpfen und Holmen aufgespannt blieb, sind beide weggespült worden, so daß auf beiden Seiten des Bootes je ein rechteckiges Becken zurückgeblieben ist. Kleinere Wellen schwappen über unsere Gehwege, als John gerade damit fertiggeworden ist, irgendwelche gehörnten Dinger an der Unterseite des Bootes zu befestigen.

Von unten reicht jemand die sechzig mal einhundertzwanzig Zentimeter große Seenotflagge aus Plastik herauf.

Ich klemme sie mir unter den Arm und rutsche äußerst vorsichtig nach achtern, den Kiel entlang bis zur Bootsmitte, während John mich antreibt: »Mach schon, mach schon. Wir wollen sie setzen.« Wir breiten das orangefarbene Signaltuch mit dem großen schwarzen V aus, das allen Such- und Rettungsmannschaften HILFE zuruft, und der Wind läßt es knattern.

»Heh, John, eh, was mache ich mit diesem Ende?«

»Binde es einfach mit einem Palstek an die Klampen.«

Klampen? Oh, das müssen diese komischen Dinger sein, die er eingeschraubt hat. Jetzt einen Palstek? Ach, vergiß es. Wenn du keinen vernünftigen Knoten binden kannst, mach um so mehr davon. Altweiberknoten sind nicht erlaubt. Ich schaffe einen Halben Törn und etwa zehn Halbe Schläge. Das war's! John scheint zufrieden.

Sieht gut aus. Jetzt können sie uns nicht mehr verfehlen. Als ich den Rumpf hinunter zurück in unseren sicheren Fuchsbau krieche, greift Rick nach oben, um mir zu helfen. Er drückt meine Hand, und ich drücke zurück.

Das Himmel zieht sich schnell wieder zu.

4 Ein Tag am Strand

9. Juni, Tag 6 nach der Kenterung

Zurückgelehnt, nackt, während die Sonne durch die geschlossenen Lider auf mein aufwärtsgewandtes Gesicht brennt, wünsche ich mir nur etwas Kaltes zu trinken herbei. Man könnte sich hier genauso wohl fühlen wie beim Sonnenbaden am Strand von Maui. Das Meer ist endlich völlig ruhig, die Luft warm, der Himmel wolkenlos. Unsere Kleider liegen auf dem Rumpf ausgebreitet, trocknen zum ersten Mal.

Als ich die Augen öffne, sehe ich Phils kleinen, fetten, rosigen Körper vor mir. Wie wir alle leidet er unter wunden Stellen vom Salzwasser. Unsere Schultern, Oberschenkel, das Gesäß und der Bizeps – alle Druckstellen, wo unsere aufgeweichten Körper gegen das durchnäßte Bett gepreßt wurden – sind mit einem roten, brennenden Ausschlag aus Tausenden von kleinen Pickeln bedeckt. Vom Zwerchfell aus das Brustbein hinauf verläuft die Narbe von Phils Bypass-Operation. Am rechten Arm trägt er eine nicht besonders kunstvolle, hausgemachte Tätowierung: in verblaßten, unregelmäßigen Lettern steht dort KAREN. »Heh, Phil, wer ist Karen? Eine alte Freundin?«

Phil wendet sich zu mir um, guckt mich ernst an, mit einem durchdringenden, düsteren Blick. Schließlich sagt er: »Nein. Das ist meine Frau.«

Ich fühle mich wie ein Schweinehund. Warum mußte ich danach fragen? Was muß Phil jetzt durch den Kopf gehen? Wird er sie je wiedersehen? Mag sein, daß ich auch eine Freundin zurückgelassen habe; vielleicht möchte ich sogar, daß diese Beziehung mehr bedeutet, als es tatsächlich der Fall ist, aber damit würde ich mir etwas vormachen. Vielleicht wird sie nie viel bedeuten. Rick hat eine Frau und ein Kind, aber er und Heather sind nicht immer besonders gut miteinander ausgekommen. Rick war zu sehr damit beschäftigt, seine Grenzen zu entdecken, statt sich darum zu kümmern, was aus seiner Beziehung zu Heather hätte werden können. Und John ... was läßt sich über ihn sagen? Frauen scheinen sich von ihm angezogen zu fühlen, aber es dauert meist nicht lange, bis sie wieder verschwinden. Wenn John von der einen oder anderen erzählt, habe ich den Eindruck, für ihn seien Frauen wie die kleinen Silberlöffel mit emaillierten Einlegearbeiten, welche die Leute sammeln, um zu zeigen, wo sie schon überall waren. Er hat mit Sicherheit niemanden, zu dem er zurückkehrt. Wir haben jedes Recht verspielt, Anspruch auf einen Platz im Herzen einer Frau zu erheben. Alle außer Phil. Er erzählt mir, er sei mit Karen zusammen, seit sie vierzehn war. Von uns allen ist er derjenige, der wirklich etwas zu verlieren hat.

In mein dumpfes Hirn dringt der Gedanke, daß dieser Moment in der Sonne vielleicht die einzige Wärme birgt, die ich noch fühlen werde. Das Wetter wird wieder schlecht werden. Es könnte sein, daß ich nie wieder die aufsteigende Hitze der Liebe erleben werde, daß ich Glück habe, wenn ich durch das dicke Fell dieser Typen hier auf dem Boot einige Kalorien Wärme ergattern kann. Dies ist nicht Maui. Dies ist nicht einfach ein Tag am Strand. Der Horizont ist leer, aber unsere Einsamkeit ist keine freiwillige. Dies ist kein künstliches OB-Abenteuer. Es ist die nackte Wirklichkeit, und diese Männer sind meine ganze Welt. Die Sonne und die Stille sind eine Oase der Ruhe, doch nur eine Gnadenfrist, eine Feuerpause in unserem Krieg gegen das Meer und in den Scharmützeln untereinander. Muß es zwischen Männern so sein?

John taucht in den Rumpf hinab und holt seine Erste-Hilfe-Ausrüstung. Wir streichen antiseptische Creme auf unsere Schürfungen und offenen Wunden. Rick hat eine klaffende Schnittwunde am Knöchel, die besonders schlimm aussieht. Am ganzen Knöchel fehlt die Haut, und in der Mitte dringen Eiter und Lymphe aus einem bleistiftdicken Loch. Prellungen, kleinere Schnittwunden, nichts allzu Drastisches, zieren den Rest von uns. Noch haben wir keine ernsthaften Verletzungen. Unter der lindernden Creme beginnen unsere Wunden schon zu heilen. Zumindest unsere Körper lassen sich kurieren.

Unsere Nacktheit macht uns äußerlich gleich, aber wir sind sehr verschiedene Männer. John bleibt bei allen Problemen so sachlich, als könnte er sich kein besseres Abenteuer vorstellen. Rick sehnt sich jetzt danach, bei Heather und seinem Sohn zu sein. Phil strömt ein unerbittliches Gefühl von Verhängnis aus. Sein Glenniescher Mythos von Männern, die der Wildnis des Ozeans entgegentreten und sie bezwingen, ist zerstört. Was mich angeht, hatte ich vor dieser Reise gerade erst angefangen, etwas aus meinem Leben zu machen, die Wildnis in meinem Innern ehrlich zu erforschen. Direkt nach der Kenterung habe ich, wie Rick, John die Schuld dafür gegeben, daß wir hier sind, aber jetzt sehe ich ein, daß John keinen von uns lange überreden mußte. Ich bin wütend auf mich selbst, weil ich dem Urverlangen gefolgt bin, bis an die äußerste Grenze zu gehen. Jetzt finde ich diese Grenze zu unerbittlich. Ich bin nicht bereit zu sterben. Ich akzeptiere das einfach nicht. Die Funkboje wird funktionieren.

Ungefähr 11. Juni, Tag 8 nach der Kenterung

Die Funkboje hat ihren Hilferuf ausgesandt, die fünf Tage, die bis zur Rettung verstreichen sollten, sind längst vergangen, und der einzige, der seinen Weg zu uns gefunden hat, ist ein neuer heulender Wind, der immer stärker wird.

Von jetzt an werde ich die Dinge sehen müssen, wie sie sind, nicht wie sie waren, bevor das Boot kenterte. Was unten war, ist jetzt oben; was der Boden war, ist jetzt das Dach. Immerhin, wir haben schließlich ein zweites Luk in das derzeitige Dach des Bootes gesägt, knapp seitlich und hinter dem Kiel.

Ich sitze auf dem herausgeschnittenen Stück, das wir als eine Art Cockpitboden unter dem Loch befestigt haben, spähe hinaus in die windgepeitschte Nacht. Der unebene Glasfaserrand des ausgesägten Loches verhakt sich in meinen Kleidern, daher beschäftige ich mich damit, ihn glatt zu feilen, während ich Ausschau halte. Was ist das? Ein Schiff? Ich greife nach dem Scheinwerfer, den John in unserem Urlaub an der Sonne an die letzte Batterie angeschlossen hat. Die Batterie steht auf den ehemaligen Bodenbrettern der Rose-Noëlle neben dem Luk. Auf dem gleichen Bord liegt in einer Eiscremedose aus Plastik der unglaublich helle Scheinwerfer immer bereit. Er gibt mir ein Gefühl der Sicherheit, als säße ich auf meinem eigenen Leuchtturm. John hat sogar einen Schalter eingebaut. Ich muß seine Geschicklichkeit bewundern.

Ich weiß, ohne ihn würden wir es nicht schaffen. Vielleicht ist seine dogmatische Einstellung weniger das Produkt einer angeborenen Männlichkeit als vielmehr die Folge seiner Stellung als unser Kapitän. Vielleicht prägt die Rolle den Mann ebensosehr wie der Mann die Rolle. Vielleicht wurden Männer von der Geschichte und der Gesellschaft genauso eingeschränkt wie Frauen, haben wir die sanfteren, großzügigeren, nachgiebigeren Teile unserer Natur unterdrückt, um in den uns zugewiesenen Rollen zu überleben.

Auf alle Fälle ist in dieser Nacht kein Schiff gekommen. Was ich gesehen habe, muß einfach ein Aufleuchten des Nachthimmels gewesen sein, vom eisigen Meer reflektiert. Rick wird ewig John dafür verantwortlich machen, daß wir hier sind, aber das Meer – das gemeine, kalte, endlose Meer, nicht John Glennie – ist unser Feind. Soviel steht zweifelsfrei fest.

Ich lasse mich durch das Luk nach unten gleiten, muß mich etwas verrenken, um meinen Fuß in ein Fach zu stecken, als von der Seite des Rumpfes ein Krachen zu hören ist, wie eine Glasfabrik, die zusammenbricht. Eine massive Wassersäule stürzt durch das Luk, drückt mich zu Boden. Dem ersten Ansturm folgt etwa dreißig Sekunden lang ein Wasserfall, der die Schachteln und Regale, in denen sich die Batterie und die Lampe befinden, leerfegt. »Brrrr! Verdammt, ist das Wasser kalt!«

Ich höre meine Kameraden in der Höhle lachen. Als ich hineinkrieche, sie alle naß mache, sagt Rick: »Hat der Kaventsmann dich erwischt, was, Kumpel?«

»Was glaubst du denn?« Ich lege mich neben ihn, warte voller Vorfreude darauf, daß nun jemand anders dran ist, aber die nächsten Wachen sind nicht so schlimm. Weil solche über uns hereinbrechenden, einzelnen Wellen, die wir Kaventsmänner nennen, unvorhersehbar sind, weiß man nie, wann man beim Ausschauhalten durchweicht wird und wann nicht. Deshalb nenne ich unser abwechselndes Wachegehen Roulette spielen: Manchmal gewinnt man, manchmal verliert man. Manchmal erwischt es dich gleich fünfmal hintereinander. Genau wie im Leben.

Rick macht sich Sorgen, daß die Rose-Noëlle einen zweiten Sturm nicht überstehen wird. Er macht sich Sorgen, daß die Last des Meerwassers, die auf ihren überfluteten Körper drückt, schon bald beginnen wird, sie zu zerbrechen. John weist solche Überlegungen zurück, ohne einen weiteren Gedanken daran zu verschwenden. Aber Ricks Sorgen sind ein weiterer Nagel für Phils emotionalen Sarg. Alle außer John machen sich Gedanken, daß wir uns wieder aufrichten könnten und dadurch eingeschlossen werden, oder daß das Boot auseinanderfallen und uns einsam, in der eisigkalten See treibend, zurücklassen wird. »Dieses Boot wird niemals zerbrechen«, beharrt John, aber das beruhigt uns kaum.

Wenn die Wellen sich draußen aufschaukeln, tun sie es auch in der nachtschwarzen Dunkelheit im Innern des Rumpfes. Rick und ich falten eine kleine Matratze zusammen und halten sie wie einen Schild gegen die Öffnung unserer einzigen Zuflucht. Wir hören, wie Brecher gegen die Rümpfe schlagen und Kaventsmänner durch die Luken krachen, die wir vorn in den Rumpf geschnitten haben. Die Wellen bauen sich im Rumpf auf und stürzen auf uns zu wie unaufhaltsam heranrollende Bowlingkugeln. Noch im Halbschlaf arbeiten Rick und ich zusammen, unbewußt nehmen wir den Lärm wahr und werden gerade wach genug, um das Kissen fest gegen die Tür zu unserem Bombenschutzkeller zu pressen. Aber jede Welle, die über den zehn Zentimeter breiten Wellenbrecher im Eingang unserer Höhle hinwegstürzt, findet Lücken in unserer Verteidigung. Bänder schimmernden Wassers, erfüllt von wimmelndem Meeresleuchten, fallen um uns herum, glitzern auf, verschwinden. Einige der winzigen Tiere bleiben auf unserer Haut und in unserem Haar zurück, glühen wie mikroskopisch kleine Leuchtkäfer.

Wir haben eben begonnen, das Kissen anzuheben, als eine Welle, die eher eine Tsunami zu sein scheint – viel zu groß im Verhältnis zu dem Geräusch, das sie angekündigt hatte –, über uns hereinbricht. Ein Sturzbach aus Wasser und funkelndem Licht treibt uns rückwärts. Selbst John und Phil – die geschützt hinter dem Schott liegen – werden naß, aber nicht so naß wie Rick und ich. Wir sind vom Meeresleuchten ganz und gar bedeckt und sehen aus, als hätte man uns in Goldstaub getaucht. »Jesses Maria!« sagt Phil. »Unterschätze nie die Gewalt des Wassers.«

»Halt die Klappe, Phil«, sage ich. »Ich habe die Schnauze voll, dauernd kalt und naß zu sein. Wie wäre es, wenn ihr mal die Plätze mit uns tauschen würdet, damit wir trocknen können und uns wieder warm wird?« Keine Antwort. Rick und ich beginnen, die Kleider auszuziehen. »Nun, wie steht's?«

Phil antwortet: »Sei kein Spielverderber. Ihr seid da, wo ihr sein solltet. Gestern waren wir an eurem Platz.«

Wir haben unsere Plätze regelmäßig gewechselt. Normalerweise rutscht der Rest von uns weiter, wenn einer aufsteht, um die Wache zu übernehmen, aber bis jetzt hat es dabei keine feste Reihenfolge gegeben. Daher protestiert Rick: »Schaut mal, wir sind naß. Wir könnten uns eine Unterkühlung zuziehen. Wir halten seit Stunden diese verdammte Matratze hoch. Laßt uns tauschen.« Keine Reaktion.

Rick legt mit einer längeren Predigt los. Eine gute Predigt. Er läßt nichts Wichtiges aus. Er spricht darüber, daß wir als Team zusammenarbeiten müssen, daß wir beide im Moment wirklich Hilfe brauchen, die unsere Kameraden uns geben könnten, daß es wichtig ist, daß wir uns aufeinander verlassen können, und er fügt hinzu, daß wir nie darum gebeten haben, in diese Situation zu kommen. Hört sich in meinen Ohren gut an, aber sie kaufen es ihm nicht ab.

Verzweifelt bitten wir Phil, sich wenigstens zwischen uns zu legen, damit uns warm wird. Er willigt ein. Wie ein mildtätiger Hochofen dreht Phil sich immer wieder um, damit wir ihn abwechselnd kräftig umarmen können. John liegt wie tot in der Ecke.

Später sprechen Rick und ich über die große Flut und Johns Gleichgültigkeit angesichts unserer Not. »Verstehst du diesen Typen?« frage ich.

»Ja«, sagt Rick. »Ich schätze, wir wissen, aus welchem Holz er geschnitzt ist. John ist ein Dickschädel. Darum müssen wir zusammenhalten – du und ich, Jim. Wir müssen einfach.«

Rick und ich sind auch keine Engel. An einem anderen Tag, bei einer anderen Welle lachen wir in uns hinein, während wir beobachten, wie John und Phil ein ums andere Mal vergeblich das hereinbrandende Wasser abwehren.

Schlagen wir freiwillig vor, den Platz zu tauschen? Zum Teufel, nein. Und melden wir uns freiwillig, um in jenes gemein kalte, schwarze Wasser hinabzutauchen und Lebensmittel und andere Ausrüstung zu bergen? Nein. Wir überlassen das John. Wir haben wahrhaftig alle Fehler genug.

Doch dem Himmel sei Dank für Phils Körperwärme an kalten, nassen Tagen. Und John haßt es noch mehr als wir anderen, naß zu werden, trotzdem taucht er immer wieder nach Nahrungsmitteln. Vielleicht taucht er, damit wir nicht stehlen, was seiner Ansicht nach ihm gehört, oder vielleicht denkt er einfach, daß er dies am besten kann. Dennoch, dem Himmel sei Dank auch für John. Die Wahrheit ist, ich brauche alle drei.

Ungefähr 12. Juni, Tag 9 nach der Kenterung

»Wo sind wir, John? Wohin treiben wir?« frage ich.

John sagt: »Seid ihr sicher, daß ihr es wissen wollt?«

»Ja.«

John greift zum Fußende unseres Bettes und holt eine dicke Rolle Seekarten hervor. Er blättert sie durch und zieht eine heraus. Darauf ist der gesamte südliche Pazifik abgebildet. Neuseeland ist etwa so groß wie Japan, aber auf der Karte liegt es wie ein gekentertes Puppenschiff in einer Ecke. Einige Punkte stellen die Chatham-Inseln dar, die fünfhundert Meilen östlich von Neuseeland liegen. Auf der äußersten rechten Seite der Karte, fünftausend Meilen entfernt, liegt die chilenische Küste. John sagt uns, daß die vorherrschenden Winde und Strömungen uns in Richtung Ostsüdost auf Südamerika und das berüchtigte Kap Hoorn zutreiben werden. Ich starre auf die Karte, sprachlos. Zwischen hier und dort ist vollkommene Leere.

Als wir den ersten Schock über unsere Position überwunden haben, klammern wir uns an rettende Strohhalme.

»Wir könnten auf die Chatham-Inseln treffen«, schlägt Phil vor.

Stecknadelköpfe im Pazifik. Genau.

»Unwahrscheinlich«, sagt John, aber er schildert uns seine eigene schwache Hoffnung. Wir könnten auf das Maria-Theresa-Riff auflaufen oder dicht genug daran vorbeitreiben, um von Fischerbooten gesichtet zu werden. »Ich habe dort einmal ein japanisches Fischerboot gesehen. Es tauchte aus dem Nichts auf«, sagt er. Er muntert uns auf, dann enttäuscht er uns wieder, indem er murmelt: »Natürlich war das vor zwanzig Jahren. Seither habe ich keins mehr gesehen.«

»Vielleicht treffen wir auf ein Schiff oder ein anderes Segelboot«, schlage ich vor.

Noch bevor ich den Satz ganz heraus habe, sagt John: »Es gibt keine Schiffe hier draußen. Kein Mensch hat einen Grund, sich hier herumzutreiben.« Ich will ihm nicht glauben, aber ich schaue noch einmal auf die Karte. Hier draußen ist nichts. Kein Weg führt hier entlang. Die einzige Stelle auf diesem Planeten mit noch öderen Gewässern liegt in den Wütenden Fünfzigern oder noch darunter (von fünfzig Grad südlicher Breite bis zum Südpol), wo die Winde völlig ungehindert durch irgendwelche Landmassen um den Globus fegen. Das nächste Stück Land, von uns aus gesehen, befindet sich in ungefähr viereinhalb Kilometern Entfernung direkt unter uns.

Die Funkboje ist unsere einzige wirkliche Hoffnung, Retter auf uns aufmerksam zu machen. Wir haben sie woanders hingestellt und sie in dem tiefen, langen Schlitz in der Mitte des Bootsrückens verkeilt und festgezurrt, in dem das Schwert untergebracht ist. Das Licht blinkt nach wie vor. Ja, da ist immer noch die Funkboje.

Jim Bramwell schaltet wieder einmal sein Funkgerät ein und ruft die Rose-Noëlle. Nach einer kleinen Weile hört er eine extrem schwache, kratzige Stimme. Alles, was er ausmachen kann, ist »achtundzwanzig Grad«. Als er fragt, ob das eine Breite ist, erhält er keine Antwort.

Irgendwann in dieser Nacht erstirbt unsere Funkboje in aller Stille.

5 Wir sind nicht mehr in Kansas

Zum x-ten Mal sage ich mir: »Schlag dreimal die Hacken zusammen, Jim, und sprich mir nach: ›Zu Hause ist's am schönsten‹, klack, ›Zu Hause ist's am schönsten‹, klack, ›Zu Hause ist's …‹« Mist! Was denke ich nur? Dies ist verdammt nochmal kein Spielfilm. Wir *sind* der Spielfilm. Jetzt kann uns keiner mehr hören. Niemand wird uns finden. Es wird kein Happy-End geben.

Das Ausfallen der Funkboje trifft mich wie ein Schlag auf den Kopf. Ich fühle mich benommen und habe Angst vor dem nächsten Schlag. Eine Fluchtmöglichkeit gibt es nicht. Wirre, immer wiederkehrende Gedanken sausen mir angstvoll durch den Kopf. Wir haben zu viele Vorräte aufgegessen, zu viel Wasser getrunken. Es wird nicht reichen. Was sollen wir tun? Wie habe ich es überhaupt geschafft, in diese Situation zu geraten? Es sollte doch nur ein netter kleiner Segelausflug zu den Inseln werden. Das hat Glennie gesagt. Es würde uns guttun. Richtig. Meine Wut auf John nagt an mir wie eine Ratte. Schließlich bricht der Damm: »Du bist verantwortlich für die Schwierigkeiten, in denen wir stecken«, schleudere ich ihm entgegen. Ich will, daß er reagiert, etwas entgegnet, meinetwegen sogar zuschlägt, aber er schlurft einfach davon.

Wir nehmen die ausgefallene Funkboje und halten sie im Arm wie ein totgeborenes Kind. Ehrfürchtig transportieren wir sie in die Achterkajüte und bringen sie im Staufach über uns unter, wo wir sie sehen und ihr die letzte Ehre erweisen können, einem Grabmal unserer Hoffnungen.

Wir denken nicht mehr darüber nach, wann wir gerettet werden. Jetzt fragen wir uns nur noch, ob und wie wir überleben können.

Wir richten uns auf eine lange Zeit an Bord ein. Ein Brett, das normalerweise dazu dient, das Boot vom Anleger fernzuhalten, haben wir als Laufplanke zwischen den Eingang zu unserer Höhle und den Küchentresen gelegt. Die Enden ruhen in leeren Schubladenlöchern. Am Eingang zur Höhle hält die Planke auch die Matratze sicher im Schubladenschlitz fest. Wir benutzen sie als Damm gegen eindringende Wellen, wobei ein Stück lose übersteht, das wir hochschlagen können, um hereinbrandendes Wasser fernzuhalten. Jetzt müssen wir nicht länger durch das Wasser waten und uns zu unserer Fluchtluke hochstemmen. Statt dessen kriechen wir aus unserem Loch auf die Planke, stecken einen Fuß in ein offenes Fach in der Navigationsecke und schieben uns aufrecht zur Cockpit-Plattform hoch. Wir müssen uns nicht einmal mehr die Strümpfe naßmachen, wenn wir pinkeln gehen oder Ausschau halten wollen. Phil ist überraschend geschickt bei diesem Manöver, seine Körperform ist der unbeholfenen Kletterei perfekt angepaßt.

Zwischen den Schubladen und den anderen Ausrüstungsgegenständen, die die Höhlungen unter unserer Bettplattform ausfüllen, schwappt immer noch Wasser hin und her. In unserer Höhle liegen wir auf mehreren harten, flachen Platten, die praktisch schwimmen. Wenn die Rose-Noëlle über das Meer giert und stampft, tritt Wasser in kleinen Springbrunnen durch die Ritzen an die Oberfläche.

Einmal abgesehen von den Kaventsmännern und dem Wasser, das unter unserem Bett hervordringt, verändert die einfache Einrichtung einer Holzplanke unsere Welt vollkommen. Wenn wir in den Rumpf hinein- und wieder herausklettern, bleiben wir jetzt trocken und warm.

Immer wieder fordern wir John auf, seine fast täglichen

Tauchgänge zu unternehmen, um all das zu bergen, was er in den versteckten Winkeln der Rose-Noëlle finden kann, mit denen nur er vertraut ist. So kann er die Geheimnisse seines ehemaligen Heims wahren, und wir setzen unser Vertrauen in seine Fähigkeiten. Das wäre edel von uns, wenn es nicht einfach darum ginge, daß John der einzige ist, der freiwillig bereit ist, ins kalte, nasse Unbekannte vorzudringen.

Die Wassertemperatur in diesen Breiten schwankt zwischen zwölf und fünfzehn Grad Celsius, ähnlich den Temperaturen des Nordatlantiks vor Neuengland. Das Wasser an der Oberfläche kühlt sogar noch stärker ab, wenn eisige Südwinde darüberfegen. Der Körper gibt seine Wärme an das Wasser zwanzigmal schneller ab als an die Luft, und ein normaler Mensch würde in diesen Gewässern innerhalb weniger Stunden an Unterkühlung sterben. Man schätzt, daß im Zweiten Weltkrieg zwei Drittel der Toten in der britischen Kriegs- und der Handelsmarine durch Unterkühlung ums Leben kamen.

Nach wenigen Minuten unter Wasser taucht John zitternd wieder auf. Wir sind immerhin großzügig genug, ihm unsere Körper anzubieten, für die Stunden, die es dauert, bis er nach seiner Rückkehr wieder warm geworden ist.

John sagt nicht viel. Er bittet uns nicht, dieses oder jenes zu tun. Vielleicht denkt er, wir sollten wissen, was zu tun ist und wie. Aber wir wissen nicht, wo die Sachen sind, und wir wissen nicht, was getan werden muß, also melden wir uns nicht freiwillig. Wir glauben noch immer, daß dieses Überlebensspiel zum größten Teil aus Abwarten besteht. John scheint sich noch mehr in sich zurückzuziehen, er ist nicht gern mit uns zusammen, ist wütend auf sich selbst, daß er eine so unfähige Mannschaft mitgenommen hat, Menschen, zu denen er keine Beziehung hat. Obwohl wir an seine Versicherungen nicht mehr glauben, vertrauen wir weiterhin auf ihn. Ich frage mich, was wir täten, wenn wir ihn verlieren würden.

Ein neuer Tag, ein neuer Tauchgang. Ich krieche auf der Planke hinter John her und sitze auf einem kleinen, viereckigen blauen Kissen, während er ins Wasser gleitet. Er setzt seine Taucherbrille und den Schnorchel auf und taucht unter. Ich folge dem verschwommenen Umriß seines Körpers mit den Augen, während er in dem dunklen Höhlensee herumschwimmt. Wenn John in die Tiefe hinabtaucht, sieht man gelegentlich ein Aufblitzen heller Haut, wie Fische, die auf Futter zuschnellen, das von der Oberfläche heruntersinkt. Weil alles mögliche durch das offene Eingangsluk herein- und wieder hinausschwimmen kann, frage ich mich, was für andere Kreaturen dort unten sein mögen, zusammen mit John. Noch ein Aufblitzen von Bein oder Arm – ich weiß nicht was. Totale Leere. Wo ist er hin? Ich bringe mein Gesicht dicht an die Wasseroberfläche und spähe umher. Er würde ja wohl nicht aus dem Rumpf herausschwimmen, oder? Wo bist du, John? Johnny-Boy, hier Johnny. Komm schon, John. *John!*

Patsch! Ein langer Hals mit klebrigen, glitschigen Strähnen am oberen Ende fliegt aus dem Meer direkt in mein Gesicht! Ich falle hintenüber und versuche, das Ding abzuwehren, während es sich um meine Hand wickelt. Als nicht mehr ganz so viel Wasser durch die Gegend spritzt, sehe ich, daß die Muskelstränge des Monsternackens zu einem Ellbogen und einem Oberarm führen und weiter hinauf bis zu Johns lächelndem Gesicht. Eine vom Meer aufgeweichte, halb verrottete Schachtel Spaghetti. Ich bin aus den Tiefen des Meeres von einer Schachtel Spaghetti angegriffen worden!

Ungefähr 13. Juni, Tag 10 nach der Kenterung

Phil und ich sind besonders begierig darauf, bei der Bestandsaufnahme unserer Nahrungsmittel zu helfen. Wir schrauben die runden Gucklöcher auf, die die fünf Schapps über uns verschlossen halten. Unsere Arme schlingen sich um Dosen, Päckchen mit getrockneten Lebensmitteln, Reissäcke und Mineralwasserflaschen und reißen sie heraus. Gelegentlich fällt ein Krümel Eßbares auf uns herunter, während wir die Vorräte mit den restlichen Äpfeln, einigen Kiwis, etwas Müsli und einer Schachtel Haferflocken aus dem Schrank zusammentun. Johns Tauchexpeditionen haben all dem noch Gläser voll Marmelade, Erdnüsse, noch mehr aufgeweichten Reis, sogar eine Flasche chinesischer Grillsauce hinzugefügt. Und nicht zu vergessen unser trocknendes Spaghetti-Monster. Wir sortieren den losen Haufen auf Phils Bauch. Auf den ersten Blick sieht es aus wie ein Berg, aber wir begreifen alle, daß die Ausbeute angesichts einer 5000-Meilen-Reise nach Südamerika eher mager ist. Johns Tauchgänge waren recht erfolgreich, aber wer weiß, wieviel mehr dort unten noch zu holen ist?

Bis die Funkboje ausfiel, hatten wir eher großzügig getrunken. Jetzt sind der Saft und die Milch alle, und der Wasserkanister ist fast leer. Zeit, die Flüssigkeitsreserven der Rose-Noëlle anzuzapfen. John watet nach vorn, um die Flaschen aus einem der zwei Wassertanks zu füllen, die sich jetzt über uns befinden, zwischen der Decke und dem äußeren Rumpf des Bootes. Er fragt sich, wie er den Tank wieder verschließen soll, ohne daß die ganzen 140 Liter auslaufen, wenn er den Stopfen erst einmal herausgezogen hat. Wir hören, wie John »Oh, nein!« sagt. Was ist los? Dann hören wir ihn wieder nach hinten plantschen und danach eine Weile nichts. Er kommt in die Achterkajüte zurückgekrochen, sieht niedergeschlagen aus.

»Was ist los, John?« fragen wir.

Er sagt nichts, während er sich über uns hinweg zur Speisekammer rollt, in die er hineingreift, um den Deckel des dritten Wassertanks abzuschrauben, der sich in der Decke unserer Höhle befindet. »Oh, Scheiße. Oh, du meine Güte«, sagt er. »Das gibt's doch nicht. Kein einziger Tropfen.«

»John«, drängen wir ihn, »sag uns, was los ist.«

»Die Tanks sind leer.« Er erläutert detailliert, wie sie durch die offenen Belüftungsrohre ausgelaufen sein müssen, aber ich verstehe ihn nicht richtig, kümmere mich nicht darum, höre ihn nicht einmal. In mir tönt es nur wieder und wieder: »Die Tanks sind leer.«

Menschen können ohne Wasser nur zehn Tage überleben.

14.–23. Juni, Tag 11 bis Tag 20 nach der Kenterung

Bis ungefähr zum 24. Juni wird niemand wissen, daß wir verlorengegangen sind; das war unser voraussichtlicher Ankunftstag in Tonga, in zehn Tagen. Jetzt richten sich unsere Hoffnungen auf eine Suchaktion. Wieviel Wunschdenken kann sich auf einen solchen Stecknadelkopf konzentrieren?

Mit dem schwarzen Filzstift in der Hand langt John nach oben und streicht vier Striche mit einem Querstrich durch, dann macht er ein großes Kreuz am 14. Juni, dem achtundvierzigsten 14. Juni in seinem Leben – vielleicht seinem letzten. »Mensch, heute ist mein Geburtstag«, sagt er nüchtern.

»Herzlichen Glückwunsch, Kumpel«, sagt Phil.

»Ja, herzlichen Glückwunsch, John«, füge ich hinzu.

Rick murmelt: »Herzlichen Glückwunsch.«

Mit Ausnahme unseres einen Sonnentages war das Wetter ständig rauh und frostig, also bleiben wir Tag um endlosen Tag in unserem Grab eingeschlossen. Auf Wache zu gehen ist eine willkommene Abwechslung, und manchmal schiebe ich mich bis auf den Kiel hinauf, um meine Lungen mit frischer Luft zu füllen, oder ich mache auf dem Rückweg eine Pause und sitze eine Weile auf der Planke, aber immer wieder zieht es mich zur Wärme meiner Kameraden zurück. »Komme runter!«

Diejenigen, die unten geblieben sind, reagieren automatisch auf meine Warnung und rutschen zur Seite. Rick und ich sind heute auf der dunklen Seite. Ich komme auf Händen und Knien herein, die Füße zuerst, mit dem Gesicht nach unten. Phil greift nach meinen Füßen und führt mich in einem gliederverrenkenden Hin und Her an meinen Platz, während meine Kameraden sich so weit wie möglich nach vorn kauern, um mich hinter sich vorbeizulassen. Unwirsch treiben sie mich an.

»Mach schon, Mann. Nun zu.«

»Krieg den Arsch hoch.«

»Beeil dich.«

Als ich drin bin und mich niedergelassen habe, machen wir uns startklar zum Frühstück: eine Schüssel von fünfundzwanzig Zentimetern Durchmesser, voll mit Müsli, Haferflocken, Cornflakes, Rosinen und einem Apfel in Scheiben. Wir werden uns diese Schüssel teilen und später jeder einen Löffel Reis essen. Es ist nicht genug, aber es ist das, was wir meinen, erübrigen zu können. Normalerweise bereite ich die Mischung vor, während die anderen jeder einzelnen Flocke, jeder Nuß mit den Augen folgen. Ich mische Getränke- oder Milchpulver mit ein wenig Wasser in unseren praktischen Plastikflaschen mit Saugverschluß, wie Radler sie benutzen, und drücke die Flüssigkeit über die Mischung. Die Luft ist zum Schneiden dick vor Erwartung, und uns läuft das Wasser im Mund zusammen, während ich die Mahlzeit mit einem Löffel braunen Zuckers kröne.

Einer nach dem anderen nehmen wir die Schüssel, füllen den Suppenlöffel und schieben ihn in den Mund. Früher, als es reichlich zu essen gab, haben wir kaum aufeinander geachtet, aber jetzt passen wir genau auf, wie jeder von uns den Löffel wie eine Kohlenschaufel ansetzt. Wenn ich an der Reihe bin, grabe ich nach Nüssen und Rosinen, drehe den Löffel dabei raffiniert hin und her, um die Tiefen einer vielversprechenden Grube auszuloten. Wenn er aus dem Hügel auftaucht, quillt Müsli über den Rand, und ich halte vorsichtig die Walnuß und die Rosine im Gleichgewicht, die gefährlich nah am Rand liegen. Der Haufen Essen wankt, er schwankt. Schnell, ruhig, aber rein damit! Mein Mund ist eine Höhle, so weit aufgerissen, wie es nur geht, bis die Ladung angekommen ist und meine Zähne nach unten krachen, um die Schaufel sauberzukratzen, bevor ich sie herausziehe. Mit aufgeblähten Backen versuche ich zu schlucken, ohne mich zu verschlucken, und sehe Phils Gesicht, die Augen so groß und rund wie Wagenräder und die Nase praktisch in der Schüssel. »Zum Teufel, Mann! Laß uns auch noch was übrig!«

John nimmt mir die Schüssel ab. »Du kommst auch noch dran, Philip. Du läßt ja auch nicht gerade allzu viele Mahlzeiten aus.«

»Moment, Moment, Moment. Das ist nicht fair. Ihr Typen kriegt mehr zu essen als ich«, unterbricht Rick.

»Was meinst du, Rick?« fragt Phil.

»Ihr kriegt mehr zu essen als ich. Mein Mund ist einfach nicht so groß wie eurer.« Während ich den Rest von meinem Mundvoll hinunterschlucke, erklärt Rick systematisch, was er »die bessere Lösung« nennt. Er sagt, wir sollten jeder unsere eigene Schüssel, eine eigene Tasse und einen eigenen Löffel haben.

»Aber wer bekommt was zu essen?« fragt Phil herausfordernd.

»Wir entscheiden gemeinsam, was es geben soll, und verteilen es vor aller Augen«, sagt jemand. Ja, wir stimmen alle dafür.

Essen, Wärme und andere Grundbedürfnisse sind zum zentralen Thema unserer Ethik, unserer Emotionen und unserer Politik geworden. So wie die Not die Mutter des Erfindungsreichtums ist, ist dieser morgendliche Frühstücksbissen die Geburtsstunde der Demokratie und des Privatbesitzes.

Am Abend fragt John, ob er eine Extraration Wasser bekommen könne, um seinen Geburtstag zu feiern. Das Gesetz lautet: »Auf gar keinen Fall.« Wir haben nicht genug

Wasser, um es zu verschwenden, wenn nur noch so wenig davon übrig ist und obendrein unsere einzige Hoffnung, Hilfe herbeizurufen, erloschen ist. John weiß sehr wohl, daß einige Milliliter Wasser mehr oder weniger für keinen von uns den Unterschied zwischen Leben und Tod bedeuten. Unsere Weigerung ist einfach eine weitere Entscheidung gegen ihn. Wir anderen sagen uns, wir handelten vollkommen rational.

Jeden Tag regen wir uns mindestens einmal über einen der anderen auf, oder auch gleich über alle. Wenn es nicht um Phils Trübseligkeit, um sein eruptives Rülpsen oder sein kratziges Zehenrollen geht, dreht es sich eben um etwas anderes nicht minder Banales. Ein Ellenbogen am falschen Ort, Auseinandersetzungen über die Platzverteilung, wer letzte Nacht die letzte Wache hatte oder wer an der Reihe ist, auf der dunklen Seite zu liegen. Wir glauben immer noch, daß jemand nach uns suchen und uns finden wird. Wir glauben, daß wir es nur noch etwas länger in diesem Scheißloch aushalten müssen, dann kommen wir hier raus.

John fährt jetzt mit dem Finger am Rand seiner Schüssel entlang, um noch das letzte bißchen Essen herauszukratzen – weil er nicht mit dem Gesicht ganz in die Schüssel hineinkann, um sie auszulecken. Rick kann das nicht ertragen. Er findet, John benehme sich wie ein kleines Kind.

In einigen Wochen werden wir alle unsere Schüsseln auslecken.

Die Funkboje ruht auf Phils Körper, der als Operationstisch dient. Schraubenzieher. Messer. Der Kopf läßt sich abnehmen, die Nerven, Sehnen und Gedärme des Patienten sind freigelegt. Wir diskutieren über die Prognose. Ist sie tot? Können wir sie wiederbeleben? Die Batterien sehen ganz normal aus, sind allerdings untereinander verbunden und in Schrumpffolie verpackt. Wir haben nicht genug Taschenlampenbatterien, um sie zu ersetzen oder eine ausreichende Spannung zu erzeugen. Wie hoch ist die Spannung? Zwölf Volt. Na, großer Gott, Mann, was ist mit der Bootsbatterie, die an den Scheinwerfer angeschlossen ist? »Könnte funktionieren«, sagt John. In Ordnung! Die Zwölf-Volt-Bootsbatterie wird diesem Schlappschwanz bis zur Wiederauferstehung die lebensnotwendige Spannung liefern. Wir sind richtig aufgeregt. Vielleicht müssen wir unser Essen bald nicht mehr rationieren.

John legt einen langen Draht aus dem Operationssaal hinauf zum Luk. »Hängt sie dran?« ruft er uns von Deck aus zu. Ja, die Drähte sind angeschlossen, aber von der Funkboje keine Reaktion. Wir vertauschen die Drähte.

»Wie ist es jetzt, John?« Immer noch nichts. Nach einer Weile kommt John zurück. Um den Scheinwerfer zu schützen, hatte er ihn in eine Eiscremedose gepackt, aber die Kaventsmänner haben den Napf nach und nach gefüllt, bis die elektrischen Leiter unter Wasser standen. Die Batterie hat ihre Energie nur zu gern ans Wasser abgegeben. Rick kann es nicht glauben, daß die Attacken der Kaventsmänner unsere letzte Batterie zerstört haben und uns damit aller wiedererwachten Hoffnung berauben. Er glaubt, daß John da oben etwas falsch gemacht haben muß und kriecht nach draußen, um es selbst noch einmal mit der Funkboje zu versuchen, aber auch er hat keinen Erfolg.

Jede Hoffnung, einen Hilferuf auszusenden, ist dahin. Die einzigen Signalmöglichkeiten, die uns noch bleiben, sind eine Taschenlampe und zwei kleine Stroboskoplampen. Oder vielleicht können wir mit den Streichhölzern und dem Petroleum im Grill etwas in Gang setzen, wenn es nicht zu windig ist. Noch eine Woche vergeht, und abgesehen von einigen Tieren, einer Fischernetzboje und unserem wachsenden Hunger und Durst stört kaum etwas unseren Rationierungsalltag.

Wir treiben ebenso ziellos umher wie der riesige Albatros, den ich keinen halben Meter über den Wellen dahingleiten sehe, wie er in die Wellentäler hinabtaucht und darin verschwindet, nur um über den Wellenbergen wieder in die Höhe zu schießen. Die größte Art kann ihre Flügel über eine Spanne von vier Metern strecken und tausende Meilen weit gleiten. Wie ein Segelflugzeug machen sich die Albatrosse den Oberflächeneffekt, Luftturbulenzen und Aufwinde entlang der flüssigen Hügel des Meeres zunutze. Um Höhe zu gewinnen, ziehen sie Kreise, nehmen beim Abwärtsflug Geschwindigkeit auf und schießen dann über einem Wellenkamm wieder noch oben, wobei die Thermik der Welle sie an Höhe gewinnen läßt. Sie kämpfen sich zentimeterweise vorwärts, arbeiten ständig gegen den Wind der Brüllenden Vierziger und Wütenden Fünfziger an. Manchmal kehren sie um, um mit den Naturgewalten davonzueilen, in den einzigen Breiten der Welt, wo kein Land den Lauf des Windes hemmt. Sie lieben den Wind. Nur selten schafft es ein Vogel der neun Arten des südlichen Ozeans bis in den nördlichen Pazifik; sie können nicht über die windstillen Kalmen hinweggleiten. Der Mensch ist stolz darauf, Vögel aus Blech und Plastik ohne Motor gebaut zu haben, die auf den Strömungen der Luft dahinschweben; über mehr als tausend Meilen sind menschliche Piloten bereits hinweggeglitten, ehe sie wieder landeten. Doch das ist wohl nichts im Vergleich zu dem eleganten Albatros. Nur selten bewegt er die Flügel und kreist doch um die ganze Welt, ohne einzuhalten. Niemand weiß, wie weit er fliegen muß, bevor er seinen Schlafplatz erreicht. Albatrosse führen für gewöhnlich kein Tagebuch.

Von unserem Cockpit oben auf dem Rumpf der Rose-Noëlle aus sehen wir auf einem silbernen Meer unter grauen Wolken mehrere schwarze Rücken. Sie stoßen Luft aus und tauchen unter, dann kommen sie weiter vorn wieder hoch. Eine Stunde lang führen uns die Pilotwale immer tiefer in ihr Reich. Dann ist das Meer wieder leer. Wo sind sie? Wo sind wir?

Das Grau und Blau unseres Universums wird von einem Flecken Orange durchbrochen. Die Rose-Noëlle liegt quer zu Wind und Wellen. Ein orangefarbener Schwimmkörper treibt mit seiner geringeren Masse auf uns zu, als würde er von der leuchtend gelben großen Schwester angezogen. Als er in unsere Nähe kommt, springt Phil ins Wasser, schwimmt einige Meter und holt den dicken, gummibeschichteten Plastikball zur späteren Verwendung ins Boot. Die Kugel, so groß wie ein Fußball, ist eine Bestätigung, daß es auf diesem Planeten noch andere Menschen gibt.

Am 23. Juni, dem 20. Tag unseres Umhertreibens, verschwindet der Medizinkasten – ein weiteres Stück lebenswichtiger Ausrüstung, das uns vom Meer geraubt wird. Unser Wasser und die Hälfte des Mineralwassers sind verbraucht. Wir haben uns jeder täglich ein bis zwei Deziliter Flüssigkeit gestattet. Das ist so wenig, daß Phil nur noch von Feuchtigkeit spricht. »Gib mir meine Feuchtigkeit«, sagt er. Ich bin noch nie so durstig gewesen.

Auf dem Weg nach draußen, um die Wache zu übernehmen oder pinkeln zu gehen, halte ich vor der Kombüse an. Drei Literflaschen Essig sind dort zusammen mit einigen Töpfen untergebracht. Wir haben uns noch nicht überlegt, wozu wir sie verwenden könnten. Mit schlechtem Gewissen, den Rücken der Höhle zugewandt, greife ich nach einer Flasche, ziehe sie an meine Brust, als hielte ich einen Säugling, öffne den Verschluß und setze sie an den Mund. Es ist wundervoll, schwer, wieder damit aufzuhören. Als würde man eine süße Zitrone aussaugen. Aber schon nach einer Minute ist meine Kehle noch ausgedörrter, wie früh am Morgen, wenn man am Vorabend zuviel Wein getrunken hat. Vielleicht hilft es überhaupt nicht gegen meinen Durst, außer in dem kurzen Moment ungetrübter Freude, während ich trinke. Sollte ich den anderen vorschlagen, davon zu trinken? Nein, sie würden es wahrscheinlich gar nicht mögen. Ich nehme noch einen großen Schluck aus der Flasche und stelle sie wieder zurück. Es ist das erste

Mal, daß ich etwas heimlich tue, mit einem schlechten Gewissen, aber es wird nicht das letzte Mal sein.

Am 24. Juni haben die Menschen, die wir in Neuseeland zurückließen, erfahren, daß wir nicht in Tonga angekommen sind, und teilen das der Seefahrtsabteilung des Verkehrsministeriums mit. Die Behörden beginnen, auf den Inseln herumzufragen, um zu sehen, was sie herausfinden können.

24. Juni, Tag 21 nach der Kenterung

Die Trinkwassersituation an Bord der Rose-Noëlle ist verzweifelt. Ich habe das Gefühl, als sei meine Kehle mit einem Wattebausch verstopft. Ich lecke mir die Lippen, aber da ist nichts, um sie anzufeuchten. Alles, woran ich denken kann, ist Wasser. Wann werde ich wieder einen Schluck bekommen? Wann wird es mich dazu treiben, Salzwasser zu trinken? Ich habe Angst davor. Ich weiß, daß es mich umbringen wird, aber ich weiß auch, daß mir das bald egal sein wird. Die Versuchung wird zu groß sein, die selbstzerstörerische Kraft stark wie eine Sucht. Wasser ist unsere Droge.

Rick schüttet Mineralwasser aus einer Flasche in ein einen Deziliter fassendes Olivenglas, das wir »die Phiole« nennen. Eine Phiole pro Person und Tag; vielleicht zwei, höchstens. Wenn wir eine zweite bekommen, ist das ein Gefühl, als hätten wir im Lotto gewonnen. Die randvoll mit schimmernder Flüssigkeit gefüllte Phiole faßt Rick vorsichtig mit zwei Fingern, als hantiere er mit Nitroglyzerin. Er reicht sie an mich weiter, und ich nehme sie in beide Hände. Ich drehe mich um und übergebe sie Phil, und Phil gibt sie John; die ganze Zeit starren wir wie gebannt auf jedes Zittern. Es ist zu schmerzlich, mit ansehen zu müssen, wie jemand anders seinen Schuß bekommt. Ich schaue weg, versuche, an etwas anderes zu denken, aber auch ich nehme deutlich das Geräusch solch winzigen Verzehrs wahr. Jeder von uns hat seinen eigenen Stil. Da gibt es den »Spül-es-erst-im-Mund-herum«-Schluck und den Gurgelschluck und den gierigen Großschluck. John trinkt aus und sagt abschließend: »Lecker.«

Rick schenkt noch einmal ein, aber die Rose-Noëlle schlingert leicht, und einige Tropfen rinnen an der Seite der Phiole hinab. »Heh!« ruft Phil. »Das ist meine Feuchtigkeit, die du da verschwendest.« Und als er seinen Anteil die Kehle hinuntergekippt hat, sagt er: »Aaah. Ich könnte gleich noch zehn mehr davon trinken.«

»Sei froh, daß du überhaupt etwas zu trinken hast, Philip«, schimpft John.

»Nun, wie wär's heute mit noch einer?« hakt Phil nach. »Ich glaube, ich bekomme nicht genug Flüssigkeit. Laßt uns abstimmen.«

Nun, ich weiß, wie das ausgehen wird. Phil stimmt immer für mehr. Er würde alles, was sich auf dem Boot befindet, aufessen und austrinken, wenn wir ihn ließen. Rick wird dagegen dafür stimmen zu sparen. Immer sparen. Disziplin. Halte dich an die Regeln. Stoischer Überlebenskampf. Bleiben John und ich. Wenn es ein Unentschieden gibt – was selten der Fall ist –, bedeutet das sparen. John meldet sich zu Wort: »Okay, Philip. Ich glaube zwar, wir hatten heute schon reichlich, aber ich bin für noch eine.« Großartig, John. Danke. Wenn ich mit Nein stimme, gibt es kein Wasser mehr, und Phil wird mir die Schuld geben.

Rick und Phil überfallen mich wie ein Rudel Schakale und reden auf mich ein. Phil fleht mich an: »Bedenk doch, was wir heute geleistet haben. Wir haben saubergemacht und unseren ganzen Lagerplatz neu aufgeräumt. Wir waren alle auf Wache. Ich glaube wirklich, wir haben es verdient.«

Rick sagt: »Wir haben doch nur noch fünf Flaschen Mineralwasser übrig, und du willst noch etwas trinken, Phil. Bisher gibt es keine Anzeichen für Regen, und wir wissen nicht, wie lange wir damit noch auskommen müssen.«

Großer Gott, ich möchte noch eine Phiole, aber Rick hat recht. Seit die Funkboje erloschen ist, ist er wirklich in Überlebenskampf-Stimmung. Und er ist dabei durchaus überzeugend, setzt immer logisch Prioritäten, vom Trokkenbleiben bis zum Einsparen von Essen und Wasser. Er führt einem ständig die Realitäten vor Augen: wo wir sind – in der Mitte des Nirgendwos; wohin wir treiben – einmal halb um die Erde; und was wir haben, um uns am Leben zu erhalten, bis wir dort ankommen – nicht viel. Er erinnert uns an unsere obersten Prinzipien – am Leben bleiben, gesund bleiben, miteinander auskommen –, während er uns gleichzeitig vor Augen führt, daß wir uns keinen Luxus, keine Verschwendung leisten können. Seit der Kenterung hat John uns ein Beispiel gegeben, aber er hat nie um irgendeine Art formaler Befehlsgewalt gekämpft. Er teilt sich einfach nicht mit, gestattet Rick, immer größeren Einfluß auf die Spielregeln unseres Lebens auszuüben.

Doch Phil meldet sich noch ein letztes Mal zu Wort: »Ich bin immerhin größer als ihr Witzbolde. Ich brauche mehr Flüssigkeit als ihr.«

»Phil, die Abstimmung ist vorbei. Antrag abgelehnt. Nächster Fall!« beende ich die Diskussion.

Phil ist eindeutig deprimiert. Er denkt bei sich, daß es keine Hoffnung gibt. Wir werden es nicht mehr lange machen. Einen Funknotruf konnten wir nicht aussenden. Leuchtschußmunition gibt es keine mehr. Phil bereitet sich auf sein letztes Stündlein vor, streckt sich aus und starrt an die Decke, sagt nichts. Mehrere Stunden jeden Tag verbringt er so auf »Deckenpatrouille«. Wir machen uns alle Gedanken über ihn. Er scheint sich einfach um nichts zu kümmern, außer um die unmittelbare Befriedigung seiner Bedürfnisse. Ich bin sicher, er denkt: Wenn wir alle ohnehin zum Sterben verurteilt sind, warum nicht einen letzten Schluck aus der Flasche? Wir beginnen, auf unsere Sachen aufzupassen, weil er manches einfach aus der Höhle herausschleppt und es im Rumpf fallenläßt, wo es dann ins Meer hinausgesogen wird. Strümpfe, Mützen, die Armbanduhr, ein Regenanzug verschwinden. Während Rick, John und ich darüber diskutieren, wie wir überleben können, was wir tun könnten, um Wasser aufzufangen, wie wir uns aus dem Pazifik ernähren könnten, bleibt Phil völlig desinteressiert.

Phils Depression geht uns allen auf die Nerven, aber schließlich gehen wir alle einander auf die Nerven. Rick und ich fragen uns, ob es nicht möglich wäre, hier draußen Fische zu fangen. John sagt glatt: »Nein.«

»Warum nicht, John?« frage ich. »Es lohnt immerhin einen Versuch, nicht wahr?«

»Ich habe auf hoher See noch nie Fische gefangen.«

Phils Stimme ertönt aus Johns Schatten: »Nein, hier draußen fängt man keine Fische.«

Rick ignoriert Phil einfach, aber er hält John entgegen: »Weil du keine Fische gefangen hast, John, heißt das nicht, daß man keine Fische fangen kann.«

»Tu, was du nicht lassen kannst, aber du wirst niemals welche fangen.«

»Ja, Mann. Das wäre nur vergebliche Liebesmüh. Laß es sein«, kommt das morbide Echo von Phil.

Egal, ob würzige Enchiladas, heiße Frauen oder kalte Fische – John glaubt, er wüßte alles darüber. Ich verstehe den Typen einfach nicht. Einen Moment lang blicke ich zu ihm auf, er hat all die Erfahrung, all die Antworten. Er bringt uns Essen aus der Tiefe, entwickelt brillante Ideen. Im nächsten Moment sagt er, wir könnten im Ozean keine Fische fangen. Wo kann man denn dann Fische fangen? Im Himalaja?

John bringt einen schon aus dem Tritt, und der Zeitpunkt ist immer bestens gewählt. Phil sieht aus, als hätte er nicht übel Lust, sich die Pulsadern aufzuschneiden, wir alle sind so durstig, daß wir mit Begeisterung Blut trinken würden, und John kommt mit solchen Sachen wie: »Ihr werdet berühmt werden, Kameraden.« Er ist hingerissen von seinem Plan, ein Buch über diese Strafexpedition zu schreiben, die ich mittlerweile »Glennies treibenden Scheißkahn« nenne. Er sagt, er werde uns berühmt machen. Ich nehme an, er denkt, das würde uns aufmuntern. Wir können hier draußen alle verrecken, und er verbringt seine Zeit damit, über seinen Auftritt in einer tollen Talkshow nachzudenken. Was für ein Schwachkopf.

Aber meine Wut verblaßt angesichts Ricks und Johns gegenseitiger Abneigung. Wenn John versucht, Befehle zu geben, fragt Rick ihn, was er glaubt, wer zum Teufel er wohl sei. Wenn John »ja« sagt, sagt Rick »nein«. Wenn John über Frauen spricht, nennt Rick ihn einen Chauvinisten, obwohl Rick Heather seit Jahren saumäßig behandelt. Die Antwort liegt meist irgendwo zwischen den beiden, aber das scheint sie nicht zu kümmern.

Wenn wir unsere übliche Deckswache hinter uns haben und bereit sind, wieder in die Höhle zurückzukriechen, rufen wir: »Ich komme runter!«, damit unsere Kameraden die Möglichkeit haben, zur Seite zu rutschen und Platz zu machen. Aber wenn John draußen ist und wir uns ausgestreckt haben, kriegt der Unglückliche am Eingang häufig einen von Johns großen Füßen direkt ins Gesicht. Rick kanzelt ihn ab. »Du verdammter Wichser, John! Wie oft müssen wir dir noch sagen, daß du uns vorwarnen sollst, wenn du runterkommst?«

»Oh«, sagt John, als wäre er völlig überrascht. »Ach, du meine Güte. Das tut mir leid. Das habe ich nicht gewußt.« Er macht aber fleißig weiter damit, solche allgemeinen Umgangsformen zu ignorieren, was uns alle nur noch wütender macht.

John arrangiert unseren Schlafplatz neu, nimmt einiges Packmaterial von der einen Seite weg und verstaut es auf der anderen, wo er den Tag verbringt. Wir klettern alle wieder in die Höhle zurück und legen uns hin. Eine Woge hebt das Schiff in die Höhe. Unter Rick und mir kommt das Wasser hochgesprudelt. Wir schwimmen, durchweicht.

Rick ist wütend wie ein angeschossener Bulle. Mit flammendem Blick brüllt er über meine Brust hinweg zu John: »Du hast doch wieder irgendwelche Sachen auf dieser Seite weggenommen und zu dir rübergeschafft, nicht?«

John sieht Rick nicht an. Seine lange, knochige Nase zeigt immer noch direkt nach oben. »Nun«, sagt er ruhig, »es war auf dieser Seite niedriger und drüben höher, also habe ich das ausgeglichen. Warum regst du dich verdammt noch mal so auf?«

»Schau her, Kumpel, ich bin naß! Du nicht! Mir paßt das nicht.«

»Mag sein, daß dir das nicht paßt. Und was willst du dagegen tun?«

Rick schäumt vor Wut, aber er brummt nur vor sich hin: »Dir ist das scheißegal, solange du trocken bist.« Er legt sich wieder hin, und wir drücken einander die Hände. »Der denkt nur an sich selbst«, murmelt er mir zu. John schaut einfach geradeaus nach oben, den Rüssel in der Luft.

Wie lange können wir so miteinander leben? Diese Reise dauert länger und länger. Und wir kommen nirgendwo an. Wir sind alle so müde. Mir reicht's. Meine Gedanken kreisen von einem Ärgernis zum nächsten, dann zurück zu meiner rauhen, ausgedörrten Kehle. Die einzige Erleichterung sind meine Träume. Im Traum finde ich immer etwas Flüssiges. Dort bekomme ich tatsächlich etwas zu trinken. Doch so nah die Phantasie der Wirklichkeit mitunter kommen mag, sie bringt alles andere als Erfüllung. Ich hasse die verdammte Phiole. Ich hasse diesen Platz, diese Grate und Bretter unter meinem Rücken, meine schmerzenden, zerschundenen Knochen, die Nässe, die Kälte. Und ich frage mich, wie lange es dauern wird, bevor ich wirklich und wahrhaftig jeden um mich herum hassen werde. Vor allem wünsche ich mir, ich hätte etwas zu trinken. Das erste Mal in meinem Leben kann ich Alkoholiker wirklich verstehen. Bald werde auch ich sagen:

»Ich könnte jemanden umbringen für etwas zu trinken« – und es wörtlich so meinen.

25. Juni, Tag 22 nach der Kenterung

»Es regnet!« Ich sehe nichts in dieser tiefsten, dunkelsten Ecke mitten in der Nacht, aber der Stepptanz des Wassers auf dem Rumpf über mir ist unverwechselbar. »Es fängt wahrhaftig an zu schütten.«

Phil ist wie der Blitz draußen mit einer weißen Plastikplane unter dem Arm und John auf den Fersen. Er hievt sich auf den Rumpf und steht mit ausgestreckten Armen da, wie ein Engel mit Plastikflügeln, das Gesicht voller Dankbarkeit dem Himmel zugewandt. Der Regen stürzt geradewegs nach unten. John im Cockpit steckt das untere Ende der Plane in einen Topf. Der füllt sich. Er reicht ihn herunter zu Rick auf der Planke. »Hier! Nimm das!«

»Was?«

»Den Topf! Den Topf! Er ist voll Wasser!«

Rick greift danach. Ich schalte die Taschenlampe ein, damit er etwas sieht, als er beginnt, das Wasser in eine leere Plastikflasche umzufüllen. Er ist vorsichtig, verschüttet aber doch etwas.

»Hier ist noch einer!« ruft John.

»Moment, Moment, Moment.« Rick gießt schnell den Rest des ersten Topfes über der Flasche aus und tauscht ihn gegen den zweiten Topf ein, der ihm heruntergereicht wird. Ich gebe ihm eine neue Flasche und leuchte kurz; dann nehme ich ihm die volle Flasche ab.

Die Flasche ist kalt. Sie ist naß. Sie ist voll.

Eine Sekunde lang denke ich daran, einen Schluck zu nehmen, aber es geht alles zu schnell.

»Hier ist er!« ruft John, als er mit Rick Töpfe tauscht. Jetzt, wenn es zu seinem Vorteil ist, warnt er uns vor.

Regen trommelt auf den Rumpf wie Gewehrfeuer. Wir können Phil jauchzen und schreien hören.

Rick schüttet das Wasser mit erstaunlicher Geschicklichkeit in die Flaschen.

»Hier ist er!«

So schnell ich kann, gebe ich Rick eine weitere leere Flasche, leuchte noch einmal, damit er mit der nächsten anfangen kann, und verstaue die volle Flasche in der Höhle. Da ist noch eine. Und noch eine.

Der Regen hört auf. Einfach so. Vorbei. Phil bleibt auf Deck, wartet, John schaut nach oben.

Rick reicht mir die siebte und letzte Flasche und kippt den Rest des Wassers aus dem Topf in seinen Mund. Eine Nanosekunde lang denke ich an die beiden auf Deck. »Was soll's«, flüstere ich Rick zu. »Sie haben vielleicht literweise getrunken.« Ich setze die Flasche an die Lippen und lasse die Flüssigkeit in meinen Mund laufen. Es ist erstaunlich, welche Entschuldigungen man findet und welche Freiheiten man sich nimmt, wenn es nur dunkel genug ist und einen niemand sehen kann.

6

Schach und matt

Ungefähr 26. Juni, Tag 23 nach der Kenterung

Unsere Augen beginnen eine dreiwöchige Suche nach Regenwolken. Wir überprüfen den Himmel auf Anzeichen von Flugzeugen, suchen das Meer nach einer Wolke Schiffsrauch oder dem Splitter eines Segelmastes ab. Nichts. Die Tage verstreichen, und ich fühle mich an den Spätherbst zu Hause in Minnesota erinnert, wenn die Bäume kahl wie Skelette in die Luft ragen. Die Kälte am Morgen ist gerade eben nicht frostig, der Himmel sonnig und trocken. Früh bricht die Dunkelheit herein. Der Juni liegt in südlichen Breiten mitten im Winter.

Neuseeland ist keine tropische Insel. Die palmenbedeckten Atolle und Inseln Polynesiens liegen volle zwölfhundert Meilen näher am Äquator als Picton. Wir sind so weit südlich, wie Philadelphia, das obere Kalifornien und Japan nördlich liegen. Die Meeresströmungen hier unten umspülen die Antarktis, sie werden auf ihrem Weg nach Norden und Osten nicht von kontinentalen Landmassen erwärmt. Tag für Tag fegt der Wind von der südlichen Eiskappe zu uns herauf.

Wolle stand schon immer in dem Ruf, besonders warm zu sein. Selbst wenn sie naß ist, übertrifft Schafwolle die Isolationswirkung anderer Materialien bei weitem, besonders die von nasser Baumwolle oder Synthetik. Erst in jüngster Zeit wurde die Wolle von künstlichen Webpelzen aus Polypropylen abgelöst. Sie trocknen schnell und bleiben doch immer warm, egal, ob trocken oder feucht.

Rick und ich sind dankbar für die Kleider, die wir gerettet haben. Wir tragen beide eine Kombination langer Unterwäsche aus künstlichem Webpelz. Außerdem trage ich wollene Radlerhosen, ein Sporthemd mit einem Pullover darüber, Socken und eine Mütze. Rick hat zusätzlich wollene Unterhosen mit Oberteil und einen geliehenen Acrylpullover von John.

Johns Kleidervorrat besteht im wesentlichen aus leichter Baumwolle. Er verfügt über einen einzigen Wollpullover, den er zu einer Art Hose umfunktioniert hat, indem er die Beine durch die Ärmel steckt und den losen Bund mit einer Schnur festbindet. Außerdem ist er mit verschiedenen Schichten von Baumwoll- und Synthetikhemden, Hosen und Pullovern bekleidet.

Phil ist am schlechtesten dran. Er hat nur ein wollenes Holzfällerhemd, ein sogenanntes »Swanndri«, ein gefüttertes synthetisches Hemd, eine Jogginghose und weiße Plastikregenhosen. Auch er hat sich Kleider von John geliehen. Phil besitzt allerdings ein Kleidungsstück, das wir alle gern hätten: eine synthetische Winterjacke. Aus dem Packmaterial unter unserem Bett haben wir kürzlich außerdem Phils vermißten Schaffellmantel hervorgezogen; er ist außen aus Wildleder und hat das Fell auf der Innenseite. Allerdings ähnelt er kaum noch einem Mantel, eher einem patschnassen, bleiernen Klumpen. Er nimmt uns Platz weg und reibt mit seiner kalten, glitschigen Haut gegen unsere. Wir wissen nicht so recht, was wir damit machen sollen, also wringt Phil ihn aus, so gut er kann, und faltet ihn als ein gigantisches, groteskes Kopfkissen zusammen – ein Kopfkissen für Godzilla vielleicht. »Ich werde ihn schon noch trocken kriegen. Er wird mich noch warmhalten, Mann«, schwört Phil. Vielleicht werden wir ihn haben wollen, wenn er trocken und warm ist, aber zur Zeit können wir es nicht abwarten, davon wegzukommen. Wir behandeln den Mantel also ziemlich genauso, wie wir auch Phil immer behandeln.

Um unsere Garderobe zu verbessern, reißen wir zusätzlich eine Kunstfaserdecke in vier Schals.

Selbst so isoliert und angezogen, dauert es nicht lange, bis die Kälte an Deck mich zittern macht. Hoch auf dem Rücken unseres Mutterwals kauernd, sehe ich rein gar nichts am Horizont. Die Witterungsbedingungen sind mild für das offene Meer. Nur gut einen Meter hohe Wellen schlagen auf der Wetterseite gegen den Rumpf und überspülen die Gehwege um das Boot herum. Um die beste Sicht zu haben, halten wir von unserem Cockpit aus Wache. Damit unsere Füße trocken bleiben, benutzen wir die überspülten Gehwege nur selten. Ich kann meine Finger kaum mehr spüren, daher schüttle ich meine Hände aus, reibe sie gegeneinander und stecke sie unter die Achseln. Trotz des ständigen Flamencos, den meine Füße tanzen, um die Kälte abzuwehren, beginnen auch sie zu schmerzen. Mir reicht's. Zeit zum Rückzug. Wir verbringen immer noch neunzig Prozent unserer Zeit zusammengedrängt in unserer Höhle, um den Winter vorbeiziehen zu lassen.

Es ist, als würde man im Innern eine andere Welt betreten. Hier ist es feucht, aber vergleichsweise warm. Ach, Wärme. Wärme ist wichtig für uns, außerdem Trockenbleiben, die nächste Mahlzeit und der nächste Tagtraum. Wenig anderes zählt. Wir haben eine Zahnbürste und Seife gefunden, aber wir waschen uns nicht, rasieren uns nicht, putzen uns nur selten die Zähne. Es macht keinen Unterschied. Unsere Zähne fühlen sich erstaunlich sauber an. Ich kann nicht feststellen, daß jemand riecht. Solche zeitraubenden Kompliziertheiten des Lebens an Land scheinen jetzt Zeitverschwendung, eine viel zu umständliche Ablenkung von den wesentlichen Dingen im Leben.

Man könnte denken, Wärme und ein trockenes Bett seien einfache Freuden. Man könnte meinen, eine tägliche Ration von drei Eßlöffeln Haferflocken und kaltem Reis für jeden, außerdem ein halber Apfel und eine Viertel Kiwi, das ganze hinuntergespült mit einem bis zwei Dezilitern Wasser oder Sprudel, sei magere Kost. Aber selbst einfache Freuden und magere Kost sind komplizierter, als es den Anschein hat. Sie sind nur möglich aufgrund des vielfachen Zusammenspiels von Vergangenheit und Gegenwart. Wenn jemand an Deck gewesen wäre, als die Rose-Noëlle kenterte, wäre er weggespült worden. Ein oder zwei Stunden später, und wir hätten die Segel gesetzt, und zwei von uns wären auf Deck gewesen. Hätten die beiden Überlebenden überhaupt Nahrung gefunden? Wären sie in der Lage gewesen, einander warm zu halten? Wir haben das Glück, alle gemeinsam auf einem Mutterschiff mit lebenserhaltenden Vorräten zu überleben. Der Ozean ist gnadenlos, aber unsere Körper sind gerade zäh genug, ihm Widerstand zu leisten. Wenn es nur einige Grade kälter wäre, wenn die Rose-Noëlle nur wenige Zentimeter tiefer läge, wenn Glennie sie nur etwas anders konstruiert hätte, wären wir schon längst an Unterkühlung gestorben. Millionen, wenn nicht gar eine unendliche Zahl von glücklichen Schicksalsfügungen ermöglichen es, daß wir weitermachen, versorgen uns gerade mit dem Nötigsten.

Meine Hand streichelt automatisch über meine Sankt-Christophorus-Medaille. Zuerst waren meine Gebete, wenn man sie überhaupt so nennen kann, ungenau. Ich habe einfach Wasser herbeigewünscht, und es kam. Aber nach und nach bin ich dazu übergegangen, meinen Gedanken mehr Form zu verleihen, um jenen Mächten, welche es auch immer sein mögen, für unsere kleinen Glücksgüter zu danken und um mehr zu bitten.

Rick sieht, wie meine Hand nach der Medaille greift. Er ist seit langem Atheist. Er fragt mich nach der Medaille und meinem Glauben. Ich erzähle ihm von dem Kaplan, mit dem ich bei der Armee zusammengearbeitet habe. »In Schützenlöchern gibt es keine Atheisten«, sagte er gern. Rick leuchtet das ein, zusammengedrängt, wie wir nun einmal sind, in unserem Schützenloch, umgeben von den Wellen des Pazifik, die von allen Seiten auf uns herunterkrachen. Auch er beginnt, von Gott zu sprechen. Zuerst fühlt sich Rick wie eine Niete, wenn er nur daran denkt. Er sagt sich: *Ich bin ein Heuchler. Ich weiß es, und Gott, du weißt es auch.* Aber nach einer Weile ist er nicht mehr so befangen, wenn er Mächten, die größer sind als wir, für das gemäßigte Wetter der letzten Tage dankt, wenn er seine Hoffnung auf mehr Regen zum Ausdruck bringt.

Es sind nicht nur die Vergangenheit und Einwirkungen von außen, die das komplexe Drama unserer einfachen Bedürfnisse und ihrer Befriedigungen ausmachen. Ich brauche Phils Wärme. Ich brauche Ricks logische Art und Weise, Probleme anzugehen. Ich brauche todsicher John mit seiner genauen Kenntnis des Meeres und unseres schützenden Bootes. Sie scheinen mich zu brauchen, der ich täglich einen Speiseplan erfinde und zum Mittelpunkt unserer gemeinsamen Ernährung werde.

Wenn wir uns entzweien, wenn das komplizierte Spiel scheitern sollte, sind wir alle erledigt. Für immer.

Bumm-bumm-bumm … bumm-bumm … Was ist das für ein Geräusch, das durch die Kajüte hallt, wenn die Rose-Noëlle auf den Dünungswellen hin und her tanzt? John läßt sich seitlich den Rumpf hinunter auf den Gehweg gleiten und greift unter das Boot. Das Ende eines Spinnakerbaums schwimmt lose im Wasser. Die fünf Meter lange Aluminiumstange dient normalerweise als Ausleger, um eine Ecke des Spinnakers – ein bauchiges Leesegel, das aussieht wie ein Fallschirm – aufzuspannen oder »auszubaumen«. Gelegentlich wird es auch nur kurz »Spi« genannt. John nimmt einen Seitenschneider, greift am anderen Ende unter den Gehweg und durchtrennt einen Draht, der das befestigte Ende der Stange an seinem Platz hält. Er zieht die Stange hervor, und wir verzurren sie am Kiel.

Als draußen das Notwendigste getan ist, ziehen wir uns wieder zurück und strecken uns aus wie vier Sardinen in der Dose, Tag für Tag. Phil und John unterhalten sich endlos über Boote. Sie sind wie zwei Autofanatiker, welche die Feinheiten der Benzineinspritzung, von Motoren mit obenliegender Nockenwelle und Mehrfachvergasern erörtern. Ich hätte nie gedacht, daß der Aluminiumstock und die Drahtstücke, aus denen die Takelage eines Segelbootes im wesentlichen besteht, so kompliziert sein können. Es gibt scheinbar zahlreiche verschiedene Arten Draht, die unterschiedlichsten Mastformen und unzählige Möglichkeiten, beides zu kombinieren, um schließlich die Spieren zu bilden, welche die textilen Flügel einer Segelmaschine aufspannen.

Rick und ich wenden unsere Aufmerksamkeit anderen Themen zu. Wir fragen einander oft: »Was glaubst du, was Martha und Heather gerade machen?«

»Vermißt du Martha?« fragt Rick mit einem breiten Grinsen im Gesicht.

»Klar. Klar vermisse ich Martha. Ja doch.«

»Und was vermißt du an ihr?«

»Was ich an ihr vermisse?« Muß ich das erklären? Rick hat meine Beziehung zu Martha nie verstanden. Er hatte selbst etwas mit ihr, als sie beide Betreuer bei OB in Minnesota waren. Zwar habe ich weder sie noch ihn gekannt, bevor ich nach Neuseeland kam, aber Martha hat mich dann Rick vorgestellt. Ihre Freundschaft ist jedoch schon immer problematisch gewesen. Martha ist eine engagierte Feministin. Sie ist die Begründerin eines Programms, das die Teilnahme von Frauen an Outdoor-Aktivitäten fördert. Mir gefällt das, mit Ausnahme des Umstands, daß Männer streng davon ausgeschlossen sind. Martha regt sich immer fürchterlich über jede Bemerkung auf, die auch nur entfernt sexistisch sein könnte. Was sie sagt, macht Sinn, sie breitet ihre Argumentation mit makelloser Sorgfalt vor einem aus, aber sie springt einen an wie eine Spinne, wenn man nicht darauf gefaßt ist. Manche fühlen sich von ihrer Stärke angezogen, während andere sich ihrem Netz lieber mit Vorsicht nähern. Rick und Martha sind die männliche und die weibliche Seite der gleichen furchtlosen, kompetenten, leistungsfähigen Medaille. Sie stehen

Rücken an Rücken mit erhobenen Pistolen, immer bereit zum Duell.

»Nun, Rick, Martha ist großartig. Wirklich.« Ich weiß, daß er skeptisch ist. »Vielleicht kenne ich eine andere Seite an ihr, die viele Menschen nicht sehen. Sie hat eine sehr empfindsame Seite. Sie will zwar vielleicht nicht heiraten, will keine Kinder, will nicht das, was die meisten Frauen tun, und ich möchte das alles, aber im Moment ist das für mich so in Ordnung. Ich mag sie, Rick. Wirklich.« Ich bin sicher, daß er nicht überzeugt ist. »Weißt du, wenn du nicht erwartest, daß sie sich verhält wie eine Frau von 1900, dann hat Martha viel Zuneigung und Wärme zu geben.«

John schaltet sich ein: »Ich verstehe solche Frauen nicht. Bringt mich bloß zurück auf die Inseln. Da behandeln einen die Frauen, wie es sich gehört.« Dann verfällt er wieder in sein Gespräch mit Phil über Ruder oder Pinnen oder sonst etwas in der Art.

Rick stößt mir den Ellenbogen in die Seite und guckt mich an mit einem Blick, der besagt: Jetzt hör dir den an. Denken wir nicht mehr an John. »Du warst doch schon mal verheiratet, nicht? Wie war sie?«

Ich erzähle ihm, daß Pam völlig anders war als Martha. Sie war zierlich, benutzte Makeup, trug Schmuck, die neueste Mode, war Mutter von zwei Kindern. Pam liebte Männer. Anders als Martha scheute sie sich nicht, die traditionelle Frauenrolle zu akzeptieren. Sie stammte aus einer armen Familie und war seit ihrem fünfzehnten Lebensjahr auf sich allein gestellt. Sie war eine Überlebende, und ich glaube, sie hatte überlebt, weil sie sich ihren Gefühlen stellen und sie zum Ausdruck bringen konnte. Mag sein, daß sie sich dabei weh tat, aber sie hatte keine Angst. Sie mußte nichts unter Beweis stellen. Vielleicht war ihre offen zur Schau getragene Verletzlichkeit in Wirklichkeit ihre Stärke – so blieb sie aufrecht. Und wenn sie ins Fettnäpfchen trat, konnte sie darüber lachen. Ich liebte sie. Ich habe immer noch viel von dieser Liebe übrig.

»Wenn du sie geliebt hast, warum bist du dann nicht mehr bei ihr?« fragt Rick herausfordernd.

»Es war, als würde man mit einem von den Golden Girls zusammenleben: Sie hatte eine verrückte Idee nach der anderen. Jemanden lieben, befreundet sein bedeutet nicht, daß man mit demjenigen zusammenleben kann.«

»Ihr seid immer noch befreundet?« fragt Rick ungläubig.

»Klar. Als ich sie kennenlernte, war ich voller Wut, Verwirrung, Unsicherheit – lauter Dinge, die ich nicht wahrhaben wollte, als ob ich, wenn ich sie ignorierte, cool, organisiert, selbstsicher, mutig sein würde ... Aber es war nicht wie mit der Arbeit – ich konnte nicht nach Hause gehen, den Schmutz abwaschen und fünf Monate im Jahr freimachen. Ich mußte ein Vater für ihre Kinder sein. Mein Gott, ich brauchte selbst noch einen Vater, und ich sollte mich um jemand anderen kümmern. All meine Angst und die vielen Frustrationen brachen immer wieder durch wie ein riesiger, vom Frost gehobener Felsblock mitten auf der Straße. Ich wollte mich nicht damit auseinandersetzen, also asphaltierte ich die Stelle immer wieder von neuem. Ich betäubte mich mit Drogen. Ich hing mit meinen Kumpeln herum, damit ich nicht darüber sprechen mußte. Ich verdrängte. Ich wurde verrückt. Ich wich dem Felsblock aus, verschüttete ihn, statt ihn auszugraben und die Sache ein für allemal in Ordnung zu bringen. Ich war wirklich gut darin, etwas auf die Schnelle dichtzuschütten. Dann war Feierabend. Im nächsten Jahr war es wieder das gleiche. Aber sie blieb mir auf den Fersen. Wenn ich einem alkoholabhängigen Freund mitten in der Nacht helfen mußte, umzuziehen oder seinen Wagen das fünfte Mal aus Polizeigewahrsam abzuholen, zwang sie mich, ihn mit seinem Problem zu konfrontieren und mich mit der Möglichkeit auseinanderzusetzen, daß er mich zurückweisen könnte. Mein ganzes Leben lang war ich geschlittert, gerutscht, hatte die Dinge nicht allzu genau genommen. Ich »lieh« mir Schaufeln von der Stadt und tauschte sie gegen gegrillte Rippchen. Meine Garage war vollgestopft mit Werkzeugen, bezahlt aus der Tasche des Steuerzahlers, aber ich sagte mir, das sei schon in Ordnung, weil ich sie großzügig unter den Nachbarn verteilte. Politiker, die um staatliche Zuschüsse buhlen, taten jeden Tag das gleiche. Ich war kein Dieb; ich war Robin Hood! Aber durch Pam wurde alles anders. Mir schwirrte der Kopf, sie stellte alles in Frage. Wie konnte ich meine Schwächen mit dem Bedürfnis in Einklang bringen, das Gefühl zu haben, ich sei kein schlechter Kerl? Wenn ich in den Spiegel schaute, gefiel ich mir nicht mehr. Sie veränderte mich, Rick. Sie begann, mir die Sprache der Gefühle beizubringen. Aber es war zuviel, zu schnell. Ich war nicht so hart wie sie.«

Rick dreht sich auf die andere Seite. Nach einer Weile wendet er sich wieder um und sieht mich an. Mit leiser Stimme, voller Verachtung, sagt er: »Jim, ich glaube, ich war ein echter Schweinehund. Ich habe alles auf Heathers Schultern abgeladen. Sie erledigt die Wäsche, kocht das Essen, macht sauber, kümmert sich um Mattie, wechselt seine Windeln: alles. Ich war nicht bereit, ihr eine neue Waschmaschine zu kaufen. Ich wollte ihr noch nicht einmal Wasser zu dem verdammten Wäscheschuppen hinauslegen, damit sie es nicht tragen muß.« Jetzt fragt sich Rick, warum er immer in den Bergen unterwegs war oder zum Paddeln oder mit etwas anderem beschäftigt und es ihr überließ, die Drecksarbeit zu machen. Und er macht sich Gedanken, daß sie jetzt, wegen dieses verdammten Bootes, vielleicht für immer die Drecksarbeit machen muß.

Es ist ein neuer Zug an Rick, sich solche Fragen zu stellen. Er war immer so sehr damit beschäftigt, was er tut und wie er es tut, weniger damit, was er ist. »Ich fühle mich gerade jetzt so gut, Rick«, erzähle ich ihm. »Ich habe gerade angefangen zu leben. Rick … ich … ich will nicht sterben, Rick.« Wir sehen uns an. Unsere Augen sind aus Glas.

»Wir werden hier herauskommen. Es ist nur eine Frage der Zeit«, sagt er. Meine Hand tastet nach seiner. Unsere

Finger und Daumen schließen sich umeinander und drükken fest zu.

Ungefähr 27. Juni, Tag 24 nach der Kenterung

Phil steckt seinen Kopf in unser Nest und sagt: »Heh, da draußen ist ein Fisch!«

Rick und ich kraxeln hinter ihm her nach draußen, löchern ihn mit Fragen. »Was für einer? Wie groß ist er?«

»Ich weiß es nicht. Groß und schwarz. Er ist einfach nur herumgeschwommen.«

Wir reihen uns einer hinter dem anderen auf der Planke auf und suchen das Wasser ab wie die drei Affen auf einem Ast: Sehen keinen Fisch, hören keinen Fisch und riechen keinen Fisch. Nichts. »Bist du sicher, daß du einen Fisch gesehen hast, Phil?« fragt Rick.

»Heh, Mann! Ich weiß, wie ein Fisch aussieht.«

Ich denke, daß Phil einen Fisch sehen möchte. Er wünscht sich einen Fisch, wie er sich einen Lammbraten zum Abendbrot wünscht. Wahrscheinlich war es nur ein Stück Ausrüstung, das durch die Gegend trieb. »Nun, was auch immer es war, es ist jetzt nicht mehr da.«

Drei von uns klettern auf den Rumpf hinaus. Noch ein sonniger, eisiger Tag im Paradies. John bleibt unter Deck, ihm ist zu kalt, er mag nicht nach draußen gehen. Seine Tauchexkursionen in den letzten Wochen haben ihren Tribut gefordert. Er ist müde, geschwächt. Schon am Anfang dieser Reise war er dünn, jetzt sieht er abgezehrt aus. Es ist nicht der richtige Zeitpunkt, ihn zu drängen. Wir brauchen ihn zu sehr. Dieses eine Mal haben Rick und John zusammengearbeitet und unsere Aufgabe genau vorausgeplant. Der Spinnakerbaum soll aufgestellt werden, sechs Leinen sind bereits an seiner Spitze befestigt. Wir haben uns freiwillig dazu bereit erklärt, unseren Signalmast aufzutakeln, und Rick hat John versichert, daß wir es hinkriegen werden.

Wir ziehen uns die Socken aus, rollen die Hosenbeine hoch. Phil setzt sich rittlings auf den Kiel, der den größten Teil des Rumpfes der Länge nach hinunterläuft wie ein Rückgrat mit eckigen Kanten, fünfzehn Zentimeter hoch und fast genauso breit. Er wartet über dem kastenförmigen Loch, das aus dem Kiel herausgeschnitten ist, um das Schwert unterzubringen, und hält ein Ende der Stange fest. Indem wir mühsam rittlings auf dem Rücken des Rumpfes entlangrutschen, nehmen Rick und ich das andere Ende der Stange auf und schieben es in die Höhe, als wollten wir die Flagge über Iwo Jima hissen. Die Frage ist nur, wie sehr der Baum herumwackeln wird, wenn er sich erst einmal in der Senkrechten befindet. Die Frage ist, ob wir ihn festhalten können, bis wir ihn festgebunden haben, ob wir schneller sind als die Unterkühlung. Glücklicherweise fällt der spitz zulaufende Schaft der Stange säuberlich etwa fünfzehn Zentimeter tief in den Schwertkasten und klemmt sich fest. Er wird von allein stehenbleiben.

Während Phil den Spinnakerbaum unnötiger-, aber beruhigenderweise mit der Hand abstützt, drehen Rick und ich uns um und lassen uns seitlich den rutschigen Rumpf hinuntergleiten, wobei unsere Kleider das Spritzwasser aufsaugen wie ein trockener Schwamm. Wir schlittern, halb zur Seite gewandt, auf dem Hintern, während wir versuchen, uns an dem glatten First des Kiels oder im Schwertkasten festzuhalten. Ich schaffe es nicht, falle und krache hinunter auf den nassen Gehweg. Inzwischen bin ich schon halb erfroren. Glücklicherweise hat John Klampen am Boot angebracht, so daß Rick und ich nur herumkraxeln und nach den Leinen greifen müssen, die vom Baum herunterhängen, um sie heranzuziehen. Der Wind schnappt nach unseren Kleidern, raubt uns jedes Gefühl in Fingern und Zehen. Ich ziehe, während Rick festmacht: einmal vorn, einmal achtern. Mach schon, mach schon. Bloß weg von hier. Aber wir können den Baum nicht so ungesichert zurücklassen. Wir kehren dem Wind den

Rücken zu, um unsere Gesichter vor der antarktischen Peitsche zu schützen. Als der Baum vorn und achtern gesichert ist, spannen wir Leinen zu den Enden der Querverbindungen, die zu den Babyrümpfen führen. Die ganze Aktion dauert eine Stunde.

Kaum sind wir fertig, sind wir auch schon weg. Wie die Besatzung eines U-Bootes, die zum Alarmtauchen von Deck verschwindet, stürzen wir das Cockpitloch hinunter. Ich blicke zurück, als ich mich fallenlasse. Der Mast sieht prima aus!

Auf dem Weg zurück zu unserer Zuflucht strahlen wir geradezu vor Begeisterung. Wir schnattern wie ein Haufen Kinder darüber, daß die Chancen, von einem Schiff gesehen zu werden, jetzt hundertmal größer sein müssen. Wir sitzen nicht mehr auf einem gefluteten Lastkahn. Wir haben einen Mast! Wir haben wieder ein richtiges Boot!

Als wir zurück in die Höhle kommen, sieht John aus wie eine Mumie, eingewickelt in eine Decke, aus der nur noch der Kopf hervorschaut. Obwohl er schwach ist, macht er einen wirklich aufgeregten Eindruck. »Oh, oh, fantastisch! Das ist wundervoll. Das ist großartig, Jungs.« Wir sind alle so zufrieden mit uns, daß wir ihm kaum zuhören, aber dann trifft er uns mit Worten, die für uns völlig überraschend kommen. Stotternd und unsicher sagt er: »Danke. Danke, Kameraden.« Ich schaue ihn an. Er meint es ernst. »Ich konnte heute einfach nicht mit euch nach oben kommen.«

Phil macht John mit erhobener Hand und gebeugtem Kopf ein Zeichen, er soll aufhören. »Mach dir keine Gedanken darüber, Kumpel. Er steht.«

»Ja, John, du hast schon mehr als genug getan«, füge ich hinzu.

Zum ersten Mal haben wir es fertiggebracht, etwas als Team zu Ende zu bringen.

Jim Bramwell ruft den Kerikeri-Seefunkdienst und meldet die Positionen, von denen er glaubt, sie von der Rose-Noëlle empfangen zu haben. Zwei Tage später stellt Kapitän Gibb vom Verkehrsministerium ihm einige Fragen, und er bestätigt, daß diese Nachrichten von der Rose-Noëlle stammen.

Bramwell berichtet auch, daß ein Freund von ihm uns in Tonga gesehen habe. Heather und Martha nehmen Kontakt zu einem Bekannten in Tonga auf, der sich nach uns umschaut und niemanden finden kann, der uns gesehen hat. Als nächstes wirft die Gerüchteküche von Picton eine Geschichte auf den Markt, nach der Heather eine Postkarte von uns bekommen haben soll, wie wir auf Norfolk Island in der Sonne liegen. Für unsere Angehörigen ist es ebenso aufreibend, einen klaren Kopf zu bewahren, wie die Suchaktion voranzutreiben.

Mein Freund Pete Brady grübelt immer wieder über die von Jim Bramwell gemeldeten Positionen nach. Wir sollten nicht in der Nähe der Kermadecs sein. Er, Heather, selbst Ricks Eltern fragen bei Bramwell nach. Als Heather Jims Boot betritt, ist sie nicht besonders beeindruckt. »Bier«, murmelt er, und seine Frau läuft, um ihm eins zu holen. Heather hat das Gefühl, daß Bramwell sie als völlige Ignorantin abtut. »Ja, ich habe mit ihnen gesprochen«, bestätigt er noch einmal. »Sie waren oben bei den Kermadecs. Sie können überall sein. Wahrscheinlich sind sie jetzt auf einer anderen Insel und feiern eine Party.« Sie glaubt ihm nicht. Rick hätte angerufen.

Ausgestattet mit unserer mutmaßlichen Position und gestartet unter dem Druck unserer Familien und Freunde, dröhnt am 30. Juni und 1. Juli ein Orion-Flugzeug die Landebahn hinunter und verbringt insgesamt sechzehn Stunden in der Luft. Die Aktion verursacht Kosten in Höhe von einer Viertel Million neuseeländischen Dollar (150 000 US-Dollar); in ihrem Verlauf werden 20 000 Quadratmeilen Ozean abgesucht. Sie finden nichts. Das ist nicht weiter verwunderlich. Selbst an dem Punkt, an dem sie uns am nächsten sind, befinden sie sich immer noch 330 Meilen nördlich von unserer tatsächlichen Position.

Irgendwann im Juli, etwa einen Monat nach der Kenterung

Das Schiff ist über die Toppen geflaggt, wie man sagt. Mit dem aufgerichteten Mast ist es sehr viel einfacher, sich an Deck zu bewegen. Oben auf der runden Kuppe des Rumpfes umklammern wir die Stange, halten so im Stehen das Gleichgewicht und erweitern den Bereich, den wir überblicken können. Um den Basisumfang der Seilstagen, die den Mast halten, haben wir horizontale Handleinen gespannt, die uns viele Möglichkeiten zum Festhalten geben. Auf den Stagen haben wir Johns leuchtend bunte Signalflaggen aufgereiht, und der Mast wird von dem leuchtend orangefarbenen Schwimmkörper gekrönt, so daß unsere Takelage aussieht, als wollten wir unsere neugewonnene Sicherheit an Deck feiern. Irgend jemand muß uns jetzt einfach sehen! Die Leinen dienen auch als Wäscheleinen. Hemden, Socken, Hosen und anderes Zeug flattern im Wind. Wir sagen uns, wir sähen aus wie eine zusammengeflickte chinesische Dschunke aus Hongkong.

Phils Schaffellmantel, den wir alle »den Bären« nennen, hängt jetzt wie gekreuzigt an einer Leine vom Mast zum Trocknen. Rick betrachtet ihn bewundernd. »Das ist wirklich eine schöne Jacke, Phil.«

»Ganz recht, Kumpel«, antwortet Phil.

In einem von Johns Schränken mit persönlicher Ausrüstung in der Achterkajüte versteckt, befinden sich mehrere Rollen Film und eine automatische 35-mm-Kamera von Olympus, deren Blendeneinstellung auf 22 festgeklemmt ist. Rick erscheint an Deck wie ein Reporter und hält Momentaufnahmen unserer Existenz auf dem ultimativen olympischen Trip fest. Er nimmt unseren Signalmast, unsere Beschäftigungen, Sonnenuntergänge auf.

Als wir wieder in der Kajüte sind, drücken Rick und ich uns auf die dunkle Seite. Phil liegt mit offenen Augen im vollen Licht, immer aufmerksam auf Deckenpatrouille. Er registriert jeden Schmutzfleck, jeden Kratzer, ist ständig auf der Hut vor feindlichen Bewegungen. Woran denkt er? Er erzählt Rick, daß er gerade versucht, mit der Tatsache fertig zu werden, daß er hier draußen ist und sterben wird. Wir anderen versuchen, unsere Gedanken vom nächsten Bissen Essen, dem nächsten Schluck Flüssigkeit abzulenken. Wird es jemals wieder regnen?

John lebt zwischen uns in einer anderen Welt. Er verbringt seine Tage damit, von der Zukunft zu träumen, von Ruhm und Reichtum. Mit einem geretteten Stift und einem Stapel Papier beginnt er, eine Mappe mit Bootszeichnungen und Gedanken zu füllen. Er hält die Ereignisse jedes einzelnen Tages fest, bis hin zu meinen Rezepten, verwahrt jedes Goldkorn seiner Weisheit in einem Manuskript, das ohne Zweifel der Seefahrtsklassiker aller Zeiten werden wird. Wie soll das Buch heißen? *Vier Mann in einem Boot? Moby Dickkopf?* Nein, das gibt es schon. Wie wär's mit *Feuchte Träume vom Südpazifik,* eine Fortsetzung des Klassikers der ersten Stunde *Playboys des Südpazifik*?

In Wirklichkeit denken wir überhaupt nicht an Sex. Unter diesen Bedingungen scheinen derartige Bedürfnisse als erste abzusterben. Statt dessen unterhalten Rick und ich uns über die lange Liste von Restaurants, die wir aufsuchen werden, wenn wir hier herauskommen. Wir unterhalten uns über die Speisekarten, die Kleidung der Kellnerinnen, über die Pommes Frites und die Milchshakes von McDonalds. John unterbricht uns. »Eh, Jim, was für Gewürze hast du gestern abend in den Reis getan?«

»Eemmmm, Tandoorigewürz … etwas Kreuzkümmel und … ah, ja, Pfefferkörner.«

»Aaah.« Er stöhnt leise auf, als die ekstatische Erinnerung wach wird. »Das war lecker«, schließt er, während er wie verrückt jedes Detail in seinen Memoiren aufzeichnet.

Ricks Augen fixieren John wie ein Adler. John achtet nicht darauf. Rick hat das Gefühl, John unterbricht uns nur, weil er zu unserem Klub dazugehören will, daß er alles versucht, um darin aufgenommen zu werden. Wer könnte ihm einen Vorwurf machen? Johns Alternativen sind Phils morbide Gesellschaft oder ödes Alleinsein, während er mit drei anderen Männern zusammengepfercht ist. Aber immer, wenn John versucht, in eines unserer Gespräche einzusteigen, bringt ihn Rick wieder zum Schweigen. »Ich glaube, was du tust, ist ein schlechtes Omen, Kumpel«, hält Rick ihm vor.

John blickt nicht auf, sagt nichts. Rick wird spürbar unruhig. Seine funkelnden Augen sind voll Feuer; sein gewölbter Brustkorb hebt und senkt sich. Er ist daran gewöhnt, daß die Leute zurückschlagen. Er will die Jagd, will das Wild zur Strecke bringen. Rick versteckt sein Bedürfnis nach einem emotionalen Angriff und Triumph hinter quasilogischen Argumenten. Er beschuldigt John, das Schicksal herauszufordern, wenn er für die Zukunft plant. Unsere geplante Restaurant-Orgie ist nichts anderes, aber Rick und ich ziehen es vor, das nicht zur Kenntnis zu nehmen.

»Das Schicksal herausfordern« ist nur eine Schaufel voll Dreck, die wir John an den Kopf werfen, um davon abzulenken, was uns wirklich beschäftigt. Obwohl ich vom Verstand her weiß, daß es ungerecht ist, geben wir ihm die Schuld an unserer Kenterung. Warum hat er Neuseeland mit einer solchen Mannschaft von Anfängern verlassen? Warum wollte er unsere Position nicht per Funk durchgeben? Warum setzte er viel zuviel Vertrauen in sein Boot? Warum ließ er das Wasser in den Tanks auslaufen? Wenn es darum geht, ein Luk in den Rumpf zu schneiden, eine Planke anzubringen, einen Signalmast aufzustellen, ist John brillant, aber seine guten Ideen sind nicht die Einfälle eines Kapitäns, sondern eher diejenigen eines Mannschaftsmitglieds. Er führt uns an kein Ziel. Er tut nichts, um uns hier herauszubringen.

Unsere Wut ist blind gegenüber der Tatsache, daß jedes Boot vom Meer überwältigt werden kann. Wir übersehen den Umstand, daß sowohl Phil als auch Rick wußten, wie man segelt, bevor wir ablegten, und daß Rick bereits auf hoher See war. Wir rechnen es John nicht positiv an, daß er ein so gut durchdachtes, gut gebautes Boot besitzt, das, ganz egal wie spartanisch, einem Rettungsfloß immer noch haushoch überlegen ist und eine riesige Menge an Vorräten enthält, nach denen John selbst in gefährlich kaltes Wasser hinabtaucht. Es ist nicht seine Schuld, daß der Rest von uns jämmerliche Landratten sind.

Johns sture Selbstbezogenheit, sein stoischer, gleichgültiger Blick und die Art und Weise, wie er unseren Widerstand, unsere Kritik und unsere Vorschläge ignoriert, begraben jede Nachsicht, die wir ihm gegenüber an den Tag legen könnten. Wir sehen nur die Lawine unserer blinden Wut. Nicht ein einziges Mal hat er zugegeben, daß er falsch lag oder im Unrecht sein könnte. Er hat noch nie gesagt: »Es tut mir leid, Kameraden.« Und jetzt scheint er diese Katastrophe nicht nur zu akzeptieren, sondern sie geradewegs zu genießen. Vielleicht weiß John mit seinem Leben nichts Besseres anzufangen, als hier draußen herumzutreiben, völlig zufrieden. John ist hier draußen sicher, weit weg von Menschen, besonders von all seinen schwierigen und anspruchsvollen Frauen. Aber wir anderen haben richtige Menschen, echte Beziehungen, ein wirkliches Leben, das uns an Land erwartet.

»Heh, Rick, vergiß ihn. Laß uns Schach spielen.« Die Kenterung hat viele Dinge ans Licht gebracht, die John weggestaut und in den zehn Jahren, die er an Bord lebte, vergessen hatte, darunter ein Plastiktäschchen voller Spiele. Ich ziehe ein Schachbrett aus Pappe hervor, fünfzehn Zentimeter im Quadrat, mit kleinen Pappfiguren, wie man sie gelegentlich in einer Packung Cornflakes findet.

Auf unserem harten, unebenen Bett stützen Rick und ich uns auf die Ellenbogen, einander zugewandt. Das Licht reicht gerade noch aus, das Spielfeld zu sehen. Nur ein kurzes Spiel, und beide Parteien sind körperlich erschöpft. Unsere Beckenknochen, Schultern und Ellenbogen schmerzen. Die Gliedmaßen schlafen uns ein. Wir wetteifern mit John und Phil um Platz, während wir unsere Körper ständig anheben und drehen, um den Druck auf unsere Knochen und unsere mit Stecknadeln gefüllten, schlummernden Glieder zu verringern. Das Bett schwankt unter unseren akrobatischen Turnübungen auf und ab. Das Brett tanzt herum. Spielfiguren fallen herunter oder rutschen auf neue Felder. Wir streiten. Unsere spielerischen Fähigkeiten sind recht ausgeglichen, aber es dauert ewig, bis Rick einen Zug macht. »Wo ist das Problem, Rick? Mach schon, beweg dich.«

Ich schlage eine Zeitbegrenzung vor. Rick protestiert, erzählt mir, er müsse so viel Zeit haben, wie er wolle, um einen Zug zu machen.

»Warum nimmst du das überhaupt so verdammt ernst?« Rick starrt mich mit den gleichen Pantheraugen an, mit denen er John angestarrt hat. Warum ist er so versessen darauf zu gewinnen, der Beste zu sein? Warum will ich gewinnen? Gehen wir durch das Leben und tauschen einfach nur eine Abhängigkeit gegen eine neue aus – geben Drogen auf, um mit Selbstvervollkommnung anzufangen? Donald Trump hat stolz für sich in Anspruch genommen, »Qualitätstrophäen« zu sammeln. Denken Menschen wie er je darüber nach, etwas von Qualität zu schaffen? John sammelt seine Frauen, Rick seine Bergbesteigungen. Unterscheiden sich diese Trophäen in irgendeiner Weise vom Rausch eines Drogensüchtigen? Mag sein, daß es mir gelungen ist, die Drogen hinter mir zu lassen, aber wie gehe ich mit den allergefährlichsten Rauschmitteln der Macht, Herrschaft und Sicherheit um? Wieviel von jedem brauche ich? Wann beginnt die Abhängigkeit? Wer hilft mir, auf diesem schmalen Grat zu wandern?

Ich rutsche herum, um meinen Ellbogen zu entlasten.

Phil sagt: »Heh, Mann, wie wär's mit etwas Platz? Mach schon.«

»Wir versuchen, Schach zu spielen«, antworte ich ihm. »Das ist unsere Fluchtmöglichkeit. Es ist das einzige, was uns Spaß macht. Das ist wichtig für uns.«

John meldet sich zu Wort. »Wir sollten alle Schach spielen. Rick sollte als nächstes gegen Phil spielen, und dann spiele ich gegen dich.«

Was? Ich lasse mich nicht dazu zwingen, allerbeste Zeit mit Rick aufzugeben, nur um mit diesen Knallköpfen zu spielen, genausowenig wie jemand mir befehlen kann, mit jemandem auszugehen, den ich nicht mag. Ich fauche ihn an: »Also, John, du wirst mir nicht erzählen, mit wem ich Schach spiele. Ich will mit Rick Schach spielen. Ich will nicht mit dir Schach spielen.«

Am 6. Juli treffen sich dreißig unserer Freunde und Verwandten sowie besorgte Segler in Picton. Unter dem Vorsitz meines Kumpels Pete Brady, der Bramwells Positionsangaben für die Rose-Noëlle immer noch mißtraut, hat die improvisierte Gruppe umfangreiche Informationen über unser Fahrzeug, seine Ausstattung und Mannschaft und über das Wetter gesammelt. Wenn wir dort wären, wo wir nach Bramwells Angaben sein sollten, hätten wir unterdessen den Rest des Weges nach Tonga paddeln können. Und warum ist die Rose-Noëlle in den ersten vier Tagen 600 Meilen gesegelt und dann nur noch 360 Meilen in den darauffolgenden sieben oder acht Tagen? Die Gruppe entwickelt vier Szenarien, um zu beschreiben, was mit uns passiert sein könnte, darunter auch eine mögliche Kenterung. Sie schlagen ein neues Suchgebiet vor. Den Behörden überreichen sie einen kompletten Bericht mit den vier Szenarien. Außerdem wenden sie sich schriftlich mit einer offiziellen Anfrage wegen einer neuen Suchaktion an ihren Parlamentsabgeordneten.

Weil das neue Suchgebiet auf ähnlichen Breitengraden

liegt wie das alte, lehnt die Regierung jede weitere Geldausgabe um unseretwillen ab, bis neue Informationen vorliegen.

Brady und die Gruppe wollen es jedoch nicht dabei bewenden lassen. Peter denkt daran, vielleicht ein privates Flugzeug hochzuschicken. Heather bekommt Anrufe von Leuten, die Geld anbieten. Ricks Eltern wollen Wertpapiere verkaufen. Doch schließlich weiß niemand so richtig, wo man suchen sollte. Das einzige, was zu tun bleibt, ist warten.

Es werden noch einmal drei Monate vergehen, ehe Jim Bramwell klarstellt, daß die Positionsangaben, die er empfangen hat, von anderen Schiffen als der Rose-Noëlle stammen könnten.

Ungefähr 11. Juli, Tag 38 nach der Kenterung

Die Rose-Noëlle stampft über kabbelige See durch eine neue Nacht. Rick lehnt an der dunklen Luvseite des Rumpfes und löst den willkommenen Alarm aus. »Es regnet. Fängt an zu schütten.« Es ist ein so gutes Gefühl, das Geräusch zu hören und die frohe Botschaft weiterzugeben.

Wieder sind Phil und John am Eingang und springen mit der Plastikplane hinaus, während Rick und ich uns um die leeren Wasserflaschen kümmern. Wir sind fertig und drehen uns um, um nach draußen zu kriechen. Ich gehe voran. Ein nasser Fuß knallt mir ins Gesicht. »Heh! Heh, was ist los?«

»Komme runter!«

»Danke für die Warnung, John!«

John und Phil kommen wieder hereingestürzt, durchnäßt und fröstelnd. Wir können immer noch hören, wie der Regen auf den Rumpf prasselt. Dieses Mal ist unsere Wassersammelaktion eine komplette und vollständige Pleite. Phil stand auf dem Rumpf wie beim letzten Mal, aber dieses Mal schlingerte und schwankte die Rose-

Noëlle in den hochgehenden Wellen. Er hielt die Plane auf, aber der Wind fing sich darin und riß sie ihm aus der Hand. Es gelang ihm gerade noch, mit der einen Hand die Plane, mit der anderen sich selbst am Boot festzuhalten. John half ihm, die Plane wieder einzufangen und sie auszubreiten, aber der Wind war immer noch zu stark. Die Plane verwandelte sich in ein bauschendes, um sich schlagendes Monster, das sich immer wieder von den beiden losriß. Sie waren nicht einmal in der Lage, einen Löffel voll Wasser aufzufangen.

Wir wissen, daß wir ein verläßliches System zum Auffangen von Regenwasser schaffen müssen. John zerbricht sich den Kopf nach Rohmaterialien, die wir zu diesem Zweck verwenden können. In einem heldenhaften, vergeblichen Versuch, doch noch etwas aufzufangen, nimmt John einen Topf und stellt ihn hinaus ins Cockpit. Er füllt sich mit ebensoviel salziger Gischt wie mit Regen.

Rick ist schon lange erpicht darauf, unser Floß in ein Segelboot zu verwandeln. Warum können wir nicht ein Segel am Mast aufziehen? Er und Phil sprechen fast jeden Tag darüber, und jetzt drängt Phil auch John, einen Versuch zu wagen. Es ist die einzige Hoffnung, an die Phil sich klammern kann. Wenn John die Segel aus den äußeren Rümpfen holt, können wir sie an unserem Signalmast setzen. Klingt gut. Warum nicht?

John bleibt unnachgiebig. »Dieses Boot wird nicht über Kopf gesegelt«, sagt er und lacht bitter in sich hinein, als wären wir alle Dummköpfe. Er sagt, wir sollten uns aufs Überleben konzentrieren und warten, bis wir Land sichten oder von einem Schiff gesichtet werden.

Rick weist darauf hin, daß jedes bißchen Vortrieb, ganz egal, wie schwach, uns schneller in die Richtung schieben wird, in die wir ohnehin treiben. »Du bist so verdammt blind auf einem Auge, John. Alles kann nur so sein, wie du es haben willst.« Er starrt John wütend an, als ob er durch reine Willenskraft und ständiges Nörgeln Glennies Ansichten ändern könnte, doch John wendet sich ab, ignoriert unsere Vorschläge, als handelte es sich um die müßigen Launen irgendwelcher Kindsköpfe.

Rick hat recht. Was haben wir zu verlieren? Warum ist John so entschlossen, sich uns zu widersetzen? Was tut Glennie, um unser Überleben zu sichern, auf das wir uns, wie er sagt, konzentrieren sollen? Er bestreitet hartnäckig, daß wir Fische fangen können. Ich glaube, John will die Segel nicht holen, weil Ricks Idee eine Herausforderung für Glennies allmächtige Befehlsgewalt ist. Wir überschreiten unsere Grenzen. Jedes Mal, wenn wir uns ein Stück von der Rose-Noëlle aneignen, ist das, als würden wir ein Stück Fleisch aus Glennies Körper schneiden. Oder vielleicht gefällt es ihm hier draußen einfach zu gut. Er ist fest entschlossen, sich zu bewähren, und ebenso entschlossen weiterzumachen, bis uns das Schicksal an eine Küste führt oder ins nächste Leben.

Wie extrem wird John noch werden, wenn sich diese Reise in die Länge zieht? Der Trimaran Triton, der vor der kalifornischen Küste kenterte, hatte als Skipper einen Siebenten-Tags-Adventisten, der so von seinem fanatischen Glauben beherrscht war, daß er begann, die Nahrungsmittel der Besatzung über Bord zu werfen, das Wasser, alles, was ihnen hätte helfen können, sich selbst zu helfen. Wenn Gott wollte, daß sie überlebten, würde Gott sie erretten. Nach dreiundsiebzig Tagen des Umhertreibens auf dem Meer fanden Retter die Triton. Ihr Skipper war noch knapp am Leben und starb bald darauf. Sein Bruder lebte noch, aber die schwangere Frau des Brudes war gestorben. Hatte Gott ihnen nicht die Mittel gegeben, sich zu retten? Wo zieht man die Grenze zwischen Glaube und Fanatismus? Wie entscheidet man, wann einem Mann, besonders einem Kapitän, Folge zu leisten ist und wann man sich widersetzen muß?

John geht schließlich auf Rick und Phils Wünsche ein.

Er taucht, um die äußeren Rümpfe zu untersuchen und bündelweise Ausrüstung, die Segel und verschiedenes Material zu bergen, aus dem wir ein Wasserauffangsystem bauen können. Er kommt wieder hoch und erzählt uns, daß die Luken an den äußeren Rümpfen weggespült worden sind. Die Segel und Bündel sind verschwunden. Aber John rettet aus den äußeren Rümpfen doch einige Eimer voll Stoffetzen und Epoxidharz. Er bindet eine Leine um einen Honda-Generator, und wir ziehen das Gerät an Bord. Es ist möglicherweise nicht mehr zu gebrauchen, aber wenn wir es in Gang bekommen sollten, könnten wir vielleicht die Batterie wieder aufladen und die Seenotfunkboje reaktivieren. Es gelingt John außerdem, sieben Stücke PVC-Leitungsrohr zu holen; sie messen etwa fünf Zentimeter im Durchmesser und sind fünf Meter lang. Schließlich reicht er uns einige Streifen Holz von ungefähr drei mal zehn Zentimetern Größe.

Als er damit fertig ist, ist John völlig erschöpft und zittert mehrere Stunden lang. Ich glaube nicht, daß er seine Tauchgänge noch viel länger fortsetzen kann. Außerdem ist in den Rümpfen kaum noch etwas übrig, das die Mühe lohnt.

Als wir die Rohre und das Holz in den Schwertkasten stopfen und alles festbinden, wo immer wir können, blicke ich durch das Cockpitloch in den Rumpf hinunter. Dort unten bewegt sich etwas. Ich schaue genauer hin und sehe einen undeutlichen Schatten wieder aus dem Rumpf hinausgleiten. Als wir unsere Arbeit an Deck beenden wollen, läßt Rick sich vernehmen: »Heh, Jim, ich glaube, Phil hatte recht. Da unten ist ein Fisch.«

Ungefähr 12. Juli, Tag 39 nach der Kenterung

Wenn das überhaupt möglich ist, war Phil in letzter Zeit noch zurückgezogener als sonst. Zwischen unseren Miniaturmahlzeiten und den Trinkpausen scheinen seine Gedanken einer anderen Welt anzugehören. Den Blick starr auf die glatte, eisigkalte See oder hinauf an die Decke gerichtet, macht Phil sich allem Anschein nach keine Gedanken um die Erfordernisse unseres Überlebens. Es scheint ihn einfach nichts anzugehen.

Alles, was sich in Reichweite des Wassers in der Kajüte befindet, wird nur zu bald weggeschwemmt. Wir alle benutzen gemeinsam eine dicke Sturmhaube aus Wolle, um während unserer Wachen die Kälte vom Kopf fernzuhalten. Phil schleppt sie aus der Höhle heraus und läßt sie fallen. Er verliert ein Messer in der Kajüte. Wir drängen ihn, es wieder zu holen, aber er setzt sich über unsere Regel »Was du fallenläßt, holst du auch wieder« hinweg. Phil kramt ständig irgendwo herum; dabei fällt ihm auch ein Schraubenzieher herunter. Gleich nach unserer Kenterung rettete Phil einen Zopf Knoblauch. John fragt, wo der geblieben ist, und Phil sagt ihm, vorn in einem Staufach. Hat er ihn festgebunden? Nein. Auch der Knoblauch ist verloren. Wir alle verlieren irgendwelche Dinge, aber Phils Einstellung läßt ihn zur Zielscheibe unserer Frustrationen werden.

Wir anderen ärgern uns immer noch über Phils Platzangst und die Art und Weise, wie er jedesmal auf den Eingang losstürzt, wenn eine große Sturmwelle über uns hereinbricht. John hält ihm immer noch vor, die Türen des Niedergangs herausgetreten zu haben. Phils Vorhersage unserer Kenterung und seine derzeitige Nachlässigkeit im Umgang mit unserer Ausrüstung beginnen Rick davon zu überzeugen, daß Phil vom Pech verfolgt ist. Er ist unser Jonas. Er verringert unsere Chancen, hier herauszukommen. Wir stürzen uns auf ihn wie Vampire, saugen die letzten Reste seines Selbstbewußtseins und seiner Hoffnung aus ihm heraus, sorgen dafür, daß er sich immer tiefer in seine Depression verliert.

Wenn Rick und ich uns über Phil unterhalten, sprechen wir davon, daß er unser Essen ißt und unser Wasser trinkt.

Wozu ist er nutze? Wir witzeln unter uns darüber, daß es an der Zeit sei, Phil allezumachen. Obwohl wir nur im Scherz darüber sprechen, habe ich das ungute Gefühl, daß allein durch ihr Aussprechen eine derartige Möglichkeit der beängstigenden Wirklichkeit einen Schritt näher rückt. Rick sagt Phil ganz ernsthaft: »Wenn du noch ein Ding verlierst, wanderst du über die Planke, Kumpel.«

Phil schnappt zurück: »Versuch's nur, ich schneid' dir die Kehle durch.«

Phil holt die beiden 20-Liter-Plastikeimer von vorn, die das Epoxidharz, das Malerwerkzeug und die Lappen enthalten. An Deck ist Rick damit beschäftigt, einen Speer zusammenzubasteln, als er sieht, wie Phil die Eimer aus dem Luk hievt. Rick wäre es lieber, Phil würde die Eimer einfach lassen, wo sie waren. Er hat schon genug Sachen verloren.

»Gib mir mal die Schnur da. Ich werde die Eimer festbinden«, sagt Phil.

»Nein, Phil. Die brauche ich für meine Arbeit. Geh und bring die Eimer zurück.«

»Verdammt noch mal!« sagt Phil. Alles, was er will, ist helfen, und alle behandeln ihn wie den letzten Dreck. Ihm reicht es. Phil schleudert einen Eimer zurück zum Luk. Der verfehlt die Öffnung, hüpft über das Deck und versinkt im Meer. »Kümmer du dich doch drum!«

Eisiges Schweigen, während Rick und Phil den Eimer betrachten, der neben dem Rumpf entlangtanzt. »Geh schon und hol ihn, Phil!« befiehlt Rick.

Phil antwortet: »Geh du doch!«

Bei dem Lärm, den ihr Aufruhr verursacht, drehe ich mich um und sehe den Eimer und die beiden, bereit, sich gegenseitig an die Gurgel zu gehen. Sie sind im Alter nur einen Tag und zehn Jahre, ansonsten aber Welten voneinander entfernt. »Komm schon, Phil«, sage ich. »Sieh mal, da sind alle möglichen Sachen drin. Wir brauchen den Eimer.

Bitte mach und hol ihn.« Phil kehrt uns den Rücken zu und stampft davon. Die Arme auf den äußeren Rumpf gestützt, starrt Phil hinaus auf die endlose Fläche des Pazifik. Der Eimer treibt langsam davon.

John kommt nach draußen und hört von dem Eimer. Auch er betrachtet ihn, wie er nur ein kleines Stück vom Boot entfernt auf den Wellen tanzt. Er sagt wehmütig: »Ach, mein schöner Eimer.« Dann wendet er sich zu Phil: »Gut gemacht, du Tolpatsch.«

Der Wind ist leicht, und wir treiben ruhig weiter. Keiner springt ins Wasser, um den Eimer zu retten. Wir sehen ihn zwei Stunden lang.

Spät am Nachmittag ruhen Rick und ich uns in der Höhle aus. Wir hören, wie John und Phil sich über uns unterhalten. Außerdem ist das Geräusch einer Angelrolle zu hören, die *bssssssss* macht und einen langen Silberlöffel vom Ende unserer Rute – eigentlich zwei Drittel einer Angelrute – aufs Meer hinausschickt. Phil sagt zu John, man wisse ja nie, vielleicht fange er einen Fisch. *Bsssssss, platsch, bssssssss, platsch.* Von der Seite des Rumpfes kommt ein neues Geräusch, ein anhaltendes hölzernes Schaben. »Scheiße, verdammte!« Wieder Phil. Kein *Bsssssss* mehr zu hören.

Wenige Minuten später rutscht Phil herein, legt sich hin und geht sofort auf Deckenpatrouille. Ungefähr eine Minute lang sagt niemand ein Wort. Schließlich frage ich: »Phil, du hast doch nicht etwa die Angelrute verloren, oder?«

»Ja, klar habe ich sie verloren«, gesteht er leise.

Rick und ich gehen beide auf ihn los. »Ach, zum Teufel, Phil! Großer Gott! Wie konntest du nur unsere einzige Angel verlieren? Begreifst du denn nicht, wie wichtig sie für uns war?«

Ricks gleichmäßige, leidenschaftslose, direkte Stimme beendet ein weiteres kurzes Schweigen mit: »Phil, du ekelst mich an. Ich kann dich nicht mehr sehen. Könntest du bitte verschwinden? Hörst du, was ich sage?«

Phil nickt. »Ja.« Er rollt sich auf die andere Seite und kriecht wieder nach draußen.

Etwa zehn Minuten später taucht John in unserer Höhle auf. Wir diskutieren über Phil, darüber daß wir etwas unternehmen müssen. Wir müssen es tun, bevor er noch weitere unersetzliche Ausrüstungsgegenstände verliert. Wir müssen ihn wieder an Bord holen. Und wir müssen es jetzt tun.

Im letzten Tageslicht sagt niemand ein Wort, während wir unsere drei Löffel Reis essen, ein paar Stückchen rote Bete, eine fingernagelgroße Menge Hefeextrakt, einen Tupfer Meerrettichsenf und ein Viertel von einem salzigen Kräcker. Alles zusammen wird mit einer Phiole Wasser hinuntergespült.

Schließlich spreche ich das Thema an. »Phil, ich glaube, wir alle wollen mit dir sprechen. Wir haben es unter uns diskutiert, und ich denke, du weißt, daß du eine Belastung für uns geworden bist. Du verlierst ständig irgendwelche Sachen. Du bist scheinbar mit den Gedanken woanders. Wir sorgen uns um dich als Person, Phil, und wir wollen, daß du wieder zu uns gehörst. Wir brauchen dich, Phil, wirklich. Wir sind es leid, dich immer nur fertigzumachen, Phil. Wir wollen dich nicht fertig machen. Es muß anders werden.«

Sobald ich fertig bin, fängt Rick an. Er baut auf das Teamwork-Thema, fast wie bei Outward Bound, wenn es darum geht, daß wir einander vertrauen müssen, wenn wir hier herauskommen wollen. Er weist darauf hin, daß wir voneinander abhängig sind. »Wir können uns nicht auf dich verlassen, Phil, wenn du die ganze Zeit im Märchenland bist. Wir brauchen dich, Phil. Schließlich bist du unsere Wärmequelle.« Alle lachen leise. Sogar Phil grinst ein bißchen.

Jetzt ist John dran. »Philip, du mußt dich ändern. Denk an den Knoblauch, was uns das gekostet hat. Wir wären damit monatelang ausgekommen. Schau, Philip, ich möchte ebensowenig hiersein wie du. Ich will hier raus. Ich will nach Hause. Aber der Punkt ist, dir ist es gleichgültig. Du hängst herum, und dir ist es egal.«

Jede unserer Predigten dauert gute zehn, fünfzehn Minuten, während unser Ein-Mann-Publikum zuhört. Seine Augen huschen hin und her, und sein Körper zappelt unruhig. Ich mache mir Gedanken, habe wirklich Mitleid mit Phil. Wie nimmt er es auf? Zerstören wir ihn? Nun, es gibt keinen anderen Weg. Wir haben nichts zu verlieren. Und dieses eine Mal weiche ich vor der Konfrontation nicht zurück.

Als wir fertig sind, beginnt Phil zu sprechen. Seine Stimme überschlägt sich, als er zu uns sagt: »Ihr habt ja recht. Ich weiß, daß ich viele Sachen verloren habe. Ich mache mir Gedanken. Ich will zu Karen und den Kindern zurück. Ich werde es versuchen. Ich will wieder zum Team gehören.«

13. und 14. Juli, Tag 40 und 41 nach der Kenterung

Phil schluckt seine Rülpser jetzt hinunter, statt sie uns in die Ohren zu bölken. Er hört auf damit, seine Zehen an uns zu reiben. Selbst wenn er Stunden auf Deckenpatrouille verbringt, hat man jetzt das Gefühl, es sei jemand zu Hause. Sein feines, abstehendes Haar bleibt ein Büschel Federn, die uns im Gesicht kitzeln, aber das hat er wirklich nicht unter Kontrolle. Phil ist anstrengend. Er ist wirklich anstrengend. Vielleicht mehr als jeder andere von uns.

Wir arbeiten im Schneckentempo unter dem Druck des Durstes und der ersten warmen Tage seit über einem Monat. Um Johns Wassersammelschild zu bauen, müssen wir jedes PVC-Rohr halbieren und es dann der Länge nach aufschneiden. Rick und ich machen uns also an die ermüdende Sägerei. Ich säge fünfundvierzig Sekunden lang, dann habe ich genug. Rick übernimmt, während ich ihm durch das Cockpitloch Rohr anreiche. Ich bin wieder dran. Schon? Eins – ritsch ratsch – zwei ritsch ratsch ... Die Sonne brennt vom Himmel. Unsere Körper haben kein Wasser zum Schwitzen. Wir haben keinen Speichel zum Schlucken. Meine Muskeln schmerzen. In der Hitze nehme ich nur das Rohr verschwommen wahr. Vierzehn – rrritsch ... rrratsch, fünfzehn – rrriiitsch. Ich sacke zusammen. Nur fünfzehn? Rick übernimmt. Stunde um Stunde sägen wir, werden langsamer, hören auf. Jedesmal, wenn ein Rohr fertig ist, nehmen wir uns das nächste vor und fühlen uns wie ganz, ganz alte Maschinen, völlig abgenutzt, wünschen uns einen Austauschmotor. Schmieren – man müßte uns schmieren. Mein Kopf ist so benebelt, daß ich manchmal erst zu spät merke, daß ich mir in den Finger gesägt habe. Wir denken nur ans Trinken. Ein kaltes Bier. Wasser. Egal was, Hauptsache es ist flüssig. Ich nehme das nächste Stück Rohr. Es rutscht weg, ein leichtes Platschen, und es ist verschwunden. Scheiße!

In der Zwischenzeit kämpfen Phil und John ihren eigenen ermüdenden Kampf mit dem Holz, um Phils Eingebung in die Wirklichkeit umzusetzen: ein System von Abflußrinnen. Mit einer rostigen Säge halbieren sie die Holzstreifen in einem Winkel, der der Neigung des Rumpfes angepaßt ist. Dann hobeln sie sie glatt.

Als Rick und ich endlich alle PVC-Rohre zerteilt haben, nehmen wir einen Hammer und einen Nagel und beginnen, Löcher hineinzuschlagen. An jeder Kante, oben und in der Mitte von jedem Rohrstück, kratzen wir ein Kreuz ein, schlagen dann leicht auf den Nagel, so daß ein kleines Loch entsteht, und hauen schließlich den Nagel durch. Rick hält, während ich hämmere, oder umgekehrt. Manchmal schlagen wir uns auf die Finger. Manchmal gleiten wir an dem Nagel ab, und er fliegt durch die Luft. Bei einer Sinkgeschwindigkeit von dreißig Zentimetern in der Sekunde wird er dreieinhalb Stunden brauchen, um sich auf dem Meeresboden zu dem Stück PVC zu gesellen. Zumindest wird er es kühl haben, umgeben von Wasser. Ich weiß nicht, wieviel länger wir das hier noch durchhalten können, aber wir können es uns nicht leisten aufzuhören. Wir müssen fertig sein, wenn es regnet.

Mein Gesicht wird von einer runden, haarigen Kugel attackiert. Phil bietet mir die saftige Frucht an. Eine Kiwi. Es ist mir egal, wo er sie herhat. »Ah, danke, Phil.«

John und Phil sind aus dem Rumpf aufgetaucht, bringen Geschenke mit. Aufgereiht auf dem Kiel, machen wir eine Nachmittagspause, jeder von uns mit dem Luxus einer ganzen Kiwi in der Hand. Ich beiße in meine dicke, reife Frucht, und sie zerplatzt in meinem Mund. Eine süße, saftige, üppige, feuchte Explosion. Ich wische mir den Saft vom Kinn und lecke ihn von meinen Händen. Die stille Luft ist erfüllt von unserem orgiastischen Stöhnen. Dies ist seit längerer Zeit für uns das Erlebnis, das Sex am nächsten kommt. Ich wußte nicht, daß es im Himmel grün ist. Aber es muß so sein. Grüne Felder. Das Grün von bebautem Land. Das Grün von Kiwis.

Phil ist ganz eindeutig aufgeregt. »Ihr solltet all das Zeug sehen, das John und ich vorn in einem Schapp gefunden haben! Stapel von Keksen! Ganze Paletten voller Kiwis! Wir haben Teepäckchen, Tüten mit löslichem Kaffee und drei Pfundpackungen Milchpulver.« In unserer Höhle erwartet uns eine Mülltüte, angefüllt mit all diesen neuen Geschmackssensationen.

»Ach, du meine Güte«, fügt John hinzu, »ich habe zehn Pfund Mehl gefunden, Jim, und eine Tüte braunen Zucker, sogar eine Dose Hefe!«

In Ordnung! Brot. Wenn wir nur irgendeine Hitzequelle hätten. »Meinst du, wir können die Gasflaschen rausholen und uns einen Ofen bauen, John?«

»Keine Chance. Der Regler ist viel zu lange unter Wasser gewesen. Wir würden uns wahrscheinlich selbst in die Luft jagen. Und was dann?«

Bis zur nächsten Nachmittagspause sind Johns Wassersammelschild und Phils Regenrinnen fertiggestellt. Rick und ich haben die Rohre jeweils oben und in der Mitte mit Angelsehne von dreißig Pfund Reißfestigkeit zusammengeschnürt. Wir haben ein hölzernes Gestell mit zwei Querstreben am oberen Ende und in der Mitte gebaut, den Schild daran festgebunden und die ganze Vorrichtung am Mast vertäut. Am unteren Ende sind die PVC-Rohre lose, daher fassen wir sie zusammen und stecken sie in einen Eimer, der etwa dreißig Zentimeter über dem Deck hängt. John und Phil haben die Holzstreifen angeklebt und festgeschraubt. Zwei Regenrinnen beginnen am Fußende unseres Mastes und laufen nach achtern, krümmen sich dabei nach außen und unten, weg vom Rückgrat des Bootes. Eine Seite endet an unserem Cockpit. Auf der anderen Seite bohren Phil und John ein Loch in den Rumpf, um die Rinne zu einem Ende zu führen. Sie schieben ein Stück Plastikrohr hinein, das in Reichweite unseres Höhlenausgangs hängt. Der Himmel bleibt klar, aber wir sind bereit.

Wir fühlen uns großartig. Gemeinsam haben wir uns ein Ziel gesetzt und es erreicht. Zwei Tage lang haben wir nicht einmal daran gedacht, nach einem Schiff Ausschau zu halten. Wir fallen in den tiefen, unschuldigen, sorgenfreien Schlaf von Männern, die einen Tag rechtschaffener Arbeit hinter sich haben. Was wir jetzt wirklich brauchen, ist Regen.

Ungefähr um elf Uhr abends verdecken Wolken die Sterne. Um eins wird es neblig. Bis zum Morgengrauen fällt ein leichter Regen. Wir sind alle überrascht, als wir das Ergebnis sehen. In dem Topf im Cockpit unter der einen Rinne steht nur ein bißchen Wasser, aber der Eimer am Mast ist fast zu zwei Dritteln voll. »Scharfe Sache!« sagt Rick. Ich fühle mich wie Scarlett O'Hara in *Vom Winde verweht:* »Gott ist mein Zeuge, ich werde nie wieder Durst leiden!« Wir nicken und lächeln, als wir uns anschauen. Es wird funktionieren. Wir bekommen unser Schicksal in den Griff. Wenn wir nur anfangen könnten, Fische zu fangen,

und wenn wir das Glück haben, gelegentlich richtigen Regen zu bekommen, dann ist es keine Frage, daß wir überleben können.
Rick und Phil drängeln sich im Höhleneingang, ihre Köpfe ragen in den Rumpf und ihre Kehrseiten sind innen dicht nebeneinander geklemmt. »Was macht Harry?« frage ich sie.

Phil verfolgt die Bewegungen von Harry dem Zackenbarsch, der langsam, Stoß für Stoß, vorwärtsschwimmt. »Er ist drüben bei der Eßecke ... und ... jetzt bewegt er sich v-or-wärts ... Jesses, ist das ein großer Bursche. J-e-t-z-t ... i-s-t e-r ... weg. In einem Schapp verschwunden, glaube ich.« Typisch, Harry tritt auf, schwimmt seine übliche Runde und ist fünf Minuten später wieder abgetreten.

Rick hat unseren einzigen großen Haken an einen Stock gebunden. Er und ich haben beide mehrmals versucht, Harry mit dem Speer zu erlegen, weit nach vorn gebeugt, einen Arm bis zum Ellbogen tief im Wasser, mit langsamen, ungeschickten Bewegungen. Aber der Haken sitzt an der Seite vom Griff, daher bewegt sich der Speer so langsam und unsicher durch das Wasser, auf seltsamen, unvorhersehbaren Bahnen. Ich kann Johns höhnisches Lächeln spüren, mit dem er uns zu verstehen gibt: Ich hab es euch doch gesagt. Ihr werdet hier draußen nie einen Fisch fangen.

Ich schwimme durch die Kajüte, suche Gepäcknetze zusammen, die aus Fischnetz gemacht sind. Rick hat einen Rahmen fertiggestellt. Wir schneiden und nähen uns ein Fischnetz zurecht, das unseren Kescher vervollständigen soll. Als er fertig ist, sagt John: »Sieht ganz gut aus, aber wenn ihr ...« Jetzt, wo alles getan ist, weiß John bessere Knoten zum Zusammenbinden, eine effektivere Größe und so weiter. Nicht daß das eine Rolle spielte, denn auf dem offenen Meer fängt man ja sowieso keine Fische.

Weil sich das Packmaterial unter unserem Bett verschoben hat, müssen wir es neu anordnen. Zwischen den durchnäßten Sachen finde ich meinen Tagesrucksack. Als wir uns wieder hinlegen, schütte ich voller Eifer den Inhalt aus und entdecke meinen Walkman. Ich bin wirklich aufgeregt. Die Batterien sind noch drin.

Rick lacht. »Du glaubst, der funktioniert?«

»Immerhin ist er wasserdicht, Rick.«

»Verlaß dich nicht drauf, Mann.« Natürlich bedeutet wasserabweisend nicht wasserdicht. Na und? Was haben wir denn hier sonst noch? Eemm, großartig! Mein Paß. Man weiß ja nie, wie heikel die Einreisebehörden sein werden, wo auch immer wir landen mögen. Und hier ist ein bißchen gutes altes Bargeld. Dreiundzwanzig Dollar. Vielleicht kann ich jemanden um einen zusätzlichen halben Keks bestechen. Wahrscheinlich nicht. Ein halber Keks würde bei der Versteigerung wohl hundert Dollar oder mehr bringen. Na, und hier, jetzt aber. Vierhundert Karl Maldens in American-Express-Reiseschecks. Verlaß deine Höhle niemals ohne sie.

Das einzig Brauchbare in dem Rucksack ist mein bewährtes altes Buck-Messer in seiner Lederscheide. Rick bewundert es. »Schönes Messer, Mann.« Rick haßt die Jagd, haßt alles, was mit dem Töten von Tieren zusammenhängt, daher bin ich etwas überrascht, daß er von diesem Trappermesser so begeistert ist. Er haßt jedoch auch Fisch – ich habe ihn noch nie welchen essen sehen –, und trotzdem stellt er jetzt Harry nach. Es ist, als würde diese Reise weit zurückreichen und elementare Triebkräfte in uns freilegen, deren Existenz wir nicht verleugnen können.

Vielleicht die größten Geschenke des Rucksacks für uns sind Bücher: *Yeager, Begrabt mein Herz an der Biegung des Flusses* und *Arktische Träume.* In diese Bücher können wir uns für eine Weile versenken, wir können in die Haut anderer Menschen schlüpfen, herausfinden, wie ihr Leben unseres hier vielleicht bereichert.

Während ich mich frage, wie ich meine American-Express-Schecks ausgeben soll, berichtet die Juli/August-Ausgabe des *New Zealand Water Safety Journal,* daß die Mannschaft der Rose-Noëlle in der Nähe der Kermadec-Inseln im pazifischen Ozean ertrunken ist.

Rumms! »Verdammt!« Wieder einmal erwacht Phil aus einem Traum oder einer Benommenheit, vergißt, wo er ist, und setzt sich zu schnell auf, kracht mit seiner unbehaarten Birne gegen die Decke. Gelegentlich passiert das jedem von uns einmal, aber Phil haut sich den Schädel so gut wie jeden Tag. Er schlägt gegen die Decke, kriegt einen dümmlichen Rosa-Elefanten-Gesichtsausdruck und fällt wieder um, reibt sich seine beulenbedeckte Platte. Mit seinen zerlumpten Kleidern und dem verletzten Kopf sieht er aus, als hätte er an einer Schlägerei in einer Bar teilgenommen. Phil kratzt und pult an seiner schorfigen Birne herum und geht wieder auf Deckenpatrouille, während wir anderen lesen.

Zwei Finger heben vorsichtig die Ecke einer aufgeweichten, grau gewordenen Seite an und lösen sie sorgfältig vom Rest. Dank dem halben Dutzend Bücher, die wir gerettet haben, segelt John hinaus auf Meeresabenteuer, während Rick aufgeregt herumjammert angesichts der Enthüllung von Details aus Chuck Yeagers Erinnerungen an Hochgeschwindigkeit und Höhenflüge. Ich vergrabe mich am Wounded Knee, wo die ursprünglichen amerikanischen Kulturen im Namen der Zivilisation niedergemetzelt wurden. Jeder von uns hat seine Helden.

In Yeager kann ich mich hineinversetzen. Ich muß zugeben, sein Leben ist aufregend. Er kam aus dem Nichts, überschritt Grenzen, wußte, wie man in extremen Situationen zurechtkam und überlebte. Johns Segelhelden sind für mich sehr viel weniger interessant. Ihre Reisen scheinen eine einzige Abfolge von Festen zu sein, die ihnen in jedem Hafen wieder bereitet werden. Frauen hängen an ihrem Arm, sie verspüren den Nervenkitzel des Sieges über weite Ozeane, die einzige Qual, mit dem eigenen Ich fertigwerden zu müssen. Meine Helden sind heute von anderer Art. Sie ähneln den Ureinwohnern Amerikas, die überraschend in die widrigen Wechselfälle des Lebens verwickelt wurden. Sie hatten das Abenteuer nicht absichtlich gesucht, um es zu bestehen und berühmt zu werden. Ihr Abenteuer war tragisch, voll echter Gefahr, die ihnen aufgezwungen wurde. Meine Ex-Frau, bekehrte Trinker und Drogensüchtige, einfache Leute, die ich kenne und anfassen kann – das sind jetzt meine Helden.

Rick versteht mich nicht. »Wovon redest du? Drogensüchtige haben sich ihre Probleme selbst geschaffen.«

Vielleicht. Doch manchmal finden Opfer und Versager den Mut, sich all ihren Schwächen zu stellen und weiter am ungewissen Spiel des Lebens teilzunehmen. Für mich sind sie dann sehr viel großartiger als die unerschrockenen Dutzendhelden aus Johns Segelbüchern oder die furchtlosen Zelluloidbilder von Hollywoodstars. Diejenigen, die, ganz egal wie, die Stärke finden, ihre Würde und ihr Mitgefühl zu bewahren, selbst unter den Bedingungen der eigenen, vollkommenen Niederlage, sind diejenigen, die die Grenzen des Menschlichen bemessen.

Ungefähr Mitte Juli, eineinhalb Monate nach der Kenterung

Feine Nebelschleier von schmutziggrauem Wasser, das sich an der Luvseite des Rumpfes bricht, wehen über das Boot. Ich sitze allein auf dem Kiel wie auf einer Zaunstange mit dem Rücken zum Wind, lecke mir das Salz von den Lippen, während ich auf das graue Auf und Ab unserer Existenz hinausblicke. Das Gefühl des offenen Raumes ist mir willkommen. Keiner reibt sich an mir. Keine Lebensgeschichte erklingt zum zehnten Mal in meinen Ohren. Mein Freiraum ist unbegrenzt.

»Hast du etwas dagegen, wenn ich mich zu dir setze, Kumpel?« fragt Rick sanft.

Für Rick ist immer Platz. Wir sitzen Schulter an Schulter

und spüren die Wärme des anderen. Eine Zeitlang bleiben wir still.

»Was machen wir hier draußen?« fragt er.

»Wer weiß?« Ich stoße ihn in die Seite. »Vielleicht sind wir hier, damit John uns mit seinem Buch berühmt machen kann.«

Rick lacht nicht. »Was für ein Haufen Scheiße. Heather und Matthew sind mir wichtig. Und, weißt du, sie wissen es vielleicht nicht einmal. Ich habe es ihnen nie gesagt. Ich wußte es selbst nicht. All der andere Kram ... immer die Nummer eins sein – wen kümmert das schon? Ich mußte der beste Motorradfahrer, der tollste Paddler, der Starfotograf schlechthin sein ... Und warum? Wen zum Teufel kümmert das?« sagt er mit ausgebreiteten Armen, die er wie im Zorn gen Himmel schüttelt. »Ich mag die verdammte Fotografiererei noch nicht einmal! Ich hab's gemacht, weil ich wollte, daß meine Bilder besser sind als die des Typen neben mir. Und jetzt?«

»Es ist schon in Ordnung, wenn man in manchen Sachen gut ist, Rick.«

»Ja, damit mich die Leute mögen, damit sie mich respektieren. Ich mußte mir einen Namen schaffen. Darum habe ich alles getan. Aber was mochten die Leute, Jim? Was respektierten sie? Ich war es nicht. Nur Heather, sie liebte mich immer so, wie ich war.« Er zieht eine Grimasse, blickt hinaus auf den langen, leeren Horizont.

»Mach dir keine Sorgen, Rick. Wir werden hier rauskommen.«

Rick nickt, sieht aber nicht glücklicher aus. »Weißt du, Jim, ich habe vorher noch nie mit jemandem über diese Dinge gesprochen. Ich habe mir über diese Dinge noch nicht einmal Gedanken gemacht. Es ist ein gutes Gefühl, darüber zu sprechen.« Er legt seinen Kopf in die Hände. »Warum hier? Warum jetzt?«

Er braucht keine Antwort, und ich kann ihm keine geben, aber seine Zweifel geben mir Antwort. Die ganze Zeit habe ich Rick gebraucht, seine beruhigende Gegenwart, seine unangreifbare Logik. Wenn es um das Boot und das Meer geht, weiß ich immer, ich kann ihn alles fragen, ganz egal wie dumm es ist, und er läßt mich nicht hängen. Er schüchtert einen nicht ein, akzeptiert einen einfach. Und jetzt weiß ich, daß er mir gegenüber das gleiche Gefühl hat. Ich habe ihm tatsächlich etwas zu geben.

Rick dreht sich zu mir um und blickt mir direkt in die Augen. »Wir brauchen einander, Jim. Das ist der einzige Weg, wie wir hier herauskommen werden. Wir müssen füreinander dasein.«

Ich beiße die Zähne zusammen und schlucke die Tränen hinunter. Unsere Hände schließen sich umeinander, die Finger drücken fest zu. Unsere Arme erzittern unter der Kraft unseres Paktes. »Rick, ich werde immer für dich da sein.«

7 Die Ruhmeshalle

Zweite Julihälfte, siebte Woche nach der Kenterung

»Hoppla! Harry ist wieder da!« ruft Phil, immer auf der Ausschau nach einem möglichen Imbiß. Rick und ich setzen unseren Plan in die Tat um. Wir tauschen die Plätze wie ein leicht ramponiertes Sandwich aus zappelnden Armen und Beinen, wobei Rick und ich zum Eingang hinüberwechseln, während John und Phil auf die dunkle Seite rutschen. Meine Augen begegnen Phils, als sich unsere Nasen praktisch berühren. »Oh, oh, entschuldige, Kumpel«, sagt Phil, indem er sich an mir vorbeidrückt.

Rick hält meine Beine fest, während ich nach unserem Netz greife und mich so drehe, daß ich leicht schräg auf der Planke auf dem Bauch liege. An Deck wartet der Speer, an den Signalmast gebunden, auf seine Verbesserung. Vielleicht – so hoffen wir – haben wir mit dem Netz mehr Erfolg. Noch bevor ich mich richtig hingelegt habe, steuert Harry auf den Ausgang zu und läßt sich aus dem Luk hinaustreiben. »Verdammt!«

»Er kommt schon wieder. Wart's nur ab. Reg dich nicht auf«, beruhigt mich Rick. Und richtig, kaum habe ich mich in Position gebracht, taucht Harry wieder auf. Er schwimmt zwei, drei Meter weit in die Kajüte hinein und verharrt. Ich tauche das Netz ganz, ganz langsam hinter ihm ein, bis mein Arm bis zum Ellenbogen im Wasser ist. Allein daß Rick meine Füße festhält, hindert mich daran, direkt auf den Fisch hinunterzufallen.

Phil und Rick unterhalten sich hinter mir.

»Mach schon, Mann. Nicht lange gezögert. Das ist unser Mittagessen. Nun los, Jim«, drängelt Phil.

»Laß dir Zeit, Jim. Überleg, was du tust. Beobachte ihn genau«, säuselt Rick.

Ganz auf den großen schwarzen Schatten konzentriert, ignoriere ich sie, beuge mich vor, reiche weit hinunter – »Rick, halt meine Füße fest!« – und ziehe das Netz durchs Wasser. Das Gewicht ist sofort zu spüren, als ich Harry wie einen Sack Kartoffeln am Ende eines Zweiges hochhebe. Wasser tropft aus dem Netz. »Ich hab ihn! Ich hab ihn!«

»Er hat ihn, John! Er hat ihn, John!« ruft Phil.

»Scharfe Sache!« stößt Rick hervor. »Gut gemacht, Kumpel!«

Harry scheint sich in dem Netz, das er vollständig ausfüllt, wie zu Hause zu fühlen. Außerhalb des Wassers sieht er sogar noch größer aus. Der massige Koloß von einem Fisch bewegt sich nicht. Als ich in die Höhle zurückkrieche und dabei das Netz hochhalte, damit er nicht hinausspringt, macht Harry es sich einfach in seiner Hängematte bequem. Vielleicht hat er jetzt Feierabend. Sollten wir ihm ein Bier anbieten? Die anderen machen Platz, als ich hineinrutsche und den Kescher hinter mir her ziehe. Harry wacht aus seinem Nickerchen auf. Als ich das Netz am Kopfende des Bettes absetze, bricht er in verzweifelte Aktivität aus. Seine hervortretenden Augen suchen einen Fluchtweg. »Oh!« sagt John. »Ein Zackenbarsch.« Ja, ein großer Zackenbarsch, gute zwölf Pfund. Harry spielt verrückt, springt überall herum, wirft sich im Netz hin und her und prügelt mit dem Griff auf uns ein.

Mit der deutlichen Absicht, sich niemals von wehrhafter Nahrung aus dem Konzept bringen zu lassen, tritt Phil in Aktion, wirft sein Hemd über Harry und hält ihn fest, spricht dem Fisch dabei zu: »Beruhig dich, Harry. Nimm's nicht so schwer. Wir werden uns jetzt gut um dich kümmern. Ruhig, ruhig, nur ruhig!« Harry springt sogar mit Phil herum, bis Phil sich der Länge nach auf ihn legt. »Oh, ist das ein großer Fisch, John. Ein wirklich großer Fisch!«

Auf diesem Boot ist nicht genug Platz für uns fünf. Einer muß dran glauben, und einmal dürft ihr raten, wer das ist.

In dem wilden Getümmel aus Körpern, Gliedmaßen und Flossen wird Harry irgendwie gefügig geschlagen, dann manövrieren wir ihn auf eine Plastiktüte und ein Schneidbrett, wo ich mich an die Arbeit mache, während Rick abfällig vor sich hin brummt: »Im Meer kann man keine Fische fangen.«

Ich stoße das Messer in den Fischleib, und die Luft zischt heraus. Ein Schnitt den Bauch hinunter; Harrys Innereien fallen auf unser Bett. Ich nehme den Brei in die Hand, reiße die Organe aus dem Körper heraus und werfe sie in einen kleinen Plastikeimer. »Die heben wir für später auf«, sage ich.

»Aufheben für später?« Rick und Phil können es nicht fassen – wofür brauchen wir sie, vielleicht für eine Transplantation? –, aber John und ich wissen es besser.

In Harrys Magen sind einige halb verdaute Heringe mit abpellender Haut und triefenden grauen Augen. John sagt: »Oh! Die sind gut. Heb sie auf!«

»Na klar. Die werden lecker sein!« sage ich.

Phil meint: »Die laß ich aus, Mann.«

Rick ist präziser: »Igitt! Ihr eßt das?« Er hat Fisch noch nie gemocht, nicht einmal fertig zubereitete Fischfilets erster Güte.

Das Messer zischt geradezu, als ich, auf eine Seite gelehnt, vergeblich versuche, den aufstiebenden Schneesturm von Fischschuppen auf den Plastiksack fallen zu lassen. Sie gerinnen in kleinen Pfützen und Seitenarmen aus Blut, die teilweise auf unser Bett hinunterlaufen. Wir achten nicht darauf. Meine Arme sind übersät mit Schuppen. Sie glitzern auf Phils graumeliertem Bart und seinem kahlen Kopf, funkeln an der Decke, kleben in jedem Winkel unseres Lebensraumes.

John gibt Harry mit Expertenhand den Rest. Unter Rückgriff auf seine Fertigkeiten, die er beim Zerlegen von Fisch in einer Fischfabrik erworben hat, filetiert John den Barsch und schneidet jedes noch so kleine Häppchen Fleisch von den Rippen, dem Rückgrat und den winzigen Vertiefungen im Kopf herunter. Mit einer kurzen, schnellen Drehung des Handgelenks sticht Johns Klinge eins von Harrys hervortretenden Augen heraus. Er nimmt es auf und hält es zwischen zwei Fingern. »Ach, du meine Güte«, sagt er, »da ist viel Flüssigkeit in diesen Augen. Möchtest du eins, Jim?«

»Oh, mein Gott, John!« schimpft Phil.

John wirft mir das Auge zu. Bevor ich es in den Plastikeimer für später fallen lasse, tue ich so, als würde ich es mir in den Mund stecken wie eine Erdnuß bei einem Baseballspiel.

Rick sieht etwas gequält aus. »Ah, igitt!«

Unser Festmahl ist eine bunte Mischung verschiedener Kulturen. Nach Johns Anweisungen bereiten er und ich *poisson cru* zu, was ihn an seine glorreichen Jahre in Tahiti erinnert. Die internationale Crew lehnt sich dann, ganz wie die Adligen im alten Rom, in unserem schwimmenden Restaurant in unmittelbarer Meeresnähe bequem zurück. In den Händen halten wir europäische Löffel. Jeder hat seine eigene flache Schüssel, hervorgebracht durch modernste Techniken der Kunststoffverarbeitung, die nach der Neuen Welt riechen. Alles, was uns fehlt, ist Kerzenschein.

Vor uns steht unser erstes richtiges Essen seit Monaten. In Essig marinierte, zwei mal zwei Zentimeter große Würfel fangfrischer Zackenbarsch sind bestreut mit Zwiebelflocken, getrockneter Petersilie, einem Schuß Kokosnußmilch und einer Prise Zitronenpfeffer.

Fast ungläubig starren wir auf unser Glück. Stolz, Freude, Hoffnung und Demut empfindet wohl jeder von uns. Zum ersten Mal haben wir uns selbst etwas zu essen verschafft. Es ist mehr da, als wir verzehren können. Harry wird für mindestens vier Mahlzeiten reichen. Vielleicht ist dies der Beginn einer neuen Etappe auf unserer Reise, einer Reise, die uns langsam zu Selbstversorgern macht, einer Reise, auf der vier Männer lernen, einander zu ernähren. Wir empfinden tiefe Dankbarkeit gegenüber dem Gott oder der Macht, an die jeder von uns eben glaubt, und wir wissen das unglaubliche Glück, das vor uns liegt, zu schätzen. Wir nehmen ganz bewußt wahr, was für ein Schatz ein Fisch im Meer ist. Die spontane Stille vor unserem Mahl ist ebenso seltsam wie natürlich.

Rick findet als erster die Sprache wieder. »Ich glaube, dies ist ein guter Zeitpunkt, sich darüber Gedanken zu machen, was vor uns liegt. Wir haben zum ersten Mal etwas zu essen gefangen. Langsam finden wir uns als Team zusammen. Ich denke, um es zu schaffen, müssen wir noch besser werden. Aber jetzt laßt uns wirklich dankbar sein für das, was wir haben.«

Es folgt ein kurzes Schweigen, dann sage ich: »Ich habe wirklich das Gefühl, als ob sich irgend jemand genau in diesem Moment um uns kümmert. Was auch immer das für eine Macht sein mag, sie ist real und sie ist hilfreich, und ich bin wirklich dankbar für diese Mahlzeit. Ich denke, das ist ein gutes Zeichen für die Zukunft.«

John fügt seine Worte hinzu. »Ich finde einfach, das hier ist wundervoll. Ja, es ist fantastisch. Endlich einmal setzen wir uns gemeinsam als Mannschaft zum Essen an einen Tisch. Es geht uns gut. Ich hoffe, es gelingt uns, so weiterzumachen.«

Phil sieht ein bißchen unbehaglich aus, aber auch er möchte unbedingt etwas sagen. »Eh, danke für dieses Essen, das vor mir steht. Ich weiß, daß es dort draußen Fische gibt und daß wir damit weitermachen müssen, sie zu fangen. Danke, Jim.« Er zögert einen Moment, bevor er hinzufügt: »Amen. Laßt uns essen.«

Auf unsere persönliche, etwas ungeschickte Art haben wir jeder für sich und alle gemeinsam mit einem Ritual begonnen, das für den Rest der Reise jeder unserer Mahlzeiten vorangehen wird: Einer von uns wird dazu aufgefordert, ein offizielles Dankgebet zu sprechen. Solange ich lebe, werde ich nie wieder etwas essen, ohne meine bescheidene Dankbarkeit zu artikulieren.

Das Tischgebet bringt zum Ausdruck, daß wir Mächte anerkennen, von denen wir abhängig sind, Mächte, die noch gewaltiger sind als das Meer. Das Tischgebet dient auch als eine Art öffentliches Forum. Vor den Mahlzeiten können wir indirekt darüber sprechen, was uns beschäftigt, ohne unsere Kameraden anzugreifen, mit einem gewissen, durchaus untypischen Maß an Selbstbeherrschung. Unser übriges Leben verändert sich ebenfalls. Wir wissen jetzt, daß wir miteinander leben müssen. Wir streiten immer noch viel. Wer würde das nicht tun, zusammengepfercht, wie wir es sind? Aber jetzt erweisen wir uns selbst in stürmischen Zeiten, wenn wir nur allzuleicht bereit sind, dem anderen den Kopf abzureißen, innerhalb von fünf Minuten nach der Auseinandersetzung als großzügig genug, uns zu entschuldigen.

Am 22. Juli bringt der *New Zealand Herald* eine ganzseitige Story über John Glennie und die Rose-Noëlle, verfaßt von Johns Freund Pat Hanning. Pat bringt eine gewisse Hoffnung zum Ausdruck, daß wir noch am Leben sind; aber der Artikel liest sich wie ein Nachruf. Mutmaßliche Todesursache: gegen einen Container gelaufen, von einem Schiff gerammt oder von unserem eigenen Gasvorrat in tausend Stücke gesprengt.

Ungefähr Ende Juli, achte Woche nach der Kenterung

Vielleicht haben wir uns zu früh bedankt. Seit Tagen haben wir keinen Fisch mehr gesehen. Harry ist in die Geschichte eingegangen, und dasselbe gilt für die meisten anderen unserer Vorräte. Johns neue Theorie ist, daß es uns nur gelingen wird, jenen seltenen Fisch zu fangen, der mutig genug ist und in den Rumpf hineinschwimmt. Das Essen wird wieder rationiert, jeder von uns ißt an einem durchschnittlichen Tag drei Löffel Reis, dazu Bohnen aus der Dose oder Mais. Ich verfeinere unsere Lilliput-Mahlzeiten mit einer Prise von diesem oder jenem Gewürz oder mit geriebenem Apfel von den einsamen Kämpfern, die immer noch auf geheimnisvolle Weise aus der Tiefe auftauchen und ab und an durch die Kajüte tanzen. Rick, John und ich haben alle gute zwanzig bis fünfundzwanzig Pfund Gewicht verloren. Ricks Augen sehen seltsam eingesunken und hohl aus. John war zu Anfang der Reise hager. Nun ist sein Körper nur noch eine Ansammlung von Sehnen, die ein Paket Knochen umhüllen. Phil hat das meiste Gewicht verloren – vielleicht fünfunddreißig Pfund –, aber er hat noch nie besser ausgesehen. Seine Herzmedikamente fehlen ihm, aber er hat sich kein einziges Mal beklagt; auch Rick hat keinerlei Asthma-Anfälle gehabt.

Ohne Fische, die wir fangen könnten, wenden wir unsere Aufmerksamkeit dem Haushalt zu. Wieder einmal bauen wir unser Bett neu und entdecken verlorene Schätze, die darunter begraben waren. Wir finden einen ganzen Kohlkopf, eingelegt in Salzwasser, einige Äpfel, eine Zeltunterlage, Ricks Schlafsack und meine Laufschuhe. Ich lasse meine Schuhe vom Mast baumeln und hänge den Schlafsack draußen auf. Phil, Rick und ich nehmen die Sitzpolster in der Eßecke ab und wringen sie an Deck aus, während John den Unterbau unserer Bettstatt neu anordnet. Er ruft die Maße der Koje zu uns nach oben, und wir schneiden die Kissen mit einem Messer danach zu. John paßt die Kissen auf der Plattform ein und bedeckt sie mit der Zeltunterlage, deren Ränder er an den Seiten des Rumpfes hochzieht und mit Schrauben befestigt. Jetzt kann das Wasser darunter nicht mehr hochschwappen, um uns zu durchnässen. John läßt sogar eigens eine Zunge der Zeltunterlage aus dem Eingang ragen, auf der wir abwaschen können, oder wir können sie bei schlechtem Wetter hochziehen, um Wellen abzuwehren. Als unser Nest gebührend neu gepolstert ist, kriechen wir wieder hinein, um den neugefundenen Luxus zu genießen.

Unser Bett ist weich – als würde man in einen riesigen Schwamm eintauchen. Die Decke ist jetzt noch fünf Zentimeter dichter an unseren Nasen, aber das ist uns egal. Es geht um den Unterschied zwischen einem Steinboden und einer Oberfläche, so weich wie ein Babypopo. Die fünf Zentimeter dicke Schaumstoffschicht und die Zeltunterlage machen es für Wellen aus dem Rumpf schwieriger, die Höhle zu überfluten. Selbst wenn einer der neuerdings seltenen Brecher durch den Höhleneingang hereinklatscht, läuft das Wasser meist schnell wieder ab. Die Zeltunterlage aus Plastik läßt sich leicht abwischen und trocknet schnell. Langsam wird es draußen wärmer, so daß die Kondensfeuchtigkeit an der Höhlendecke abnimmt. Wir sitzen im Trockenen. Wir liegen weich. Unsere Prellungen und wunden Stellen werden endlich heilen. Wir haben sogar Kopfkissen aus der Eßecke. John beansprucht eins für sich. Das andere tauschen wir unter uns aus, zusammen mit Ricks Rettungsweste und einer dicken Fruchtsaft»blase« aus Plastik, die sich aufpusten läßt. Mit dem Verschluß der Blase können wir sogar die Härte des Kissens unseren individuellen Bedürfnissen anpassen.

Wenn es uns nur gelingt, weiterhin Regenwasser zu sammeln, wenn wir nur Fische finden könnten, wenn nur irgendein Schiff über uns stolpert, werden wir durchkommen.

Ricks Schwester glaubt an übersinnliche Kräfte. Sie sucht Hellseherinnen in der Nähe von Auckland auf, die sehen, daß ihr Bruder noch am Leben ist.

Man gebe einen Kohlkopf, fein gehackt, ungefähr einen Deziliter Essig, ein halbes Dutzend Pfefferkörner und einen Schuß Salzwasser in einen von Johns Zwei-Liter-Lebensmittelbehältern aus Plastik mit Schraubverschluß. Mit Frischwasser auffüllen, bis der Kohl bedeckt ist. Stehen-lassen. Man reibe vier Äpfel, die schon anfangen braun zu werden, in ein ähnliches Gefäß und füge die gleichen Gewürze und Flüssigkeitsmengen hinzu. Nach vier oder fünf Tagen wird unser Speiseplan um die neuen Geschmacksnoten Sauerkraut, auch *kapousta* genannt, und eingelegte Äpfel bereichert.

Als ich mit der Zubereitung des *kapousta* fertig bin, krieche ich nach draußen und setze mich zu John auf Deck. Unter einem klaren Himmel treiben wir bei einer leichten Brise dahin. Ich kann uns mit abwechslungsreicher und lecker gewürzter Kost versorgen, indem ich von den Vorräten der Rose-Noëlle zehre, die noch einige Tage oder sogar Wochen lang reichen werden. Unser Nest ist jetzt gut ausgekleidet, ziemlich trocken und gut geschützt. Aber wenn ich über den offenen und völlig verlassenen Pazifik blicke, wenn meine Augen den Wellen folgen, die vorbeieilen und sich entfernen, eine halbe Meile, eine Meile, zwei Meilen oder mehr, bis sie sich am flachen, endlosen Horizont verlieren, werden unsere kleinen Freuden zu reinen Tantalusqualen. Vielleicht werden wir nie wieder eine richtige Mahlzeit essen. Vielleicht werden wir nie wieder in der zärtlichen Umarmung einer Geliebten ruhen. Vielleicht werden wir nie die Küste erreichen.

John schätzt, daß wir ganze zwölf oder fünfzehn Meilen am Tag nach Osten treiben. Damit sind wir etwa tausend Meilen östlich von Neuseeland und entfernen uns ständig weiter. Nach zwei Monaten haben wir wahrscheinlich erst ein Fünftel des Weges bis nach Südamerika zurückgelegt. Und dabei ist noch nicht berücksichtigt, daß der Wind vorwiegend aus Süden weht. Er könnte uns nach Norden schieben, was unser Fortkommen mit der Meeresströmung nach Osten verlangsamen würde.

Wir wissen nichts Genaues. Meine Kameraden streiten

sich. Einer sagt, die Brise kommt von Süden, ein anderer behauptet, aus Westen, der dritte, von Osten. »Und was meinst du, Jim?« fragen sie. Großer Gott, ich erwarte, daß sie alles mögliche wissen sollen, und sie können sich nicht einmal über die Windrichtung einigen. »Nord. Jetzt haben wir den ganzen Kompaß durch, okay?«

Der günstigste Fall scheint der zu sein, daß wir noch acht Monate oder länger treiben werden. Die Wahrheit ist, daß wir keine Ahnung haben, wo wir sind, und wir könnten noch Jahre, sogar Jahrzehnte umhertreiben.

1890 brach das Elfhundert-Tonnen-Schiff Marlborough aus Glasgow voll getakelt von Lyttelton in Neuseeland zu seiner fünfzehnten Rückreise nach England auf, zu einer Fahrt, die normalerweise etwa fünfundachtzig Tage dauerte. Die Marlborough hatte dreißig Besatzungsmitglieder, einen Passagier und eine Ladung gefrorenes Schaffleisch an Bord. Mehrere Kapitäne berichten, sie hätten die Marlborough vor der Küste von Chile gesehen und seien an Bord gegangen, aber erst nach 1913. Seit ihrer Abfahrt vermißt, überwuchert von Pflanzen, die Decks verrottet, fuhr dieses Schiff dreiundzwanzig Jahre lang unter dem Kommando von siebzehn Skeletten dahin.

Spätere Nachforschungen eines Mr. Forbes Eadie greifen einen Bericht an, der im *San Francisco Examiner* erschien und in dem ein Kapitän G. Hadrup behauptet, er sei auf die Marlborough gestoßen, als er Befehlshaber des Schiffes British Isles war. Hadrups Geschichte war voller falscher »Fakten« über die Marlborough, und die Eigner der British Isles hatten noch nie von Kapitän Hadrup gehört. Doch nicht alle gemeldeten Sichtungen der Marlborough gerieten zu jener Zeit in Mißkredit. Und selbst wenn es sich um eine erfundene Geschichte handeln sollte, beruht eine solche Geisterreise letztendlich doch auf irgendwelchen Tatsachen.

Schiffe, die bereits aufgegeben worden waren, sind oft weit über die Meere getrieben, bevor sie sanken, auf

Grund liefen oder geborgen wurden. Gegen Ende des letzten Jahrhunderts galten jährlich rund zwölftausend Menschen an Bord von zweitausend Schiffen als verschollen. Etwa tausendsechshundert Wracks blieben schwimmfähig, wurden immer wieder gesichtet und als Gefahren für die Seefahrt kartiert. Der Ozeanograph Phil Richardson hat diese Beobachtungen benutzt, um sich ein Bild von den Strömungen des Atlantik zu machen. Normalerweise benötigten Schiffe, die nahe der Küste der Vereinigten Staaten sich selbst überlassen wurden und die solide genug waren, die Reise zu überstehen, etwa zehn Monate, ehe sie Europa erreichten. Die Fannie E. Wolston war auf ihrer Reise rund um den gesamten Atlantik mindestens drei Jahre unterwegs.

Unsere täglichen Gourmet-Häppchen-Rationen werden immer kleiner; bald werden sie ganz verschwunden sein. Unsere Kleider sind bereits zerrissen. Unsere Kajüte bleibt eine Sardinendose, dicht bepackt mit menschlichen Rinderhälften, die im eigenen Saft vor sich hinschmoren.

Schmorfleisch? Was ist das für ein Geruch? Auch John hält die Nase in den Wind. Wir nehmen das unverwechselbare Aroma von warmem Essen wahr. Phil steckt seinen Kopf aus dem Cockpit. »Riecht ihr das Essen?« fragt er. Es ist der vom Wind herbeigetragene Duft einer Cafeteria, eine Mischung aus warmem Abendessen mit Bratkartoffeln und Braten.

»Könnte ein Schiff sein«, sagt John. Unsere Augen suchen den Horizont ab, bis sie anfangen zu tränen, aber die See bleibt völlig glatt. Schon bald trägt die Brise den Geruch über den Ozean davon, entfernt sich und bedient sich mit einer weiteren Portion unserer begrenzten Hoffnung.

Wir hängen in der Höhle herum wie Trauergäste in einer Gruft. Wir wünschten, wir hätten das Essen nie gerochen. John fühlt sich an gebratenes Brot erinnert, das er sich in Tahiti schmecken ließ.

»Nun, John«, sage ich, »ich könnte gebratenes Brot machen. Wir haben Mehl, Hefe, etwas Zucker und Öl. Wir haben eine Pfanne und einen Grill«, das heißt, einen runden Topf aus rostfreiem Stahl, der aussieht wie ein Wok und mit einem Rost abgedeckt ist. »Alles, was wir brauchen, ist etwas zum Verbrennen.«

»Wir haben die Ruder vom Beiboot«, bietet John an.

Der Grill steht unmittelbar vor der Höhle auf der Planke, geschützt vor dem Wind von oben. »Das wird großartig«, sage ich, im Eingang auf meine Ellbogen gestützt. Der Rauch wird fein säuberlich aus dem Cockpit nach oben steigen, während ich das Brot nach hinten, zu meinen Kameraden in der Achterkajüte, weiterreiche und die Pfanne gleich hier auswasche. Feine Sache. Ganz wie die 5-Minuten-Brötchen vom Bäcker. Ich halte ein Streichholz an ein zusammengeknülltes Stück Seekarte unter den Ruderbriketts, und es beginnt Feuer zu fangen, erstirbt aber wieder. Ich versuche es mit einem zweiten Streichholz. Eine kleine Flamme. Ein wenig Rauch. Ein bißchen gar nichts.

Rick schilt mich aus. »Mach schon, Mann. Das sind jetzt zwei Streichhölzer. Wir haben nur hundertdreißig.«

»Rick, ich tue, was ich kann. Es will einfach nicht brennen.«

Phil reagiert sofort. »Laßt uns etwas Petroleum darübergießen, damit wir das verdammte Ding in Gang kriegen. Was meinst du, John?«

John pflichtet ihm bei. Rick ist dagegen. »Wir müssen mit dem Petroleum sparsam umgehen. Wir brauchen es, wenn wir einem Schiff ein Signal geben wollen.« Er beginnt mit einer seiner Predigten. »Ihr Typen denkt einfach nicht nach. Wir haben keinen Scheinwerfer mehr. Das Licht der Taschenlampe könnt ihr vergessen. Wir haben keine einzige Leuchtkugel – «

Ich schneide ihm das Wort ab. »Laßt uns abstimmen. Ich

bin dafür, daß wir etwas von dem Petroleum nehmen.« Alle außer Rick heben die Hand. Fall abgeschlossen.

Das Feuer breitet sich aus, läuft um den Grill herum – feine Sache – wächst, wird ein rasendes Ölquellenfeuer, das dicke Wülste von Petroleumqualm aussendet, wovon das meiste durch das Luk nach draußen verschwindet. Der Rest breitet sich im Boot aus. Gerade als ich mir vorstelle, wie sich die Rose-Noëlle in einen gigantischen Feuerball verwandelt, wird die Flamme kleiner, und ich fange an, zehn Zentimeter lange, dicke Zigarren aus rohem Teig in ein Meer von zischendem Öl zu werfen. Der Qualm in der Höhle wird immer dicker. Meine Augen brennen, mein Hals schmerzt.

Phil reißt eine Ecke der Zeltunterlage hoch und vergräbt seinen Kopf in der Bilge. »Mach das Feuer aus! Ich muß hier raus! Mach Platz, Jim, ich muß hier raus!«

»Ich kann das Feuer nicht ausmachen, Phil, und du kannst nicht an mir vorbei. Das Feuer ist im Weg«, sage ich zu ihm. In weniger als einer Minute werden aus den ordentlichen Zigarren fetttriefende, blasenwerfende, krumme, klumpige Schlangen. Ich bekomme keine Luft, huste, bin schweißnaß und versuche, mir die Qual mit dem Arm aus den Augen zu wischen. Phil keucht. »Macht mir Luft. Ich kriege keine Luft.« Ich werfe das erste gebratene Brot Rick zu, der Phil sagt, er soll die Klappe halten, während er es sorgsam teilt und herumreicht.

Phil ist plötzlich ruhig. »Mmmm, nicht schlecht. Das schmeckt gut!«

Rick versucht, ganz gleichmäßige Brote zu rollen, aber er kann nicht mithalten. »Mach schon, Rick. Laß uns zusehen, daß wir hier rauskommen.« Zehn gebratene Nacktschnecken auf einmal. Zehn Minuten, und ich bin fertig. Superheißer, aufwallender Dampf steigt zusammen mit dem Rauchvorhang auf, als ich die Pfanne und den Grill ins Wasser tauche. Und schon sind wir raus.

Als wir an Deck kraxeln, schnappt Phil sich unsere letzte

Flasche Seven-Up. Damit sind nur noch drei Flaschen Brause übrig. Nach Atem ringend, setzen wir uns einer neben den anderen auf den Kiel, unsere Augen tränen, unsere Haut ist kirschrot und brennt. Eine Runde, und die Brauseflasche ist alle. Wir reichen die Schüssel mit den aufgetürmten Broten herum. Beim Schlucken tut der Hals weh, aber sie schmecken großartig. Ein voller Erfolg! Der Grill funktioniert. Jetzt können wir von Zeit zu Zeit tatsächlich kochen. Aber ein Feuer unter Deck zu machen war der größte Blödsinn, den wir auf dieser Reise fertiggebracht haben. Das Boot hätte sich entzünden können. Fünf Minuten länger in diesem Rauch hätten uns leicht umbringen können.

Man stelle sich vor: Im Jahre 2013, nach vierundzwanzig Jahren des Umhertreibens, wird die Yacht Rose-Noëlle vor der chilenischen Küste gefunden. Vier Skelette liegen in einem winzigen Schutzraum auf dem Boot, die Hände in den Mund gepreßt. Die Welt fragt sich, woran sie wohl gestorben sein mögen. Aber John Glennie und seine Mannschaft haben einen neuen Rekord aufgestellt. Wären sie nicht stolz darauf zu erfahren, daß sie in die Ruhmeshalle der schwimmenden Dummköpfe aufgenommen werden sollen?

Ende Juli/Anfang August, neunte Woche nach der Kenterung

Seit fünf Tagen sind wir kaum an Deck gewesen. Das Wetter ist absolut mies, windig, kalt und feucht. Doch es gibt keinerlei Anzeichen von Regen. Einmal mehr gehen unsere Trinkwasservorräte zur Neige. Rick und ich teilen uns eine Fahrradflasche voll Wasser am Tag, John und Phil die andere. Das ist pro Mann etwa ein halber Liter, die empfohlene tägliche Mindestration, wenn man längere Zeit überleben will.

Wir gehen nur an Deck, um zu pinkeln und uns umzuschauen. Wenn man Glück hat, erwischt einen kein Kaventsmann. Hat man Pech, wird man jedesmal, wenn man nach oben geht, von so einem Ungetüm überrascht, zwei, drei, sogar vier Wachen hintereinander, während alle anderen davonkommen. Doch früher oder später erwischt es jeden. Phil sagt: »Oh, Jim, du bist dran.« Er wartet gespannt darauf, daß es mich erwischt, daß es irgend jemanden erwischt. Seine letzten vier Versuche waren jedesmal Kaventsmänner. Alle anderen haben sehr darüber gelacht. »Viel Glück«, sagt Phil mit einem höhnischen Grinsen zu mir.

Ich springe zum Cockpit hinauf, mache einen langen Hals und spähe umher, während ich meine Radlerhosen hinunterrolle, versuche, auf den Knien zu balancieren, wenn die Rose-Noëlle schlingert, fange an, aus dem Luk heraus zu pinkeln, und verarbeite Informationen.

Tief in den Tälern zwischen den Wellen sehe ich nur den fleckigen grauen Himmel, während der lange, sich überschlagende Kamm des letzten rollenden Hügels aus Wasser sich fortbewegt und der nächste Gipfel sich dahinter auftürmt. Wir steigen, steigen, steigen – ein, zwei, fünf Meter hoch. Die schäumende See nähert sich mit der Heftigkeit und dem Dröhnen einer Lawine. Ungeschützt durch die Bootswände, braust der Wind um meine Ohren. Die Rose-Noëlle schlittert, rutscht eilig über Meeresgekröse und sprudelnden Schaum, als schwämme sie auf einer tosenden Welle von Ginger Ale. Eine ganze Welt voll turbulenter, wilder See ist den Bruchteil einer Sekunde lang zu sehen, bevor wir wieder hinabtauchen.

Manchmal kann man einen Kaventsmann vorhersehen und in Deckung gehen. Ein dunkler Schatten löst sich von der Front der riesigen, hoch aufragenden Wände aus pazifischen Wellen. Er bäumt sich in der Nähe des Bootes auf, kracht gegen den äußeren Rumpf, breitet seine Geisterflügel aus und erstickt das Boot. Aber die meisten Kaventsmänner sind von der schäbigen, hinterhältigen Sorte. Sie tauchen aus der Dunkelheit direkt neben dem Boot auf, als würden sie sich im Nebel materialisieren, und schlagen in völliger Stille zu. Man hat gerade noch die Sekunde Zeit, um den Unterkiefer herabsacken zu lassen, »Oh, Scheiße« zu murmeln und sich festzuhalten.

Ich blicke zu der kalten Wassermasse auf, die mich zu verschlingen droht, dann schließe ich die Augen und halte den Atem an. Wumm! Damit ich nicht geradewegs aus dem Cockpit herausgespült werde, lasse ich meinen Schwanz los, halte mich am Boot fest und versuche, mit dem Pinkeln aufzuhören, während eimerweise naßkaltes Seewasser in meine Hosen rinnt. Zumindest Phil wird sich freuen. Von jetzt an pinkle ich im Rumpf.

»Komme runter!« Die Lebensbedingungen in der Höhle stehen in deutlichem Kontrast zur ungemütlichen Außenwelt. Der frische, leichte Winterwind wird am Eingang abgeschnitten und im Innern durch dicke, abgestandene, unbewegliche, einfach nur kühle Luft ersetzt. Das Rumpeln und Krachen der Wellen und das Heulen des Windes hören auf unheimliche Weise fast auf.

Phil und John fragen mich nach Einzelheiten über die Außenwelt. »Wie ist es, Jim? Von wo kommt der Wind?«

»Was meint ihr, wie es ist? Ich habe keine Ahnung, von wo der Wind kommt. Großer Gott!« antworte ich, während ich alles naß tropfe.

Ich habe das Gefühl, als würde ich versuchen, mich aus einer Zwangsjacke zu schälen, so eng sind die Grenzen unseres Lebensraumes. Rick hilft mir, die äußeren Hüllen abzustreifen und auszuwringen. Meine lange Unterwäsche aus Polypropylen leitet das Wasser praktisch von allein ab, also behalte ich sie an und ziehe die ausgewrungene Wolle wieder darüber.

»Hattest du den Kompaß nicht dabei?« fragt John, er meint unseren Funkpeiler. Seit wir die kleine Schachtel gefunden haben, die auf der Oberseite wie ein kleines Türmchen einen Kompaß trägt, versuchen wir, unseren Kurs und den Wind im Auge zu behalten. Und seit wir herausgefunden haben, daß der Kompaß in der Höhle etwas anderes anzeigt als draußen, bemühen wir uns jetzt, ihn immer mit auf Wache zu nehmen. Nicht daß es eine Rolle spielt. John führt keine erkennbare Navigation durch. Vielleicht zeichnet er alles in seinem perfekten Hirn auf.

»Nein, hab' ich nicht. Ich bin rausgegangen, um zu pinkeln, nicht zum Navigieren.«

Wir liegen alle immer noch auf den alten dünnen Isomatten, die uns von der rutschigen Zeltunterlage aus Plastik trennen. John und Phil teilen sich jetzt die Decke. Rick und ich beanspruchen den Schlafsack. Ich rutsche nach unten und schiebe meine Füße dicht neben Ricks in die schmal zulaufende Tasche am unteren Ende des Schlafsacks, dann lege ich den offenen, weiten oberen Rand neu über unsere Schultern. Wir sind von der tobenden See nur durch eine dünne Wand aus Plastik und die Körper der anderen getrennt.

Der Lärm von Wind und Wellen geht in der eintönigen Sinfonie von Schranktüren und versteckten Vorräten unter, die im Rumpf der Rose-Noëlle in den Wogen hin und her schlagen und knallen – *schwapp-pling-rumms-bums-klapp-zack-rumms-krach-schwapp-pling-kling-blupp-rummsbums* … Die Geräusche rufen etwas hervor, das wir Klangillusionen nennen. Stimmen werden in unserem Unterbewußtsein wach, lullen uns ein in Tagträume und einen Schlummer, in dem der Lärm unseres Gefängnisses zu Hintergrundsgesprächen wird, zu sanftem, süßem Gesang, Ansagern im Radio, dem Puls des Reggae.

Ich kuschle mich an Ricks Rücken. Das ist genauso gemütlich, bequem und selbstverständlich wie damals, als ich mit meiner Frau zusammen schlief, aber es gibt keinen Druck, keine sexuellen Spiele oder Erwartungen. Unsere Zuflucht an der Seite des anderen ist vorbehaltlos, daher ohne Hemmungen. An Ricks Seite zu schlafen, ist der einzige wahre Trost, den ich an Bord der Rose-Noëlle finden kann, mein winzig kleines Fleckchen Nirwana. Wir tauschen niemals den Platz mit den anderen, ohne nebeneinander liegen zu bleiben. Wir legen unsere Arme umeinander, spüren den anderen, seine Knochen, sind vertraut mit seinem ausgemergelten Körper und seinen Bedürfnissen.

Unsere Wassersammeleinrichtungen haben in den leichten Regenfällen der letzten Tage kaum etwas aufgefangen. Nur wenige Flaschen Mineralwasser, einige Flaschen Wasser und ungefähr vier Liter am Boden des Kanisters sind noch übrig – eine Gesamtmenge von rund zwölf Litern Flüssigkeit oder ungefähr sechs Tagen der empfohlenen Überlebensration für vier Männer. Obwohl wir keine solchen komplizierten Berechnungen anstellen und noch nicht einmal wissen, daß man wenigstens einen halben Liter Wasser pro Tag trinken sollte, um am Leben zu bleiben, ist es offensichtlich, daß uns das Wasser ausgeht. Phil entdeckt die Wasserknappheit und ist schockiert. »Verdammt noch mal, Kameraden. Wir müssen anfangen, das Wasser zu rationieren.«

»Wovon redest du, Phil?« entgegne ich. »Du bist derjenige, der immer Wasser will, immer etwas zu essen. Was ist los, Mann?«

Phil ignoriert mich. »Denkt ihr denn nicht nach? Wir müssen gleich heute wieder mit der Phiole anfangen!« Wir anderen sehen uns an und schütteln nur verwundert den Kopf. Eins ist sicher. Wir brauchen Regen. Schon bald werden wir ihn dringend brauchen.

Nach drei Tagen schlechten Wetters reicht unsere Stimmung von Melancholie bis zu Johns aufrichtigem »Haben wir heute nicht viel Spaß?«. Rick, Phil und ich können es nicht erwarten, von diesem Kahn herunterzukommen, und John redet von Spaß.

Rick faucht John an wie eine in die Enge getriebene Klapperschlange, rollt sich auf die andere Seite und starrt ihn aus Raubtieraugen an. »Nein! Ich habe heute keinen Spaß. Ich hasse es, hier zu sein. Ich will nicht hiersein. Du hast nichts an Land zurückgelassen, John, aber ich habe da etwas. Dir macht das hier wirklich Spaß, John, nicht wahr? Dir macht es wirklich Spaß.« Rick lehnt sich zurück, spuckt immer noch wütende Kommentare aus. »Mann, der Typ ist wirklich nicht zum Aushalten.«

John starrt nonchalant weiter zur Decke hinauf, wirft Rick nur gelegentlich einen beiläufigen Blick zu. »Nein. Ich habe nie gesagt, daß mir das hier Spaß macht, aber wir müssen das Beste daraus machen, Rick. Wir müssen das Beste daraus machen. Du weißt gar nicht, wieviel Glück du hast. Glaubst du, du wärst noch am Leben, wenn du auf einem Rettungsfloß oder in einem Beiboot da draußen wärst?« John läßt sein diabolisches, höhnisches Jack-Nicholson-Lachen hören: »Ha ha ha! Hier hast du's warm, hier ist es trocken. Du weißt nicht einmal, wie gut du es getroffen hast. Du hast ein privilegiertes Leben geführt. Du hast dich noch nie durchbeißen müssen. Du weißt gar nicht, was durchbeißen heißt.«

Rick ist stinkwütend.

Ich sage: »Heh, wie steht's, wollen wir nicht die Lampe nehmen und uns etwas Warmes zu essen machen?«

Bei einem seiner Tauchgänge hat John eine Petroleumlampe gefunden, die in einem Schapp verstaut war und an der nur der Docht fehlte. Rick hat sofort bemerkt, wie sehr das Band von seiner Rettungsweste einem Lampendocht ähnelt. Er hat die Schnur abgeschnitten, sie zurechtgeschnippelt, an dem Einstellrädchen der Lampe herumgeruckelt und sie funktionsbereit gemacht.

Phil kehrt urplötzlich von seiner Deckenpatrouille zurück. »Heh, das ist die beste Idee, die mir heute zu Ohren gekommen ist.«

»Wundervoll. Lecker«, sagt John. »Das ist genau das, was wir jetzt brauchen.«

»Nein«, widerspricht Rick. »Wir müssen mit dem Petroleum sparsam umgehen.« Er meint, wir hätten schon genug verbraucht, als wir Pudding und Suppen zubereiteten.

Gegensätzliche Ansichten? Wir werden einen oder zwei Deziliter aufbewahren, um im Falle eines Falles ein Signalfeuer anzuzünden. Das reicht. Noch eine Abstimmung. Rick verliert. Fall abgeschlossen.

Phil löst eine kleine Lawine von Eßwaren aus unserer Speisekammer aus. Wir entscheiden uns für die Hühnercremesuppe in einer aufgeblähten Dose. Was macht das schon? Wir werden sie verbrauchen. Aber dann streiten wir darüber, ob wir eine Lebensmittelvergiftung riskieren sollen. Ich weiß, daß man auf gar keinen Fall Nahrung aus einer aufgedunsenen Dose anrühren sollte, aber ich erwäge doch, davon zu essen.

Wir öffnen die Suppe, schütten einen breiigen Klumpen, der wie Erbrochenes aussieht, in eine Schüssel und starren ihn an, während wir letzte Argumente austauschen und uns das Wasser im Munde zusammenläuft. John sagt, es lohne das Risiko nicht. »Wir können es uns nicht leisten, krank zu werden«, sagt er. »Wir müssen gesund bleiben.« Phil ist natürlich dafür, die Suppe zu essen, Rick ebenso. Ich weiß einfach nicht. Ich schiebe verstohlen eine Fingerspitze hinein und probiere sie. Nicht schlecht – kohlensäurehaltiger Eintopf. Aber John hat recht. Andererseits ist sie möglicherweise in Ordnung. Aber John hat recht. Und warum sollte Rick dafür votieren, sie zu essen, wenn es so gefährlich ist? Aber John hat recht. Verdammt. Schließlich werfen wir die Suppe über Bord. Wir alle starren ihr enttäuscht und ungläubig nach, als sie aufs Wasser trifft und sich in eine Wolke verwandelt, großzügig garniert mit gewürfeltem Fleisch und Gemüse.

Wir beschließen, daß wir versuchen wollen, einen »Vanillepudding« zu kochen, die abstrakte Definition einer Werbeagentur für eine Mischung aus trockener Speisestärke und Vanille, die ich mit kaltem Wasser in einer Dose anrühre. Rick hält die Dose über die kleine, ungleichmäßige Flamme, während ich rühre. Der Lampendocht fällt in das Petroleum und erlischt. Wir holen ihn wieder heraus, beschneiden ihn, zünden ihn mit einem weiteren wertvollen Streichholz neu an. Immer wieder nimmt der Pudding einige Wärmekalorien auf, bevor der Docht erneut absackt. Fünfundvierzig Minuten später ist er fertig. Ich übergieße getrocknete chinesische Nudeln und Gemüse aus einer Suppenmischung mit dem Pudding und streue die getrockneten Gewürze und den Brühwürfel oben drüber.

Uns allen schmeckt es großartig. Wir reden über das Essen, zergliedern jede Nuance der bizarren Zusammenstellung, würdigen jede einzelne Kalorie ihrer Wärme. Wir unterhalten uns über unsere Familien, unsere Freunde, unser Zuhause.

Ungefähr 5. und 6. August, zwischen der neunten und zehnten Woche nach der Kenterung

Es klingt so banal, wenn man sagt, daß die kleinen Dinge im Leben in Wahrheit die großen Dinge sind, aber einige Zentimeter Band, ein wenig Petroleum und Speisestärke über getrockneten Nudeln können unsere Stimmung völlig verändern. Wasser, Essen, Freundschaft, Zeit ... Dinge, die ich vor dieser Reise für selbstverständlich hielt, üben jetzt eine überwältigende Macht auf uns aus. Ein Apfel taucht aus der Tiefe auf, und wir greifen danach, voller Bewunderung für ein so herrliches Geschenk, fragen uns, wo er wohl verborgen war, beten, daß es nicht der letzte sein wird. Aber er ist es.

Endlich sind wir in der Lage, die Kajüte zu verlassen. Das Meer hat sich beruhigt, die Kaventsmänner sind verschwunden, aber der Himmel bleibt bedeckt und verstärkt so den Mantel der Dunkelheit. John ruft in die Höhle hinunter: »Heh, hier draußen ist ein Schiff!«

Wir kommen herausgeschossen wie ein Satz Leuchtkugeln und hocken uns in der tintenschwarzen Nacht auf dem Rumpf dicht nebeneinander. Ein funkelndes weißes

Licht ist knapp über der Wasseroberfläche geradewegs vor dem Bug der Rose-Noëlle zu sehen und bewegt sich langsam in den Wind und die Wellen hinein.

»Laßt uns ein Signal geben«, drängt Phil.

»Kannst du ja machen«, sagt John, »aber es wird nicht viel nützen.«

Rick und Phil holen die Stroboskoplampe, schalten sie ein und halten sie hoch.

»Wie weit ist es entfernt, was meinst du, John?« frage ich. Ich habe kein Gefühl für Entfernungen. Die gleichmäßig hellen Lichter des Schiffes, die sich langsam vorwärts bewegen, lassen sich durch den Ozean, der um uns her auf und ab tanzt, nicht aus der Ruhe bringen. Es ist, als wären wir in einem Film voller Spezialeffekte.

»Fünf bis acht Meilen. Zu weit weg, um uns zu sehen.« Doch John grübelt angestrengt nach. »Hm«, sagt er schließlich. »Ich frage mich, was die hier machen.«

Was soll das denn wieder heißen?

Wir sehen zu, wie die Lichter verschwinden, unsere Herzen schlagen wie rasend, obwohl wir wissen, daß das Schiff sich entfernt.

Wieder in der Kajüte, sprechen wir über das Schiff, was für eine Art Schiff es ist und wo es wohl hinfährt. John sagt: »Vielleicht sind wir nicht da, wo wir meinen. Hier draußen ist nichts. Das war kein Fischerboot. Das war ein Frachter. Er muß zu den Inseln unterwegs sein.«

»Vielleicht ist er auf dem Weg nach Südamerika. Oder vielleicht in die Antarktis«, schlage ich vor.

»Nein, nein, nein«, sagt John. »Hier sollte ganz einfach kein Schiff sein.«

Von Johns Platz, der am weitesten vom Eingang entfernt außen am Rumpf liegt, dringen die Worte »Es regnet« in meinen Traum. »Es wird immer stärker«, sagt John, als meine Augen versuchen, im Dunkeln etwas zu sehen. »Jetzt schüttet es richtig.«

Rick rutscht auf dem Bauch nach draußen, füllt den ganzen Eingang aus, während ich leere Wasserflaschen herunterhole und sie eine nach der anderen hinausreiche. Rick greift nach dem Ende der Regenrinne und stellt fest, daß das Wasser diesmal gleichmäßig herausrinnt. Rick reicht mir eine Flasche nach hinten, und ich trinke einen Mundvoll ab – gar nicht salzig und erfrischend kühl. Phil nimmt einen großen Schluck. »Ah, das ist gut.« John tut es ihm gleich. Laßt uns die Flasche austrinken. Rick reicht noch eine volle Flasche nach hinten, die er innerhalb weniger Minuten gefüllt hat. John sagt uns, wir sollen einen Topf unter die andere Regenrinne im Cockpit stellen. Rick schießt nach draußen, um das zu tun, während ich seinen Posten übernehme. Ich kann gar nicht glauben, wie gut Phils Regenrinnen funktionieren. Und außerdem so praktisch. Man muß nicht an Deck gehen, wird nicht naß. Wasser ganz bequem in Ihrer eigenen Höhle. Wählen Sie 1-800-DRIP. Wir akzeptieren MasterCard, Visa oder jedes vorbeifahrende Schiff.

Der Regen läßt nach, und wir haben zehn volle Flaschen, den Topf im Cockpit und den Eimer am Mast noch nicht einmal mitgerechnet. Nach ungefähr einer Stunde beginnt es wieder zu regnen. Ich binde den Wasserkanister vom Ende der Planke los, zerre ihn nach achtern und stecke das Ende der Regenrinne direkt hinein, ziehe es nur gelegentlich heraus und probiere das Wasser, um sicherzugehen, daß es trinkbar bleibt.

Am Morgen ist der Regen vorbei, selbst der Eimer am Mast ist zu zwei Dritteln voll, und wir sind in Hochstimmung. Es hat den Anschein, als würde es immer gerade dann regnen, wenn uns das Trinkwasser auszugehen droht. Außerdem ist deutlich geworden, daß Phils Regenrinnen bei relativ ruhigem Wetter sogar effektiver sind als Johns Regenschild. Von jetzt an wird sich unsere Sorge um Wasser in Luft auflösen, während unser Hunger nach Eßbarem zunimmt.

Mißtrauen 8

In der ersten Augustwoche

Als wir zu dieser Reise aufbrachen, befanden sich auf der Rose-Noëlle genug Lebensmittel, um vier Männer einige Monate lang zu ernähren. Zwei Drittel davon hatte der Pazifik verschlungen. Wir dachten nicht an eine Rationierung, bis die Funkboje erlosch, wodurch sich unsere restlichen Vorräte auf das verringerten, was vier Männer normalerweise in wenigen Wochen essen würden, und wir haben ein Drittel bis die Hälfte davon übrig. Mehr als zwei Monate haben wir jetzt von weniger als den normalen Lebensmittelrationen für zwei Wochen überlebt, plus Harry, natürlich. Und ich frage mich, was all die Diskussionen und die Aufregung um das Schiff, das wir gesehen haben, wirklich bedeuten. Heißt das, wir kommen nicht einmal in Richtung Südamerika voran? Heißt das, diese Reise des allmählichen Verhungerns kann zehn Jahre dauern statt zehn Monate?

Manchmal, wenn wir herumrutschen, entdecken wir ein einsames Reiskorn, das zwischen uns liegt. Wir stürzen uns darauf. Mehr als einmal hat der Schnellere ein kleines weißes Korn aufgesammelt und hinuntergeschlungen, ehe ihm klar wurde, daß es sich gar nicht um Reis handelte. Oft sind die winzigen weißen Kügelchen nur aufgeweichte Papierstückchen, von unseren Körpern fest zusammengerollt. Wir leben von den Seiten eines Buches.

Als wir die Schlafpolster neu ordnen, zeigt sich ein kleines, blasses Oval im Schaum. John und ich sehen es gleichzeitig. Wir verharren – eine Erdnuß! – und stürzen uns darauf. Unsere Hände prallen gegeneinander, tasten nach der

Nuß, versuchen, die Finger des anderen aufzubiegen. Seine Hände sind kräftig, sehr kräftig. Ich lasse ab. John lehnt sich zurück und schnippt die Nuß in den Mund. »Oh, lekker«, sagt er.

Zuerst bin ich drauf und dran zu lachen. Wer hätte je gedacht, daß ich um eine Erdnuß kämpfen würde? Aber dann frage ich mich, wie weit wir irgendwann gehen werden, um Nahrung für uns selbst zu sichern. Wieviel Zeit muß vergehen, ehe aus einem schlichten Handgemenge ein Kampf wird, und wieviel länger wird es dann dauern, ehe aus dem Kampf etwas sehr viel Endgültigeres wird?

Wir müssen unsere Nahrungsmittel rationieren, aber, was noch viel wichtiger ist, wir müssen Nahrung finden. Das Meer muß uns Nahrung geben.

Die Annalen des Überlebens auf dem Ozean sind voll von unglaublichen Geschichten tiefster Verzweiflung. Es gibt hoffnungsvolle Geschichten, wie zum Beispiel die von Kapitän Bligh, der von seiner meuternden Mannschaft auf der Bounty auf dem Meer ausgesetzt wurde. In einem übervollen Boot mit wenigen Vorräten und fast ohne navigatorische Ausrüstung segelte er dreitausendsechshundert Meilen in siebenundvierzig Tagen und brachte seine achtzehn Mann in Sicherheit. Nur einer starb; er wurde von feindseligen Eingeborenen umgebracht. Aber solche Geschichten sind eher die Ausnahme als die Regel. Von den fünfundzwanzig Mann, die meuterten, segelten acht mit sieben Tahitianern nach Pitcairn. Nach achtzehn Jahren war auf Pitcairn nur noch ein Mann am Leben. Zwölf der fünfzehn Männer hatten sich bei Kämpfen um Frauen, Alkohol oder Land gegenseitig umgebracht. Vielleicht ist dies das Schicksal von Männern, die keinen fähigen Anführer haben.

Die Lebensbedingungen in Rettungsbooten waren meistens schrecklich. Herman Melville hörte sich in einer Südsee-Kneipe die Geschichte eines Kapitäns an und schuf danach Moby Dick. Im Jahre 1820 rammte ein fünfundzwanzig Meter langer Pottwal das Walfangschiff Essex und brachte es zum Kentern. Die Mannschaft machte sich in drei Booten auf den Weg. Eins verschwand. Drei Monate später erreichten die Überlebenden das sichere Land. In einem Boot waren sechs gestorben, und im anderen blieben nur der Kapitän und ein Junge übrig. Diejenigen, die unterwegs umkamen, wurden aufgegessen. Ein Schiffsjunge, per Losentscheid ausgewählt, nahm seine Ermordung hin, um den Kameraden Nahrung zu verschaffen, legte ruhig den Kopf nieder und sagte: »Es gefällt mir nicht mehr und nicht weniger als jedem anderen.«

Kannibalismus war in Fällen von Schiffbruch so verbreitet, daß er im achtzehnten Jahrhundert oft »der Brauch der Meere« genannt wurde.

Nachdem die Mignonette 1884 in einem Sturm untergegangen war, trieb ihre Mannschaft einen Monat lang auf dem Meer, ehe sie einen Achtzehnjährigen töteten und aufaßen, der ihrer Einschätzung nach ohnehin dem Tode nahe war. Nach der Rettung wurden sie wegen Mordes vor Gericht gestellt, und zwei wurden zum Tode verurteilt, aber später begnadigt. Ihr einziges Verbrechen bestand darin, daß sie gegen den Brauch des Losens verstoßen hatten. Selbst wenn der kürzeste Strohhalm manipuliert war, solange die Mannschaft überhaupt loste, war es unwahrscheinlich, daß sie gerichtlich verfolgt wurde.

Nur der Umstand, daß Frauen auf solchen Überlebensfahrten meist fehlten, bewahrte sie davor, mehr über die Schattenseiten ihrer Seelen zu erfahren. Als die Francis Mary 1825 in einem Sturm Schiffbruch erlitt, kam ein Großteil der Mannschaft ums Leben, und die Überlebenden aßen die Toten. Ann Saunders wurde ausgewählt, das Fleisch zu schneiden und zu verteilen. Nach der Rettung erzählte der Kapitän, Ann Saunders sei so blutdürstig gewesen, daß sie mit der Crew um einen zweiten Anteil vom Blut des Mannes kämpfte, der ihr Verlobter war.

Der extremste Fall von Terror nach einem Schiffbruch ereignete sich 1816 und wurde durch Géricaults Gemälde *Floß der Medusa* berühmt. Nachdem die Medusa vor der afrikanischen Küste auf Grund gelaufen war, hatte das Beiboot des Schiffes, auf dem sich der Kapitän befand, ein behelfsmäßiges Floß zur Küste zu schleppen begonnen, als die Schleppleine losgemacht wurde. Auf dem Floß drängten sich 147 Menschen, und es war viel zuviel Wein an Bord. Von der ersten Nacht an, als das Floß auf den offenen Atlantik hinaustrieb, wütete der Terror. Offiziere wurden ermordet und Menschen ins Meer geworfen. Obwohl ein Mensch etwa einen Monat lang ohne Nahrung überleben kann, wurden vom dritten Tag an Leichen verzehrt. Jede Nacht regierten Mord und Kannibalismus das Floß. Als die Überlebenden nach dreizehn Tagen gerettet wurden, waren nur noch dreizehn am Leben. Kein Wunder, daß die Dreizehn als Unglückszahl gilt!

Was solche Überlebensgeschichten besonders traurig macht, ist, daß die Überlebenden möglicherweise die Symptome der Dehydration für Symptome des Verhungerns hielten. In der Regel griffen sie nach wenigen Wochen, manchmal schon nach Tagen zu Menschenfleisch. Sie tranken salziges Blut und aßen Fleisch, zu dessen Verdauung ihr Körper noch mehr Wasser brauchte. Ihr Kannibalismus hat möglicherweise ebenso viele Menschen getötet wie gerettet. Als die Mannschaft der Peggy 1765 ihren einzigen schwarzen Sklaven umbrachte, riß ein Besatzungsmitglied ihm die Leber heraus und aß das ganze Organ roh. Er starb am nächsten Tag. Der Kapitän, der es ablehnte, auch nur ein Stück von dem armen Sklaven zu essen, überlebte in keiner schlechteren Verfassung als der Rest der Mannschaft.

Selbst heute herrscht in diesen Bereichen kein eigentliches Recht, das uns von abstoßenden Verbrechen zurückhalten könnte. Wer weiß schon, was passiert ist, wenn nur einige wenige überleben, die gemeinsam das Entsetzliche getan haben? Und selbst wenn ein Verbrechen ans Licht kommt, was kann man dagegen tun? Als die William Brown gegen einen Eisberg lief, setzte sich der Kapitän mit zehn gesunden Männern in seinem Boot ab. Er ließ die Hälfte seiner fünfundsechzig Passagiere einfach im Stich; zweiundvierzig Mannschaftsmitglieder und Gäste blieben in einem zweiten Boot zurück. Der Maat in dem überfüllten Boot wies den Kapitän darauf hin, daß sie ihr Gewicht verringern müßten, damit überhaupt jemand überleben könne, und bat ihn inständig, einige Leute zu übernehmen, aber der Kapitän lehnte ab und segelte seiner Rettung entgegen. In jener Nacht instruierte der Maat einige Männer aus seiner Mannschaft, mit dem Leichtermachen des Schiffes zu beginnen. Insgesamt warfen sie sechzehn Menschen über Bord und ertränkten sie. In einer Ironie des Schicksals wurde das Boot schon am nächsten Tag aufgegriffen. Nur einer von den Männern aus der Besatzung, die den Befehl erhalten hatten, Passagiere über Bord zu werfen, wurde je vor Gericht gestellt.

Dies sind nur ein paar Beispiele für die brutale Realität des Überlebens auf dem Meer. Und richte nicht, sonst wirst auch du gerichtet. Wer weiß, zu welch verabscheuungswürdigen Dingen ein jeder von uns getrieben werden kann? Wer weiß, wann die Verfassung des Körpers beginnt, die Verfassung des Geistes zu beherrschen?

Nach dem Zweiten Weltkrieg meldeten sich Kriegsdienstverweigerer freiwillig zu Hungerexperimenten, um auf diese Weise festzustellen, was die politischen Führer von der hungernden Bevölkerung des verwüsteten Europa zu erwarten hätten. Dr. Ancel Keys von der Universität von Minnesota leitete die Studie. Im Experiment wurde zunächst die Nahrung der Versuchspersonen so weit eingeschränkt, daß sie gerade noch ihr Körpergewicht hielten. Dann wurde diese Ration für die Dauer von sechs Monaten halbiert. Zunächst verloren die Freiwilligen sehr schnell an Gewicht. Ihr gesamtes waches Leben, alle ihre Gedanken, konzentrierten sich aufs Essen. Sie wurden automatisch lethargisch, weil ihre Körper versuchten, Bewegungsenergie zu sparen. Sie begannen auch immer mehr, sich intensiv um sich selbst zu kümmern, verloren jegliches Interesse an sozialen Aktivitäten und hatten kein Bedürfnis danach, mit ihren Freundinnen zu schlafen, die immer in der Nähe blieben. Dr. Keys faßte zusammen: »Sie wurden zu prinzipiell voneinander isolierten Individuen, die ihre gesamte Welt in sich trugen, und sie hatten keine anderen Interessen, als sich um diese eine Person zu kümmern.«

Am Ende der sechs Monate, nachdem sie fünfundzwanzig Prozent ihres Körpergewichts verloren hatten, nahmen die Versuchspersonen der Studie aus Minnesota kaum noch ab. Wir an Bord der Rose-Noëlle haben fast den gleichen Anteil unseres Körpergewichts verloren. Auch wir haben keine sexuellen Bedürfnisse, und unser Interesse an uns selbst nimmt ständig zu. Glücklicherweise ist unser Gewichtsverlust noch nicht so schlimm wie der der meisten Schiffbrüchigen auf dem Ozean: Eddie Rickenbacker, der berühmte Flieger aus dem Ersten Weltkrieg, nahm in vierundzwanzig Tagen auf dem Meer von 180 Pfund auf 126 Pfund ab; ein anderer Überlebender auf einem Rettungsfloß, Robert Aros, verlor in der gleichen Zeit 40 Pfund, von 155 auf 115 Pfund Körpergewicht; eine Frau von der Yacht Spirit nahm in zweiundzwanzig Tagen von 113 Pfund auf nur 70 Pfund ab. Ein Gewichtsverlust von dreißig Prozent des Körpergewichtes ist nicht ungewöhnlich unter Überlebenden. Welche Veränderungen müssen sich in ihren Köpfen vollzogen haben? Wer weiß, zu welchen Handlungen wir alle fähig sind, wenn der Hunger groß genug ist? Mag sein, daß es das Böse nicht gibt; aber wir könnten einfach durch unser physisch wie psychisch stark ausgeprägtes Bedürfnis nach Selbsterhaltung zu entsetzlichen Handlungen getrieben werden. Ich frage mich, wie verzweifelt wir auf der Rose-Noëlle noch sein werden und wie weit wir bereit sein werden zu gehen.

Anfang August werden die Tage länger. Die kälteste Zeit des Winters ist vorbei. Wir finden uns öfter auf Deck ein. Keiner geht mehr tauchen. Obwohl das Wasser jetzt wärmer ist, bleibt das Tauchen zu anstrengend. Außerdem hat John alle brauchbaren Vorräte ausgeräumt.

Die Such- und Rettungsaktion der Regierung ist vorbei. Die Rose-Noëlle hat uns nichts mehr zu geben. Von jetzt an sind wir auf uns selbst gestellt.

Um uns am Leben zu erhalten, wenden wir uns den allereinfachsten Aufgaben zu. Wir achten darauf, wie wir sitzen und wie wir uns hinlegen, damit unsere Kleider nicht so schnell verschleißen. Trotzdem muß ich meine Hosen mit Stücken von den Vorhängen der Rose-Noëlle flicken, wozu ich eine Büroklammer als Nadel und Angelschnur statt Nähgarn verwende. Der Arm von Phils Synthetik-Jacke hängt an einem Faden, aber Phil lehnt es ab, etwas zu flicken, daher kümmere ich mich darum, für uns alle. Weil er so lange unter unserer Koje eingeweicht war, ist der Faden, mit dem die Knöpfe an Phils Schaffellmantel angenäht waren, verrottet, so daß alle Knöpfe abgefallen sind. Rick zieht jetzt Bindfaden durch das Leder, um die Knöpfe zu ersetzen. Wenn der »Bär« erst einmal getrocknet ist, werden wir ihn um uns herum zuziehen können, so daß wir es warm und gemütlich haben. Routinemäßig schärfen wir Johns Tauch- und Küchenmesser, überprüfen die Knoten an den Signalmaststagen und trocknen unsere Kleider. Wir befestigen Bändsel an unseren Küchen- und sonstigen Werkzeugen, damit sie nicht verlorengehen. Jede dieser Arbeiten ist langwierig, weil wir vor uns hinstarren, warten und ans Essen denken. Jedesmal wenn ich aufstehe, um die Wache zu übernehmen, denke ich bei mir: *Diesmal geschieht es. Dieses Mal werde ich ein Schiff sehen, das uns von hier wegbringt.*

Schwarze Punkte auf dem Rumpf unterhalb der Wasserlinie sind jetzt deutlich erkennbar als kleine Entenmuscheln, aber sie sind noch zu klein, um eine Mahlzeit abzugeben. Manchmal am Morgen oder am späten Nachmittag nehmen unsere Augen das Aufblitzen eines grünlichen Schattens wahr, den Umriß von Flossen. Rick und ich bringen die Verbesserungen an unserem Speer zu Ende, befestigen ein Bändsel durch ein Loch, das wir in den Griff geschnitzt haben. John hatte vorgeschlagen, er ließe sich vielleicht etwas besser führen, wenn wir den zehn Zentimeter langen Haken an der Schmalseite des einen Meter langen Stockgriffes befestigen. Rick nimmt den Haken ab und zurrt ihn in einem neuen Schlitz fest, den wir in das Holz geschnitzt haben. Wir probieren es aus. Perfekt. Gleitet direkt aufs Ziel zu. Aber es kommen keine Fische in unsere Nähe.

Wir essen zwei Mahlzeiten am Tag. Zum Frühstück mümmeln wir einige Löffel Haferflocken, besprenkelt mit einer Tasse Milch aus Milchpulver. Als echte Leckerei teilen wir uns alle paar Tage eine Kiwi. Am späten Nachmittag gibt es Abendbrot. Wir genießen langsam jeden Bissen, jeder einen Teelöffel *kapousta* und eingelegte Äpfel, einige Löffel Reis oder ein bißchen Dosennahrung. Eine Halbliterdose Bohnen reicht für eine Woche. In der Hoffnung, satt zu werden, freuen wir uns auf die Routine des Frühstücks und Abendessens, aber schon wenn wir aufhören zu essen, wären wir bereit, neu zuzulangen. Mahlzeiten und die Wärme von Rick neben mir, wenn wir schlafen, sind die einzigen guten Dinge in meinem Leben, deren ich mir sicher sein kann, aber sie reichen nicht aus.

Wir denken fast nur ans Essen. Herrliche Mahlzeiten stehen vor unserem geistigen Auge. Wir können unsere Träume nicht abstellen, wollen es auch nicht. Wir erfreuen uns an dem herrlichen Gefühl, wenigstens so nah ans Essen heranzukommen, aber wir werden wütend, wenn jemand das Bankett in seinem Kopf beschreibt. Wir wollen einfach nur mit unseren eigenen Gedanken alleingelassen werden. Oft sagt einer zum anderen, er soll den Mund halten.

John sagt immer wieder: »Ist es nicht schade, daß wir den Knoblauch nicht mehr haben. Ist es nicht schade, daß wir den Hammelschinken nicht mehr haben. Ist es nicht schade, daß die Mohrrüben weggeschwommen sind, daß wir keine Erdbeeren haben, daß der Kohl zu Ende ist.« Ist es nicht schade, ist es nicht schade.

»Ja, John. Es ist schade. Es ist auch schade, daß dieses Boot nicht richtig herum schwimmt«, sagt Rick, um John zum Schweigen zu bringen. Wie schade.

Ich frage mich, wie lange wir noch so weitermachen können. Ich frage mich, warum wir nicht wenigstens ein bißchen mehr haben können. Was wir vier gemeinsam als Ration festlegen, ist unantastbar. Das einzige, was das Leben erträglich macht, ist, daß es immer etwas gibt, worauf man sich freuen kann, die nächste mikroskopisch kleine Mahlzeit, der nächste Schluck Wasser. Ich denke niemals daran, auch nur einen Extrabissen Bohnen zu stibitzen oder eine Dose aufzumachen, aber es gibt Dinge, die angenehmerweise außerhalb der willkürlichen Grenzen dessen liegen, was ich für unantastbar halte. Wenn Rick und ich allein in der Achterkajüte sind, tauchen wir den Löffel tief in das Milchpulver. Wir sprechen nicht über diese Regelverletzung, machen uns keine Gedanken darüber. Wir stöhnen nur oh und ah vor Freude über den Geschmack – wie Käse; die verdorbenen Stellen wie Blauschimmelkäse. Während wir bewußt von unserer Unschuld überzeugt sind, halten wir unbewußt Ausschau, ob John oder Phil herunterkommen, und vergewissern uns, daß der Bart des anderen von pulverigem Beweismaterial befreit ist. Wir sind wie Drogensüchtige, nicht in der Lage, dem Fix zu widerstehen. Wir sind wie Kinder, die sich herumdrücken und etwas Ungezogenes tun.

Ich gewinne Einblick in die dämonischen Seiten unserer Seele. Unsere Gedanken sind beherrscht von Angst, Unsicherheit, Selbstbezogenheit, der Physiologie des Hungerns und endlosen Scheinbegründungen.

Wir reden uns ein, daß Stehlen, unsere kleine Freßgier, uns in der unkontrollierbaren Welt, die uns umgibt, ein winziges bißchen Kontrolle verschafft. Es läßt uns die Wahl zwischen verschiedenen Handlungsweisen, während Selbstbeherrschung jede Art von Handlung verhindert. Die Handlung selbst trägt uns über die Situation hinaus. Wir befreien uns von den Fesseln der Rationierung und entkommen, wenn auch nur für einen Moment. Ich weiß nicht, ob John und Phil auch Nahrungsmittel stehlen. Ich denke, es kümmert mich wirklich nicht. Ich weiß nur, daß dies eine besondere Zeit für Rick und mich ist.

Zum Frühstück drückt derjenige, der die Verantwortung für den Milchspender hat, ihn über der Schüssel jedes Kameraden aus. Es gibt keinen unter uns, der es sich nicht zuschulden kommen ließe, über der eigenen Schüssel ein kleines, sekundenlanges bißchen länger zu drücken. Ich verlängere das Drücken für Rick und er für mich. Solche Großzügigkeit gegenüber einem Freund wird zu einer weiteren unbewußten Scheinbegründung im Eigeninteresse – wir helfen nicht uns selbst, wir helfen einem Freund.

Vor den Mahlzeiten, beim Tischgebet, wenn ich mit der Hand auf meiner Sankt-Christophorus-Medaille, die ich irgendwo auf einem frommen Flohmarkt erstanden habe, im Bett liege, spreche ich stille Gebete. Mein ganzes Leben lang bin ich vor dem Regelbuch der katholischen Kirche geflohen, aber jetzt ertappe ich mich dabei, wie ich es wieder und wieder hervorhole. Vielleicht brauche ich etwas Beständiges, um Sinn im Chaos zu finden. Es ist unheimlich, wie der Regen kam, als wir ihn brauchten, wie unser Bett glücklicherweise einige Zentimeter über dem Wasser bleibt, wie wir alle gerade hineinpassen. Ich glaube an eine höhere Macht. Vielleicht ist es kein katholischer Gott, vielleicht ist es die Kraft von Freunden, ein universaler Geist, die überwältigende, unergründliche Macht der Natur selbst, aber ich spüre es. Und jetzt spricht auch Rick von Gott.

Ich kann die grundsätzlichen Gebote nicht in Frage stellen. Man kann es nennen, wie man will: »Was du nicht willst, daß man dir tu'…« kommt im wesentlichen auf das gleiche heraus wie: »Liebe deinen Nächsten …« Nach meiner Sankt-Christophorus-Medaille zu greifen ist das gleiche, wie nach einem Kristall zu greifen oder nach einem Buch von Descartes oder, was das angeht, nach einem Buch über Astrophysik. Jeder braucht eine Art von Sprache, ein System, irgendein Symbol, an dem er seine Kosmologie festmachen kann.

Ich glaube, daß das Gute über das Böse siegt. Aber meine Gebote sind nicht auf Steintafeln geschrieben. Sie sind auf Gummireifen gedruckt, die sich je nach den Anforderungen des steinigen Weges dehnen und verformen. Meine Helden bleiben edel im Angesicht schrecklicher Realitäten, die ihnen aufgezwungen werden, aber jene Schrecken sind veränderlich, ebenso wie das, was hochherzig oder richtig erscheint. Manche stehen fest und kämpfen; andere unterwerfen sich. Manche befehlen; andere sind zur Zusammenarbeit bereit. Wo ist der rote Faden? Woher weiß ich, was richtig ist und wann es richtig ist?

Ich beruhige mich mit dem Gedanken, daß egal, was passiert, die höheren Mächte einem vergeben. Das scheint kein großer Trost angesichts von Geboten, die so ganz und gar unabänderlich wirken: Du sollst aufrichtig sein. Du sollst nicht stehlen. Unser Gott, was auch immer er ist, schenkt uns Gaben, und ich hintergehe ihn. Ich bitte um Vergebung, weil ich Milchpulver genommen habe. Aber ich höre nicht mit dem Stehlen auf.

Ja, der Trieb, meine persönlichen Bedürfnisse zu befriedigen, löscht bald auch die Rücksicht auf die Bedürfnisse meines Freundes aus.

Allein in der Achterkajüte, nehme ich noch einen Löffel Schnee, als plötzlich ein Schatten in den Eingang der Höhle fällt. Ich lecke den Löffel ab, rolle die Pulvertüte zusammen und staue beides weg. Ricks Füße, Beine, sein

Körper schiebt sich herein. Er wendet sich um und sieht mich an. »Was machst du hier unten?«

Ich ziehe seine eigenen Motive in Zweifel, während der Milchstaub noch in meinem Bart hängt. »Ich weiß nicht, Rick. Was macht du hier unten?«

Die Saat des Mißtrauens ist gesät auf dem fruchtbaren Boden unserer Schuld. Jeder von uns an Bord hat Grund, mißtrauisch zu sein. Wir wissen, daß die anderen Nahrungsmittel stehlen. Wir wissen es, weil wir es selbst tun.

Wo nie ein Mensch gewesen ist

9

Ungefähr 7. August, Tag 65 nach der Kenterung

»Ist es nicht schön hier? Draußen an der frischen Luft, wir vier zusammen?« Wovon redet John? Glennie benimmt sich wie der übergeschnappte Anführer einer Pfadfindergruppe. Manchmal frage ich mich, ob wir überhaupt im gleichen Sonnensystem leben. Vielleicht schwebe ich mit einer Mannschaft seltsamer Kreaturen von anderen Planeten durch den Raum: *Dies ist die Reise des Seeschiffes Rose-Noëlle auf seiner endlosen Mission, fremde Meere zu erkunden, bizarre Perspektiven zu gewinnen und eine Zivilisation von Sonderlingen zu gründen, kühn dorthin zu schweben, wo nie ein Mensch gewesen ist.* Gefangen in den engen Grenzen unseres Schiffes, erscheinen unsere Persönlichkeiten immer stärker vergrößert, bis wir alle tatsächlich fremdartig wirken. Doch irgendwie, während ein Tag auf den nächsten folgt und wir uns immer weiter über diese endlose Meeresweite voranschieben, erschaffen wir zwischen uns eine Art von Leben.

Rick, Phil und ich sind widerstrebende Passagiere bei dieser Mission. Zuerst, noch sicher an Land, reizte die Idee, nach Tonga zu segeln, unseren Wunsch nach Abenteuer, aber dieses Abenteuer ist nur zu real geworden, allzu bedrohlich, allzu hoffnungslos. Glennie genießt es ganz offensichtlich. Er hegt eine Art unersättlichen Hunger danach, daß ein solch echtes Abenteuer Wirklichkeit wird. Dies ist die krönende Glanzleistung all seiner Jahre voller Pseudoabenteuer. Ich weiß nicht, ob er überhaupt mit dem Tod als einem möglichen Ende rechnet.

Ich muß aber immerhin zugeben, daß der Tod in weite

Ferne gerückt zu sein scheint, als ich andächtig das Morgengrauen bestaune. Es scheint, daß jedesmal, wenn wir ein emotionales Tief erleben, etwas auftaucht, das uns daraus emporträgt – ein Boot, eine Wolke, eine warme Mahlzeit, die bewegende Schönheit dieses Morgens. Wir sitzen in einer Reihe auf dem Rücken der Rose-Noëlle. Ihr Rumpf glänzt vom kalten Tau der Nacht, der unsere Hosenböden und unsere Socken durchweicht. Sonnenlicht lugt hinter den Wolken hervor, erweckt im lavendelfarbenen Meer eine Vielfalt goldener Schattierungen. Ein leichter Wind versetzt die bunten Flaggen, die unsere Takelage schmükken, in einen tanzenden, fröhlichen Aufruhr. Schon leuchten unsere Gesichter hell in der willkommenen Wärme der Sonne, welche die Kälte unserer vierundsechzigsten verzweifelten Nacht vertreibt. Lange, ruhige, flache, nur leicht gekräuselte Wellen gleiten über unsere Welt dahin. Sie muten an wie endlose Getreidefelder, die sich sanft im Wind wiegen und erinnern mich an die Felder Minnesotas voller Mais, Soja und Weizen, erinnern mich an zu Hause. Ein einsamer Albatros ist zunächst nur ein winziger Fleck, der zu seiner vollen Größe anwächst, während er auf der unsichtbaren See von Luft heranschwebt, in die Höhe steigt und wieder abwärts segelt, den Konturen des Pazifik folgend, nur wenige Zentimeter über den sanften Hügeln und Tälern. Ich frage mich, wohin er fliegt.

Wie ich mir wünsche, ein Vogel zu sein, die Wahl zu haben, ob ich hierbleiben oder wegfliegen möchte, sicher vor den tobenden Sturmwinden der Südsee dahinzugleiten oder die Küste aufzusuchen, die Gefährten, ein Nest. Die friedliche Szenerie vor unseren Augen täuscht so sehr über all unsere Sorgen hinweg, daß sie eine seltsame, starke Macht gewinnt. Wir haben mittlerweile ein geschärftes Bewußtsein für ein Stück Brot, die Wärme eines Freundes oder ein Bild von solcher Schönheit entwickelt.

Unser Leben hier ist nicht lustig. Es lehrt jedoch Bescheidenheit.

Rick und ich, allein in der Kajüte, holen die Fahrradflasche, in der vier Eßlöffel Haferflocken über Nacht einen halben Liter Milch aufgesaugt haben. Sie werden löffelweise auf vier Schälchen verteilt. Wir entdecken eine undichte Dose Pfirsiche und machen sie auf. Jede Portion Haferflocken wird mit einem halben Pfirsichschnitz und dem Achtel eines Apfels garniert. Es kommt uns überhaupt nicht in den Sinn, daß wir uns eine zusätzliche Scheibe Apfel oder auch nur eine Extrahaferflocke nehmen könnten. So seltsam sind die unklaren, persönlichen Grenzen, mit denen jeder Mensch unbewußt seine Moral absteckt. Die Lebensmittel unserer regulären, gemeinschaftlichen Mahlzeiten sind absolut tabu.

Noch bevor wir fertig sind, stößt Phils Fuß gegen Ricks Nase, als er zu früh herunterkommt, überängstlich wie immer. Rick brüllt. Phil zieht sich zurück. Als wir schließlich essen, haben sie sich wieder vertragen.

Nach dem Frühstück und dem Abwasch legen wir uns einen Moment hin, bevor wir uns der Tagesroutine widmen. Erst besprechen wir die Aufgaben. Der Kescher hat sich als etwas wackelig erwiesen, daher beschließen Rick und ich, ihn neu zu verzurren. An den Mast gebunden, steht unser Honda-Generator. Wenn wir ihn wieder zum Laufen kriegen, können wir den Scheinwerfer mit Strom versorgen oder die Seenotfunkboje wieder aufladen. Phil und John melden sich freiwillig, das auszuprobieren.

Wenn wir oben auf der Rose-Noëlle hocken, befinden sich unsere Augen etwa drei Meter fünfzig über der Meeresoberfläche, und unser Horizont liegt vier Meilen entfernt. Wenn wir eine große Welle erklimmen, erweitert das unser Gesichtsfeld um einige Meilen, aber tief in kabbeligen Wellentälern verringert sich die Sichtweite entsprechend fast auf Null. Bei ruhiger See und besten Sichtverhältnissen könnten gute Augen den Schornstein oder die Brücke eines großen Schiffes, die sich rund dreißig Meter über dem Meer erheben, ausmachen, wenn es zehn bis zwölf Meilen entfernt ist. Aber höchstwahrscheinlich würde die Wache das Schiff erst sehen, wenn sein Rumpf etwa acht Meilen entfernt in Sicht kommt. Kleinere Schiffe, wie Fischerboote oder Yachten, wären erst in einer Entfernung von vier bis sechs Meilen zu sehen.

An einem durchschnittlichen Tag braucht ein langsames Seefahrzeug, das mit zehn Knoten dahintuckert, etwa eine Stunde von der ersten Sichtung seiner Aufbauten auf dem Weg an unserer Position vorbei, bis es in der entgegengesetzten Richtung verschwunden ist. Aber die Hälfte der Zeit wäre es von uns abgewandt und hätte uns nicht in seinem Blickfeld. Ein schnelles Schiff mit einer Geschwindigkeit von zwanzig Knoten legt die gleiche Strecke in der halben Zeit zurück, was uns im Endeffekt nur fünfzehn Minuten Zeit gibt, es zu sichten und ihm ein Zeichen zu geben. Man rechne hinzu bewegtes Wasser, schlechte Sicht oder einen Kurs, der das Fahrzeug nur bis auf mehrere Meilen an uns heranbringt, und die Wache hätte die einzige Chance zum Handeln bereits innerhalb von zehn Minuten verpaßt.

Bevor wir uns an die Arbeit machen, schlägt Rick vor, daß wir die Wachablösung von stündlich auf halbstündlich umstellen sollten. Er möchte kein vorbeifahrendes Schiff übersehen.

Ich könnte einen Schiffsschornstein nicht von einem fliegenden Fisch unterscheiden, und ich weiß wirklich nicht, ob wir die Energie aufbringen können, die ein besseres Ausschauhalten erfordert, aber Rick hat sich in diese Idee verrannt, also gibt es keine Möglichkeit, ihn aufzuhalten.

»Es dauert sowieso eine Stunde, bis ein Schiff an uns vorbei ist«, sagt John. »Ich denke, einmal in der Stunde ist genug.«

»Nein, John. Ein Schiff kommt und verschwindet wieder innerhalb von zwanzig Minuten.«

Johns Antwort ist ein abfälliges Lachen. »Nicht nach meiner Erfahrung. Ich erinnere mich, damals, in den Brüllenden Vierzigern – «

»Zum Teufel mit deinen Brüllenden Vierzigern, John. Das war vor zwanzig Jahren. Die Schiffe damals waren langsamer.«

»Sie brauchen heute immer noch eine Stunde, um von einem Horizont zum anderen zu kommen.«

Phil und ich sehen uns mit hochgezogenen Augenbrauen und rollenden Augen an. Wir werden uns da raushalten. Es kostet einfach zu viel Energie, sich einzumischen. Außerdem, was weiß ich schon? Vielleicht hat John recht, vielleicht Rick, aber wen kümmert das?

Rick zum Beispiel. Er schnaubt angewidert durch die Nase über Johns Schlußsatz, als ob er ihn einfach vom Tisch wischen will. »Ja, John, aber selbst wenn du recht hättest, was ich bezweifle, wäre auch dein langsames Schiff in einer halben Stunde an uns vorbei und würde Kurs von uns weg in die andere Richtung nehmen.«

»Kommt schon, ihr beiden«, unterbricht Phil unklugerweise. »Rick, es fällt uns doch schon schwer genug, jede Stunde rauszugehen.«

»Ihr wollt einfach nicht weg von hier. Ich erzähle euch, was wir tun müssen, und ihr hört mir nicht einmal zu.«

Das ist sicherlich nicht fair gegenüber Phil, der von uns allen der gewissenhafteste ist, wenn es darum geht, Ausschau zu halten. John weiß möglicherweise, wie aussichtslos es ist, einem Schiff mit einer halbtoten, flackernden Stroboskoplampe ein Zeichen geben zu wollen, die außerdem erst einmal einen kräftigen Schlag bekommen muß, bevor sie überhaupt anspringt. Die Wachen sind ein Witz, nur gut für die Moral. Sie bestehen aus einer einmaligen, dreißig Sekunden dauernden Umschau am Anfang jeder Stunde. Ohne unsere Uhr verpassen wir sie oft völlig. Rick hat die absurde Idee, aus den Wachen etwas zu machen, das tatsächlich funktioniert.

John ignoriert Rick meistens, aber dieses Mal sind auch seine Augen wutentbrannt. »Du mußt nicht jedes Mal einen Anfall kriegen, wenn du nicht bekommst, was du willst. Wir sind hier nicht bei Outward Bound«, sagt er ruhig. »Wir sind kein Haufen Teenager, die dich behandeln wie den lieben Gott. Wenn du ein kleiner Hitler sein willst, dann mach das anderswo ab.«

»Sieh mal, Rick, laß gut sein. Es ist nicht so wichtig«, rate ich ihm.

»Es *ist* wichtig!« beharrt er. »Wir reden über unser Überleben. Wir müssen ein wachsames Auge auf Schiffe haben.«

»Hör auf, den Kapitän zu spielen«, schimpft John. »Ich bin hier der Kapitän.«

Rick ist von Johns Unterstellung, er versuche, die Befehlsgewalt zu übernehmen, ebenso überrascht wie von Johns plötzlichem Machtanspruch. »Ich versuche nicht, der Kapitän zu sein. Und du bist genausowenig der Kapitän. Wir alle hier sind gleichberechtigte Partner, und es ist im Interesse aller, deine Wenigkeit scheinbar ausgenommen, besser Ausschau zu halten, damit wir hier wegkommen.«

»Ruhig Blut, Rick«, sage ich zu ihm. »Laß gut sein. Du bist wie die letzte noch lebende Mücke im Zelt. Du surrst herum und nervst alle.«

Verärgert antwortet Rick mir. »John hat uns erzählt, hier draußen gäbe es keine Schiffe, aber jetzt gibt es hier Schiffe. Wir haben eins gesehen. Kapierst du das nicht?«

Ich lehne mich zu Rick hinüber, blicke ihm geradewegs in die Augen und sage langsam und mit Bedacht zu ihm: »Halt die Klappe! Halt verdammt noch mal die Klappe!«

Phil sagt zu John: »Was meinst du, John, wollen wir nach oben gehen und was am Generator machen?«

»Gute Idee, Philip.«

Ich halte das Netz, so fest ich kann, während Rick die Leine so eng und glatt darumlegt, daß ein Künstler mit einer Spritzpistole das perfekte Bild nicht verbessern könnte.

Er fragt mich: »Was magst du nicht an mir?«

»Eh, wa-wa-was meinst du, was mag ich nicht an dir? Du bist mein Freund. Du bist alles, was ich hier an Bord habe.«

»Das ist es nicht, was ich meine. Nein, das meine ich nicht. Was ist es, was die Leute manchmal nicht an mir mögen?«

»Nun, Rick«, sage ich und stottere verlegen herum, unsicher, worauf er hinaus will und besorgt, wenn ich ihm sage, was mir an ihm nicht gefällt, könnte er mir sagen, was er an mir nicht mag. Ich kann es mir nicht leisten, irgendwelche Keile in Ritzen unserer Persönlichkeiten zu treiben. Ich kann es mir nicht leisten, unseren Pakt zu gefährden. Aber auch Schweigen wäre ein Keil.

»Jim, ich vertraue dir. Ich vertraue dir wirklich. Ich muß wissen, was ich tun muß, um ein besserer Mensch zu werden. Ich muß meine Fehler kennen. Was mach' ich denn, was die Leute so auf die Palme bringt?« fragt er und greift nach meinem Arm, zwingt mich, ihm in die Augen zu sehen. Er will es wirklich wissen. Typisch Rick. Mit 110 Prozent Energie versucht er, den Gipfel der Tugend zu erreichen, als handelte es sich um einen Berg, den man nach einer ersten Beurteilung der Lage schnurstracks in Angriff nehmen kann. Und mich schleppt er dabei mit. Es ist, als würde er mir sagen, ich solle ihn sezieren, damit er seine Krankheit endlich selbst heilen kann. Und mach' dir keine Gedanken um die Narkose. Ich wollte früher schon manchen Menschen sagen, was mir an ihnen nicht gefällt, aber es ist mir noch nie passiert, daß mich jemand danach gefragt hat. Oh, mein Gott. Ich will nicht, daß er mir deswegen die Freundschaft aufkündigt. »Großer Gott, Rick, gib mir eine Minute Zeit, ja?«

Ich habe noch nie erlebt, daß Rick so aus sich herausgeht. Er ist mein Freund, aber selbst unter Freunden ist es

Die Rose-Noëlle wird zu Wasser gelassen. *(Rose Young)*

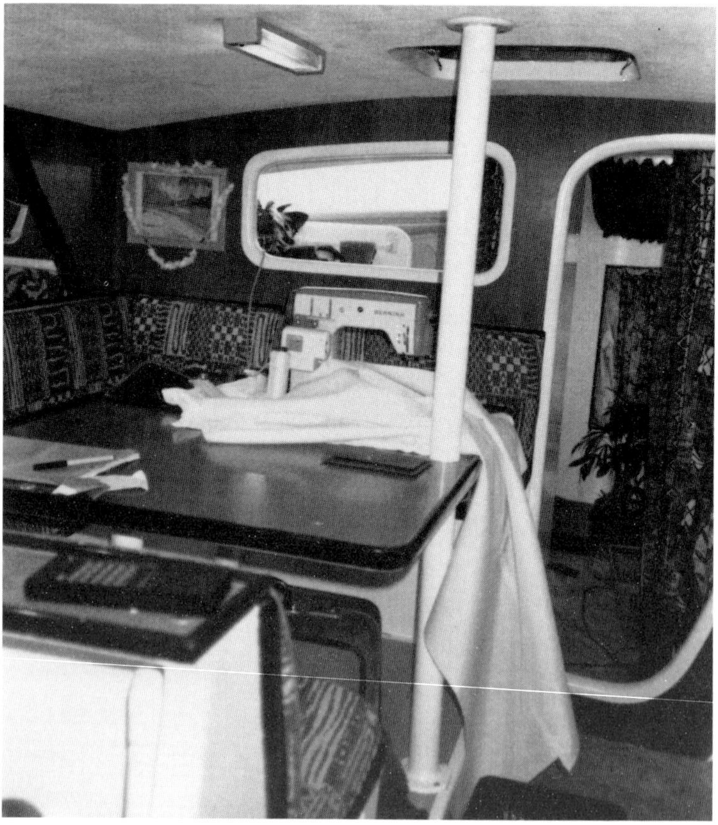

Das letzte Foto der Rose-Noëlle, als sie in Picton ausläuft, an Bord John, Phil, Rick und Jim *(von links). (Rose Young)*

Links oben: Innenraum der Rose-Noëlle, Blick nach achtern von der Eßecke rechts zur Kombüse und ins Cockpit. *(Rose Young)*

Links unten: Innenraum der Rose-Noëlle, Blick nach vorn von der Kombüse zur Eßecke; das Bad befindet sich unmittelbar hinter dem Schott. *(Rose Young)*

Die Besatzung der Rose-Noëlle am zweiten Morgen nach der Strandung an der Küste von Great Barrier Island, hier unmittelbar vor Wachtmeister Godinets Haus. Phil Hofman, Jim Nalepka, Rick Hellriegel, John Glennie *(von links).*
(Mit freundlicher Genehmigung des Dominion, *Wellington)*

Die Crew der Rose-Noëlle genießt ihr Frühstück aus Eiscreme und Whisky in Wachtmeister Godinets Eßzimmer.
(Mit freundlicher Genehmigung des Dominion, *Wellington)*

Jim *(links)* und Rick auf dem Weg zum Hubschrauber, der sie von Great Barrier Island abholt. Rick trägt geliehene Gummistiefel und einen weißen Pullover mit Zopfmuster, wie es Hellseherinnen vorhergesagt hatten, als er auf dem Meer trieb.
(Mit freundlicher Genehmigung des Dominion, *Wellington)*

Phil Hofman genießt nach Jahren die erste Zigarette seit seiner Bypass-Operation. 119 Tage lang nahm er sein Herzmedikament nicht ein und vermißte es auch gar nicht.
(Mit freundlicher Genehmigung des Dominion, *Wellington)*

John Glennie bereitet sich auf den Höhenflug in die Berühmtheit vor. Nach 119 Tagen auf dem Meer waren Schuhe für die Crew sehr ungewohnt, daher trägt John seine in der Hand.
(Mit freundlicher Genehmigung des Dominion, *Wellington)*

Phil, Rick und Jim *(von links)* heben ab in eine getrennte Zukunft; Glennie ist gerade aus dem Hubschrauber gesprungen, um einen alten Freund zu begrüßen.
(Mit freundlicher Genehmigung des Dominion, *Wellington)*

Rick Hellriegel genießt die Gesellschaft seiner Frau Heather und seines Sohnes Mattie am Strand in der Nähe von Auckland, nur wenige Wochen nach seiner Rückkehr an Land.
(Mit freundlicher Genehmigung des Dominion, *Wellington)*

Wenige Tage nachdem sie auf Great Barrier Island gestrandet war, wurde die Rose-Noëlle in Teile von nicht einmal einem Quadratmeter zerschlagen. Diese Trümmer lieferten wichtige Hinweise, um die Geschichte der Crew zu bestätigen. Das Logbuch, Fotos und andere Erinnerungsstücke wurden jedoch nie gefunden. (© New Zealand Herald)

Rick Hellriegel *(links)* und Jim Nalepka im Garten der Hellriegels wieder zu Hause in den Sounds nahe Picton, im Januar 1990. Dies ist das letzte Foto von Rick. (© New Zealand Herald)

John Glennie kehrt an den Ort des Schiffbruchs zurück, auf dem Kopf eine Plastikgirlande, die ihm fünfundzwanzig Jahre vor seiner Odyssee an Bord der Rose-Noëlle auf den Inseln geschenkt wurde.
(© New Zealand Herald)

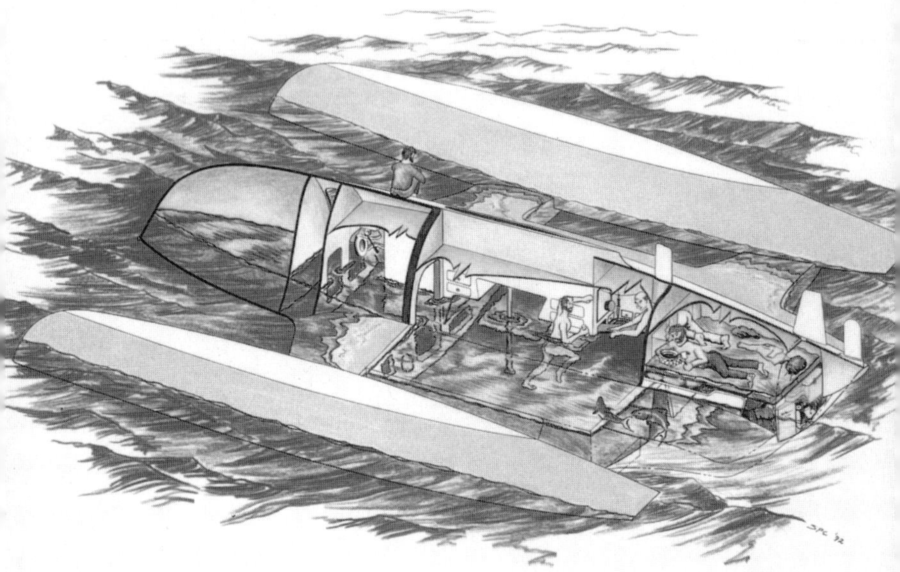

Die Rose-Noëlle. (Aus Gründen der Übersichtlichkeit wurde die Rumpfaußenhaut auf der Steuerbordseite und Teile des Kajütenbodens weggelassen.) Die Schnittansicht des Innenraums zeigt Jim beim Kochen in der Achterkajüte; Phil kriecht auf der Planke aus der Kajüte in die Kombüsengegend; John sammelt in der vorderen Kajüte neben der Eßecke Nahrungsmittel; und Rick hält auf dem Rumpf Wache, unmittelbar hinter dem vorderen Luk. *(© Steven Callahan)*

Außenansicht der Rose-Noëlle. Der Mast hält eine Vorrichtung zum Sammeln von Regenwasser. Rinnen zum Auffangen des Regenwassers laufen am Boden (jetzt oben) des Rumpfes entlang. Signalflaggen schmücken die Takelage, und eine Netzboje krönt den Mast, damit das Boot für vorüberfahrende Schiffe besser zu sehen ist. Jim kommt aus dem Cockpit unmittelbar über der Kombüse, während John auf dem Rumpf sitzt und Fische ausnimmt. Phil hat mit dem Speer einen Fisch erlegt, und Rick läuft auf dem Seitendeckgehweg entlang und hält sich am Spinnakerbaumhandlauf fest, bereit, den Fisch in sein Netz zu übernehmen. Normalerweise wären auch der Grill, der Generator, noch mehr Kleider und Fischstreifen zum Trocknen an Deck gewesen, aber all das wurde aus Gründen der Übersichtlichkeit weggelassen. *(© Steven Callahan)*

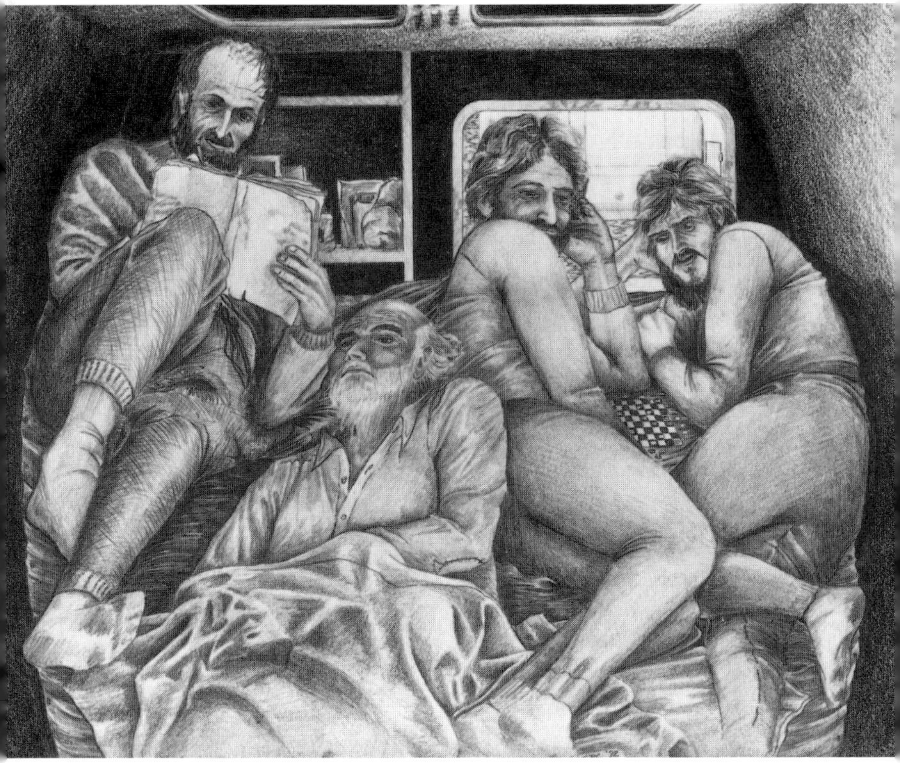

John, Phil, Rick und Jim, eingezwängt in der höhlenartigen Kammer, die zum einzigen bewohnbaren Raum an Bord der Rose-Noëlle wurde, nachdem sie gekentert war. Während ihres viermonatigen Umhertreibens auf dem Meer verbrachte die Mannschaft alle Nächte und die meisten unfreundlichen Tage gemeinsam in diesem fünfzig Zentimeter hohen Raum von der Breite eines Doppelbetts. (© Steven Callahan)

selten, daß jemand einem solche Aufrichtigkeit abverlangt. Und es ist noch seltener, daß jemand inständig darum bittet, daß er jeden Selbstschutz ablegt, so viel Vertrauen beweist. Ich habe mich Rick noch nie so nahe gefühlt, aber er hat auch noch nie so viel von mir verlangt.

Rick beobachtet meine Augen genau, als ich zu ihm sage: »Zunächst einmal, Rick, das ist wirklich sehr, sehr schwer. Ich mag dich wirklich gern ...« Ich spreche stokkend weiter, halte mich an allem fest, was mir an lobenden Worten in den Sinn kommt.

»Ja, ja, ja, mach schon, was noch?«

Ich zögere. Oh, Gott. »Aber sieh mal, Rick, du warst Polizist, Gruppenleiter bei OB, du hast dein eigenes Geschäft. Du hattest immer die Verantwortung, warst der Anführer, derjenige, der alles im Griff hat.« Ich erzähle ihm, wie sehr ich die Verlogenheit von OB-Gruppenleitern hasse, die Kooperation und gegenseitiges Vertrauen predigen, aber dann ständig untereinander um die Vorherrschaft kämpfen. »Sieh mal, Rick, du bist hier nicht verantwortlich. Wir sind es alle gemeinsam. Manchmal erinnerst du mich an John. Wirklich. Du glaubst, du bist im Recht, und er glaubt, er ist im Recht. Ihr meint beide, euer Weg sei der einzig mögliche. Du bist John gegenüber manchmal wirklich ausfallend, doch Rick. Warum verschwendest du soviel Energie darauf, dich ständig mit dem Typen anzulegen?«

»Ich weiß es nicht. Es gibt mir etwas zu tun, schätze ich.« Schweigend kehren wir an unsere Arbeit zurück.

»Weißt du, Rick, manchmal bin auch ich wirklich gemein zu John, und das gefällt mir nicht. Ich würde gern damit aufhören oder es zumindest versuchen.«

»Ich werde versuchen, so gut ich kann, auszuweichen«, sagt Rick und dreht sich mit traurigem, aber entschlossenem Blick zu mir um. »Danke, Kumpel. Ich bin dir wirklich dankbar.« Ich fühle mich gut, besonders, weil es vorbei zu sein scheint und ich mit heiler Haut davongekommen bin. Dann sagt Rick: »Fällt dir noch etwas ein?«

Ich schüttle den Kopf, lache. »Nein, Rick. Wenn mir noch etwas einfällt, lasse ich es dich wissen.« Wir lachen beide.

Als der Morgen zur Hälfte herum ist und wir unsere Aufgaben beendet oder zumindest weitgehend in Angriff genommen haben, ziehen wir uns in die Höhle zurück zum »Tee«, das bedeutet eine Tasse löslichen Kaffee für Rick und mich und Kakao für John und Phil, die wie die meisten Neuseeländer jeden Kaffee hassen, der stärker ist als Tee. Wie James Bonds Martinis werden diese berauschenden Getränke geschüttelt, nicht gerührt, aber unsere werden darüber hinaus auch noch aus Fahrradflaschen genuckelt. Unsere Körper sind so ausgepowert, daß das Koffein uns regelrecht aufputscht. Wie das Schachspiel bietet auch der Kaffee, den Rick und ich teilen, einen gemeinsamen, privaten Rückzugsbereich auf diesem Boot, er ermöglicht uns die Flucht in unsere eigene kleine kultivierte Nische, in der wir uns gepflegt über Reisen und französisches Gebäck unterhalten, während John und Phil typischerweise über Segel und Schoten sprechen. Zwar entsteht gelegentlich auch ein Gespräch unter uns vieren, aber wir sind doch durch unsere Interessen und unsere Getränkewahl in zwei Lager gespalten. Sie können gern ihre Segel und Schoten und auch ihren Kakao haben, solange Rick und ich unseren Becher schwarze Brühe bekommen. Aber Rick und ich haben in den letzten Tagen wohl einmal zu oft ah und oh gerufen, denn heute erklären Phil und John, daß sie auch Kaffee wollen. Verdammt.

»Okay, gebt eure Flasche her.« Ich löffle den Kaffee hinein. Einer für sie, einer für uns, einer für sie, einer für sie und ... einer für sie. Rick rammt mir den Ellenbogen in die Rippen. »Was machst du?« flüstert er. Seine besorgte Stimme geht im Klatschen der Wellen und im Schlagen des Mobiliars draußen im Boot unter.

»Heh. Laß mich nur machen«, zische ich ihm zu. Ich gebe in beide Flaschen noch einen Teelöffel Milchpulver, fülle sie mit Wasser auf und reiche die Flasche, die mit ultraschwarzem Speed vollgepumpt ist, an Phil weiter, der sie begeistert schüttelt.

Phil gibt uns einen bröckeligen Obstkeks, den Rick und ich uns teilen. Ich knabbere am Rand von meinem Stück, während Rick seins hinunterschlingt und sagt: »Ausgezeichnet. Erstaunlich, was für Geschmackswahrnehmungen diese Dinger auslösen.«

Völlige Stille auf der anderen Seite der Kajüte. Schließlich fragt John: »Wie schmeckt denn dein Kaffee, Phil?«

»Tja, ich weiß ja nicht, wie deiner ist, aber meiner ist verdammt bitter. Ich weiß nicht, wie ihr das so runterkriegt«, sagt er zu Rick und mir.

»Ah«, sage ich, »Kaffee ist das größte. Ihr Neuseeländer wißt eine gute Tasse Kaffee einfach nicht zu schätzen.« Ich stoße Rick in die Rippen und nicke ihm zu.

»Morgen nehme ich wieder Kakao«, beendet Phil die Diskussion. Es ist die letzte Tasse Kaffee, die Phil und John an Bord der Rose-Noëlle trinken werden.

Nach dem Tee gehen wir wieder an die Arbeit. Rick und ich kriechen auf die Planke hinaus und gucken nach oben, wo wir Phil über den Generator gebeugt sehen, der im Cockpit steht. Er spielt mit Hebeln und Drähten herum, sprüht Rostschutzmittel in alle Ecken und Winkel, zieht hier etwas an, schraubt da etwas los. Muß der Vergaser sein. Eine Feder springt heraus. Sie vollführt einen dreifachen Salto mit einer halben Drehung, und – plitsch – geht der winzige, spiralförmige Taucher unter und ward nie mehr gesehen. Phil arbeitet weiter, als sei nichts gewesen. Wir erzählen ihm von der Feder, die er überhaupt nicht bemerkt hat. Unbeeindruckt wendet er sich wieder dem Anziehen, Losschrauben, Sprühen und Hoffen zu. Nun, der Generator hätte wahrscheinlich ohnehin nie funktioniert. Eines Tages wird Phil vielleicht sein Spezialgebiet finden. Jeder wird mit einer besonderen Begabung in den Knochen geboren. Feine Arbeiten, die völlige Konzentration und Sorgfalt erfordern, sind genausowenig Phils wie meine Sache.

Rick und ich kehren zu unserem Netz zurück. Zwischen den Rümpfen brodelt das Wasser. Es müssen an die zehn Fische sein, die die Oberfläche aufwühlen. Ich ziehe mir die Strümpfe aus, schiebe die Gummibündchen meiner Hosenbeine in die Höhe und lasse mich seitlich am Rumpf hinuntergleiten. Rick reicht mir das Netz, und ich drehe mich vorsichtig um und beuge mich nach unten, als müßte ich mich im Wald an meine Beute heranpirschen. Ich trete auf Zehenspitzen an den Rand des praktisch bodenlosen, rechteckigen Tümpels zwischen den Rümpfen heran.

Diese Fische sind anders als Harry. Sie wirbeln umeinander wie Hochgeschwindigkeitstänzer. Ich sehe weiße, silberne und gelbe Blitze. Langsam tauche ich das Netz ein, bis es ganz und gar unter Wasser ist, dann bewege ich es, so schnell ich kann, auf einen schwimmenden Schatten zu und reiße es heraus. Ich hab' ihn! »Ich hab' ihn!« Er hängt tief und sicher im Netz, ungefähr einen halben Meter lang und drei Pfund schwer, glatte, kräftige Muskeln, die in einem zitronengelben Schwanz enden, der seinerseits in einen grünlich-silbernen Rücken und einen weißen Bauch übergeht. Ich strecke John das Netz entgegen, der hineingreift, den Fisch hinter den Kiemen packt und ihn schnell davonträgt.

Wir identifizieren unseren Schatz als eine Gelbschwanzkönigsmakrele, bekannt im ganzen Pazifik als eine der wohlschmeckendsten Fischarten des Ozeans. In Sekundenschnelle hat John den Wassertänzer in grätenlose, gewürfelte Nahrung verwandelt. Er zerbricht das Rückgrat mit dem daranhängenden Skelett in mehrere Zentimeter lange Stücke. Alles zusammen werfen wir in Essig und bewahren das Herz, die Leber, die Augen und den Magen in einem besonderen Gefäß auf. Wir sind alle ganz aufgekratzt beim Gedanken an das Abendessen heute und in den nächsten Tagen.

Dieser Fisch ist kein Einzelgänger. Wir können immer noch das Aufblitzen seiner Artgenossen sehen, die in die Tümpel und Buchten zwischen den Rümpfen mittschiffs und an den Bugen herein- und wieder hinausschwimmen. Es müssen fünfzehn oder zwanzig sein, und sie scheinen es nicht besonders eilig zu haben, sich wieder davonzumachen. Wo sind sie gewesen? Warum sind sie hier? Warum bleiben sie?

John sagt: »Vielleicht sind es die Muscheln, die sie anziehen.« Die Entenmuscheln sind mittlerweile etwa so groß wie ein Daumennagel. »Weißt du, was wir sind? Wir sind ein schwimmendes Riff. Jetzt werden wir Fische fangen. Jetzt werden hier immer Fische sein«, folgert John genauso bestimmt, wie er immer sagte: »Ihr werdet auf dem offenen Meer niemals Fische fangen.« Und so geschah es, daß eine Laune des Schicksals, eine simple Veränderung in seinem Erfahrungshorizont – der Tanz der Fische –, die Ansichten eines Mannes von der unveränderlichen Wahrheit zerstörte.

Während unsere Königsmakrele in ihrer Marinade vor sich hin zieht, legen John und Phil sich regelrecht aufs Ohr, während Rick und ich uns im trüben grauen Licht der Kajüte, das den bedeckten Nachmittagshimmel draußen wiederzuspiegeln scheint, nur ausruhen.

Seit unserer Kenterung schwimmt allerlei Treibgut im Rumpf herum. Stücke von Rose-Noëlles Außenhaut, die von den Luken stammen, die wir herausgeschnitten haben, leere Flaschen, Stücke Kissenstoff, das Styroporoberteil einer billigen Kühlkiste – all das zieht mit den Strömungen und Wellen ziellos wie Mini-Eisberge durch den Innenraum der Rose-Noëlle. Wir sehen ohne allzu großes Interesse dabei zu, als handelte es sich um die Werbung in unserer Fernsehshow. Manche Dinge tauchen auf, treiben davon in irgendein Schapp hinein, tauchen wieder auf, verschwinden ganz und gar. Ich sehe eine leuchtendrote, wurzellose Insel. In einem früheren Leben enthielt das Plastikpäckchen eine aromatische Kaffeemischung, die Rick mit an Bord genommen hatte, damit wir sie nach unserer Ankunft in Tonga genießen könnten. »Rick, du hast nachgesehen, daß da kein Kaffee mehr drin ist, nicht?«

»Klar, Mann. Schon lange her, aber ich weiß nicht, irgendwie seh' ich gern zu, wie es da draußen herumschwimmt. Das erinnert mich ans Kaffeetrinken vor dem Kamin mit Heather.«

Ich wünschte, ich hätte nicht davon angefangen. Ich wünschte, ich hätte solche Erinnerungen an besondere Augenblicke mit Martha, aber sie hatte immer zuviel zu tun.

Rick zieht sein Tagebuch aus seinem Versteck hervor und öffnet es mit großer Sorgfalt, als handelte es sich um eine unbezahlbare, uralte Kirchenhandschrift. Er beginnt zu schreiben. Das ist mittlerweile ein tägliches Ritual. Nachdem er John immer wieder kritisiert hatte, weil er ein Logbuch führt, ist Rick schließlich dem gleichen Bedürfnis erlegen. Er hat John nicht gefragt – vielleicht hatte er Angst davor, daß John ihn auf seine doppelte Moral hinweisen würde –, sondern hat einfach klammheimlich eins von Johns Schreibheften und einen Stift entwendet. Rick liegt auf dem Rücken, das Buch auf die Knie gestützt. Er verbirgt das, was er schreibt, hinter der Hand. Von Zeit zu Zeit kann ich sehen, wie die Erinnerung seinen Körper so sehr bewegt, daß er sich hin und her wiegt oder herumrutscht. Dann und wann hält er ein und starrt ins Leere, ein Lächeln auf dem Gesicht, oder Tränen in den Augen. Ich überrasche mich dabei, wie ich ihm über die Schulter spähe, versuche, etwas von dem zu sehen, was er schreibt, was er fühlt. Plötzlich blickt er mich an.

»Oh, Gott, es tut mir wirklich leid, Rick. Ich wollte nicht neugierig sein.«

»Nein, nein, nein. Keine Sorge, Mann. Würdest du es gerne lesen?«

»Wirklich?«

Er reicht mir das aufgeschlagene Buch. Auf den Seiten ist Ricks kleine, ordentliche, eckige Handschrift immer wieder von Datumsangaben unterbrochen. Er drückt nicht stark auf, schreibt langsam und sorgfältig. Es sind keine Kritzeleien oder ausgestrichenen Wörter zu sehen. Ich schlage zurück auf die erste Seite und lese: »Briefe an Heather«. Ich habe das Gefühl, ein Heiligtum zu entweihen, ein Voyeur zu sein, aber ich bin zu neugierig, als daß ich der Versuchung widerstehen könnte, durch dieses Fenster in die Seele meines Freundes hineinzublicken. Rick schreibt an Heather, als würde er mit ihr reden, beginnt mit »Hi, Hetty«, ergeht sich in Erinnerungen an ihre gemeinsamen Reisen durch Europa, wie sie in Frankreich Baguette mit Käse gegessen haben. Er schreibt davon, wie sehr er Mattie vermißt und daß er versuchen will, ein besserer Vater zu sein, wenn er zurückkehrt. Er erzählt Heather vom Abendessen gestern, als würde er in einem beliebigen Hotelzimmer einfach ein paar Zeilen aufs Papier werfen. Er erzählt Heather, daß er John Glennie nicht ausstehen kann. Er will nicht so sein wie John. Er erzählt ihr, daß er Dinge an sich bemerkt, die er vorher noch nie wahrgenommen hat. Er erzählt ihr von seiner Selbstsucht. Er erzählt ihr, daß er beweisen möchte, daß er auf ihre Bedürfnisse besser eingehen kann, daß sie und Mattie das Allerwichtigste in seinem Leben sind. Seine Worte lesen sich wie eine Beichte. Er schreibt nie von Angst oder Tod, aber die »Briefe an Heather« sind ein Epitaph, das einzige Vermächtnis, das er von diesem dunklen und trostlosen Ort zurücklassen kann.

Ich beneide Rick. Ich wünschte, ich hätte auch eine Heather, der ich solche Gefühle gestehen könnte. Ich wünschte, ich würde gegenüber Martha so empfinden. Ich wünschte, ich hätte zärtliche Erinnerungen an gemeinsame Erfahrungen. Aber das einzige Mal, als Martha sich für uns beide Zeit genommen hat, als wir solche Erinnerungen hätten schaffen können – was habe ich da getan? Statt auf unseren geplanten gemeinsamen dreiwöchigen Urlaub zu warten, habe ich beschlossen, mit den Jungs nach Tonga zu segeln. Jetzt erscheint mir das ziemlich dumm, aber ich schätze, das spielt keine große Rolle mehr. Ricks Worte machen mir schmerzlich bewußt, daß ich für Martha nicht das gleiche empfinde wie er für Heather. Ich möchte es gern, manchmal aus tiefstem Herzen, aber ich weiß, daß ich ihr gegenüber nie so fühlen werde. Ich mag sie, aber das ist nicht genug. Doch indem Rick sich selbst entdeckt und mich in die Tiefen seiner Seele blicken läßt, erkenne ich, daß ich mir um jemanden Gedanken mache. Ich habe Glück. Ich bin hier nicht allein. Ich habe einen Freund.

»Danke, Rick.« Ich gebe ihm das Buch zurück und wende mich in Gedanken anderen Dingen zu. Ich nehme Barry Lopez' *Arktische Träume* hervor und gestatte ihm, mich in eine andere Welt zu entführen. Dadurch daß ich bestimmte Kapitel wieder und wieder lese, erwacht die Lopez'sche Landschaft zum Leben. Ich werde ein Eskimo. Auf dem Eis warte ich neben einem Seehundsloch stundenlang, sogar tagelang. Ich lerne die Einzelheiten meiner Umgebung kennen. Ich lerne, welche Felle am leichtesten und wärmsten sind, welche sich nicht so leicht abnutzen, welche am besten das Wasser abweisen und welche nicht vereisen. Ich kombiniere sie zu ausgetüftelten Kleidungsstücken, die von moderner synthetischer Expeditionsbekleidung nicht zu übertreffen sind. Moschusochsenhorn ist elastischer als Karibugeweih, daher habe ich die Widerhaken an meinem Fischspeer aus Ochsenhorn gemacht. Bartrobbendarm ist über das Fenster meines Schneehauses gespannt, weil er durchsichtig ist, leicht aufzurollen, wenn man weiterzieht, und weil er nicht friert. Die Tiere dieser Gegend halten mich am Leben, und ich achte sie aus Dankbarkeit für ihre Gaben.

Wie ich die Eskimos um ihre Fertigkeiten beneide, um ihr Wissen und ihre Fähigkeit, nicht nur einfach zu überleben, sondern es sich gutgehen zu lassen in einem scheinbar so kargen Land. Wie ich ihre Bescheidenheit bewundere. Lopez macht mir die Möglichkeiten meiner eigenen feindlichen Welt bewußt, daß auch wir unseren Platz darin finden können, wenn wir nur einfühlsam genug sind, unsere Möglichkeiten zu erkennen. Wie ich mir wünsche, mit Menschen wie den Eskimos zusammenzusein. Wie sehr ich hoffe, daß wir hier eine Welt solcher Männer schaffen können.

Einige Stunden vor Dunkelwerden tauschen wir die Plätze. Phil kriecht nach draußen, um sich umzusehen, während wir anderen weiterrutschen, damit ich an die Speisekammer komme und das Abendessen vorbereiten kann. Das Essen heute abend ist einfach: ein halbes Dutzend zwei mal zwei Zentimeter große, marinierte Königsmakrelenwürfel für jeden mit einem Hauch Zitronenpfeffer und einigen getrockneten Zwiebeln, dazu jeder einen Löffel *kapousta* und gebackene Bohnen, außerdem Kleckse Meerrettichsenf und Hefeextrakt als Garnitur. Wir streiten uns ein bißchen über den kleinen Löffel. Jeder will ihn haben. Man hat den Eindruck, das Essen reicht dann länger. Wer hat ihn eigentlich als letzter gehabt? Wer ist mit dem kleinen Löffel dran? Im Anschluß gibt es noch etwas Gezeter wegen der Portionen. Wenn es darum geht, das Essen zu verteilen, wollen wir, daß Gerechtigkeit herrscht. Jeder von uns ist ein großer Gerechtigkeitsfanatiker, solange er derjenige ist, der mehr bekommt als die anderen. »Eh, Kumpel, das ist ja nicht besonders viel von dem ollen *kapousta* hier.« Okay, also kriegt er noch ein bißchen. Schließlich das Tischgebet. Flucht ins Essen.

Weil ich das Essen mache, ist es meist die Aufgabe von einem der anderen, nach dem Essen aufzuräumen. Wenn das getan ist, gönnen wir uns ungefähr eine Stunde nachdenklichen Dahintreibens. Ich lasse in Gedanken die Höhepunkte des Tages an mir vorüberziehen, spekuliere über das Fischen morgen. Ricks spitzer Ellenbogen sticht mir in die Rippen, und ich will schon um mich schlagen, halte jedoch ein, als ich gewahr werde, wie Ricks Knochen immer mehr vorstehen. Mein Ärger verwandelt sich in Mitleid mit ihm und Bedauern für uns alle.

Die Gedanken, die mir durch den Kopf gehen, wenden sich schon bald einer immer wiederkehrenden Traumvorstellung zu. Es ist ein weiterer typischer Tag an Bord der Rose-Noëlle, als wir ein japanisches Fischerboot sehen, das die Netze einholt. Unsere Fahrzeuge treiben aufeinander zu wie Liebende, die einander über eine Wiese voller Gänseblümchen mit ausgestreckten Armen entgegenlaufen – das ganze natürlich in Zeitlupe. Kräne auf dem Fischerboot hieven die Rose-Noëlle an Bord. Wir verstehen kein Japanisch und sie kein Englisch, aber sie klopfen uns auf die Schultern und schütteln uns die Hände, und wir verneigen uns vor ihnen mit Tränen in den Augen. Die Fischer führen uns in ihren Speiseraum, wo wir Schüssel um Schüssel dampfenden Reis und Wantan-Suppe in uns hineinschaufeln und Teller voll Sushi und anderer Leckereien verschlingen. Wir essen aus einfachen weißen Tassen und Untertassen. Ich signalisiere den Männern, daß ich kochen kann, und sie nehmen mich mit in die Kombüse. Ihr Koch nickt und lächelt über mein Vorhaben. Mehrere Männer sausen herum, schneiden und wenden Essen aus dampfenden, zischenden Woks. Ich wußte, wir würden gerettet werden. Ich wußte es. Der Koch schickt mich zu einer Stahltür mit einem Rad in der Mitte. Die Tür ist einen Meter hoch. Er dreht an dem Rad, läßt die Tür an quietschenden Angeln aufschwingen und zeigt in den Raum dahinter auf aufgehäufte Säcke. »Reis«, sagt er. Ich beuge den Kopf, um einzutreten, als das japanische Boot auf einer Welle schlingert und ich mich vorschnell aufrichte.

Krach! »Au!« Phil lacht. Geschieht mir ganz recht,

schätze ich, weil ich gelacht hatte, als er gegen die Decke geknallt war. Ich hasse es, aus Träumen aufzuwachen.

Dann kann ich genausogut nach draußen gehen und pinkeln. In der Welt oben hat sich seit dem Morgen kaum etwas verändert. Die Sonne hat ihr Tagwerk getan und läßt sich jetzt am westlichen Horizont zum Schlafen nieder. Sie ist ganz und gar allein, ein glühender orangefarbener Ball am wolkenlosen Himmel, der die kleinen Wellen auf dem Meer mit Feuer überzieht. Ich muß einfach hinsehen, obwohl mir die Augen tränen. Als die Sonne untergeht, verblassen die Farben unserer Wimpel und Flaggen, und Rose-Noëlles goldenes Makeup verblüht. Auf dem Wasser, nicht weit vom Boot entfernt, ruht ein Albatros.

Immer noch keine Schiffe in Sicht.

Ich höre John hinter mir. Schon so lange gebe ich ihm die Schuld an unserer mißlichen Lage. Aus dem Wunsch, ihn zu hassen, ist paradoxerweise ein Gefühl der Zuneigung entstanden. Ich erkenne sein Wissen und seine Fertigkeiten an, weiß seine Tauchgänge zu schätzen, die uns mit Lebensmitteln versorgten und so halfen, uns am Leben zu erhalten. Ich beginne, John zu bewundern, sogar zu beneiden, wie er das Leben auf diesem unbarmherzigen Ozean akzeptiert. In vieler Hinsicht ist John von uns allen derjenige, der am meisten einem Eskimo gleicht. Und je mehr ich ihn respektiere und John meine Freundschaft zeige, desto mehr teilt er im Gegenzug mit mir. Gemeinsam nehmen wir die Schönheit unserer Umgebung in uns auf. »Ist das nicht großartig?« sagt er. Keine Frage. Ebensowenig steht außer Frage, daß ich hier weg möchte. Ich bin bereit, all dies aufzugeben, aber ich kann auch John Glennie verstehen. Fast wünschte ich mir, ich könnte diese Welt mit seinen Augen sehen.

Einen Moment lang gelingt es mir. »Ja, John, das ist es.«

John beginnt, ein polynesisches Liebeslied zu singen. Seine Stimme ist voll und weich.

In Minneapolis schreibt meine Schwester Cathy noch einen Brief an einen Senator, bittet ihn inständig, Neuseeland Hilfe zu gewähren, damit eine weitere Suchaktion nach der Rose-Noëlle durchgeführt werden kann. Sie und mein Freund Joe Schierl liegen den Regionalzeitungen in den Ohren, damit wir nicht aus den Schlagzeilen verschwinden, verfolgen Politiker, rufen Heather an. Gibt es etwas Neues? Noch immer nichts. Bevor sie ins Bett geht, tritt Cathy aus dem Haus. Sie blickt zum Himmel hinauf, wie sie es seit anderthalb Monaten jeden Tag tut. Sie spürt, daß ich, irgendwo, den gleichen Himmel ansehe.

»Wir kommen runter!« John und ich kriechen in die Höhle zurück. »Du hast einen schönen Sonnenuntergang verpaßt, Rick«, sage ich.

»Hier draußen gibt es keine schönen Sonnenuntergänge, Kumpel.«

Ich genieße das Naturschauspiel am Anfang und Ende eines jeden Tages, bin dankbar für dieses Geschenk, besonders weil uns so viel anderes genommen wurde. Es ist immerhin etwas. Wir haben einen weiteren Tag überstanden, der Aufgang der Sonne und ihr Untergang geben mir Gelegenheit zu träumen. Aber Rick mag Sonnenauf- und -untergänge nicht. Er hat das Gefühl, das Schicksal herauszufordern, wenn er sich auch nur dieses kleine bißchen Freude gestattet. Wenn er diese Wunder genießt, könnte das unsere Reise verlängern. Den wenigen Reizen, die uns geblieben sind, zu widerstehen, sie zu hassen, ist Ricks einzige Möglichkeit zurückzuschlagen, seine einzige Chance, sein Schicksal unter Kontrolle zu behalten.

Vor dem Dunkelwerden debattieren wir kurz und ohne großes Engagement darüber, wer die erste und wer die letzte Wache übernimmt, und wir gebrauchen den Ausdruck in einem sehr weiten Sinne. Jeder will die erste oder die letzte Wache haben. Die erste gibt einem die Möglichkeit, es gleich hinter sich zu bringen und vier Stunden lang ununterbrochen durchzuschlafen; die letzte läßt einen davor vier Stunden dösen. Die mittleren Wachen zerstören Traumlandschaften. Wer hatte überhaupt gestern die letzte Wache? Wer ist mit der ersten dran?

Wir alle sind die ständige eintönige Sinnlosigkeit unserer täglichen Aufgaben leid, aber wir beginnen auch, die Realität unserer Umgebung zu akzeptieren. Wenn Phil anfängt, sich umzudrehen, drehen wir uns alle gleichzeitig mit, ohne Ankündigung. Wir sprechen weniger und handeln öfter als Einheit.

Es ist das Ende eines typischen Tages an Bord der Rose-Noëlle. Wir treiben weiter, stehen ebensovielen Unbekannten gegenüber wie in einer weit entfernten Galaxie. Wir schaukeln auf den turbulenten Wogen dieser Wildnis aus Wasser und auf unseren eigenen Emotionen. Wir haben Schönheit gesehen und die Schönheit vermißt, die wir an Land zurückließen. Wir haben uns gestritten, miteinander gerungen, einander Streiche gespielt und sind uns nahe gekommen. Wir haben einen weiteren Lauf der Sonne überlebt. In mir habe ich Neid auf die Liebe entdeckt, die meinen Freund an Land erwartet. Rick hat mir Vertrauen entgegengebracht und mir gezeigt, daß er mich braucht, scheinbar genauso, wie ich ihn. Er hat seine Angst enthüllt, hat mich persönliche Worte lesen lassen, die seine Liebe für seine Familie beweisen, sollte sein Körper zugrundegehen. Er hat mir etwas gegeben, für das ich dankbar bin. Ich habe geträumt und sah meine Träume zerstört vom Erwachen in dieser Wirklichkeit.

Heute haben wir auch Hoffnung und Vertrauen wiedergewonnen in einen Traum, der Wirklichkeit geworden ist. Es ist weniger ein geistiger Traum. Er ist so konkret und notwendig wie der Seehund für den Eskimo. Für uns ist es der Traum von den Fischen. Vielleicht werden sie bleiben. Wenn wir Manns genug sind, werden wir lernen, wie wir einander gebrauchen können, so wie der Eskimo seine verschiedenen Felle gebraucht. Wenn wir Manns genug sind, werden wir lernen, wann wir das in uns gebrauchen müssen, was stark ist, und wann das, was geschmeidig ist, wann das Warme und wann das, was nicht friert. Andernfalls werden wir an diesem Ort karger, unnachgiebiger Schönheit zugrundegehen.

Trag mich davon 10

Ungefähr 8. August, zehnte Woche nach der Kenterung

Phil zupft unmittelbar vor dem Mast an einem verhedderten Netz herum. Johns Fischernetz wäre normalerweise fünf mal anderthalb Meter groß, aber das Meer hat es in eine verfilzte Masse von der Größe eines kleinen Rucksacks verwandelt. Phil grunzt und flucht, während er, Stunde um Stunde, einen Zentimeter nach dem anderen entwirrt und das befreite Geflecht auf dem Rumpf ausbreitet.

Rick steht über den Kescher gebeugt, zurrt ein Bändsel neu fest, um das Netz noch perfekter zu machen. Die Falten seiner Hände, die den drei Millimeter dicken Bindfaden festhalten, sind weiß vor Anspannung. Wenn die Intensität seines Blickes Energie erzeugen könnte, würde sie das Band zusammenschweißen.

Ich schneide zwei Drittel von dem übrigen Stück PVC-Rohr ab, schlage zwei Nagellöcher in das eine Ende und befestige ein anderthalb Meter langes Stück Bindfaden in den Löchern. Über den Kiel rutschend, gleite ich ins Cockpit und hole den kleinen, rostigen Angelkasten, ganz vorsichtig, damit ich ihn nicht fallenlasse. Als hätte ich einen Schachtelteufel befreit, springt mir ein Durcheinander von Kleinteilen entgegen. Rostige Haken, Schrauben, Muttern, Bleischrot, Wirbel und einige bunte Köder liegen in Schachteln verteilt oder kleben an einem explodierenden Nest aus Angelsehne verschiedenster Stärke. Ich wickle einige Meter der durchsichtigen Sehne ab und binde einen Wirbel ans Ende. Dann wähle ich einen zehn Zentimeter langen Blinker aus, der aussieht wie ein abgeflachter silberner Eiszapfen.

»Hat jemand etwas dagegen, wenn ich den Speer ausprobiere?« fragt John. »Nur zu«, sage ich. Als er sich mit dem Speer in der Hand umgedreht hat, rollen Rick und ich mit den Augen und schütteln den Kopf. Ja, mach nur, John. Nimm den Speer, den Rick und ich gemacht haben, den Speer, der »den Haken an der falschen Stelle hat«, den Speer mit dem Griff, der »zu kurz« ist, und den Verbindungen, die »nicht ganz richtig sind«. Geh hinüber und fang ein paar von den unerreichbaren Fischen, die es hier draußen gar nicht geben sollte, wie du geschworen hast.

Wir alle sehen John zu, wie er den vorderen Querholm entlanggeht, wo er einen Arm um den äußeren Rumpf legt. Er späht in das Wasserloch zwischen den Rümpfen hinunter und wartet. Nach mehreren Minuten stößt John plötzlich mit dem Speer zu – erster Versuch. Weitere Minuten vergehen – noch ein Speerstoß – zweiter Versuch. Noch einmal – dritter Versuch. Du bist raus! denke ich bei mir. Ich wende mich wieder meiner Arbeit zu, als würde ich in den Umkleideraum zurückkehren, um mich auf das nächste Spiel vorzubereiten.

Ein kurzes Platschen. *»Ha ha!«* Wir blicken auf und sehen John, den Speer in Brusthöhe, die Spitze sauber durch den Rücken einer sechs- bis siebenpfündigen Königsmakrele gebohrt, die noch überraschter aussieht als wir. »Genau, wohin ich gezielt habe«, bemerkt John.

»Bravo, John!« rufe ich aufgeregt. Fans sind einfach so unberechenbar.

Ungefähr 10. bis 12. August, Ende der zehnten Woche nach der Kenterung

Der Bär ist endlich trocken. Phil schlüpft in seinen deutlich geschrumpften Schaffellmantel, der ihm jetzt, nachdem er rund dreißig Pfund abgenommen hat, fast paßt. Mit den mittschiffs noch übrigen Knöpfen, die zwar stark beansprucht werden, aber halten, verändern sich Phils Körperform und unser üblicher Eindruck von ihm. Sein dünnes Haar weht im Wind, der graumelierte Bart, das braungebrannte Gesicht und seine eingeschnürte, aufrechte Würde lassen Phil geradezu königlich erscheinen. Als er nach dem Speer greift, wird er zu unserem neuseeländischen Ben Cartwright, unterwegs zu den gleichen reichen Jagdgründen wie John, darauf aus, vom offenen Meer die Brötchen nach Hause zu bringen.

Mit der Hoffnung auf Fisch bewahrt Phil stundenlang eine gleichbleibende, ruhige Haltung, liegt so lange auf der Lauer, wie es nötig ist, bis sie kommen. Wenn sie kommen, schlägt er zu. Phil hat eine glückliche Hand mit dem Speer. Mag sein, daß er jetzt sein Spezialgebiet gefunden hat. In den letzten beiden Tagen hat er ein halbes Dutzend Fische aufgespießt. Unglücklicherweise hat sich jeder einzelne von ihnen wieder losgewunden, ist herumgezappelt und in die Freiheit entkommen. Mag sein, daß Phil leicht einen erwischt, aber der scheint dann ein Signal an die anderen auszusenden, und sie verschwinden alle, manchmal für den ganzen Rest des Tages. Phil ist zunehmend frustriert, aber er macht weiter.

Ein neuer Tag, eine neue Hoffnung auf Erlösung. Wir sind alle zermürbt von dieser Reise. Wir bewegen uns langsam, ohne große Begeisterung, ganz egal wofür, es sei denn, es geht darum, sich den Bauch mit Essen und Trinken vollzuschlagen.

Phil zieht sich aus, um baden zu gehen, aber dann sieht er Flossen aufblitzen. Für Phil bedeutet Abwechslung E-S-S-E-N, also greift er nach dem Speer, den er »den Zauberstab« nennt, und stellt den Fischen nach wie ein Indianer, im Adamskostüm. Rick folgt ihm mit dem Netz.

Phil erwischt einen Fisch und reißt ihn so schnell aus dem Wasser, daß er sich vom Ende des Speers löst und mit einem dumpfen Schlag auf dem Seitendeck-Gehweg landet. Rick holt mit dem Netz nach ihm aus, aber er verfehlt ihn. Phil wirft sich auf den wild um sich schlagenden

Fisch, legt seine Arme um ihn und drückt ihn gegen die Brust. Die Augen des Fisches scheinen aus den Höhlen zu treten, wie bei einem bedauernswerten Kind, das von einem allzu liebevollen Großelternteil überfallen wird. Er windet sich und schlägt gegen Phils rosafarbene Bypass-Narbe, dann flutscht er heraus und schießt an Phils Nase vorbei in die Luft. Wieder schlägt er auf dem Deck auf, und Phil turnt hinter ihm her, sammelt ihn auf, drückt zu und läßt ihn davonschießen wie ein Stück Seife.

Von unseren billigen Plätzen aus begleiten wir den Ringkampf und unseren Helden mit Beifallsrufen.

»Hol ihn dir, Phil!«

»Mach schon, Phil, er entkommt!«

»Vorwärts!«

Bei seiner Rückkehr aus dem All prallt der Fisch gegen den Rumpf, rutscht auf das Seitendeck und scheint benommen. Phil nähert sich seiner Beute auf Händen und Knien. Der Fisch schlägt mit dem Schwanz und schlittert seitlich weg, zieht sich zurück, die Augen rund vor Angst vor dem Ungeheuer, das ihn verfolgt, mit seiner gefleckten braunen und milchigweißen Haut, dem räudigen, langen weißen Fell, der selbstbeigebrachten Tätowierung, dem blassen, zusammengekniffenen Hintern, der in der Luft wackelt, und den wütenden, hungrigen Augen. Phils Hände schließen sich erneut um den Fisch, und der schießt daraus hervor. Sein Schwanz bewegt sich so verzweifelt, daß er von der Wasseroberfläche abprallt, hochspringt und wie ein Schweinswal fast fünf Sekunden lang seitlich wegrutscht, ehe er ins Meer taucht.

Seit wir Neuseeland verlassen haben, haben wir nicht ein Mal alle zusammen laut gelacht, aber Phils wilde nackte Jagd und seine fischigen Umarmungen sind einfach urkomisch. Phil sagt nur: »Jesses! Fast hätte ich den Burschen gehabt.«

John sagt: »Schon ganz gut, alter Tolpatsch.«

Rick sagt: »Na, das war ein Foto für unseren Kalender.«

Dieses eine Mal finden wir alle einen Grund zum Lachen.

Während ich unter Deck bleibe, ist es an Rick, den Ritus des großen weißen Jägers zu vollziehen. Königsmakrelen schwärmen durch das Becken zwischen den Rümpfen, peitschen durch das Wasser. Rick taucht sein Netz ein, zieht es durch das Gewimmel von Fischleibern und holt es heraus. Der Kescher hängt unter dem Gewicht durch, fühlt sich überbeansprucht, bricht. Rick und Phil greifen nach dem Rand des Netzes, ehe es fällt, und schreien so laut vor Aufregung, daß ich sie unter Deck hören kann. Ich denke, vielleicht ist es ein Schiff, daher komme ich aus der Kajüte geschossen. »Was geht hier draußen vor?« frage ich und blinzle ins Licht, als ich meinen Kopf aus dem Cockpit herausstrecke und auf Ricks Rücken hinunterblicke. Er dreht sich zu mir um, das Netz in der Hand. Darin hängen vier kleine Königsmakrelen, alle zusammen gute zwölf Pfund schwer.

»Da war ein ganzer Schwarm. Ich habe sie alle auf einmal gefangen«, erzählt Rick mir.

»Fein«, antworte ich.

Ich schuppe die Königsmakrelen und nehme sie aus, während John filetiert. Der Topf mit den Innereien enthält eine gesunde Sammlung von Lebern, Herzen und Augen. Die übrigen Organe sind zu ungenießbar, selbst für John und mich, daher werfe ich sie und die Fischköpfe in einen Eimer, um sie später als Köder zu benutzen. Ein Albatros kreist schon den ganzen Morgen über dem Boot und landet jetzt auf dem Wasser unmittelbar in der Nähe, um sich auszuruhen. Ich werfe dem Vogel ein wenig Magen und Gedärme zu. Er paddelt eilig auf die Innereien zu und verschlingt sie mit Gusto. Ich probiere es noch einmal mit der nächsten Ladung, und er stürzt sich darauf. John und ich sehen uns an. »Was meinst du, wie Seevogel schmeckt, John?«

Noch eine Mahlzeit und noch ein Haufen marinierter Fischwürfel. In einer Abstimmung über den Umfang unseres Festmahles einigen wir uns auf zehn Stücke pro Mann von unserem reichlichen Vorrat. Dann könnten wir noch nachnehmen. Wir werden uns sogar einen Nachtisch gönnen.

Phil holt eine Viertelpackung Kekse mit Fruchtfüllung, aber sie sind nur noch ein aufgeweichter, salziger Brei. Wir beschließen, daß sie in die Köderbox gehören, nicht auf den Abendbrottisch. Normalerweise ist in der Köderbox Köderbrei zum Anfüttern der Fische. Unsere Köderbox ist eine Schachtel aus Plastik, so groß wie ein Schuhkarton, die in eine Schubladenöffnung am Ende der Planke geklemmt wird. Schon seit längerem werfen wir dort immer wieder nicht mehr genießbares Essen hinein, zum Beispiel völlig durchnäßten Kakao, alte Spaghetti, zerbrochene, aufgeweichte Kekse und ähnliches. Wir hatten immer vor, diesen Kompost aufzubewahren, um damit Fische anzulocken. Aber wir alle beäugen ihn mehr und mehr, in der Hoffnung, daß wir nicht so verzweifelt sein werden, den Köderbrei als Nahrung für uns selbst nötig zu haben.

Statt Keksen zum Nachtisch werde ich Teigbällchen machen. Mit einem Glas rolle ich auf einem Brett Brotteig aus, schneide ihn in Streifen und verteile Marmelade auf jedem Streifen. Aufrollen und fertig. Rick nennt sie »kleine Plunder«. Manchmal mache ich »herzhafte Teigbällchen« als Beilage zum Hauptgericht, gefüllt mit Hefeextrakt, Senf oder beidem.

Als nächstes trage ich meinem treuen Helfer – heute ist es Rick – auf, die Chili- und Knoblauchflaschen zu holen. Zum Bodensatz einer Flasche mit scharfer thailändischer Chili-Sauce habe ich Wasser dazugegeben. Johns Schwester hat ihm auf seine Reise zurück zu den Inseln ein Einmachglas mit Knoblauchzehen in Wasser mitgegeben. Ich verrühre einen Eßlöffel Knoblauchwasser und vier Zehen mit einem Hauch Chili-Sauce. Jedesmal, wenn wir etwas von diesen Würzsaucen verbrauchen, füllen wir die Flaschen wieder mit Wasser auf, und mit der Zeit werfen wir getrocknete Chilis, die wir irgendwo entdeckt haben, in die Flasche mit der Thai-Sauce. So stark verdünnt die Knoblauch- und Chili-Sauce am Ende auch sein mögen, sie behalten doch immer noch etwas von ihrem ursprünglichen Geschmack. Trotzdem, ich brauche noch etwas anderes. »Gib mir mal die chinesische Grillsauce«, eine Viertelliterflasche mit einem dicken, schwarzen, teerähnlichen Zeug. Ein Teelöffel davon ist genug. Phil verteilt zufrieden den Fisch auf die Schüsseln, und ich gebe die Sauce darüber und kröne jede Ration mit getrockneten Zwiebeln.

John reicht mir das Hauptgericht: den Eingeweidetopf. »Jemand Eingeweide?« frage ich.

Phil und Rick werfen mir einen Blick zu, der besagt »Was, bist du verrückt?«, während John so scharf wie ein hechelnder Hund darauf ist. »Einen Löffel voll?« John stimmt nickend zu.

»Vielleicht sollten Rick und ich einen Extraanteil Fisch bekommen, weil ihr euch ja von den Innereien bedient«, schlägt Phil vor.

»Wir uns bedienen? Heh, Phil, unsere Innereien sind deine Innereien. Lang nur zu«, sage ich zu ihm.

Phil blickt hinunter auf ein großes rundes Auge, das zu ihm hinaufstarrt. »Oh, ich krieg das nicht runter.«

»Wie schade, Phil.« Ich bin froh, daß er nichts davon will. Die Innereien sind unser bestgehüteter heimlicher Leckerbissen. Sie stecken voller starker, üppiger, fleischiger, beißender Geschmacksstoffe. Das Herz ist ein englisches Filet Mignon im Miniformat. Die Leber ist eine süße Pâté. Die Augen sind fast geschmacklos, verglichen mit dem Rest, sie zerplatzen im Mund wie eine fein gewürzte Kugel kalter Bouillabaisse. Ich kann es gar nicht glauben, daß die Kerle das Zeug nicht einmal probieren wollen, aber ich bin so froh darüber wie die sparsamen Eltern, deren Kinder den Hummer nicht anrühren mögen.

Am Abend krieche ich nach draußen, um meine Wache zu übernehmen. Als ich mein Bilgenwasser zur Seite abschlage, werden meine Augen plötzlich wach, und ich blicke nach unten. Das Cockpit schwimmt in einem schwachen Bühnenlicht. Mein Herz macht einen Sprung. Was zum Teufel ist das? Ein wildes Tier, ein außerirdischer Eindringling ist auf der Rose-Noëlle gelandet und hat vor, mich zum Abendessen zu verspeisen. Vorsichtig beuge ich mich zu der Lichtquelle hin. Es dringt aus dem Eimer. Langsam ziehe ich ihn zu mir her, schiebe die Nase über den Rand. Meine Güte! Schau sich das einer an!

Unsere Fischabfälle im Eimer wimmeln von Meeresleuchten. Seltsam, wie sehr mich dieses Naturwunder überrascht, aber vielleicht sind es gerade die Naturwunder, die uns aus der Fassung bringen.

Das Meer ist voller Kreaturen, die Licht aussenden, ohne Wärme zu produzieren. Wie Glühwürmchen setzen sie einen chemischen Stoff frei, der sich mit anderen Komponenten verbindet und einen Lichtblitz hervorruft. Durch Abgabe eines anderen chemischen Stoffes wird die Reaktion wieder gestoppt. Plankton und Tintenfische fangen meist an zu leuchten, wenn sie gestört werden. Sie demonstrieren eine natürliche Technik, nach der heute chemische Leuchtstäbe hergestellt werden. Wenn man bei Nacht durch Wolken von leuchtendem Plankton segelt, hat man das Gefühl, auf einem Meer von Sternen zu schwimmen.

Ich möchte die Gesichter der Schiffsbesatzung sehen, wenn wir sie bei Nacht mit einem Signal aus einem Eimer voller Fischabfälle anhalten.

Ungefähr 15. August, elfte Woche nach der Kenterung

Auf das Festmahl folgt die Hungersnot. Seit Tagen ziehen unsere tapferen Männer zur Jagd hinaus und kehren mit leeren Händen zurück. Phil bleibt der unumstrittene König des Zauberstabs, aber er kann die Fische einfach nicht festhalten. Rick hat sein Netz wieder repariert und nennt es »Cortez den Killer«, aber wenn er mit Cortez nach den vereinzelten Fischen ausholt, fängt er nur Wasser. Er ist so verbissen, so vom Ehrgeiz getrieben, gleichzeitig jedoch so frustriert und so müde, daß er oft das Gleichgewicht verliert und auf dem rutschigen Deck hinfällt. Es kommt ihm nicht in den Sinn, hinter Phil zu warten und mit dem Netz das an Land zu holen, was der Speer trifft. Der Blinker, der an unserer PVC-Rute hängt, zieht ab und zu eine einzelne Königsmakrele an, aber entweder bremst sie plötzlich ab und macht kehrt, oder sie zupft einmal probeweise am Ende des Köders und spuckt ihn gleich wieder aus. Es ist, als würden wir miteinander wetteifern, um zu sehen, wer den nächsten Fang an Land zieht, um festzustellen, wer von uns unverzichtbar ist. Wir sind besessen von der Idee, daß nur der Konkurrenzkampf das Beste in uns zutage fördert. Wettbewerbsdenken ist Trumpf, und ein sehr kümmerlicher Trumpf obendrein. Er verhindert nicht, daß wir Hungers sterben.

Die einzige positive Entwicklung besteht darin, daß die Königsmakrelen jetzt zu ständigen Begleitern geworden sind. Sie sind die einzige Fischart, die wir sehen. Am Morgen und um die Zeit der Dämmerung spielen sie an der Oberfläche und knabbern an den Entenmuscheln, die an der alternden Hülle der Rose-Noëlle hängen. Tagsüber spähen wir manchmal in den leuchtendblauen Ozean hinab und sehen sie in fünf oder zehn Metern Tiefe miteinander herumtollen. Gelegentlich taucht eine eine Sekunde lang auf und ist gleich wieder verschwunden. Wir versuchen, sie einzufangen, aber es gelingt uns nicht. Auf jeden Versuch folgt ein Fehlschlag. Sie sind unsere Gefängniswärter. Ihre Geschwindigkeit, ihre Gewandtheit, ihre Freiheit entziehen sich uns und quälen uns.

Wir sind niedergeschlagen. Vielleicht hatten wir am Anfang einfach Glück, und aus dem Glück entstanden falscher Stolz und allzu großes Selbstvertrauen. Die Fische haben die Monster, die über dem Wasser lauern, schnell kennengelernt. Jetzt sind sie vorsichtig. Vielleicht werden wir keine mehr fangen.

Ricks großartiger Fang ist alle. Bei der letzten Mahlzeit haben wir jedes Stück mit größter Aufmerksamkeit beäugt. Wir haben uns darum gezankt, welche Stücke am größten sind und wer was bekommt. Es ist so sicher wie der Sonnenaufgang morgen früh, daß unsere sämtlichen Vorräte bald alle sein werden. Ohne Fisch zur Ergänzung unserer Mahlzeiten werden wir dazu übergehen, die Würzsaucen und Gewürze zu essen. Und bald werden wir uns an den Köderbrei halten. Ich betrachte John und Rick und sehe, wie dürr und ausgemergelt sie sind. Ich kann jetzt mit meinen Händen meine Oberschenkel umfassen.

Wir sind schwach und erschöpft. Es ist schon ein langwieriges und beschwerliches Unterfangen, nur aus dem Boot herauszukriechen und sich zu erleichtern. Wir sind müde, so müde. Die Vorstellung, in einem bequemen Sessel zu sitzen, beherrscht meine Gedanken – einfach in der Lage sein zu sitzen, ohne gegen jemand anderen zu stoßen, ohne um Platz zu kämpfen, ohne sich Formen und Oberflächen anpassen zu müssen, die nicht zur Entspannung von Menschen gemacht wurden. Ich wünsche mir einfach etwas Weiches, in dem ich mich ausruhen kann. Ich wünsche es mir ebensosehr wie etwas zu essen.

Phil und Rick stehen Rücken an Rücken, die Schultern eingesunken, warten wieder einmal auf den Fisch, der kommen und sie an der Nase herumführen wird. Die Königsmakrelen lassen sich jetzt kaum noch an der Oberfläche sehen, und wenn sie es tun, tauchen sie zu weit weg auf und winken uns keck mit ihren leuchtend gelben Schwänzen, bevor sie in die Freiheit davonschwimmen. Einer allerdings kommt in unsere Nähe. Vielleicht ist ihm sein Glück zu Kopf gestiegen. Vielleicht … Phil stößt mit dem Speer zu und spießt ihn auf. Das Ziehen am Zauberstab weckt Phil aus seiner Erstarrung. Er zerrt den Fisch auf den Holm herauf und versucht, den sich windenden Körper festzuhalten. »Ich hab einen!« Rick dreht sich hastig um und hält das Netz nach unten. Der Fisch rutscht vom Speer weg, gleitet an der Seite des Holms abwärts und fällt in Ricks Netz, das ihm entgegengehoben wird.

Wir feiern unseren Fang, aber wir sind uns nur zu schmerzlich bewußt, daß dieser eine Fisch ein wertvolles Geschenk ist, das keinerlei Garantie für die Zukunft enthält. Diesmal halten wir unseren Stolz und unser Selbstvertrauen im Zaum. Rick begreift endlich, daß er etwas von seiner ach so wertvollen Unabhängigkeit aufgeben muß. Er sagt: »Jemand muß mit dem Netz hinter Phil stehen. Das ist der einzige Weg, wie wir Fische fangen können.« Wir brauchen einander. Vielleicht müssen Menschen erst leiden, bevor sie solche einfachen Wahrheiten erkennen.

Mattie Hellriegel spürt die Sorge und die Anspannung. Er will ständig auf den Arm genommen werden. Heather geht abends ins Bett und fragt sich, was aus uns geworden ist. Sie sieht uns ertrinken, tiefer und immer tiefer sinken. In ihrer Vorstellung explodiert die Rose-Noëlle im Auflodern einer Gasflamme. Teile des Bootes und Körper regnen herab. Wir schwimmen, verbrannt und voller Schmerzen, schreien laut. Sie versucht, die Bilder loszuwerden, aber sie kommen immer wieder. Wie lange wird das noch so weitergehen? Wie lange wird sie sich an die Hoffnung klammern, daß wir noch am Leben sind? Bis zum Ende des Jahres, beschließt sie. Welchen Zoll wird unsere Kenterung bis dahin von ihr gefordert haben?

Ungefähr 17. August, elfte Woche nach der Kenterung

Trotz der rauhen See und der Unmöglichkeit, von den stampfenden, wasserüberspülten Decks aus zu fischen, halten wir an unserem Ritual des teelosen »Nachmittagstees« fest. Heute gibt es als besondere Leckerei »Orange Julius«, das ist ein gehäufter Teelöffel Orangengetränkepulver pro Mann, dazu Milchpulver, in einer Fahrradflasche. Während John jede Flasche zu drei Vierteln mit Wasser auffüllt und sie dann an Phil weiterreicht, damit er sie durchschüttelt, teilen Rick und ich die Kekse aus. »Halber oder ganzer Keks heute?« fragen wir. Ein ganzer Keks lautet der einstimmige Beschluß. Demokratie im Alltag.

Rick gibt John einen Keks, dann Phil einen und schließlich mir. Wir bekommen unsere Flasche im Tausch. Ich spüre, wie etwas ganz, ganz Leichtes auf meine Hüfte fällt. Oh, mein Gott! Im schwachen Licht entdecke ich einen einsamen Keks! Rick sieht mich an, dann blickt er schnell weg. Rick liebt diese Kekse. Ungezogener Junge. Als die Teepause zur Hälfte vorbei ist, fällt Ricks Hand in einer flüssigen Bewegung auf meinen Oberschenkel, bedeckt den Keks mit der Handfläche und zieht ihn hinüber zu seinem Oberschenkel, wo er sich kratzt, als würde ihn etwas jucken. Der alte Gauner hat sich wirklich alles genauestens überlegt. Er legt seine Hände auf die Brust, als wolle er so ausruhen, und ich rolle mich auf die Seite, um ihm Sichtschutz vor der Gegenpartei zu bieten. Ricks Augen blicken auf seine Hände hinunter, als er den weichen Keks in zwei Hälften teilt, wobei er sichergeht, daß er wirklich gerecht ist. Er schiebt eine Hand wieder hinunter zwischen uns und läßt meinen Anteil an der Beute fallen.

Jetzt bin ich dran. Mein Herz flattert wie ein Kolibri. »Oh, ich hätte so gern noch einen Keks«, sagt Phil. Ich schaffe es knapp, nicht in lautes Lachen auszubrechen, beiße mir lieber auf die Lippe.

»Du hast Glück, daß wir heute einen ganzen hatten, Philip. Normalerweise gibt es nur einen halben«, schimpft John, als ich mich wieder auf den Rücken rolle und das gleiche Schenkelkratzen vortäusche wie vorhin Rick, um den verbotenen Leckerbissen aufzulesen und meine Hand bis zum Mund zu schieben, in den ich den Keks dann hineingleiten lasse. Langsam beginne ich zu kauen, verharre, kaue, verharre, esse den Keks und warte, daß er sich auflöst.

In den nächsten Monaten werden Rick und ich dieses Spiel ein halbes dutzendmal spielen. Ein Keks, ein halber Keks ist in unserer Welt ein Schatz, der solche Verschwörung, solche Täuschung und ein solches Risiko wert ist.

Ein Kaventsmann stürzt durch das Cockpit herein. Regen prasselt herunter. Ich bin an der Reihe, den Eimer mit Wasser vom Mast zu holen, bevor sein Inhalt durch brechende Wellen verdorben wird. Ich ziehe meine Kleider aus und schlüpfe in Marthas Regenjacke. Ab nach draußen.

Im Cockpit stelle ich fest, daß der Angelkasten weggespült worden ist.

Von der Taille abwärts nackt, trete ich dem weiten, tobenden Pazifik entgegen. Es fällt mir immer noch schwer, den Unterschied zwischen den Realitäten in unserer Höhle und der Außenwelt zu begreifen, zwei Welten, die nur durch einen oder zwei Zentimeter Rumpf voneinander getrennt sind. Rabenschwarze Wolken jagen über den Himmel. Spritzwasser und Regen peitschen in mein Gesicht. Gischt fliegt die Wellen hinunter. Wir schlingern über einen Wellenkamm. Der gelbe Rumpf der Rose-Noëlle steht in deutlichem Kontrast zum kalten, kobaltblauen Ozean. Sie bietet Sicherheit; er ist der Feind.

Ich muß hinaus, das Wasser holen. Was ist, wenn der Ozean mich angreift, während ich da oben bin? Was, wenn er mich hinunterspült? Den Bruchteil einer Sekunde lang denke ich bei mir: Vielleicht kann ich einen Rückzieher machen, einfach wieder nach unten gehen und jemand anderen bitten, es zu tun, eingestehen, daß ich zuviel Angst habe.

»Wie viele Flaschen brauchst du, Kumpel?« fragt Rick von unten.

Was soll ich tun? Oh, was soll ich bloß tun? Ach, was zum Teufel! »Gib mir zwei!« rufe ich nach unten. Mit einer

Flasche in der einen Hand, die andere in den Mund gesteckt wie einen übergroßen Schnuller, klettere ich nach draußen, setze mich auf den eiskalten, nassen Kiel und rutsche wie wild vorwärts, verschenke nicht eine Sekunde. Nach zwei Dritteln des Weges halte ich ein.

Ich nehme die Flasche aus dem Mund und sehe mich um. Es ist alles so wirklich. Vielleicht ist dies wirklicher als die Bequemlichkeit des Bettes an Land, die ich suche.

Die Wellen, der Wind und der Regen sind die gleichen, aber hier, außerhalb der Höhle, außerhalb des Rumpfes, außerhalb des Cockpits, hier, den Elementen ausgesetzt, fühle ich mich seltsam ruhig und habe keine Angst mehr. Wir werden auf einem Wellenkamm in die Höhe gehoben, und ich sehe meilenweit nur das zeitlose, ruhelose Angesicht der Welt. Der pfeifende Wind und die donnernden Wellen sind alles, was ich höre. Doch allein hier draußen, nackt bis auf eine Regenjacke, fühle ich mich fast als Teil der erbarmungslosen und überwältigenden Gewalt, die ich sehe, höre, fühle. Die Mächte, die mich umgeben, können mich abrutschen lassen, mich herunterfallen oder zerbrechen lassen, aber, wie jede noch so kleine Welle, ist meine eigene Kraft Bestandteil der Szenerie, ein Teil des Ganzen.

Vielleicht war ich noch nie so verwundbar, oder vielleicht war ich es immer. Das kalte Wasser, das meine Beine hinunterströmt, und der Wind, der mir ins Gesicht schneidet, nehmen die grandiosen Illusionen von Sicherheit und Geborgenheit mit sich fort. Wenn das Meer mich von diesem Boot hinunterwerfen und vernichten will, wenn der Wind mich davontragen will, werden sie es tun. Wenn es dem Pazifik in den Sinn kommt, die Rose-Noëlle zu zerschmettern, wird sie zersplittern wie eine Wanze. Egal ob in der Kajüte oder draußen, sicher an Land oder hier, gefangen auf diesem gekenterten, halb überfluteten Boot, wenn unsere Zeit kommt, sind wir alle arglose Opfer, nicht in der Lage, wirklichen Widerstand zu leisten, nur fähig, der rohen und seltsam schönen, zerstörerischen Gewalt mit aufrechtem Sinn gegenüberzutreten. Es ist ebenso riskant zurückzugehen, wie weiter vorzudringen.

Also gehe ich vorwärts, für meine Kameraden, für meine Freunde. Es ist meine Gelegenheit, das, was ich für sie tun kann, auch zu tun. Ich bin dankbar dafür. Nur wenige Menschen erhalten je die Chance, gebraucht zu werden, und noch weniger nehmen sie an. Im Angesicht des tobenden Meeres bin ich voller Ehrfurcht. Einen Moment lang denke ich, daß ich John Glennie verstehe, die Faszination, die all dies auf ihn ausübt, selbst zu den schlimmsten Zeiten. Einen Moment lang ist es fast so, als würde ich in Glennies Haut stecken. Dann fülle ich meine Flaschen und eile zurück in die tröstende Gesellschaft meiner Gefährten.

Wirf noch 'nen Albatros auf den Grill, Mann 11

19. August, Tag 77 nach der Kenterung

Meine herrliche Nachtruhe wird durch die kindliche Stimme eines quengeligen Görs abrupt beendet. »Will denn keiner mit mir nach oben kommen, um den Sonnenaufgang zu sehen?«

Rick, Phil und ich drehen uns um, unsere Augenlider flattern im heraufdämmernden Licht unseres Bewußtseins.

»Will keiner mit mir den Sonnenaufgang angucken?« wiederholt John. Wenn das Wetter gut genug ist, genießt er seinen Gang an Deck im Morgengrauen normalerweise für sich allein. Warum will er uns an diesem Morgen dabeihaben?

»Ah, großer Gott, was jammert er?« beklagt sich Rick. Wir ignorieren John und versuchen, wieder einzuschlafen.

»Will keiner mit nach oben kommen und Ricks Geburtstag feiern?«

Rick stöhnt. »Warum hält er nicht einfach die Klappe?« Was gibt es da zu feiern? sinniert Rick. Gestern war Phils Geburtstag, und da gab es ganz bestimmt nichts zu feiern. »Herzlichen Glückwunsch« war das höchste der Gefühle. Ich schätze, wir haben versucht, ein bißchen etwas Besonderes aus dem Tag zu machen. Immerhin habe ich ihm einen Keks geschenkt.

Die Szene läuft vor Ricks Augen ab. Seit einigen Tagen hatte er sich Gedanken über Phils heranrückenden Geburtstag gemacht. In den letzten Monaten waren wir nicht besonders nett zu Phil gewesen, und Phil hatte das akzeptiert, hatte sich angepaßt und war ein Teil des Teams geworden. Er hatte sich etwas Besonderes verdient. Also nahm Rick sich vor, Phil seinen eigenen Anteil des begehrten Teegebäcks anzubieten. Als der Tag herankam, war es draußen wieder einmal fürchterlich rauh und kalt. John verteilte die übliche Ration, einen halben Keks mit Fruchtfüllung für jeden. Rick hatte keine Chance, einen Extrahappen zu ergattern, und als er seinen Keks in der Hand hielt, konnte er den Gedanken nicht ertragen, ihn wegzugeben. Er sah ihn an, drehte ihn um, hielt ihn in den Fingern wie einen zarten, seltenen Vogel, voller Angst, er könnte ihn zerdrücken. Er hob ihn an die Lippen und nagte ein winziges bißchen daran, ließ den süßen Brotgeschmack des Krümels seinen Mund füllen. Die Versuchung, ihn zu behalten, ihn hinunterzuschlingen, beherrschte seine Gedanken. Aber er hatte es versprochen. Er hatte Phil nichts gesagt, aber er hatte sich selbst davon überzeugt: Er würde großzügig sein können; er würde die Stärke haben, einen solchen Schatz wegzugeben. Andererseits würde Phil ihn einfach nur hinunterschlucken. Er würde ihn nicht wirklich genießen. Trotzdem, Rick hatte es versprochen. Und für Rick war ein Versprechen, das er sich selbst gegeben hatte, noch schwerer zu brechen als ein Versprechen gegenüber jemand anderem. Rick hielt Phil sein Geschenk hin. »Herzlichen Glückwunsch, Kumpel«, sagte er.

Phil blickte Rick eine ganze Zeit lang in die Augen, dann sah er hinunter auf den kleinen Klumpen aus Krümeln und Marmelade in Ricks geöffneter Hand. »Danke«, sagte er. Dieses eine einfache Wort zeigte Rick, wie dankbar Phil war. Mit diesem einen Wort gab Phil mehr zurück, als ihm je bewußt sein würde.

Das war gestern. Ich frage mich, warum John uns unbedingt alle aufwecken mußte zu einem weiteren Tag in dieser Hölle? »Wollt ihr den Sonnenaufgang sehen? Wollt ihr Ricks Geburtstag feiern?« Mein Gott. Nun, wir sind jetzt zu wach, um wieder einzuschlafen. Draußen zu sein wäre eine ganz nette Abwechslung, wenn John schon an Deck ist, um den Sonnenaufgang zu genießen. »Herzlichen Glückwunsch, Rick«, sage ich.

Rick ächzt nur.

Von Deck kommt ein letztes bittendes: »Will nicht wenigstens einer von euch an Deck kommen und sich das Segelboot ansehen?«

Es entsteht ein Durcheinander von Armen, Beinen und Kehrseiten, als wären wir eine Horde verrückter Kunden beim Sturmangriff auf die engen Türen, die zum einmalig besten Schlußverkauf der Welt führen.

Als wir das Deck erreichen und uns mit dem Rücken zur aufgehenden Sonne stellen, ist die tintenschwarze See noch nicht in ihrer Farbenpracht erwacht; allein die schneeweiße Sichel des Mondes ist in den tiefblauen Himmel eingegraben. Über dem Horizont der wogenden dunklen Wassermassen erheben sich wie die Zwillingstürme einer Kirche irdischere Formen, erstrahlen in reinstem Weiß. Wir können den Rumpf des Bootes nicht sehen, aber die Segel stehen ruhig, bewegen sich fast unmerklich, langsam an unseren Bugen vorbei.

»Schnell, laßt uns den Grill anzünden!« sagt Rick. Er schnappt sich unseren Eimer mit den vorbereiteten Holzstückchen, eine von Johns Schwimmflossen, einige zusammengeknüllte Seekarten und eine Dose Epoxidharz von dort, wo wir sie in einer Plastiktüte im Cockpit aufbewahrt hatten. Phil saust nach unten, um Streichhölzer zu holen, während John den Grill vom Mast befreit, wo er festgebunden stand wie ein Heiliger, der auf seine Verbrennung auf dem Scheiterhaufen wartet. Er steckt den Griff des Grills in das Speedometerloch im Rumpf der Rose-Noëlle. Wir werfen alles außer der Schwimmflosse und dem Epoxidharz in die Grillschale und halten ein Streichholz daran. Ein Aufflackern, eine Flamme, eine leichte Brise, ein Wölkchen Rauch und dann nichts mehr. Wir versuchen es mit einem zweiten Streichholz. Immer noch kein Erfolg. Phil springt zum Generator hinüber, der auch an den Mast gebunden steht, reißt die Brennstoffzuleitung ab und beginnt, einen Becher zu füllen. Benzin läuft über seine Hände und über den Rumpf, noch bevor der Becher zu zwei Dritteln gefüllt ist und er die Benzinleitung wieder befestigt hat. Phil schüttet das Benzin über unseren wartenden Scheiterhaufen, und ein Streichholz läßt ihn auflodern. Wir gießen Epoxidharz darüber, und auch das entzündet sich. In Ordnung! Es funktioniert. Ich blicke in die begeisterten Gesichter von Rick und Phil. Ja, dies ist der Tag, an dem wir endlich aufgefischt werden. Wir übergeben die Schwimmflosse mit einem Stoß ihrem Schicksal, und sie trifft auf die Flammen, die fast darunter ersticken. Wir hätten sie in Stücke schneiden sollen. Das Feuer sucht sich seinen Weg außen um den riesigen Fußabdruck herum, nagt langsam an dessen Rand. Dunkler, rußiger Rauch steigt auf. In unseren Augen ist die schwelende Schwimmflosse als Rauchzeichen so unübersehbar wie ein ganzes Industriegebiet mit seinen Schornsteinen. Wir blicken uns um, um festzustellen, ob der Segler bereits beigedreht hat, um uns entgegenzusegeln, dann gucken wir wieder zurück zu dem Rauch, der in Schwaden aufsteigt, wieder zum Segelboot und zurück zu den Flammen. Wir sind stolz auf uns. Wir waren auf diesen Moment vorbereitet. Heute ist der Tag, an dem wir gerettet werden. Noch heute werden wir unser Frühstück an Bord eines Schiffes essen, das sich nach dem Willen seiner Mannschaft vorwärtsbewegt.

Aber das Segelboot dreht nicht bei. Es bewegt sich langsam weiter über den Horizont, kämpft sich zielstrebig voran mit dem Eifer eines Missionars in feindlichen Landen. Ich blicke zu unserem Mast hinauf. Der Rauch steigt in dicken Wolken vom Feuer auf, aber schon nach ein oder zwei Metern hat die Brise ihn auseinandergetrieben, bis er sich nur noch als dünner Schleier über den Himmel zieht. Niemand wird unseren Hilferuf sehen.

John scheint nicht überrascht zu sein. Statt dessen stellt er nur fest, daß das Sichten des Bootes ein weiteres gutes Anzeichen ist, noch ein passendes Teil zu dem rätselhaften Puzzle, das uns Antwort geben soll auf die Frage, wo wir sind und wann wir gerettet werden. Er sagt, wir könnten nicht da sein, wo uns die üblichen Winde und Strömungen des Pazifik hingetragen hätten. Wir könnten nicht so weit draußen im Nichts sein. »Als ich vierzigtausend Meilen weit über den Pazifik gesegelt bin, habe ich, selbst entlang der Schiffahrtsrouten, nie Boote wie dieses gesehen.«

Jemand, der die Weltmeere besegelt hat, mag sich kaum vorstellen können, daß ein treibender Rumpf, selbst in einsamen Gewässern, nicht gelegentlich einem anderen Schiff begegnen sollte, aber Johns Worte klingen gut. Dieses Mal sagt keiner: »Ja, John, aber das war vor zwanzig Jahren.« Dieses Mal winkt niemand ab, weil es sich einfach um eine weitere unbegründete Meinung des Mannes handelt, der uns versicherte, sein Boot könne niemals kentern und wir könnten auf dem offenen Meer niemals Fische fangen. Dieses Mal wollen wir alle daran glauben, daß unsere Aussichten auf eine baldige Rettung besser sind, als wir geglaubt hatten. Unsere zaudernde, zaghafte Zuversicht wird bestimmt von unserer Verzweiflung und unseren Sehnsüchten. Unser Vertrauen auf John, aufeinander, darauf, was richtig und falsch ist, wo wir sind, ist so veränderlich wie der Zustand des Meeres und des Himmels.

Unsere Enttäuschung darüber, daß wir nicht gesehen wurden, wird etwas gemildert durch den Trost, den es bedeutet, daß ein Schiff so nah an uns vorbeigesegelt ist. Rick und ich versichern einander: »Es ist nur eine Frage der Zeit.« Ich wende mich wieder der täglichen Routine zu und bereite die Morgenmahlzeit vor. Wir frühstücken draußen auf dem Rumpf, während wir zusehen, wie sich das Segelboot entfernt.

Als wir fertig sind und Phil gerade aufräumt, stößt John mich in die Seite und nickt mit hochgezogenen Augenbrauen in grober Richtung über meine Schulter. Ein Albatros schwimmt ganz in der Nähe. Nun, warum nicht? Die Maoris essen sie. Ich hole eine Plastikrolle mit Angelsehne, an deren Ende ein rostiger Haken hängt. John taucht mit einem Stück Seil auf, an dem unsere augenlosen, verwesenden Fischköpfe hängen wie der Rekordfang eines Anglers, nachdem ein Bär darüber hergefallen ist. Mit der Sorgfalt, die man aufwenden würde, um einen guten Wein auszuwählen, suche ich mir einen der Köpfe aus. Den Kopf auf dem Haken in der Hand, tänzle ich dann den Rumpf hinunter zum Ruder, schwinge die Leine nach Art der Cowboys durch die Luft und lasse los. Der Köder klatscht in der Nähe des Vogels aufs Wasser, der stürzt nach vorn, schnappt danach und will losfliegen. Aber Albatrosse sind für den schnellen Gleitflug gebaut. Ihre Flügel sind zu elegant, zu dünn und lang, um ihnen die Kraft für einen Start mit geringer Geschwindigkeit zu geben. Damit er abheben kann, schlägt der Vogel wild mit den Flügeln, während er über das Wasser läuft, bis die Leine straff gespannt ist, so daß ihm der Fischkopf aus dem Schnabel gerissen wird. Der Albatros unterbricht seinen Take-off auf der Stelle, dreht um und paddelt zu dem Kopf zurück. Dieses Mal pickt er den Kopf auf und schluckt, streckt den Hals vor, bis er mit dem Schnabel eine gerade Linie bildet, so daß der Köder die Kehle hinuntergleiten kann. Der Vogel beginnt davonzuschwimmen, beschleunigt, wird hart von der Angelschnur zurückgerissen, die ihm aus dem Schnabel hängt. Ich ziehe an der Leine, und der Albatros spielt verrückt. Er kreischt und schlägt mit seinen ausgebreiteten, majestätischen, spitz zulaufenden Flügeln das Wasser zu Schaum. »Ich hab ihn, John. Ich hab ihn.«

»Oh, du meine Güte. Das ist wundervoll.«

Der Vogel öffnet den Schnabel, versucht, den Köder wieder auszuwürgen, läßt dabei ein ersticktes, gurgelndes Geräusch hören, aber ich halte die Leine straff. Er schließt den Schnabel wieder und reißt an der Schnur, so gut er kann, während er auf das Wasser und die Luft eindrischt. Seine Füße treten um sich und versuchen, einen Halt auf der Meeresoberfläche zu finden. Der Kopf ruckt. Die Flügel schlagen. Noch immer ziehe ich ihn seitlich zum Boot hin. Mit seinen wild fuchtelnden Flügeln verheddert sich der Albatros in der Leine. Ich ziehe ihn noch weiter heran und krieche zum Cockpit zurück. Als der Vogel näher kommt, bin ich erstaunt über seine riesigen Körpermaße.

Ich ziehe den Albatros neben dem Rumpf entlang, hieve ihn, um sich schlagend und stolpernd, auf das Seitendeck und zerre das Knäuel aus Flügeln, Hals und zuschnappendem Schnabel aufwärts in unsere Richtung. Mit einer Hand greift John nach unten und faßt den Albatros um die Gurgel, gleich hinter dem Kopf. Mit der anderen Hand versucht er, ihm den Hals umzudrehen, aber der Vogel ist zu groß, zu stark. »Ich brauche ein Messer«, sagt John. Ich reiche ihm ein Tauchermesser, und John schneidet einmal schnell und tief quer über den Vogelhals. Der Albatros windet sich und bäumt sich auf. Blut stürzt hervor. Dunkelrote Spritzer verteilen sich in alle Richtungen und tropfen auf den jungfräulichen, gelben Körper der Rose-Noëlle.

Wir erleben einen eigentümlichen Moment friedlicher Stille.

Albatros-Tortillas

- Man nehme einen mittelgroßen Albatros, gehäutet (bei dem Versuch, ihn zu rupfen, würden Sie verzweifeln), ohne Knochen und in Würfel geschnitten.
- Mit ein wenig Zwiebel in Weinessig und braunen Zukker einlegen; danach mindestens zwei Stunden stehen lassen.
- Während der Albatros in der Marinade zieht, den Brotteig zu kleinen Pfannkuchen ausrollen. Sollte etwas

übrigbleiben, bewahren Sie es für Tortilla-Chips auf – ausrollen und in mundgerechte Dreiecke schneiden.

- Geben Sie je eine Prise Chili und Kreuzkümmel in zwei Eßlöffel Öl und rühren Sie eine Tasse vorgegarten braunen Reis darunter.
- Einen gehäuften Eßlöffel gebackene Bohnen auf jeden Pfannkuchen setzen. Streuen Sie getrocknete Zwiebeln über die Bohnen, und rollen Sie die Tortillas auf. Dabei die überstehenden Enden abzwicken.
- Verrühren Sie die übrigen Bohnen mit Kreuzkümmel, Chilipulver, einem Spritzer Knoblauchsaft und einer halben Tasse Gewürzwasser (Thai-Chili-Wasser). Stellen Sie diese mexikanische Bohnensauce für später beiseite.
- Erhitzen Sie auf dem Grill zwei Bratpfannen mit leichtem Öl; braten Sie den marinierten Seevogel in der einen Pfanne vier Minuten bei starker Hitze an; geben Sie die Tortillas bei mittlerer Hitze in die andere Pfanne.
- Verrühren Sie etwas Fertigsaucenpulver mit Wasser, und gießen Sie das Gemisch über die Albatroswürfel; weiterrühren, bis die Sauce dickflüssig wird. Noch etwas Wasser hinzugeben und das Ganze vom Feuer nehmen. Wenden Sie die Tortillas, und stellen Sie sie auf starke Hitze.
- Den Vogel in einem tiefen Topf oder etwas Ähnlichem beiseitestellen, damit er warm bleibt. Stellen Sie die leicht eingeölte Pfanne wieder aufs Feuer; den Reis hineingeben und das Ganze unter Rühren ungefähr zwei Minuten erwärmen.
- Stellen Sie die Tortillas auf die Backbordseite der Geburtstagsteller; servieren Sie den Reis an Steuerbord; erhitzen Sie die Bohnensauce in der Tortilla-Pfanne.
- Verteilen Sie genau gleich große Portionen Albatros mit Sauce über den Reis und mexikanische Bohnensauce über die Tortillas. Achten Sie darauf, die beiden Geschmacksrichtungen nicht zu vermischen.
- Während des Essens die Tortilla-Chips kurz anbraten, und zum Aufstippen der Sauce servieren.

– Getränkeempfehlung: billige Abfüllung des 7-Up-Jahrgangs Frühjahr 1989 (eine sehr gute Ernte).
– Guten Appetit!

Unter einem sonnigen Himmel und bei ruhiger See genießen wir unser Festmahl. Wir sind alle begeistert. Ein Boot, ein Vogel, der unglaubliche Luxus eines gekochten, warmen Essens. Wer könnte sich einen schöneren Geburtstag wünschen? Gestern, an Phils Geburtstag, als es so rauh und kalt und trist war – wer hätte da gedacht, daß wir nur einen Tag später etwas zu feiern hätten? Jetzt haben wir so viel. Dies ist nicht unser übliches karges Mahl; seit der Kenterung haben wir nie mehr so viel auf einmal gegessen. Ich habe das Gefühl, mit einer lieben Familie zum Erntedankfest versammelt zu sein. In diesem eigentümlichen Moment, verschollen auf hoher See, fühle ich mich so zu Hause und zufrieden wie kaum je in meinem Leben.

»Meint ihr, daß heute, weil doch so ein besonderer Tag ist, jeder sein Dankgebet still für sich sprechen kann?« schlage ich vor. Alle stimmen zu.

Dank dir, Gott, was auch immer du bist, dafür, daß du uns dieses unglaubliche Mahl beschert hast und daß du uns erlaubt hast, es miteinander zu teilen. Ich weiß nicht, was es bedeutet, daß wir das Boot gesehen haben, aber es gibt mir Hoffnung. Ich verstehe es als Zeichen, daß wir bald hier heraus sein werden, aber ich will mir dessen nicht allzu sicher sein. Ich bin nur einfach wirklich dankbar.

Nach ungefähr dreißig Sekunden öffne ich die Augen und sehe, daß Phil bereits angefangen hat zu essen. Er stöhnt vor Begeisterung. Johns Augen öffnen sich ebenfalls, und wir blicken uns eine Sekunde lang an und lächeln. Auch Rick sieht so zufrieden aus. Was für ein Tag!

Wir sagen nichts, als wir damit beginnen, das Essen in unseren Mund zu löffeln. Das Albatrosfleisch ist rot und gehaltvoll. Es schmeckt mehr nach Kaninchen als nach

Fisch, und die Sauce ist dick, süß aber fleischig im Geschmack und warm. Der Reis ist kräftig und würzig mit einem leicht nussigen Biß. Das Essen bietet eine derartige Menge üppiger Geschmacksnuancen, daß wir alle spontan in Phils orgiastisches Stöhnen einstimmen.

»Das ist ausgezeichnet«, versichert Rick. »Der Geschmack, der Geschmack ...«

John ächzt in seinem Bariton: »Oooaaah. L-e-c-k-e-r. Einfach lecker.«

Phil beschließt die kritischen Stellungnahmen mit: »Nicht schlecht. Ganz ordentlich.«

John blickt zu Phil hinüber: »Ha! Philip, du hast es noch nie so gut gehabt. Das hier ist das ›Hilton!‹ Guck dich doch an.«

»Ich mich angucken? Guck verdammt noch mal dich an, John.« Wir müssen einfach alle lachen. »Ist da noch ein bißchen Sauce, Jim?«

Bevor das Feuer ausgeht, setze ich Wasser auf. Phil holt den Tee von unten. Er taucht mit dem Bären in der Hand wieder auf. Als er an Rick vorbeikommt, bleibt Phil stehen. Er schlägt den Bären auseinander und legt ihn um Ricks Schultern, als würde er den Mantel eines Königs drapieren. Phil tätschelt Ricks Schulter. »Herzlichen Glückwunsch, Kumpel«, sagt er.

Ricks Augen werden feucht. »Das kann ich nicht annehmen, Phil. Dein Schwager hat ihn dir geschenkt. Es ist ein Familienstück.«

»Heh, du siehst gut aus damit. Steht dir bestens. Du bist doch schon lange scharf drauf. Außerdem paßt er dir, und mir wird er nicht mehr lange passen, wenn wir zurückkommen«, erklärt er, schlägt sich auf den Bauch und lacht. »Er gehört dir, Mann.«

»Danke, Phil.« Rick schlüpft in die Ärmel und bewundert sich in dem Mantel. »Starkes Teil!«

Ich fange an, »Happy Birthday« zu singen. Phil und John stimmen ein. Etwas verlegen, mit Tränen in den Augen, schüttelt Rick langsam den Kopf und grinst breit. Als wir fertig sind, sage ich zu Phil: »Das war auch für dich, Phil.«

»Danke, Kumpel.«

»Also, ich erinnere mich an meinen Geburtstag«, beklagt sich John mit einem ironischen Unterton. »Ihr habt mir nicht mal eine Extraphiole von dem verdammten Sprudelwasser gegönnt.«

Nach einem Moment des Schweigens verkündet Rick: »Nun, John, such dir einfach einen Tag aus, und wir machen dir eine ganz besondere Geburtstagsfreude. Wie hört sich das an?«

»Okay.«

»Wie wär's zum Beispiel mit einem Nachtisch?« fragt Phil.

»Klingt in Ordnung.«

»Vielleicht gleich jetzt, John?«

»Nein, nein, nein. Ich denke, wir haben für heute wirklich genug gegessen. Den Nachtisch gibt es, wenn ich ihn haben möchte, Philip.«

Wieder in der Höhle, selbst so eng nebeneinandergezwängt wie immer, finden wir wenig, worüber wir uns beklagen könnten. Wir aalen uns in der Stille und Ruhe unseres inneren wie äußeren Friedens. Rick meldet sich zu Wort. »Ich möchte nur sagen, daß das wirklich ein ganz besonders schöner Tag war – einer der besten Geburtstage meines Lebens. Ich möchte Dankeschön sagen.«

»Rick, wir hatten es auch schön«, entgegne ich.

John nimmt seine Mappe mit den Papieren herunter. Phil sonnt sich in der Erinnerung an unser Essen. Rick schlägt die »Briefe an Heather« auf. Er schreibt ihr von unserem Glückstag. Er schreibt, daß er wirklich ein schlechtes Gewissen hat, weil es uns bisher oft beschissen ging, und trotzdem hatte er heute einen so wundervollen Geburtstag, daß er ihn nicht mehr genossen hätte, wenn er irgendwo sonst gewesen wäre. Er schreibt: »Ich sollte mich hier draußen nicht so wohl fühlen, aber ich tue es dennoch.« Er schreibt, daß er sich an diesen großartigen Tag erinnern wird, weil es so wenige davon gibt.

Am nächsten Tag stürmt es wieder wie verrückt, und die Kaventsmänner warten auf uns.

Die Entdeckung des Feuers 12

Ungefähr 20. August, Tag 78 nach der Kenterung

Noch ein Tag, der ein typischer Grenzfall ist: Vielleicht können wir fischen, vielleicht nicht. Ein schneidender antarktischer Wind aus Süden wühlt den Pazifik auf und treibt ihn über die Gehwege der Rose-Noëlle.

Phil kriecht aus der Höhle. »Ich werde mich mal ein bißchen umsehen.« Etwas später sagt Rick: »Ich frage mich, was mit Phil passiert ist«, und rutscht hinter ihm her nach draußen. Als er das Cockpit erreicht hat, blickt Rick nach unten und sieht Phil »Zauberspeer« Hofman über das Wasser gebeugt, die Waffe in der Hand. Phil holt aus, sticht zu, zieht einen Fisch heraus, aber der Fisch hängt ungünstig, windet sich und entkommt. Phil flucht. Rick dreht durch: »Phil! Warum hast du mir nicht gesagt, daß du nach draußen gehst, um zu fischen? Ich hätte den verdammten Fisch mit dem Netz auffangen können! Jetzt haben wir gar nichts, Phil! Wir haben rein gar nichts!« Phil verfehlt selten einen Fisch, aber nicht ein einziges Mal ist es ihm bisher gelungen, einen sicher an Land zu bringen. Es ist nicht das erste Mal, daß Phil mit seinem magischen Speer allein losgezogen ist, aber es ist das letzte Mal. Selbst Phil erkennt schließlich an, daß wir gemeinsam fischen müssen.

Ricks Hände sind schon taub vom eisigen Wind, aber er bindet Cortez den Killer vom Mast los und rutscht zu Phil nach unten. Als seine Füße das Deck berühren, werden sie von den Wellen umspült. Im Vergleich zur Luft fühlt sich das Meer geradezu warm an. Während der letzten Monate hat es sich deutlich erwärmt, genauso wie die Luft an schönen Tagen. Auch Niederschläge sind häufig. Seit wir unseren Wasserauffangschild und die Regenrinnen gebaut haben, sind wir nicht mehr zur Phiole zurückgekehrt. Die Kanister sind alle voll. Wir fangen sogar schon an, überschüssiges Wasser in einer Kühlbox aufzubewahren, die wir zuerst unter das Fußende unserer Koje klemmen. Später binden wir sie an der Planke fest. Als es fast täglich zu regnen beginnt, witzeln wir darüber, daß das ja schon genauso schlimm ist wie das miese Wetter in Auckland.

Als Phil das nächste Mal zustößt, ist Rick bereit. Geführt von Ricks Hand, fängt Cortez eine weitere Mahlzeit.

John und ich stoßen zu unseren Kameraden an Deck, wo ich schuppe und ausnehme, während John filetiert. John hält mitten in der Bewegung inne und zeigt zum Horizont. »Seht mal. Da ist ein Kondensstreifen.«

»Woher weißt du, daß das ein Kondensstreifen ist?« fragt Rick herausfordernd.

»Das ist ein verdammter Kondensstreifen. Ich erkenne einen Kondensstreifen, wenn ich einen sehe«, sagt Phil, als wolle er John verteidigen.

Ein schillernder dünner Wolkenstreifen oberhalb der aufgehenden Sonne sieht ganz anders aus als die übrigen Wolken heute und ist eindeutig die Abgasspur eines in großer Höhe dahinfliegenden Düsenjets. Wir diskutieren über seinen Kurs, sein Ziel und spekulieren über den Abflughafen dieses Wahrzeichens menschlicher Zivilisation und heimatlicher Gefilde. Wir würden am liebsten glauben, das Flugzeug befände sich auf einem internationalen Flug von Neuseeland aus. Solche verzweifelten Wünsche sind es, die unser Vertrauen in die Zukunft ausmachen. Was wir wissen, ist, daß die Passagiere in dem Flieger in bequemen Sesseln ruhen und die Not der vier Männer hier unten überhaupt nicht zur Kenntnis nehmen. Wir beneiden sie um die behagliche Wärme, in der sie sitzen, um die Gewißheit ihrer planmäßigen, sicheren Landung. In unserer Sichtweite warten diese Passagiere mit fragloser Selbstverständlichkeit und ohne wirkliches Bedürfnis auf ihre warmen Mahlzeiten, die den Tag so angenehm unterbrechen. Im Bauch des fliegenden Tieres über uns schlürfen, während wir zusehen, entspannt zurückgelehnte Menschen heißen Kaffee. Manche mögen ein leichtes Zwicken in der Magengegend verspüren und sich beschweren: »Ich komme um vor Hunger.« Wie oft habe ich solchen Unsinn geredet, ohne darüber nachzudenken, was er eigentlich bedeutet? Als ich mich nach John und Rick umblicke, sehe ich, daß wir tatsächlich hungern. Als wir in den Bauch unseres unbehaglich dahintreibenden Tieres zurückkehren, zittern wir alle vor Kälte.

Meine Gedanken wandern zu den Geburtstagsfeiern zurück, die erst vor so kurzer Zeit stattgefunden haben, doch Galaxien und Äonen entfernt scheinen. Wie ich mir wünsche, die Behaglichkeit und Erfüllung jenes einen Tages festzuhalten, nur einige wenige Wärmekalorien davon. Jemand schlägt vor, wir sollten über der Petroleumlampe etwas zu essen warm machen, aber wir anderen lehnen den Vorschlag ab. Wir haben nicht mehr genug Brennstoff übrig. Und wir wollen es nicht riskieren, den Grill noch einmal unter Deck anzuwerfen, aus Angst vor Feuer und Erstickungsgefahr. Außerdem haben wir kaum noch etwas, was wir darin verbrennen könnten.

Eine Katalytheizung ist draußen in den Schwertkasten geklemmt, um andere Ausrüstung an ihrem Platz zu halten. Wir denken uns, wir könnten den Gummischlauch zur Versorgung der Heizung aus dem Boot abnehmen, das Endstück zusammenkneifen, so daß ein Brenner entsteht, und die Flamme über das Absperrventil der Versorgungsleitung regeln. Aber kein Brenner funktioniert ohne Brennstoff.

»Wenn wir nur eine Wärmequelle hätten. John, gibt es denn wirklich keine Möglichkeit, an die Gasflaschen heranzukommen?« frage ich zum x-ten Mal, träume von warmem Essen, stelle mir vor, daß die Brennstoffflaschen der Rose-Noëlle irgendwo unter all dem Gerümpel verstaut sind.

»Es ist schwierig genug, die Flaschen herauszubekommen, wenn das Boot richtigherum schwimmt. Wie soll ich sie unter Wasser rauskriegen?«

»Nun, John, können wir nicht einfach ein Loch in den Rumpf schneiden und sie von oben herausziehen?« erkundige ich mich.

John faucht zurück: »Das Boot wird nicht noch mehr zerschnitten.«

Vielleicht stellt sich John immer noch vor, daß er das Boot retten kann. Vielleicht muß er einfach daran glauben, daß sogar die Rose-Noëlle heil aus all dem hervorgehen wird, daß diese verteufelte Zeit des Umhertreibens nur eine kleine Unterbrechung zwischen Akt eins und Akt zwei von *Zurück zu den Inseln* ist. Mein Vorschlag, in seine einzige wahre Liebe und alles, was er besitzt, Löcher zu schneiden, ist die Vergewaltigung dieses Traums. Aber John sagt uns immerhin, die vier Gasflaschen lagerten in Staufächern im Cockpitsüll, was immer das ist. Er müßte tief und lange tauchen, um da heranzukommen. John meint, der Regler sei höchstwahrscheinlich korrodiert und das Propan möglicherweise ohnehin ausgelaufen. Er erinnert uns daran, daß wir uns, selbst wenn wir die Flaschen herausbekämen, am Ende vielleicht nur selbst in die Luft jagen. Es ist so schwer, die feine Grenze zwischen einem vernünftigen Argument und einer Scheinbegründung zu erkennen.

In der zwölften und dreizehnten Woche nach der Kenterung

Die meisten Leute glauben, wir seien tot. Mein Freund Bob McKerrow, der an einer Arktisexpedition teilgenommen und für das Nothilfeprogramm des Roten Kreuzes gearbeitet hat, erzählt meiner Familie, daß unsere Überlebenschancen bei zwei bis fünf Prozent liegen. Bei sich denkt er, daß das eine großzügige Einschätzung ist.

Bald nachdem wir als vermißt gemeldet wurden, suchte

Ricks Schwester Debbie Hellseherinnen auf – zwei Schwestern und noch eine andere Frau. Sie pendelten und legten Tarotkarten. Alle drei sagten ihr, wir seien in Ordnung. Ungefähr eine Woche nach der Suchaktion befragte auch Ricks Mutter die Hellseherinnen. Heather fährt nach Auckland. Sie will ihnen für ihre Mühe danken, aber vielleicht will sie mehr.

Bevor sie die Karten legen, warnen die Frauen Heather, es könnte schlechte Nachrichten geben. Sie akzeptiert das. Aber die Geschichte bleibt die gleiche: Es besteht Hoffnung. Eine Hellseherin sieht eine riesige Welle, »so groß wie ein Haus«, und ein Boot, das über Kopf dahintreibt. Eine andere sieht Rick in Gummistiefeln und einem Pullover mit Zopfmuster, die Arme um die Beine geschlungen, dasitzen. Eine der Frauen sagt auch, wir seien auf einer Insel, grün, felsig, mit vielen Bäumen, während eine andere nur folgert, daß wir auf einer Insel mit zwölf Buchstaben landen werden.

Rose Young, John Glennies Freundin, die uns half, die Rose-Noëlle für die Überfahrt vorzubereiten, hat eine Freundin, die immer wieder träumt, daß wir am Leben sind. Man mag das kaum für erwähnenswert halten, aber die gleiche Frau träumte von einem elfjährigen Mädchen, das vermißt wurde. Zuerst träumte sie, das kleine Mädchen werde an einem Strand gefangengehalten. Dann träumte sie, das Mädchen sei tot. Die Behörden fanden das kleine Mädchen in einem Schuppen am Strand, ermordet.

Heather glaubt nicht wirklich an übersinnliche Kräfte, aber sie denkt auch nicht abschätzig darüber. Sie wird ihr Leben nicht von solchen Voraussagen bestimmen lassen, aber an diesem Punkt sagt ihr jeder, der ihr erzählt, daß wir nicht tot sind, das, was sie hören möchte. Wie Rick weiß sie nicht genau, wie sie beten soll, aber sie tut es: Laß es wahr sein.

John hockt auf einem der vorderen Gehwege, greift nach unten, reißt an dem dicken, elastischen Hals einer Entenmuschel, die schließlich nachgibt, und läßt sie in einen Topf fallen. Mit einer Handvoll Muscheln zieht er sich auf den Kiel zurück und öffnet eine Schale nach der anderen, die wie dicke Köpfe am Ende der Stiele sitzen. Geöffnet sehen die Muschelhälften aus wie schwarzgestreifte, milchiggraue Valentinsherzen, so groß wie ein Vierteldollar. John löst die winzigen Krebstiere mit ihren schwarzen Armen, die darin leben, heraus und steckt sie zusammen mit dem Hals in den Mund. »Oh, das schmeckt gut«, sagt er, als wären es Austern frisch aus der Schale.

Ich hänge eine Flasche Wasser, in der zwei Teebeutel schwimmen, an eine der Maststagen und beteilige mich an Johns morgendlichem Muschelimbiß. »Ah, die schmekken großartig, John!« Die Entenmuscheln sind saftig und süß. Phil und Rick sind nicht interessiert.

Wir haben auch ein bißchen Sargassum aufgespießt, vorbeitreibende Braunalgen, die wir in Frischwasser einweichen, um sie als bitteren, salzigen Salat essen zu können. Sargassum ist der gartenbauliche Freigeist der Meere. Die filigranen, grünbraunen Arme der Alge erhalten ihren Auftrieb durch kleine, gasgefüllte Kügelchen, die Schwimmblasen genannt werden. Die Pflanze folgt ziellos den Strömungen des Ozeans, beherbergt umherstreifende Tiere wie ein Miniaturriff, wartet darauf, an Land getrieben zu werden oder auf dem offenen Meer zu sterben – genau wie wir.

Neben John und mir ist ein Stück Seetang über den Rumpf gebreitet, das wir dort geerntet haben, wo es sich in Leine und Handläufen am Bug verfangen hatte. Zu Anfang war es ein fünfzehn Zentimeter breiter Streifen von einem guten Meter Länge, aber jetzt ist es zu einer eingerollten, krummen, harten Rinde getrocknet und nur noch zwei Drittel so lang. Als müßte ich Leder bearbeiten, schneide ich den Seetang mit dem Tauchermesser in Streifen, die später wieder in Wasser eingeweicht werden. In Frischwasser bläht sich der Tang zu Instantnudeln auf. Während Sargassum frei umhertreibt, ist der Seetang ein breitblättriger Stengel, der am Meeresboden entwurzelt wurde, wo er normalerweise in wogenden Wäldern wächst. Die größten Pflanzen werden mehr als dreißig Meter hoch, bei einem Wachstum von fast dreißig Zentimetern am Tag. Die Pflanze wird immer wieder von Stürmen losgerissen oder von Seeigeln und anderen Tieren abgetrennt. Während die gasgefüllten Schwimmblasen, die dem Sargassum Auftrieb verleihen, wie kleine Beeren aussehen, können die am Seetang so groß wie ein Fußball sein. Einer Rettungsweste vergleichbar, tragen die Schwimmblasen die Blätter vom Meeresboden an die Oberfläche, dem Licht entgegen. Seetang ist keine Pflanze, die in großen Tiefen vorkommt. Sie wächst in Küstengewässern, die weniger als dreißig Meter tief sind. Wurden unsere Instantnudeln von weit weg angeliefert oder von einem Laden in der Nachbarschaft?

Obwohl wir uns über unsere Ernte aus dem Meer freuen und gelegentlich immer noch den einen oder anderen Fisch fangen, nehmen unser Hunger und unsere allgemeine Depression immer mehr zu. Es gibt keinen Kaffee oder Kakao mehr für unsere Teezeremonie. Wir zanken uns um so kleine Bissen, daß schon ein winziges Pfefferkorn über unsere Zufriedenheit entscheidet. Wir teilen die schwarzen Kügelchen aus wie Karten, damit es keinen Streit gibt. Während wir weiter und weiter treiben, nehmen unsere Vorräte immer mehr ab; es wird höchste Zeit, daß sich in unserem Leben etwas zum Besseren wendet.

Am späten Nachmittag nehme ich den Sonnentee mit in unsere Höhle. Wir sind ganz aus dem Häuschen über die dunkle Bernsteinfarbe und die warme Flasche. Begierig setzen wir unsere halbe Tasse Tee an die Lippen. Er schmeckt schrecklich, eine leicht bittere, lauwarme, schale Flüssigkeit – schlimmer als alles, was je von Menschen gebraut wurde, da bin ich mir sicher. »Widerlicher Pißkram! Das schmeckt wie Parfüm«, sagt Rick. Das ist nicht die Veränderung, die wir brauchen.

»Laßt uns etwas von dem Köderbrei probieren«, schlage ich vor. Wir haben die Köderbox von der Planke ins Cockpit und weiter auf den Kiel geschoben, wo sie mit Meerwasser vollgelaufen ist, um ihren Inhalt haltbar zu machen. Der alte Kakao, die Kekse, Rosinen, Spaghetti, Cornflakes, der Reis und anderer Abfall, der zu sehr aufgeweicht war, als daß man ihn hätte essen können, füllen das Gefäß von der Größe einer Schuhschachtel jetzt fast ganz aus. Mehrere Tage lang spüle ich die Köderbox mit Frischwasser. Die einzelnen Bestandteile sind zu einer gelatineartigen braunen Masse geworden, von der wir uns vorstellen können, daß es Schokoladenpudding ist. Sie sieht nicht nur eßbar aus, sondern geradezu lecker!

Eine Ecke des Köderbreis gibt unter meiner schöpfenden Tasse nach mit einem Geräusch, als würde man einen Fuß aus dem Schlamm ziehen. Er riecht leicht nach Kakao. Ich gebe den Brei zusammen mit einer Prise von jedem Gewürz in unserer Speisekammer in eine Schüssel. Laßt uns mal probieren. Absolut widerlich. Vielleicht schaffen mehr Gewürze Abhilfe, etwas Süßes, um den Brei genießbar zu machen – ein Drittel aus der Flasche mit dem ultrasüßen Zitronensirup. Jetzt gut durchrühren. Nennen wir es Köderbrei Kaprice – unglaublich bitter mit einem süßen Unterton. Noch etwas Rindsbouillon dazu und einige Dutzend Seetangnudeln. Okay, so oder so, das Köderbrei-Seetang-Kakao-Borschtsch-Zitronen-Stroganoff ist fertig. Laßt uns essen. Phil spricht sogar ein Tischgebet – so, wie er es von zu Hause kennt.

Schmeckt alles in allem gar nicht so schlecht. Der Überraschungsbrei hat die Konsistenz von Eintopf, und die Seetangnudeln sind angenehm bißfest und steif. Aber nach ein paar Minuten schmecke ich nur noch den kreidigen, bitteren, dabei süßen und leicht ranzigen Nachgeschmack. Die Rosinen sind weiche Klümpchen wie gegorene Geleebonbons aus herbem Weinessig. Alles ist gut an diesem Zeug, außer dem Geschmack. Es ist eine Mahlzeit, für die wir nicht dankbar sein müssen. Ich weiß nicht, warum wir mehr erwarten sollten; im Grunde essen wir gewürzte Abfälle. Aber ich entschuldige mich trotzdem bei meinen Kameraden. »Tut mir wirklich leid. Dieses Essen ist nicht ganz so geworden, wie ich mir das dachte.«

John sagt: »Ach, es ist nicht so schlecht«, und es gelingt ihm, den Rest hinunterzuwürgen.

Rick sagt: »Ich weiß nicht genau, was ich von dieser Pampe halten soll.« Die Nase rümpfend, meint er abschließend: »Bah! Der Nachgeschmack! Was ist das? Uuhh!«

»Wovon sprichst du?« fragt Phil. »Das schmeckt gut. Ich mag das.«

Nun, es ist noch reichlich Köderbrei übrig, mit dem ich nichts weiter angestellt habe. Ich glaube nicht, daß ich Gott dafür danken werde. Der Rest Köderbrei Kaprice reicht noch für eine zweite Mahlzeit, und ich kann nicht mehr; Rick ebensowenig. Die Gewürze treiben John die Hitze in den Körper. Als er abends von dem Brei ißt, entwickelt er eine untypische Platzangst, schwitzt, hechelt und klettert durch den Eingang herein und wieder hinaus, um frische Luft zu schnappen. Ich bin beschämt über den Fehlschlag und enttäuscht darüber, daß es uns nicht gelungen ist, aus dem Köderbrei etwas Eßbares zu machen. Es ist überdeutlich, daß dieses Experiment nicht das ist, was wir brauchen.

Rick ist seit einer Stunde weg. Ich schlüpfe nach draußen, um nach ihm zu sehen. Er hockt auf dem Seitendeck, hält sich an der Verstagung fest und versucht verzweifelt, seinen Darm in Gang zu bringen.

»Alles in Ordnung?« frage ich.

Er blickt zu mir auf mit einem Lächeln, das eher einer Grimasse gleichkommt, und bedeutet mir mit einer Hand zu verschwinden. »Ja, ja, ich bin in Ordnung, Mann.«

Er sieht nicht gut aus. Seine Augen liegen ziemlich tief in den Höhlen, und seine Haut ist blaß und grau. Nach einer kleinen Weile gibt Rick auf und steht unsicher auf. Er fällt auf ein Knie.

»Bist du sicher, daß es dir gut geht?«

»Ich habe nur Bauchschmerzen.«

Ich helfe Rick wieder auf den Kiel hinauf. Was die meisten Leute für selbstverständlich halten, für eine tägliche Routineangelegenheit nach dem Morgenkaffee, ist zu einem zentralen Anliegen geworden. Keiner von uns kann regelmäßig abführen; zum Großteil hatten wir innerhalb der letzten drei Monate nur ein halbes dutzendmal Stuhlgang. Tage- ja wochenlang zerreißt die Peristaltik uns schier die Gedärme vor Krämpfen und Schmerzen. Aber nichts passiert. Wir hocken da und pressen, bis wir fast ohnmächtig werden. Nichts. Es ist ein anstrengender, widerlicher, schmerzhafter Vorgang, der schließlich die Benutzung der Finger erforderlich macht, um den steinharten Stuhl loszupulen.

Rick ging es noch schlechter. Er konnte in den drei Monaten erst zweimal abführen. Die gesamte Mannschaft entscheidet, daß Rick einen Becher Pflanzenöl trinken soll. Noch immer passiert nichts. Von uns allen scheint Rick der schwächste zu sein und derjenige, der am wackeligsten auf den Beinen steht. Er stolpert oft. Manchmal spricht er sehr undeutlich. Es muß sich bald etwas ändern.

Zumindest haben wir beim Fischen mehr Erfolg. Rick nennt unseren Fischteich »unser kleines Loch im Eis«. Wenn das Wetter gut ist, bleiben wir den ganzen Tag draußen und fangen meistens einen Fisch, manchmal auch mehr als einen. An schlechten Tagen ist es schwierig, die Fische in dem dunklen, bewegten Wasser überhaupt zu sehen, und es ist kalt. Also ziehen wir uns in unser Allerheiligstes zurück. Um für die Tage vorzusorgen, wenn wir in der Kajüte festsitzen, fangen wir an, Königsmakrelen zu trocknen. Wir schneiden sie in Streifen, die wir wie nasse Socken auf der Takelage aufreihen.

Fisch, den wir in naher Zukunft essen wollen, marinieren wir nach wie vor, aber da kaum noch Essig übrig ist, besteht die Marinade höchstens zu einem Viertel daraus. Manche Teile werfen wir in den Fischeimer, andere essen wir. Dieses Gefäß ist jetzt fast randvoll mit einem Durcheinander aus frischem und entschieden nicht mehr frischem Fisch. Und es riecht nicht besonders gut.

Wir beschließen, den Fischeimer zu leeren, bevor der ganze Kram schlecht wird. Wir stopfen uns voll, aber je weiter wir nach unten kommen, desto teigiger werden die Stücke. Sie zerfallen schon in der Hand. Der ranzige Geruch wird stärker, bis Rick, Phil und ich wirklich genug haben, aber in der Schachtel ist immer noch ein Haufen übrig. John sagt: »Mir wird Fisch nie über. Ich könnte den ganzen Tag lang Fisch essen.« Er ißt und ißt, bis er schließlich sagt: »Ah, ich muß eine Pause einlegen.«

Es ist noch keine halbe Stunde vergangen, als John sich an Deck begibt. Wir hören ihn eine Ewigkeit lang würgen. Das ist nicht das, was wir brauchen.

»John, können wir nicht bitte wenigstens versuchen herauszufinden, ob noch Gas in den Tanks ist?«

»In Ordnung, Jim. Geh nach vorn, dahin, wo die Heizung war, und warte. Ich rufe zu dir rauf, wenn ich das Gas aufdrehe.«

Ich krieche nach draußen, klettere ins Cockpit, rutsche auf dem Kiel nach vorn bis zu unserem vorderen Luk und lasse mich in den Rumpf fallen. Das eisige Wasser reicht mir nur bis zu den Knien. Es schwappt in dem tunnelförmigen Raum herum, rinnt an den Seiten und Fächern herunter und überschlägt sich vor Aufregung selbst, als ob es viel zu sehr in Panik ist und viel zu verzweifelt, um von hier zu entkommen. Die Kräusel auf dem Wasser, die Platscher und dumpfen Schläge widerhallen in der schwimmenden Seehöhle, die einst eine glanzvolle Yacht namens Rose-Noëlle war. Johns Stimme ist am Ende eines allem

Anschein nach endlosen Grubenschachtes kaum zu hören: »Okay. Ich drehe jetzt auf.«

Sofort dringt aus dem Ende des Heizungsschlauches ein Ssssss. Ich schnuppere daran. »Ja, John, ja! Ich kann es hören. Ich kann es riechen. In dem Tank ist Gas.«

John schließt die Gasleitung wieder, während ich den Gummischlauch vorn abnehme. John bringt den Schlauch am Herdanschluß in der Kombüse an, der glücklicherweise gerade etwas über der Wasseroberfläche liegt. Er zieht ein Stück Kupferrohr aus der Heizung heraus, verbindet ein Ende mit dem Gasschlauch und kneift das andere Ende mit einer Zange zusammen, benutzt dabei eine Blattlehre, damit das Loch ganz leicht geöffnet bleibt. Das ist unser Brenner. Innerhalb weniger Stunden sind wir so weit, daß John den Gasfluß mit dem Absperrventil in der Kombüse kontrolliert, während Phil den Brenner hält, Rick den Topf und ich darin rühre. Wir brauchten unseren schalen Sonnentee gar nicht; wir brauchten auch den Köderbrei nicht; Ricks zunehmend schlechte Verfassung war ebenso unnötig wie seine Magenprobleme; und am allerwenigsten brauchten wir einen Vorrat an vergammeltem Fisch, der uns leicht den Kapitän hätte kosten können. Was wir brauchten, war etwas wie das hier, etwas so Großartiges wie damals, als wir unsere Höhle trockenlegten und mit der Zeltunterlage schützten, etwas, das unsere Welt von Grund auf verändert. Jetzt kochen wir mit Gas! Noch nie hat das jemand so wörtlich gemeint!

In den nächsten Tagen baue ich einen Krebsfallenkocher nach Johns einfachem Entwurf. Dadurch wird aus einem Kochvorgang, zu dem vier Leute erforderlich waren, einer, für den man nur zwei Leute braucht. Wir biegen aus dem Metallrahmen einer alten Krebsfalle einen zehn Zentimeter hohen, rechteckigen Ständer. Darin befestigen wir den Brenner. Jetzt muß keiner mehr den Topf oder die Gasflamme festhalten. Der Koch gibt einfach seinem Kumpel auf der Planke die Befehle, damit der die Gasmenge reguliert.

Obwohl wir die Tage auf unserem Kalender weiterhin mit den gleichen Strichen markieren, zerfällt die Geschichte unserer Reise deutlich in die Zeit »ohne Energie« und jene »mit Energie«. In jenen kalten, unwirtlichen Tagen freuten wir uns über erträgliche Momente in unserem Leben, weil sie von der Norm abwichen. Einfach nur einen Moment lang trocken zu werden oder sich so weit aufzuwärmen, daß man nicht mehr zittern mußte, war, als würde man bei der Ersteigung einer gefährlichen Bergwand einen winzigen Vorsprung oder schützenden Überhang finden. Seit wir Energie haben, genießen wir den Luxus echter Behaglichkeit, als hätten wir den Gipfel des Berges erreicht und fänden jetzt Zuflucht in einer gemütlichen Hütte, aufs angenehmste durchwärmt von den züngelnden Flammen einer offenen Feuerstelle.

Nichts hat bis jetzt gegen Ricks Verstopfung geholfen, aber da ist etwas, das wir noch nicht ausprobiert haben. Ich halte einen Batterieprüfer aus Glas in der Hand, der aussieht wie eine große Pipette zum Begießen eines Truthahns. Er ist mit Pflanzenöl gefüllt. Rick liegt neben mir, bereitet sich auf die bevorstehende Tortur vor. »Danke, daß du das für mich tust, Jim«, sagt er.

»Kein Problem, Mann. Wozu sind Freunde da?« Wir wissen beide nicht, ob wir lachen oder weinen sollen. »Okay, Rick, fertig zum Hosenrunterlassen?«

»Moment, Moment, Moment. Ich werde es noch ein letztes Mal versuchen.« Rick geht an Deck, während ich warte. Nach wenigen Minuten kehrt er mit einem breiten Grinsen im Gesicht zurück, das Erfolg verheißt. Oh, du meine Güte, was für eine Erfolg! Damit ist die letzte unserer großen Sorgen erledigt, einmal abgesehen davon, daß wir hier verdammt noch mal rauswollen.

Der Treibanker, den wir während des Sturms ausgebracht hatten, hat uns nicht gerettet und auch unsere Ausbeute an Fischen nicht vergrößert, wie in der Werbeanzeige versprochen, aber unser Brenner und Kocher erfüllt alle Erwartungen, die wir Hersteller in ihn gesetzt hatten. Er hat unser Schicksal wesentlich verbessert, und er hat sogar unsere Ausbeute beim Fischen vermehrt. Wir stehen am Morgen auf, gehen an Deck hinaus und fischen noch lange, nachdem wir schon völlig ausgekühlt sind, weil wir wissen, daß wir wieder hineinkriechen, den Kocher anwerfen und heißen Tee trinken können.

Warme Mahlzeiten gehören jetzt zum Alltag. Üblicherweise brate ich vier Stücke Fischfilet vom täglichen Fang. Manchmal mache ich Fischsuppe aus Köpfen und Gräten, in der die Gräten so weich werden, daß man sie essen kann, oder ich rühre einige Entenmuscheln in eine Sauce und gieße sie über einen Löffel Reis. Sogar aus den Muschelschalen läßt sich ein Essen zubereiten. An Tagen, an denen es frischen Fisch gibt, brate ich die Innereien kurz mit einem Schuß Knoblauchwasser an. Roh gleicht der bittere Magen so sehr einem Reifenschlauch, daß er sich sogar mit dem Tauchermesser nicht schneiden läßt. Aber wenn ich das sieben bis zehn Zentimeter große, muschelförmige Organ in die Pfanne werfe, schrumpelt es zusammen, windet sich, dreht sich und springt herum, als sei es lebendig. Seine Farbe verwandelt sich von Weiß zu Holzkohlebraun, in der Konsistenz wird es von einem Stück Gummi zum zähen Fettrand eines Steaks. Die zuvor ungenießbaren Innereien, die Leber und das Herz, geben eine dicke französische Sauce. Sogar Rick und Phil können es jetzt kaum erwarten, davon zu essen, und das unter Ausrufen wie: »Das Zeug ist wirklich gut!«

Doch alles hat seinen Preis. Wenn die Flamme weit aufgedreht ist und der Topfinhalt wie verrückt kocht, verbraucht unser neuer Brenner den gesamten Sauerstoff in unserem Lebensraum. Kopfschmerzen und eine Schicht fettiger Ruß enthüllen den zweischneidigen Charakter des Feuers. Aber das ist die Sache wert. Ich lerne, im Cockpit

Atempausen einzulegen, um wieder einen klaren Kopf zu bekommen. Dann geht es zurück nach unten zu der herrlichen Energie mit ihren vielen Anwendungsmöglichkeiten.

Endlich sind wir in der Lage, unsere acht Schachteln Tee zu verbrauchen. Jetzt führen wir echte Teepausen ein. Rick besteht auf Lagerfeuertee nach genauen Vorschriften: »Laß das Wasser sprudelnd kochen (alles andere reicht nicht aus), wirf die Teeblätter hinein, leg den Deckel drauf, dreh das Gas ab, laß die Blätter auf den Boden sinken und fertig.« Der Tee ist so köstlich, daß wir, wenn wir genug Wasser haben, eine Teestunde früh am Morgen, eine am späten Morgen, eine um Mittag, eine am späten Nachmittag und eine am Abend einlegen. Wir haben zwar keine gekauften Kekse mehr, aber ich backe selbst welche aus demselben Teig wie für gebratenes Brot, nur mit Marmelade überzogen, über unserer herrlichen Flamme. Wenn wir fertig sind, bedienen John und ich uns von den ausgelaugten Teeblättern auf dem Boden des Topfes. Es ist, als würde man Spinat kauen.

Feuer, Energie: Welch gewaltigen Eindruck muß es auf die Urvölker gemacht haben, als sie die Wärme, das Glühen, die Glut entdeckten, mit der eine scheinbar so einfache, doch herrliche Sache uns erfüllen kann. Feuer bedeutet sehr viel mehr als nur die Möglichkeit, Fleisch zu braten. So wie die Kälte jeden noch so kleinen Aspekt unserer Existenz durchdrungen hatte, so hat diese Fackel nun unser Leben erhellt und die eisigen Winde in ihre Schranken verwiesen. Wenn wir jetzt vom Wacheschieben kalt und naß sind, schlüpfen wir in die Höhle und werden aufgewärmt. Feuer ist der eigentliche Grundstein zu der schützenden Wand, die der Mensch gegen die Launen der Natur errichtet hat, der erste Schritt über den reinen verzweifelten Überlebenskampf hinaus. Wie selbstverständlich wir es doch gewohnt sind, die ständig abrufbereite Geborgenheit des Feuers in unserem Leben an Land zu erwarten! Wie ich jetzt seine wunderbare Seite kennengelernt habe.

Selbst über Nacht lassen wir die Flamme klein brennen, wie eine beruhigende Kerze oder einen Schmelzofen, nur angepaßt an die Dimensionen unseres begrenzten Lebensraums. Eine Sanftheit strahlt von diesem Licht aus. Vielleicht bilde ich es mir ein, aber es hat den Anschein, als wären unsere Gespräche in letzter Zeit weniger angespannt, höflicher.

Der gute alte kahle Phil überrascht uns mit dem Geständnis, daß er ein voll ausgebildeter Friseur ist. Er schneidet John die Haare, und John gibt schließlich nach und schnippelt an Phils fedrigen Fransen herum. Rick und ich pflegen uns gegenseitig. John und Rick hatten einen Bart, als wir Neuseeland verließen, aber jetzt haben auch Phil und ich einen kaum zu bändigenden Wildwuchs im Gesicht. Johns Bart ist pechschwarz mit einem grauen Fleck unter der Lippe. Rick und ich nennen ihn Rasputin. Phils Bart ist graumeliert, weich geschwungen und gewellt – der Montana-Rancher-Look. Ricks Bart hat eine so scharfe Kante und hängt so tief, daß er aussieht wie ein falscher Bart aus zotteligem Teppich, der an seinem Gesicht mit Drähten befestigt ist, die um die Ohren gebogen werden. Meiner ist einfach ein Gestrüpp aus Stahlwolle.

Rick und ich sitzen nebeneinander auf dem Kiel, unsere Körper so zueinander gedreht, daß wir uns ansehen können. Rick hält eine rostige Friseurschere in der Hand und schneidet sorgfältig meinen Oberlippenbart, folgt der Wölbung meiner Lippe. »Verflixt, Mann, du hast jede Menge graue Haare in deinem Bart«, zieht er mich auf.

»Au! Heh, heh, Vorsicht.«

»Tut mir leid, das ist die verdammte Schere.« Er schneidet und rupft munter weiter. »Ich brenne darauf, mit Kochen anzufangen, wenn ich zurückkomme«, sagt er. »Heather hat bis jetzt immer gekocht. Ich glaube, ich würde gern ein bißchen kochen.«

»Au! Großer Gott.«

»Tut mir leid.« Wieder verfallen wir in ein Gespräch über Konditoreien und Restaurants, in denen wir früher gern waren. »Ich hätte nichts dagegen, das zu machen, was du bei Outward Bound machst. Wirklich nicht. Ich könnte mich daran gewöhnen«, sagt Rick.

Worauf will er hinaus? frage ich mich. Rick ist nicht der Typ, der jemandem Komplimente macht, aber ist das vielleicht seine Art, mir zu sagen, daß er mich beneidet? Die ganze Zeit habe ich ihn um seine Rollen im Leben beneidet. Er hat ein eigenes Geschäft, eine Familie. Er ist jemand, der vorangeht. Er klettert auf Berge, paddelt im Kajak auf dem Meer, geht Risiken ein, übernimmt Verantwortung. Dennoch scheint er sich seiner Egozentrik bewußt zu sein, der Art und Weise, wie seine Unternehmungen die Selbstlosigkeit seiner Frau zur Bedingung haben. Er fühlt sich schuldig, weil er ihre Unterstützung verlangt, sie jedoch kaum anerkennt.

Gleichgewicht. Das ist es, was wir beide brauchen. Ein besseres Gleichgewicht.

Nachdem ich seinen Schnurrbart gestutzt habe, schneiden wir uns gegenseitig die Fingernägel. Eine Hand kann man mit der unhandlichen Schere selbst schaffen, aber beide Hände selbst zu schneiden, ist unmöglich. Außerdem macht uns die gegenseitige Körperpflege Spaß.

»Hör mal, Jim, wie wär' das? Wenn wir zurückkommen, bringst du mir das Kochen bei, und ich bring dir das Paddeln bei.«

Er weiß gar nicht, wie sehr ich mich darüber freue. Unsere Freundschaft wird nicht aufhören. Rick ist hart, entschlossen, unabhängig und leistungsorientiert. Ich bin weich, unsicher und bereit, alles mögliche auf mich zu nehmen, um Konflikten aus dem Weg zu gehen. Rick übernimmt die Führung und tut das, was er für nötig hält, räumt jeden, der ihm in die Quere kommt, aus dem Weg. Ich habe soviel Angst davor, Aufsehen zu erregen, daß ich nichts tue, ehe ich nicht ausdrücklich darum gebeten werde. Er ist ein Mann der Tat; ich bin ein Mann der Kompromisse. Jeder für sich genommen, sind wir beide zu extrem, Zweige auf einander gegenüberliegenden Seiten des Menschenbaumes. Aber gemeinsam wird es uns gelingen, den Stamm nicht auseinanderzureißen; wir werden nicht zu Boden fallen, wenn wir nur am Stamm verbunden bleiben und gleichmäßig wachsen. Zusammen sind wir im Gleichgewicht, wenn wir uns in die frische Luft hinausstrecken.

In Momenten wie diesem vergesse ich sogar, daß wir auf einem gekenterten Boot mitten im Ozean treiben. Statt dessen paddeln Rick und ich in einem Kajak auf den Marlborough Sounds. Wir kneten Brot und drängeln uns über einem dampfenden Wok. Laß uns mal probieren. So gut wie die Fischgedärme, die wir hatten, als wir draußen auf dem Meer verschollen waren? Nein. Auf gar keinen Fall. Wir sitzen in Sesseln, die Füße vor den flackernden Flammen des Feuers hochgelegt, eine Tasse dampfenden Kaffee in der Hand. Vor der Tür regiert die bittere Kälte des neuseeländischen Winters. Rauchkringel von aromatischem Pfeifentabak hängen in der Luft. Wir paffen vor uns hin, den Blick auf den Pelorus Sound gerichtet, voller Erinnerungen an jene Tage, als wir, vor vielen, vielen Jahren, an Bord der Rose-Noëlle auf dem Meer verschollen waren.

Es bedarf keiner großen Anstrengung, um solche Bilder wachzurufen. Während wir in Wirklichkeit hier sitzen, mit unserer Energiequelle unter Deck, mit dem Meer, das sich vor uns ausdehnt, mit dem Erwachen unseres gegenseitigen Gebens und Nehmens, ist alles, was wir tun müssen, die Augen schließen, und schon sind wir da.

Eine Woche nachdem wir das erste Mal ein Flugzeug gesichtet hatten – zur gleichen Zeit, an der gleichen Stelle am Himmel –, sehen wir noch eins. Jetzt fühle ich mich nicht mehr so zu Fantasien über das Leben der Passagiere hingezogen, bin nicht mehr so neidisch. John glaubt, daß beide

Düsenflugzeuge nach Nordosten geflogen sind. Wenn sie vom gleichen Ort kamen, scheinen wir ein bißchen nach Westen zu treiben. Nach Westen. Wir sollten nicht nach Westen treiben. Wir sollten nach Osten treiben.

Rick hat die erhabene Aufgabe des Streichholzbewahrers übernommen. Er findet heraus, welche von den restlichen hundert Feuerhölzchen trocken genug sind, um sie wegzupacken, und welche noch getrocknet werden müssen. John und Phil stecken die nassen Streichhölzer in die Taschen ihrer Hemden, wo sie zwischen Schichten von Wolle und mit Hilfe der Körper- und Kajütenwärme austrocknen. Manche Streichhölzer sind nicht mehr zu retten. Manche lassen nur einen Schmierfilm zurück, wenn wir versuchen, sie anzuzünden. Andere verlöschen sofort wieder. Unser Vorrat nimmt ab. Bald werden wir wieder ohne Feuer sein.

Um das Problem zu lösen, lenken Phil und Rick unsere Gedanken auf grundsätzliche technische Fragen. Rick drängt: »John, wir müssen alles tun, um einen Feuerstein aufzutreiben.« Ja, wenn wir einen Feuerstein hätten, wäre alles in Ordnung. Ich frage John, wie die Flammen am Herd entfacht werden. Es ist ein Feuerstein, aber der ist unter Wasser. Er ist zu schwierig zu erreichen, und wir sind zu schwach.

Ricks Beine sind so dünn geworden, daß seine Knie dikker sind als seine Oberschenkel. Er kann nicht einmal ganz das Seitendeck entlang gehen, ohne eine Pause zu machen. Aber John macht mir noch mehr Sorgen. Seine Energie scheint verbraucht. Seine Gedanken wirken immer häufiger nebulös. Wir alle behandeln John mit einer gewissen Ambivalenz. Wir mögen uns kaum Gedanken um sein emotionales Wohlergehen machen, aber wir zeigen ein tiefes persönliches Interesse an seiner Gesundheit. Wir wollen, daß er hundertprozentig in Ordnung ist, aber wir ignorieren fünfzig Prozent seines Wesens.

»Ach, ich habe einen völlig unbenutzten Boiler in einer

Kiste, den ich installieren wollte, sobald wir die Inseln erreicht hätten«, bietet John an. Aber er kann sich nicht erinnern, wo der Boiler verstaut war. Vielleicht ist er inzwischen weggeschwemmt worden. Und vielleicht hat er keinen Feuerstein. John sagt ruhig: »Laßt mich darüber nachdenken.«

Einige Tage später verkündet John, daß er sich jetzt erinnert. Der Boiler ist Teil des Packmaterials unter unserer Koje, aber er hat immer noch keine Ahnung, ob er einen Feuerstein besitzt oder nicht. Das Bett auseinanderzunehmen bedeutet, daß wir unser ordentliches, trockenes Nest zerstören müssen – mindestens drei Stunden zermürbender Arbeit – und daß wir so lange den Elementen ausgeliefert sind. Lohnt das den Aufwand? Wir sind so lethargisch. Keiner ist wirklich scharf darauf, aber wir haben nichts zu verlieren. In weniger als zwei Wochen werden die Streichhölzer verbraucht sein. Wir können nur gewinnen.

John und ich reichen die Schlafsäcke, Kissen und Mäntel nach draußen zu Rick und Phil auf dem Rumpf. Als nächstes lösen wir die Schrauben, befreien so die Bodendecke, und ich schiebe den Plastikberg durch das Cockpitloch nach oben. Der Platz darunter ist wie eine riesige Badewanne, vollgestopft mit Schubladen, Styroporstücken, einer Decke, Gummistiefeln, zwei Dutzend in Auflösung begriffenen Klopapierrollen und anderem Strandgut. Da gibt es zum Beispiel etwas, das einmal mein brandneuer 400-Dollar-Daunenschlafsack war, das aber jetzt ein vor sich hin gammelnder Schwamm ist. Nachdem es monatelang völlig von der Zeltunterlage bedeckt war, ist das Wasser jetzt schwarz und stinkt. John und ich wühlen uns durch den übelriechenden Sumpf und den völlig aufgeweichten Schrott. Innerhalb von fünfzehn Minuten haben wir das Gesuchte gefunden. Ich reiche den Boiler nach draußen, und wir beginnen mit der langwierigen Aufgabe des Wiedereinpackens, befestigen die Bodendecke neu, bedecken unsere Lagerstatt wieder mit unserem Bettzeug.

Wir sind erschöpft, aber wir müssen wissen, ob unsere Suche die Anstrengung wert war.

Aus dem Boiler nimmt John einen eckigen Metallrahmen, etwa so groß wie ein halbiertes Kartenspiel. In dem Rahmen sitzt ein Hammer mit einer Sprungfeder und einem Feuersteinkopf. Wir spielen damit herum, wollen, daß er funktioniert. Den Rahmen in einer Hand haltend, ziehen wir mit der anderen den Hammer zurück und lassen ihn los. Ein heißer Schock läuft dabei den Arm hinauf. Als wären wir mit den Füßen über einen Teppich geschlurft und unser Körper dann geerdet worden, gibt der Hammer jedes dritte oder vierte Mal einen starken elektrostatischen Schock von sich. Aber im Dunkeln können wir einen kurzen blauen Blitz sehen. Es spielt keine Rolle mehr, ob wir alle unsere Streichhölzer verlieren. Als Hüter der Flamme befestigt Rick ein Bändsel an dem Feuerstein und packt ihn sorgfältig weg. Ein unverletzliches Gesetz unseres Stammes besagt, daß der Feuerstein niemals die Höhle verlassen darf.

Es ist allerdings nicht ganz so einfach, mit dem Funken tatsächlich eine Flamme zu entzünden. Man muß den Hammer recht trickreich genau im richtigen Winkel halten, damit der Funke den Gasstrom trifft. Wenn das Gas zu weit aufgedreht ist, entfacht unser kleiner Funke einen Flammenwerfer, der demjenigen, der den Anzünder hält, das Haar auf dem Arm versengt, und dessen Flamme noch an der Nase des Nächststehenden vorbeischlägt.

Dann erstirbt die Flamme. Die Gasflasche ist alle.

John hämmert auf dem Meißel herum, schlägt ein Loch in den achterlichen Gehweg, dort wo er zum äußeren Rumpf hinüberführt. Die abgerundeten Ecken des Gehsteigs sind mittlerweile mit einer grünen Schleimschicht bedeckt. John kniet am Boden, er trägt nur ein ärmelloses Schafscherertrikot aus schwarzer Wolle zum Schutz gegen die Witterung. Wellen schwappen über die Stelle, an der er hockt, und über seine nackten Füße. Manchmal brechen sie sich auf Kniehöhe an seinem ganzen Körper, wenn er sich zu seiner Arbeit hinlehnt. John ist so dünn geworden, daß sein Körper wie ein Bündel schwankender Zweige aussieht, die versuchen, das Gleichgewicht zu halten und sich zum Pazifik hinneigen, fast zerbrechen, immer darauf bedacht, nicht abzurutschen. Ich warte, halte mich an einem Stag fest, das Werkzeug in Bereitschaft, und greife nach Johns Hand, um ihm Halt zu geben, wenn ihn eine Welle trifft. Ich bin verwundert über seine Geschicklichkeit und die Präzision, mit der er Löcher als Ecken festlegt und die Ränder eines quadratischen Luks herausmeißelt. Er fabriziert sogar Angeln, indem er zwei Paar kleine Löcher am Rande des Luks bohrt und sie mit dünnen, geflochtenen Wanttauen vom Treibanker zusammenbindet.

Als John den Lukendeckel anhebt, liegt direkt darunter eine Gasflasche wie ein dickes weißes Ei, das nur auf uns wartet. Nummer zwei sitzt direkt daneben. John hat offensichtlich schon immer ganz genau gewußt, wo die Stauräume für die Gasflaschen waren.

Mühsam zerren wir die schwere volle Flasche heraus und reichen sie an Phil im Cockpit weiter, wo sie sicher eingebettet liegt. Den Gasschlauch nehmen wir vom Kocher und der leeren Flasche ab und ziehen ihn zusammen mit dem Regler durch das Schapp heraus. Indem wir diesen Schlauch vom Cockpit in die Kajüte führen, haben wir unsere Energiequelle innerhalb weniger Stunden wiederhergestellt. Gleichzeitig werden wir einmal mehr an Johns Macht über uns erinnert.

Johns Vertrautheit mit dem Boot und seine Bereitwilligkeit oder mangelnde Bereitschaft zu handeln, bestimmen nicht nur die Qualität unserer Lebensbedingungen, sondern vielleicht sogar unsere Möglichkeiten, überhaupt zu überleben. Er ist eine Macht, von der wir abhängig sind, aber sein Verhalten ist auch ein Affront für diejenigen unter uns, die es nicht ertragen können, ihr Leben so von den

Launen und Skrupeln eines anderen Menschen bestimmt zu sehen, besonders nicht von diesem Mann. Immer wenn John schließlich darangeht, ein Problem zu lösen, weidet er sich an seinem Erfolg, genießt seine Macht. Und wir freuen uns einerseits über das Resultat, andererseits mißgönnen wir John seinen Triumph. Warum war er so lange dagegen? Warum hat er sich überhaupt gegen uns gestellt? Welche Knöpfe müssen wir drücken, um diesen seltsamen, in sich verschlossenen Menschen aufzuschließen und ihn dazu zu bewegen, das gleiche Vertrauen in uns zu setzen, das wir in ihn setzen müssen?

Armer John. Hier bin ich, völlig außerhalb meines Elements, aber ich finde ein wirkliches Leben darin, während John in seinem Element ist, aber doch in vieler Hinsicht so völlig verloren.

Mit unserem wieder funktionstüchtigen Kocher und einem unbegrenzten Vorrat an Funken von dem Feuerstein nimmt unsere Existenz fast die Qualitäten eines geordneten Vorstadtlebens an. In diesen kalten Gewässern wären wir schon längst nicht mehr am Leben, wenn wir auf einem Rettungsfloß oder in einem offenen Boot dahintreiben würden. Innerhalb weniger Tage beginnen die Überlebenden auf Rettungsinseln an Wunden vom Salzwasser zu leiden. Auf langen Reisen öffnen sich die Salzwassergeschwüre oft und werden immer tiefer, bis sie Narben zurücklassen wie Schußwunden. Weil wir die Möglichkeit haben, relativ trocken zu bleiben oder es zumindest wieder zu werden, sind Salzwasserwunden gar nicht erst entstanden oder schnell wieder abgeheilt. Unser Wasserauffangsystem und häufige Regenfälle versorgen uns jetzt so gut mit Flüssigkeit, daß unsere tägliche Ration normalerweise mehrere Tassen pro Tag ausmacht, oft mehr als einen Liter. Die meisten Überlebenden in Rettungsbooten sind gut dran, wenn sie einen halben Liter am Tag bekommen, und das wochen-, oft monatelang. Wir hatten Glück, daß wir so reichlich mit Lebensmitteln versorgt waren. Das gab uns Zeit zu lernen, wie wir uns aus dem Meer versorgen könnten. Selbst jetzt haben wir noch Lebensmittelvorräte, während viele Überlebende von Anfang an nur über wenige Kekse verfügen.

Selbst wenn sie viel Glück hatten, sind nur eine Handvoll Überlebende nach mehr als einem Monat des Umhertreibens zurückgekehrt. Nur drei Menschen, Poon Lim und Maurice und Maralyn Bailey, haben mehr als achtzig Tage überlebt, nachdem ihr Schiff zerstört war. In Gewässern, die so kalt sind wie das Meer am achtundfünfzigsten Breitengrad, das uns umgibt, haben, wenn überhaupt, nur wenige Schiffbrüchige auf Rettungsinseln oder in Booten eine Woche überlebt.

Verglichen mit dem verbreiteten irrwitzigen Horror der üblichen Rettungsfloßgeschichten, sind unsere Probleme langfristiger und heimtückischer. So weich gepolstert unser Überlebensraum mittlerweile auch sein mag, leben wir doch am Rande der körperlichen Erschöpfung dahin, werden wir langsam immer mehr davon infiziert. Unsere Reise ist eine chronische, tödliche Krankheit, die sich mehr und mehr hinzieht. Wir führen kein behagliches Vorstadtleben, sondern wir sind vier Männer, in ein Gefängnis aus Plastik gezwängt, deren Chance auf Straferlaß äußerst gering ist. Langsam, ganz langsam verfallen wir. Wir haben keine Ahnung, wann unsere Gefangenschaft beendet sein wird, ob sie es je sein wird.

Und wenn sie vorbei ist, wird das noch rechtzeitig sein? Wir haben nichts, mit dem wir unsere Leistung vergleichen könnten. Niemand sonst hat so lange auf einem durchgekenterten, halb überfluteten Boot überlebt.

Wir reden uns ein, daß wir schon klarkommen, daß wir gut leben werden, wenn wir nur genug Fische fangen können. Ausgerüstet mit einer vernünftigen Menge Wasser und einer sicheren Festung, in der wir ewig auf dem Meer dahinschwimmen können, dürfte uns allenfalls noch das

Essen davon abhalten, jahrelang so weiterzumachen. Jahrelang? Ja, sogar ich weiß jetzt, daß wir vielleicht jahrelang hier draußen sein werden.

So akzeptieren wir also wie Männer, die die Mitte des Lebens erreicht haben, daß unsere Reise durch dieses Leben nicht in allen Punkten das ist, was unsere jugendlichen Träume und unser Ich zu versprechen schienen, aber wir haben mehr Glück als viele. Vielleicht können wir uns einrichten und unser Leben hier akzeptieren. Aber bei allem, was wir haben, brauchen wir immer noch Fisch und noch mehr Fisch. Und so nehmen wir die Routinearbeiten wieder auf, die aus diesem Gefängnis den kleinbürgerlichen Traum des Überlebens machen.

Wir haben den zweiten Spinnakerbaum unter den gegenüberliegenden Seitendeckgehwegen hervorgeholt und ihn zwischen Vor- und Achterstag unseres Mastes so befestigt, daß er einen Handlauf an der inneren Seite des Fischteiches zwischen den Rümpfen entlang bildet. Die Stagen dehnen sich gerade so weit, daß man, wenn man sich auf den Baum lehnt, über den Teich hinausschwingt wie an einem Minitrapez. Eine große Hilfe für die Jäger von Königsmakrelen!

Seit Wochen sind wir damit beschäftigt, das chaotische Durcheinander von Johns Fischernetz zu entwirren und dabei die verschiedenen Löcher und Risse zu flicken. Gemeinsam haben wir uns einen groben Plan zurechtgelegt. Rick und John feilen die Details aus.

Wenn Johns und Ricks Auseinandersetzungen nicht so entnervend und tragisch wären, würde das Ausmaß, in dem die beiden einander brauchen, ihre Streitereien geradezu komisch erscheinen lassen. In seiner typischen Art erzählt John uns in ungefähr einem Satz, wie wir den Plan in die Tat umsetzen sollen. Binde das hier mit einem Soundso-Knoten an die Dingsdas und vertäue den Wasauchimmer an dem Dingsbums. Alles extrem verwirrend.

Er geht weg und kehrt einige Minuten später zurück, während ich immer noch wie vor den Kopf geschlagen dastehe und ein und dasselbe Seilende anstarre. Er schlägt sich gegen die Stirn vor Enttäuschung, als sich diese Szene wiederholt wie schon so oft. »Du mußt doch wissen, wie man einen Palstek macht«, beharrt er. Ich schätze, John hat diese Dinge vor so langer Zeit gelernt, daß er vergessen hat, daß er sie überhaupt je lernen mußte, und jetzt nimmt er an, daß jeder damit so vertraut ist wie mit dem Autofahren. Es ist nicht seine Schuld, daß ich so dumm bin. Er sollte uns nur mit nach Tonga nehmen, nicht drei Monate lang auf dem Meer unser Mentor sein, aber seine Ungeduld ist trotzdem unerfreulich. Während John entsetzt den Kopf über mich schüttelt, denke ich selbstgefällig, daß er keine Ahnung hat, was andere Leute alles über weniger feuchte Bereiche wissen. Es macht aber nichts, weil, wie immer, Rick vorbeikommt und geduldig in zwei Sätzen, zwei Absätzen oder zwei Bänden – so lange, wie es eben dauert – erklärt, was zu tun ist und wie es getan werden muß. Rick läßt Johns brillante Idee Wirklichkeit werden.

Einen Rand des Fischernetzes binden wir jetzt an dem Spinnakerbaum fest, der als Handlauf dient. Das Netz haben wir so zurechtgeschnitten, daß es genauso lang ist wie der Fischteich. Durch den gegenüberliegenden Rand des Netzes schieben wir das restliche Stück orangefarbenes PVC-Rohr, das in seiner Länge ebenfalls fast genau der Länge des Pools entspricht, und binden es fest. An dem PVC-Rohr befestigen wir vier gleichmäßig verteilte Gewichte. Auf den Kiel des äußeren Rumpfes schrauben wir Rollen, durch die Leinen laufen, die von den Enden des PVC-Rohres kommen und die zum Kiel des Hauptrumpfes zurückführen.

Einer von uns kann mit den beiden Leinen in der Hand auf dem Kiel sitzen, als würde er einen Buggy kutschieren. Sobald man mit den Leinen nachgibt, ziehen die Gewichte das PVC-Rohr nach unten in den Fischteich und nehmen das Netz mit. Der riesige Netzkiefer öffnet sich, hängt zwei Meter bis zwei Meter fünfzig tief hinunter. Wenn die Fische kommen, holen wir die Leinen schnell ein, das Netzmaul schließt sich, und wir ziehen es aus dem Wasser; die Fische sitzen in der Falle. Das wird eine tolle Sache. Fast schon zu einfach. Wir machen uns nicht einmal die Füße naß. Wir könnten mit geschlossenen Augen Fische fangen; wir könnten dabei Fernsehen gucken. Was für ein Plan!

Wir lungern um das Fischbecken herum wie Teenager, die darauf warten, daß eine hinreißende Meerjungfrau dem Wasser entsteigt, lehnen uns auf den Spinnakerbaumhandlauf, starren in die Tiefe. »Da ist einer«, sage ich.

»Ja, da unten sind Fische«, entgegnet Phil eifrig.

»Laßt das Netz hinunter.« John und Phil senken das Netz langsam ins Wasser, damit unsere Beute nicht aufgescheucht wird. Rick und ich gehen in Position, um Bescheid zu sagen, sobald die Fische drin sind und sie zuschlagen sollen.

»Heh, Jim, siehst du irgendwelche Fische?«

»Nein, Rick, aber sie müssen jeden Moment auftauchen.« Wir warten und warten. Und wir warten noch ein wenig. Wir laufen die Gehwege auf und ab, gucken unter die Rümpfe, blicken zurück zu John und Phil, perplex. »Sie sind weg, John. Sie sind alle weg.«

Wir beschließen, das Netz über Nacht unten zu lassen. Vielleicht werden sich die Fische daran gewöhnen und zum üblichen morgendlichen Herumtollen in den Teich zurückkehren. Am nächsten Morgen laufen wir an Deck wie ein Haufen Kinder zu Weihnachten. Wir sehen nichts. Ah, sie müssen ganz unten sein. Laßt uns das Netz einholen und nachsehen.

Das Netz kommt hoch, völlig leer. Nichts.

Wir machen weiter. Das System ist zu perfekt, um nicht doch noch zu funktionieren. Tagelang lassen wir das Netz an seinem Platz. Beim schlechten Wetter wird es fast ruiniert, es verdreht sich, verheddert sich am äußeren Rumpf.

Wir reißen es los. Völlig genervt rollen wir das arg mitgenommene, durchlöcherte Netz schließlich ein und binden es am Spinnakerbaumhandlauf fest.

Wir haben versagt. Wir wollten zu hoch hinaus; wir hatten angenommen, daß die Fische nicht so schlau sind wie wir. Die Fische haben uns geschlagen; unsere Gier hat uns zu Fall gebracht. Wir haben nichts gefangen. Wir haben sie von hier vertrieben. Sie sind alle weg.

Gier 13

Anfang September, vierter Monat nach der Kenterung

»Sie sind wieder da!« Alle Mann auf Gefechtsstation! Alle Mann auf Gefechtsstation! Die Sonne ist noch nicht aufgegangen, als wir in halbwacher Aufregung nach draußen auf den Kiel stürzen. Innerhalb von Sekunden sind wir auf Posten und machen uns an die Aufgaben, die uns der Hunger gelehrt hat. Wir haben nur noch ein Ziel vor Augen. Als würden wir auf einem Seil tanzen, schlängeln wir uns auf dem Kiel umeinander herum, versuchen, nicht hinunterzurutschen. Phil reißt an einer Reihe von Slipsteken am Mast, und sofort löst sich der Speer. Er stürzt auf den Gehweg hinunter, treibt Rick zur Eile an: »Mach schon! Mach schon, Rick! Sie sind hier unten. Los doch! Los doch!« Rick kämpft noch mit dem letzten strammen Slipstek an einem Stag, an dem Cortez der Killer festgebunden ist. John legt die Segeltasche zurecht, während ich nach unten auf den Gehweg klettere, um sie in Empfang zu nehmen.

Phil stiehlt sich auf Zehenspitzen den vorderen Querholm entlang, als wolle er schreckhaftem Wild auflauern, das beim ersten fremden Geräusch flieht. Er senkt sogar die Stimme, als er Rick weiter antreibt – »Mach schon, Rick« –, dann wendet er seine Aufmerksamkeit den Fischen zu. Er flüstert: »Oh, Gott, guck dir den an. Der muß glatte zehn Pfund wiegen!« Die Fische gleiten zur Seite, streifen die Oberfläche, die Flossen in der Luft, dann schießen sie nach unten und schlagen mit den gelben Schwanzflossen in unsere Richtung, auf dem Weg in die Tiefe. Andere moosig grüne Schatten tauchen wie Raketen aus der tiefschwarzen See auf, schlagen an der Oberfläche einen

Purzelbaum und schießen wieder davon. Phil lockt: »Ooh, macht schon, Fische, nun los. Nur ein kleines bißchen weiter. Oh, ihr werdet ein leckeres Mittagessen abgeben.«

Rick, der sich über ihn beugt, ist als verzerrtes Echo zu hören: »Mach schon, Phil, mach schon. Du kannst es, Phil.« Von den billigen Plätzen trage ich meinen Teil bei. John ist ein stiller Zuschauer, er schärft in aller Ruhe ein Küchenmesser, das er zum Filetieren benutzt.

Eine große Königsmakrele schwänzelt an Phil vorbei, gerade außerhalb seiner Reichweite. »Oh! Habt ihr das Riesenvieh gesehen?« ruft er aus. Dann ist alles still.

Mit der Wucht eines Gewehrschusses trifft die Speerspitze ins Fleisch, und die Makrele wird aus dem Wasser gerissen. Rick hält das Netz darunter, während Phil den Fisch aus seinem Reich emporhievt. Rick und Phil bewundern ihre sich windende, zum Tode verurteilte Beute einige Sekunden lang, bevor Rick mir die Öffnung des Keschers entgegenstreckt und sie in die Segeltasche schiebt, die ich in der einen Hand halte. Mit der anderen Hand greife ich nach dem Boden des Netzes, halte ihn hoch und schiebe den Fisch heraus, um sein Schicksal zu besiegeln. Ich bin verblüfft über Phils Schnelligkeit und Kraft. Das Loch, das der Speer gerissen hat, ist durch die Wucht des ersten Aufpralls so groß, daß es kein Wunder ist, daß die Fische sich meist wieder loswinden konnten.

Phil hat es schon auf ein zweites Opfer abgesehen. Er trifft wieder, und die Fische sind weg.

Unser kompliziertes Netz war ein totaler Fehlschlag und wird den Rest der Reise über aufgerollt und an den Spinnakerbaumhandlauf gebunden bleiben. All die vielen Stunden, in denen wir es entwirrt haben, all unsere Bemühungen, die oberste Stufe der Survival-Leiter zu erklimmen – alles umsonst. Vielleicht ist das der Lohn für allzu große Erwartungen. In der Gesellschaft, die ich zurückgelassen habe, ringen die Leute ein Leben lang darum, ihre

Ziele zu erreichen, auch wenn sie wissen, daß das Erreichte nie ihren Erwartungen entsprechen wird. Im Leben des Eskimos kann man es sich nicht leisten, hochgespannte Erwartungen zu hegen. Man kann nur hoffen und beten, daß die eigenen Fähigkeiten groß genug sind, um die eigenen Bedürfnisse zu befriedigen. In der wahren Welt ist es ein Segen, wenn wir uns Tag für Tag an die Launen der Natur anpassen und uns dem unglaublichen Geschick der Kreaturen ebenbürtig erweisen können, von denen wir abhängig sind.

An diesem Ort bin ich mir dessen bewußt, daß wir wenig »erreichen«. Es ist nur das Glück, das uns allen zusammen die Fähigkeit verleiht, einen Tag nach dem anderen zu überstehen. Wie manche Aspekte unserer Persönlichkeiten war das Netz ein völliger Fehlschlag. Wir sprechen nicht einmal mehr darüber, aber es hängt da wie das materialisierte schlechte Gewissen. Was das Netz angeht, wußten wir zumindest, wann es Zeit zum Rückzug war, wann es darum gehen mußte, die Verluste möglichst gering zu halten.

Jetzt erwachen wir jeden Morgen, sobald die Sonne den Horizont erglühen läßt, um wieder Licht in unser Leben zu bringen, erpicht auf den Fischzug des neuen Tages. Selbst kleinliche Streitigkeiten finden ein schnelles Ende, wenn ein Kamerad den Kopf in die Kajüte steckt und sagt: »Die Fische sind da.« Wir vergessen alles andere und hasten nach draußen an Deck, voller Ungeduld, die Jagd aufzunehmen. Dann fangen wir Fische, nehmen sie aus, bereiten sie zu und essen sie. Alle sind glücklich und zufrieden. Es ist erstaunlich, wie schnell die Tage vergehen.

Zwischen kurzen Regenschauern kommen die Fische, und wir machen uns an die Arbeit. Phil »Zauberspeer« Hofman greift an. Rick steht am Netz bereit. Ich halte die Tasche. Dann nehme ich den Fisch aus und schuppe ihn, und John filetiert. Mit der Zeit wird unsere Kunstfertigkeit immer größer. Phil lernt es, den Speer weniger kraftvoll einzusetzen – gerade genug, um den Fisch festzuhalten, aber nicht so stark, daß er ein großes Loch hineinreißt und der Fisch entkommen könnte. Er schärft die Spitze häufig, liegt stundenlang auf der Lauer. Rick und ich wollen einen neuen Kescher bauen, um Cortez den Killer zu ersetzen. Wir verwenden denselben Griff, konstruieren aber einen neuen Rahmen aus Draht von der Krebsfalle, der dünner ist und leichter durch das Wasser schneiden müßte.

Bevor ich einen Fisch ausnehme, halte ich ihn hoch und bewundere das Kunstwerk. Es sind kräftige und stolze Fische, die ich gut festhalten muß, damit sie mir nicht entkommen. Jeder ist einzigartig – leicht verschieden in der Größe oder der Form, unterschiedlich in der Farbe. Auch im Innern unterscheiden sie sich. Nicht nur daß jeder etwas anderes im Magen hat, nicht nur daß die Weibchen angefüllt sind mit leckerem, dunkelgoldenem Rogen, während die Männchen die andere Hälfte potentiellen Lebens in milchigen Säcken bei sich tragen, auch die Länge der Gedärme eines jeden Individuums variiert, ebenso die Farbschattierung der Organe eines jeden Fisches.

Wenn ich die Organe in den Behälter für die Innereien lege, schlägt das Herz oft noch weiter.

Ich weiß nicht, warum, aber wenn ich in einem Fisch Eier finde, behandle ich diesen Fisch mit etwas mehr Sorgfalt.

Wir haben uns noch nie so gut selbst versorgen können, und das ist ein zutiefst befriedigendes Gefühl. Aber es ist nicht nur unsere Geschicklichkeit, die uns diese Erfüllung zuteil werden läßt, es ist der Geist der Fische, der uns das ermöglicht.

Auch Rick spürt jetzt die Anziehungskraft der Jagd. Er erzählt mir, wie der Gedanke an einen Fisch, der am Ende der Angelschnur zappelt, in ihm früher bereits leichte Übelkeit erweckte. Jetzt gibt es nichts, wobei er sich besser fühlen würde. Der Hunger, das geduldige Auflauern, der

Fang und die Besänftigung des Hungers berühren Urkräfte in jedem von uns. Es ist zutiefst befriedigend, die eigenen Bedürfnisse zu stillen. Vielleicht nehmen wir sogar ein wenig zu.

Wenn wir jetzt das Tischgebet sprechen, wirkt es weniger verzweifelt. Die Worte erwachsen spontan, tief und bewegt aus unserem Innern. Selbst Phil fällt es leichter, Worte zu finden. Uns allen ist klar, daß wir nicht nur aus eigener Kraft unsere Überlebenschancen vergrößern, sondern daß wir großes Glück hatten, Unterschlupf, Wasser und Nahrung zu finden, als wir sie brauchten. Wir nehmen nichts mehr als selbstverständlich hin.

Besonders John und ich teilen ein Gefühl der Ehrfurcht angesichts unseres glücklichen Schicksals. Wir spüren eine Macht, eine Art universaler Kraft, die über uns wacht. Wenn wir durstig sind, und es fällt Regen, oder wir haben Hunger, und ein Fisch springt in unser Netz, sehen John und ich uns mit einem Nicken an, oder er zwinkert mir zu. Ich glaube nicht, daß mein Gott der gleiche ist wie seiner, aber wir fühlen beide eine Macht auf unser Leben einwirken, die unsere Fähigkeiten winzig erscheinen läßt, eine Macht, die bis jetzt wohltätig war, die es aber nicht bleiben muß. Wir hoffen darauf, aber wir erwarten nicht, daß der morgige Tag so erfolgreich sein wird wie der heutige.

Rick kann es sich nicht verzeihen. Als er dabei war, Wasser in die Kühlbox auf der Planke zu füllen, griff ein Kaventsmann an. Meerwasser ergoß sich in unsere Frischwasser-Kühlbox. Es scheint, daß die Wasserversorgung für uns künftig kein Problem mehr sein wird, aber man weiß ja nie. Sie war schon einmal problematisch; sie könnte es wieder werden. Wir müssen immer vorausplanen. Also fangen wir an, Wasser zu speichern, heben den 20-Liter-Kanister oder die Kühlbox ins Cockpit und lassen ihren Inhalt durch die verfluchten Belüftungsrohre in die leeren Tanks des Bootes laufen.

Essen, Wasser, Unterschlupf, Kameradschaft – es fehlt uns an nichts. Zwar ist es immer noch schwierig, sich mit dem Umstand abzufinden, daß wir vielleicht nie eine Küste erreichen werden, daß ich mich nie wieder an dem Lärm spielender Kinder erfreuen, daß ich nie ein eigenes Kind haben, nie mehr ein Baseball-Spiel sehen oder ohne Mangel sein werde, aber so spielt das Leben nun einmal. Niemand bekommt alles, was er sich wünscht. Wie John müssen wir lernen, unser Leben, wie es nun einmal ist, hinzunehmen, uns in dieser Welt wohl zu fühlen; und wie Rick dürfen wir nie die Hoffnung verlieren, daß wir unsere Notlage überwinden und entkommen können, oder wir müssen zumindest daran arbeiten, daß unsere Welt ein wenig besser wird.

Selbst Phil scheint unser dahintreibendes Leben zu akzeptieren. An stürmischen Tagen zappelt er nicht mehr wie ein Wurm auf einer heißen Platte hin und her, immer bereit, zum Eingang zu springen. Er ist nicht nur ruhiger geworden, sondern geradezu enthusiastisch. Wartet nur, was wir morgen fangen!

Wenn es nachts regnet, haben wir kein Licht mehr, das uns beim Herumgehen und Füllen der Kanister helfen könnte, aber das macht nichts. Wir kennen unsere Aufgaben. Wenn wir nichts sehen können, lernen wir eben, ohne Licht auszukommen. Ich habe kein Mitleid mehr mit Blinden. Wenn man behindert ist, begrenzt in seinen Möglichkeiten, vom Schicksal geschlagen, entdeckt man Dinge, die man zuvor nie zur Kenntnis genommen hat. Man lernt, Dinge um einen herum und in einem selbst zu gebrauchen, für die man selbst mit sehenden Augen blind gewesen ist. Man kann immer lernen, klarzukommen.

Eines Nachmittags gibt John mir, den Finger auf die Lippen gelegt, ein Stück Papier, das er zu einem kleinen Klümpchen gefaltet hat. Ich falte es auseinander, frage mich, welche Botschaft mir die Schatten aus dem Jenseits durch John zukommen lassen wollen, aber die Notiz ist sehr viel erdverbundener. Wühlt geradezu im Dreck, könnte man sagen. »Meinst du, wir könnten den Köderbrei braten? Vielleicht würde er dann besser schmecken«, steht auf dem Zettel. Eine begnadete Idee. Ich nicke. »Ja, ja!«

Ich verrühre etwas von dem Brei mit Mehl und brate ihn direkt an. Er geht in der Pfanne auf wie kleine Kuchen. Einige Löffel Marmelade dazu, umrühren, und die »Köder-Knusperkugeln«, wie wir sie nennen, bekommen einen Überzug. Sie sind völlig anders als der elende Brei, den wir kaum hinunterwürgen konnten. Jetzt naschen wir knakkige, süße Kekse, die sogar besser sind als unsere alten gekauften Naschereien. Die Knusperkugeln sind wie gefundenes Geld. Sie schulden uns nichts. Sie waren auf unserem Speiseplan nicht vorgesehen, daher essen wir sie an zwei Tagen zu drei Mahlzeiten auf. Klar ist das Abfall, aber es ist wirklich leckerer Abfall.

Weil wir kochen können, wird nichts verschwendet. Jeder einzelne Bestandteil der Fische wird verbraucht, mit Ausnahme der Schuppen. Zwischen den Wirbeln saugen wir die Flüssigkeit heraus. Die Haut wird zu dünnen Chips gebraten, die wir besonders gern mögen. Selbst die Gräten und Flossen kochen wir in Wasser, bis sie weich genug sind, um sie zu essen.

Obwohl wir es nie zugeben würden, sind dies in vieler Hinsicht die besten Tage unseres Lebens. Unsere Geduld bei der Jagd, unsere Ehrfurcht gegenüber unserem Fang, unser zunehmendes Wissen über unsere Umgebung und die Rohmaterialien, die wir dort vorfinden und die uns erlauben, Werkzeuge zu schaffen und sie zu verbessern, wie auch das Fehlen von Abfall sind allesamt Anzeichen einer höchst wertvollen Veränderung. Obwohl wir in einer Welt aus Wasser leben, nicht in einer Welt aus Eis, denke ich gern, ein Eskimo würde uns für ebenbürtig erachten.

Fische. Fische. Fische. Sie beherrschen unsere Gedanken und Wünsche. Sie sind immer wieder zu uns zurückgekehrt, und uns ist es weiterhin gutgegangen. Bis vor kurzem tauchten sie vor allem im Morgengrauen und in der Abenddämmerung auf, aber je wärmer das Wasser wird, in das wir an immer längeren und wärmeren Tagen treiben, desto mehr schwärmen sie um unser Floß herum, zumindest in Sichtweite. Ich angle nach ihnen mit Federn und Aluminiumfolie, die ich um einige Stahlmuttern gewickelt habe, die ihrerseits an der orangefarbenen PVC-Stange hängen, die wiederum Bestandteil unseres Fischernetzes war. Auf und ab, auf und ab. Sie kommen neugierig heran und folgen dem Blinker nach oben, wo Phil »Zauberspeer« sie mit seinem gekrümmten, tödlichen Haken erwartet. Je mehr Fische wir fangen, desto mehr treibt es uns dazu, weiter zu jagen. Wir vergessen ganz, nach Schiffen Ausschau zu halten. Vielleicht haben wir uns an unsere feindliche Umgebung angepaßt, oder aber wir sind die Opfer unserer eigenen Freßgier. Wir beginnen zu wissen, daß sie dasein werden, jeden Morgen aufs Neue, wenn wir aufstehen. Wir beginnen zu wissen, daß wir so viele fangen werden, wie wir wollen.

Es ist wirklich überhaupt kein Essig mehr übrig, also bleibt uns nur die Sonne, um unsere Vorräte haltbar zu machen. Wir ziehen Fischstäbchen auf Schnüre und hängen sie in die Takelage, bis sie hart sind. Dann fädeln wir sie durch die Ofenroste und klemmen sie mit einem Stück von der Krebsfalle sicher fest. Damit sie trocken bleiben, nehmen wir sie über Nacht mit nach unten, wo sie beim Kochen unserer warmen Mahlzeit in den Dämpfen geräuchert werden. Aber wir interessieren uns immer mehr für frischen Fisch, je nach Wunsch zubereitet.

Zuerst fangen wir einen, vielleicht zwei sechs- bis zehnpfündige Gelbschwänze am Tag und debattieren darüber, ob wir pro Tag ein halbes Filet (einen Viertel des Fisches) essen sollen oder nicht. Wir einigen uns auf ein halbes Filet geteilt durch zwei, zu zwei Mahlzeiten.

Es dauert nicht lange, und wir fangen drei oder vier Fische am Tag und debattieren jetzt darüber, ob wir ein ganzes Filet pro Tag essen sollen, wiederum verteilt auf zwei Mahlzeiten. Wir leben wirklich im Überfluß.

Eines Tages speeren wir einen Rekordfang von fünf Königsmakrelen. Jetzt ist es nur noch ein kleiner Schritt bis zu einem ganzen Fisch für jeden, und wir witzeln über den Tag, der sicherlich bald kommen wird, wenn unser Rentenfonds überfließt und wir uns einen solchen Luxus leisten können.

Phil scheint sich in einen Großwildjäger verwandelt zu haben. Er ist inzwischen ein Meister seines Fachs und stolziert selbstbewußt mit geschwellter Brust einher. Wir jubeln unserem nautischen Gladiator zu, wenn er sich in die Arena begibt, um mit Neptun zu streiten und reiche Beute zu erringen. Wir sind froh und belustigt zugleich über seine stolze Haltung und das Vertrauen, das er selbst in seine Rolle als Versorger hat. Wenn Phils Erfolg nachläßt, selbst wenn er nur einen einzigen Fisch verfehlt, zieht er das Ende des Speers aus dem Wasser und untersucht die Spitze, als könne damit etwas nicht ganz stimmen.

Ich hingegen finde mich einmal mehr im Restaurantgeschäft wieder, ein Meisterkoch, der auf Bestellung arbeitet. Essen ist der Mittelpunkt unseres Lebens. Alle stehen um mich herum und sehen mir unverwandt zu, wenn ich aus dem, was wir vom Boot klauben und aus dem Meer ernten, unseren gemeinsamen Lebenssinn entstehen lasse.

Rick sagt mir, er möchte seins auf jeder Seite vierzig Sekunden gebraten. Er stoppt die Zeit, probiert, sagt: »Das ist nicht durch. Nochmal zehn Sekunden auf jeder Seite« – und schickt es in die Küche zurück.

Phil stellt sich mit seinem Fisch weniger an. »Mir egal, wie du ihn machst, er muß nur durch sein.« Aber er verabscheut die Entenmuscheln. Er möchte eine besondere Suppe ohne die Muscheln, nur für sich. Wir überstimmen ihn. Es muß der Anblick der Entenmuscheln sein, der ihn anwidert, denn manchmal mische ich ihm heimlich ein paar unter seine Portion, und er schaufelt sie anstandslos in sich hinein.

John nimmt das Essen, wie es gerade kommt, und läßt ein ekstatisches Stöhnen hören, wenn er etwas probiert, das ich neu auf den Tisch bringe. »Wir haben es noch nie so gut gehabt«, sagt er.

Gelegentlich dünste ich Fisch in Milch aus Milchpulver oder in einer Sauce aus kurzgebratenen Fischinnereien. Rick ist beeindruckt von den vielfältigen Variationen, die ich anbieten kann. Wir können uns kaum Extravaganzen leisten, aber Marmeladenkekse und kleine Happen Dosennahrung oder Stücke von unserem restlichen Obst bieten Abwechslung. Einmal hatten wir noch einen Albatros zum Abendessen, und ein anderes Mal einen kleineren Vogel, den Phil und Rick gefangen hatten. Aber es ist die Verwendung verschiedener Gewürze und gewisser Kleinigkeiten als Garnitur, die den größten Unterschied in unserer Fischkost ausmachen, einen Tag süß, herzhaft am nächsten.

Meistens allerdings brate ich unseren Fang. Wenn ich in der Ecke lehne, die Pfanne zwanzig Zentimeter vom Gesicht entfernt, hält einer meiner Kameraden ein Gitter darüber, damit das siedende Öl nicht in mein Gesicht spritzt. Wenn das Stück Fisch gewendet werden muß, zieht er die Abdeckung weg. Schweiß rinnt mir über Stirn, Wangen und Nase. Fettiger Dampf und zischendes Öl greifen mein Gesicht und meine Lungen an. Mein Kopf schmerzt, meine Augen brennen, und die Brust tut mir weh. Aber die Belohnung folgt auf dem Fuße: Mein Stück ist an der Reihe.

Unser heutiges Mahl beginnen wir mit Trockenfisch als Appetitanreger: durch Grillroste gefädelte Fischstreifen, in der Sonne getrocknet und im Cockpit leicht geräuchert in den aufsteigenden Dämpfen vergangener Mahlzeiten. Darauf folgt ein Hors d'oeuvre aus gekochten Schalentieren mit Knoblauch und Pfefferkörnern, danach wiederum eine Vorspeise aus kurzgebratenen Fischinnereien mit chinesischer Grillsauce. Die Suppe des Tages ist Fischkopfbouillon mit Seetang. Als Hauptgericht führen wir uns frische Königsmakrelenfilets zu Gemüte, in der Pfanne gebraten und nach Wunsch durchgegart. Zum Dessert reichen wir gebratene Küchlein, glasiert in Erdbeermarmelade. Wünschen Sie eine Tasse heißen Tee oder kühles, klares Regenwasser, Sir?

In den kurzen Pausen zwischen den Gängen entfliehen wir der Hitze in der Kajüte und schnappen etwas frische Luft auf dem Promenadendeck, blicken zu den Sternen hinauf, plaudern über den nächsten Gang und darüber, wie sich die Fischlage unten auf der Rose-Noëlle-Straße zu gestalten scheint. Nach dem Essen lehnen wir uns zurück, satt und zufrieden. Mr. Hofman schlägt vor: »Eh, Mr. Glennie, was den versprochenen Nachtisch angeht – wie wäre es jetzt damit?«

John schüttelt nur den Kopf. »Philip, du hast genug gegessen. Sei dankbar für das, was du hast.«

Trotz unseres Erfolges mit den Fischen stibitzen wir immer noch nicht-fischige Leckereien aus den Schiffsvorräten. Eines Tages entdeckt Rick mich mit verräterischen Milchpulverspuren im Bart. An einem anderen Tag erwische ich ihn. Aber es sind nicht nur wir. Nachts, wenn es dunkel wird, zieht ein Geruch nach Rindsbouillon durch die Höhle. Rick erklärt lauthals: »Ich rieche Rinderbrühe. Ich kann auch Tandoorigewürz riechen!« Absolute Totenstille. Er stößt mich in die Seite, und ich ihn auch; wir wissen um das Grinsen auf dem Gesicht des anderen. »Ich glaube, es gibt hier Ratten in den Schränken«, spöttelt Rick weiter. Wir stellen uns Johns Hände vor, wie sie, nur Zentimeter von der Keksdose entfernt, erstarrt darauf warten, daß er den Deckel im Schutz anderer Geräusche wieder schließen kann, aber es bleibt still, sehr, sehr still. Nach einer Weile machen wir es uns wieder gemütlich, und der Geruch verschwindet. Fast jede Nacht erleben wir das gleiche, begleitet von einer Vielfalt von Gerüchen: Hefeextrakt, Curry, Hühnerbrühe, Senf ... Es kann nur John sein. Phil hat es immer abgelehnt, innen auf der dunklen Seite vor dem Schrank zu schlafen, in dem die Gewürze untergebracht sind.

Wenn Gewürze und andere Aromastoffe verschwinden, ist das eine Sache, aber unser Vorrat an wertvollen Kiwis hat sich verringert. Am Anfang waren es fast einhundert, vor wenigen Wochen hatten wir noch vierzig Früchte, und jetzt sind es nur noch ein Dutzend. Ich gebe ja zu, daß ich Kiwis geklaut habe, aber das ist schon einige Wochen her, und ich weiß, daß ich es jetzt nicht bin. Aber wer ist es dann? Ich bin genervt. Rick ist stocksauer. John ist ebenfalls wütend. Und Phil ist außer sich. Zeit für eine Notstandsgesetzgebung.

John, Rick und ich wissen, daß wir drei heimlich Essen genommen haben, daher sind wir so vorsichtig, nicht mit dem Finger auf jemanden zu zeigen. Wir halten uns auch nicht damit auf abzustreiten, daß wir gestohlen haben, sondern versuchen, uns hinter unerschrockenen Attacken zu verbergen, die das betreffen, was wir nicht gestohlen haben. »Ich weiß nicht, was mit diesen Kiwis passiert ist«, sage ich, »aber ich habe sie vor zwei Wochen noch gezählt, und jetzt sind es todsicher etliche weniger.« Natürlich habe ich meine davor geklaut, aber was soll's ...

»Ja. Irgend jemand ist hier ganz besonders schlau«, stimmt Rick zu und beobachtet Phil aus dem Augenwinkel.

Unseren Verdächtigungen gegenüber Phil liegt eine grausame Ironie zugrunde. Keiner von uns kann beweisen, daß Phil auch nur irgend etwas gestohlen hat, aber er ist so aufs Essen fixiert, daß er einfach schuldig sein muß, nicht wahr? Immer wenn Rick und ich Phil allein auf die Achterkajüte zusteuern sehen, nicken wir einander zu wie ein Paar Kaufhausdetektive. Einer von uns verfolgt ihn, behält jede seiner Bewegungen heimlich im Auge. Wer sagt, das Leben sei gerecht?

Wir spielen mit dem Gedanken, alle noch übrigen Vorräte gleich jetzt zu verteilen, dann kann jeder seinen Anteil aufessen, wie es ihm gefällt, aber das scheint nicht ratsam. Keiner würde seinen ganzen Anteil gleich jetzt essen wollen, also hätten wir am Ende vier verschiedene Verstecke, die sicherlich irgendwie durcheinandergebracht würden, und das Hickhack wäre am Ende noch schlimmer. Wir entscheiden uns für eine Doppelstrategie. Erstens soll nie jemand allein in der Kajüte sein. Zweitens stellen wir eine Liste der restlichen Vorräte zusammen und wählen davon die wichtigsten aus: ein volles Glas Erdbeermarmelade, ein halbes Kilo braunen Zucker, ein Viertel Liter Honig, 250 Gramm Hefeextrakt, ein Viertel Kilo Brotkrümel und eine halbe Flasche billige Grillsauce. Diese Dinge verstauen wir in einem Schapp, das sich in dem Tunnel befindet, der zu unserer Höhle führt. Er ist von drinnen und draußen einsehbar, und das Fach ist mit einem gefalteten Kissen bedeckt. Es ist so gut wie ein Tresor.

Praktischerweise für uns Diebe lassen wir das restliche halbe Kilo Milchpulver und die Gewürze draußen, weil sie so häufig gebraucht werden. Niemand hält sich damit auf, etwas von unserem halben Kilo Reis, den acht Dosen verschiedener Nahrungsmittel oder dem Kilo Mehl zu stehlen. Wir teilen die Kiwis unter uns auf und essen sie alle im Laufe der nächsten Tage, dann ist das ausgestanden. Damit findet unsere Bestandsaufnahme ebenso ein Ende wie der letzte Rest gegenseitigen Vertrauens, das wir bis jetzt noch gehegt haben mögen.

»Wie wär's, wenn wir uns alle mit dem Kochen abwechseln würden?« schlägt Rick vor.

John erklärt: »Ich finde, Jim hat das bisher sehr gut gemacht. Er hat einige wirklich leckere Mahlzeiten zubereitet. Ich bin damit zufrieden, daß Jim kocht.«

Phil wendet sich mir zu und sagt: »Das hast du wirklich immer verdammt gut gemacht, Jim. Ich kann sowieso nicht kochen.«

Fall abgeschlossen.

Mag sein, daß wir unsere trostlose Lage akzeptieren, aber das einzige, was uns hier wirklich Freude macht, ist das Essen, und ich bestimme über diese Quelle der Freude. Niemand sagt mir, was ich zubereiten soll und wann. Ich wähle aus. Ich lege sogar im großen und ganzen fest, wieviel wir essen. Ich sehe zu, wie sich die Mannschaft um den Kochtopf versammelt, während ich meinen magischen Löffel kreisen lasse. Mit leuchtenden Kinderaugen, groß wie Untertassen, warten sie gespannt auf das Ergebnis. Phil ist »der Zauberspeer«, aber ich bin der Hexenmeister. Vielleicht hat Rick Angst vor meiner Macht. Vielleicht beneidet er mich darum. Aber ich spüre, daß er von mir enttäuscht ist. Der Zauber, der uns einander so nahe brachte, biegt sich, gibt nach, droht zu zerbrechen.

Ich krieche aus der Höhle und entdecke Rick bei der Arbeit an dem neuen Kescher, den wir gemeinsam entworfen haben und den wir auch gemeinsam bauen wollten. Ich zucke zusammen, als hätte er mich geschlagen. Dies ist eins der scheinbar unbedeutenden Dinge, über die man nicht spricht, so als würde man einen Laden in der Nachbarschaft betreten und dort die eigene Freundin vorfinden, wie sie sich mit einem Mann unterhält, den man nicht kennt. Die Gedanken laufen mit dir davon. Ob du willst oder nicht, in den unbewachten Winkeln deines Hirns wälzen sich deine Freundin und dieser Mann miteinander im Bett. Ich sage nichts zu Rick, und er sagt nichts zu mir. Er blickt nicht einmal auf.

An einem anderen Tag fragt mich Rick, ob er mir beim Kochen helfen kann. »Klar, wenn du willst«, antworte ich ihm. Aber ich sage ihm nicht, wann ich mit dem Kochen anfange. John ist da. Seine lebhafte Stimme und sein spitzbübisches Gesicht erzählen amüsante Geschichten aus seiner Zeit als schäbiger Gastronomie-Lieferant in Sydney, als er jeden Abend fünfundzwanzig Hühnerbrüste entbeinen mußte, die er dann zum Ausliefern in den Kofferraum seines Wagens warf. Er hat nie viel Geld damit verdient, aber es machte Spaß. Ich stelle fest, daß ich mich in Johns Gesellschaft wohl fühle. John probiert einen Löffel von meiner Brühe. »Ah, lecker.« Rick kriecht in die Höhle und findet uns dort zusammen. Rick starrt mich an, bis ich aufblicke und in seine kalten, stahlharten Augen sehe.

Fische, Fische, Fische und Essen. Fische, Fische, Fische und Essen. Wir können den nächsten Morgen und die nächste Runde der Jagd kaum erwarten. Bei den Mahlzeiten, fast noch bevor alle Stücke durchgebraten sind, stürzen Phil und Rick nach vorn und schnappen sich ihren Anteil wie hungrige Hunde. Ich bin zum Schnellkoch geworden. Jeder will seinen Fisch möglichst sofort haben und anders zubereitet als den Fisch des anderen. Dann ziehen sie sich zurück, um ihr persönliches Gericht zu essen. Je bombastischer die Mahlzeiten werden, desto hektischer wird die Atmosphäre, desto isolierter und unpersönlicher. Seit dieses Restaurant eröffnet wurde, hat sich vieles geändert.

Jagen und Essen sind die einzigen Themen unseres täglichen Lebens, um die sich jetzt alles dreht. Für sich genommen, sind sie so einfach wie der Weg zur Arbeit am Morgen und das Einkaufen im Laden an der Ecke auf dem Heimweg, aber die Tentakel ihrer Implikationen reichen weit und betreffen alle Bereiche unseres Lebens. Das Essen droht die Stabilität unserer Beziehungen zu gefährden.

Phil holt noch eine Königsmakrele aus dem Meer, und Rick steht mit seinem neuen, oben breiteren Kescher bereit, der mühelos durchs Wasser gleitet. Phil berührt die Fische nie richtig, bevor sie nicht zubereitet sind, aber jetzt sagt er Rick, er solle mit dem Netz einen Moment warten. Phil greift hinein und holt die Königsmakrele heraus, hält sie in seinen ausgestreckten Händen wie ein langes Sandwich. Er dreht den Fisch, bewundert ihn aus jedem Winkel. »Das ist ein schönes Exemplar, aber ich glaube, die gestern war viel größer.« Als er mit dem Tätscheln seines Fisches fertig ist, reicht er ihn zu mir auf den Kiel hinauf, wo wir, die Essensvorbereiter, unsere Arbeit tun. John zeigt mir seine Technik des Filetierens, und wir unterhalten uns darüber, was wir tun wollen, wenn wir zurückkommen.

Unter uns tauschen die Jäger Bemerkungen aus. »Den hast du genau an der richtigen Stelle getroffen, Phil.«

»Nun, du warst auch gleich mit dem Netz da, Rick.« Sie sprechen über ihre Kinder und Motorräder und die Zeit damals, als sie in Auckland aufwuchsen.

John und ich sind nach und nach schwächer geworden. Unsere Bewegungen sind gezielt, aber apathisch. Rick sieht immer noch am ausgezehrtesten aus, er schwankt unsicher hin und her, wenn er mit dem Netz in der Hand dasteht und wartet. Phil ist so fit wie ein Ratterich. Vielleicht war er noch nie besser in Form. Er strotzt vor Vitalität, biegt und wendet sich wie ein Turner. Wir ziehen ihn damit auf, daß seine Frau ihn nicht wiedererkennen wird. Noch immer hat er keine einzige Herztablette genommen. Die Medikamentenflasche ruht vergessen in irgendeinem Fach.

Wir anderen müssen uns abmühen, um vom Seitendeck auf den Kiel zu klettern. Als hätte er Mitleid mit uns, taucht Phil in einen der äußeren Rümpfe hinunter und holt eine Leiter, die wir am Hauptrumpf festbinden, so daß wir jetzt zwischen unseren oberen und unteren Posten eine bequeme Treppe benutzen können. Während wir langsam immer mehr nachlassen, ist Phil begierig darauf, Wachen zu übernehmen, den Abwasch zu machen, mit dem Kompaß die Windrichtung zu prüfen. Und er ist immer bereit zum Fischen. Eines Morgens, nach einem leichten Regenschauer, fragt sich einer von uns laut, ob es nicht eine gute Idee wäre, nach dem Eimer am Mast zu sehen, aber keiner reagiert, bis es plötzlich aus Phil herausbricht: »Jesses, muß ich denn hier die ganze Arbeit machen?« Noch bevor wir müde lächeln können, ist er draußen. Wovon zum Teufel spricht er bloß? fragen wir uns alle.

Phil ist so überschwenglich, daß er seine Prophezeihungen unseres sicheren Untergangs, die Hunderte von Stunden, die er auf Deckenpatrouille verbracht hat, völlig vergessen zu haben scheint. Jetzt kümmert er sich nur noch um Leben und Tod der Fische und seine eigene glorreiche Rückkehr an Land. Jetzt mag er dieses Boot. Er mag es so sehr, daß er John erzählt, er möchte es kaufen, wenn es an Land treibt. In dem seltsamen »Zwischenbereich«, in dem wir leben, erscheint das völlig vernünftig, zumindest in Johns Augen. Sie verhandeln sogar schon über den Preis. Wieviel ist dieses schleim- und muschelbedeckte, entmastete, halb geflutete, auseinandergenommene Wrack wert? Nun, es scheint, daß John es für zehntausend Dollar »hergeben« will. Phil seinerseits meint, das sei »etwas zuviel«. Wie wäre es mit achttausend? John will darüber nachdenken, aber er bietet Phil auch an an, ihm bei der Verschönerung der guten alten Rose zur Hand zu gehen. Ich schätze, es ist keine unlösbare Aufgabe, ein gekentertes Boot wieder fit zu machen, wenn es erst einmal sanft an einem weichen, weißen Strand gelandet ist.

Doch wie Rick und ich scheinen sich auch Phil und John auseinanderzuleben. Über den möglichen Verkauf der Rose-Noëlle zu feilschen wird zur Konfrontation. Nebeneinander liegend, die Nasen zur Decke gerichtet, streiten Phil und John Ohr an Ohr. John kritisiert an Phils derzeitigem Boot herum, aber jetzt, nicht länger eingeschüchtert, schlägt Phil zurück. Er beschreibt detailliert die robuste Konstruktion seines Bootes.

»Haha! Das Ding sinkt wie ein Stein, wenn es von einem Wal gerammt wird«, sagt John.

»Moment mal, John. Das ist ein verdammt feines Boot, John. Es ist mein Zuhause. Karen und die Kinder leben da.«

»Nun, zumindest hast du etwas, zu dem du zurückkehren kannst, Phil«, stöhnt John. »Du weißt gar nicht, wie gut du es hast.«

»Heute ist Kneipenabend, Phil!« unterbricht Rick.

»Oh, ja!« sagt Phil verträumt, unschwer von Johns übellauniger, diktatorischer Art abzulenken. »Ich könnte jetzt auf einen frisch gezapften Halben. Und auf eine Zigarette.«

»Eine Sache, die ich nicht ausstehen kann«, sagt John, »ist, wenn Leute auf mein Boot kommen, Bier mitbringen und es überall auf meinen Kissen verschütten, Zigaretten rauchen und sie an ihren Schuhsohlen ausdrücken.«

»Worüber regst du dich auf, John? Dich hat keiner gefragt«, sagt Rick. »Was ist schon dabei, wenn man ab und zu mal einen hebt? Warum hackst du überhaupt immer auf Phil herum?«

»Keine Sorge, Mann«, beruhigt der Rick. »Ich kann mich schon gegen John durchsetzen.« Und recht hat er.

Auf Deck vertraut John mir immer mehr Dinge an. Er erzählt, daß er Rick noch nie mochte, daß er aber Phil auch nicht mehr mag. Ich will ihm nicht zuhören. Ich sage zu John, daß wir miteinander auskommen müssen, wenn wir überleben wollen, und er sagt »Ich weiß«, so wie Leute auf die Nachricht reagieren, daß ein Freund gestorben ist. Ich möchte alle an Bord der Rose-Noëlle gern haben, versuche, jedem meiner Kameraden zuzuhören und ihm so sehr ein Freund zu sein, wie ich eben kann. Ich bin der Vermittler zwischen verfeindeten Seiten, aber mehr und mehr betrachten Phil und Rick mich als Johns Abgesandten, als jemanden, der auf seiner Seite steht, gegen sie.

Die Wochen verstreichen, und ich krieche immer noch neben Rick unter unseren gemeinsamen Schlafsack, aber wir beginnen, uns über Kleinigkeiten zu streiten. »Heh, heh, ich brauch' mehr Platz, Kumpel.« Wir greifen nach der

Ecke des Schlafsacks und reißen daran, um ihn über uns zu zerren, was erst nach heftigem Tauziehen gelingt. Während des Tages sprechen wir zueinander, aber nicht mehr miteinander, wie wir es früher so oft taten. Die Tiefgründigkeit unserer Konversation beschränkt sich auf ein »Gib mir mal dies« oder »Hol doch mal jenes«.

Wenn John und ich auf dem Kiel sitzen und auf den nächsten Fisch warten, sind wir nur wenige Meter von Phil und Rick entfernt, aber was uns trennt, scheint ein unermeßlicher Abgrund zu sein. Wir haben unseren Job, und sie haben ihren. Ach, scheiß drauf.

John zieht einen Stapel Fotos von einem sagenhaften Wohnhaus heraus, eingebettet in einen großzügigen Garten. Wir sprechen über Landschaftsgestaltung und über seine Schwester, die dort lebt. John erzählt mir, wie er in einer musikalischen Umgebung aufwuchs. Er erzählt mir von seinem Bruder, davon, wie er sich in einen Pfirsichgarten geschlichen und sich mit den herrlichen, saftigen Früchten vollgestopft hatte. John erzählt mir von den Frauen, die er gekannt hat, von der Mutter seines Sohnes, die er immer noch als Freundin betrachtet, und von der Mutter seiner Tochter, von der er vor kurzem geschieden wurde. Er erzählt mir von seinem Sohn und wie sehr er ihn vermißt, von seiner Tochter, die er noch nicht einmal kennengelernt hat. Er spricht immer noch davon, daß er sein Buch schreiben will, wenn wir zurückkommen, aber warum auch nicht? Er hat alles verloren. Alles, was er besitzt, ist dieses Wrack, auf dem wir dahintreiben. Wir sprechen über Thailand und unseren Wunsch, dorthin zu reisen. Er fragt mich nach meinem Leben und dem Ort, wo ich herkomme. John wird sehr viel mehr als die bloße Pappfigur, die ich bisher in ihm gesehen habe. Er erscheint vollständiger, runder. Auch John hat etwas, zu dem er zurückkehrt, einen Grund zu überleben.

Als Johns Stift zu Ende geht, befiehlt er Rick, den Stift herzugeben, mit dem all die Briefe an Heather geschrieben wurden. Ich halte mich da raus. Überraschenderweise macht Rick einen Rückzieher und gibt John den Stift.

Ich glaube nicht, daß John seine freundschaftliche Beziehung zu Phil vermißt, und ich denke, Phil ist ganz glücklich, nicht mehr so an dem großartigen Glennie-Vorbild zu kleben. Schließlich hat Phil jetzt selbst das große Abenteuer kennengelernt, und während wir immer schwächer werden, stellt er fest, daß er der stärkste von uns allen ist.

Aber ich vermisse Rick fürchterlich. Wir haben unser gegenseitiges Vertrauen verloren. Vielleicht stimmt es nicht, aber ich habe das Gefühl, als würde Rick Phil Dinge über mich erzählen. Vielleicht sagt er Phil all die Sachen, die er an mir nicht mag, die Sachen, von denen ich fürchtete, er würde sie mir erzählen, als er mir, vor ewigen Zeiten, genug vertraute, um mich zu fragen, was ich an ihm nicht mag. Ich frage mich immer wieder, ob ich ihn nicht geradeheraus ansprechen und diese ganze traurige Geschichte klären sollte, aber ich kann es einfach nicht über mich bringen. Ich sage mir, es sei seine Schuld, er sollte mich ansprechen. Er denkt zweifellos das gleiche. Es fehlt mir, daß ich mit Rick nicht mehr über meine Gedanken sprechen kann, mir fehlt seine Unterstützung ebenso wie die Möglichkeit, ihn von mir aus zu unterstützen; ich vermisse unsere gemütlichen Gespräche beim Tee. Ich möchte alles wieder gutmachen, aber so vieles ist zerbrochen, daß ich nicht weiß, wo ich anfangen soll. Die ganze Situation ist so unangenehm, wie es bisher nur das Ende von Beziehungen war, die mich mit einer Frau verbanden. Und hier gibt es keinen Ort, an den man fliehen, an dem man sich verstecken könnte. Um ehrlich zu sein, ich kann seinen Anblick nicht mehr ertragen und er meinen auch nicht.

Ich ziehe das Tuch zurück, das die Schüssel aus rostfreiem Stahl bedeckt, und enthülle unser Abendbrot, bestehend aus vier Fischfilets. Phil und Rick haben ihre Nasen dabei wie immer praktisch auf dem Teller. Vielleicht bilde ich es mir ein, aber mit jedem Tag erscheinen mir ihre Augen fiebriger. Sie beobachten jede meiner Bewegungen genau, während ich den Fisch brate und die Filets auf die Teller verteile.

»Heh, Moment mal«, sagt Phil. »Was ist mit dem da in der Ecke? Das ist viel größer als das auf meinem Teller. Gib mir das da.«

»Aber sicher, Phil.« Ich tausche die Filets aus, reiche dann Rick seinen Teller.

»Was ist mit dem in der Pfanne?« sagt er. »Ich will das in der Pfanne.«

»In Ordnung, Rick. Welches möchtest du, John?«

John und ich sehen uns an. Er lächelt ein wenig und zwinkert mir zu. Dann lehnt er sich nach vorn, seine Augen schießen zwischen den beiden übrigen Filets hin und her, während er immer noch grinst. »Das linke ist größer. Ich nehme das.« Ich mache Anstalten, es ihm aufzufüllen. »Ach, nein, nein, nein. Das rechte. Ich möchte das rechte. Es ist eindeutig größer.«

Am nächsten Tag sitzt John auf dem Kiel, damit beschäftigt, unseren Fang in Stücke zu schneiden. Er nimmt seine Arbeit unglaublich genau. Zunächst trennt er die beiden gleich großen Seiten des Fisches ab. Jedes Filet besteht aus einem dicken Steak im Rückenbereich, das zum Bauch hin und entlang der Rippen dünner wird. John schneidet das Filet in Längsrichtung auf. Wie ein Künstler gleicht er, so weit das menschenmöglich ist, den Unterschied in der Stärke zwischen oben und unten aus. Das untere Filet ist am Ende größer, aber recht dünn. Ich persönlich bevorzuge dieses Stück, weil es süßer und fetter ist. Das obere Steak ähnelt mehr einem Streifen, aber es ist ziemlich dick. Phil kommt den Gehweg entlang, die Augen auf gleicher Höhe mit dem Fisch. Er greift sich zwei Stücke frisch geschnittenes Filet. »Nennst du das gleich groß, John? Nennst du das gleich groß?«

»Sieh mal, Philip, wenn ich eine Waage hier hätte, könnte ich dir garantieren, daß sie genau gleich schwer sind.«

»Heh, John, ich möchte nur sicher gehen, daß ich meinen gerechten Anteil bekomme«, sagt Phil und zeigt mit dem Finger auf seine Brust.

»Philip, möchtest du das hier machen?«

Die Zeit bleibt stehen. »Oh, nein, nein, John.« Fast erwarte ich, »Zauberspeer« herausplatzen zu hören: »Ich fange sie, und du machst sie sauber«, aber er sagt nur: »Du machst das schon gut, John. Ich wollte nur sichergehen, daß sie gleich groß sind.«

Ich habe es so satt, daß Rick und Phil mit ihren fischgierigen Augen alles genauestens überprüfen, was wir tun. Ich habe ihre Andeutungen und Verdächtigungen satt. Als würden John und ich die größten Fischstücke auf unsere eigenen Teller manipulieren. Ich fange an, ihnen die Stücke zu geben, die kleiner aussehen, einfach um sie zu ärgern. Das ist alles andere als leicht, weil John so gut darin ist, gleich große Stücke zu schneiden, aber es lohnt die Mühe, einfach um sie verrückt spielen zu sehen. John und ich amüsieren uns königlich dabei. Ich schaffe es kaum, den Bratenwender mit dem Fisch in Richtung auf ihre Teller zu bewegen, da höre ich schon ein lautes: »Heh, heh, Moment mal!«

Aber mein eigenes Spiel wendet sich auch gegen mich. Ich stelle fest, daß ich immer weniger an den süßen Bauchfilets interessiert bin, sondern versuche, eins der dicken, fleischigen Stücke vom Rücken zu bekommen. Das ist es, was sie lieber mögen, also beginne auch ich, es vorzuziehen.

Es dauert nicht lange, bis Rick und Phil darauf bestehen, daß wir unsere Fischstücke abwechselnd aussuchen. Das entschärft zumindest das grundsätzliche Problem, daher stimmen wir alle zu. Aber wie? Wer wählt zuerst? Wir versuchen es mit dem Ziehen von Fischhölzchen. Von einem getrockneten Stock schälen wir die Rinde ab und schneiden ihn in vier verschieden lange Stücke. Phil versteckt sie hinter dem Rücken, mischt sie, hält sie dann vor sich hin. Wer den längsten zieht, darf zuerst.

Dieses System funktioniert nicht lange. Wir müssen feststellen, daß einer einfach deutlich mehr Glück haben kann als der andere und sehr viel öfter das längste Stück bekommt. Und vielleicht ist das eine Hölzchen auch nicht wirklich länger als das andere. Die Idee an sich mag schon in Ordnung sein, aber der ganze Vorgang hat sich vom Praktischen ins Lächerliche verkehrt.

Schließlich einigen wir uns auf eine abwechselnde Reihenfolge nach dem Alter. John, Phil, Jim und Rick. Als nächstes dann Phil, Jim, Rick und John. Und so weiter.

Man sollte denken, wir hätten die Fischgier endlich unter Kontrolle ... aber nein! Jetzt wählt einer nach dem anderen ein fertig zubereitetes Filet. John und ich schaufeln uns schnell eins auf den Teller, aber Phil und Rick untersuchen jedes Stück genau, nehmen jeden Krümel und jedes Stückchen Kruste zur Kenntnis. Wenn sie endlich damit fertig sind, ist das Essen kalt.

Also warum nicht wählen, bevor der Fisch gebraten wird? Jetzt tätscheln Rick und Phil jedes einzelne Stück, drehen und wenden es hin und her, ihre Augen leuchten vor Intensität, während sie jedes Stück visuell sezieren. Die Rädchen in ihrem Kopf scheinen von jedem Filet einen Querschnitt anzufertigen, das Ergebnis durch eine komplizierte Formel zu jagen und so das vermutliche Volumen und Gewicht zu kalkulieren. Manchmal kehren sie mehrmals zu einem Stück zurück, ehe sie sich endgültig entscheiden. Wer als letzter dran ist, bekommt ein übel zugerichtetes Filet, bedeckt mit fettigen Fingerabdrücken.

Und wenn ich dann den ganzen Fisch in der Pfanne am Schmurgeln habe, ist jedes Stück mit seinem Besitzer wie durch einen unsichtbaren Faden verbunden. Wenn ich die Pfanne bewege oder ihren Inhalt wende, werden die Köpfe meiner Schiffskameraden zur Seite gezogen, oder sie drehen sich mit.

Phil reagiert eines Abends besonders sauer, als es wieder einmal Zeit ist für Fischkopfsuppe. Wenn ich die Suppe mache, tauche ich die Köpfe einige Minuten in kochendes Wasser, um der Brühe Geschmack zu geben und sie zu garen. Dann lege ich jeweils einen Kopf auf die Teller meiner Kameraden. Aber unter den vier Fischköpfen, die normalerweise so groß sind wie ein Baseball, fällt einer heraus, der mindestens die Größe eines Softballs hat. Herrlicherweise darf ich als die Nummer eins auf dem Dienstplan zuerst wählen, und ich sage zu Phil, er werde ja wohl wissen, welchen ich nehme. Phil protestiert verzweifelt. »Dies ist eine besondere Situation«, beklagt er sich, während er all seinen Einfluß für eine Änderung unserer Verfassung geltend macht. Aber allen ist klar, daß Phil nur den großen Fischkopf auf seinem Teller sehen will, und es gibt keine Möglichkeit, die Köpfe zur gleichmäßigen Verteilung zu zerlegen. Sein Vorschlag einer besonderen Gesetzgebung für diese »besondere Situation« führt zu nichts.

Beim Auswählen zwinkert John mir oft zu, bevor er an der Reihe ist. Dann ahmt er Phil und Rick nach. Er nimmt jedes einzelne Stück hoch und untersucht es, dreht es sorgfältig in alle nur denkbaren Richtungen. Rick und Phil lehnen sich zu John hinüber, ihre Augen folgen ernsthaft und unentwegt jeder seiner Bewegungen, bis er das Stück ehrfürchtig wieder auf den Teller zurücklegt. Dann sagt er: »Hmmm, ich glaube, ich nehme das da – oh, wartet einen Moment, das scheint ein kleines bißchen größer zu sein. Nein, wenn ich genau hinschaue, ist das hier mein Stück.« Phil und Rick merken es nicht einmal. Wie Besessene, die einem komischen Zyniker gegenüberstehen, nehmen sie sein Spiel einfach als Bestätigung für die Ernsthaftigkeit dieser Fischgeschichte hin.

John, der die Nase schließlich gestrichen voll hat, schlägt vor, wir sollten zum Abendessen gewürfelten Fisch in

Sauce machen. Ausgeschlossen. Das würde bedeuten, daß einer einen Würfel mehr oder weniger bekommen könnte als der andere.

Während jeder Runde, vor jeder Mahlzeit, sind es John und ich, die einander entweder angrinsen und zuzwinkern, oder aber wir schütteln nur erstaunt die Köpfe. Manchmal scheint mir, ich kann ihn vor Frustration stöhnen hören.

Morgen für trostlosen Morgen rappeln wir uns beim ersten Anzeichen von Tageslicht aus der Kajüte hoch und beginnen, das Meer und einander anzugreifen. Außer den Fischen haben wir noch einen dritten Albatros gefangen und einen zweiten kleinen Sturmvogel. Die Brüste der Sturmvögel sind so winzig, daß sie nur wie zwei nebeneinandergelegte Finger sind, aber wir sind genauso scharf darauf wie auf alles Eßbare. Wir essen einfach alles. Wir werden alles nur Erdenkliche essen. Ich frage mich, wie lange wir noch treiben werden, bevor wir anfangen, einander aufzuessen.

In wenigen Wochen haben wir uns weit vom Geist des Eskimos entfernt.

Ungefähr 19. September, Tag 108 nach der Kenterung

Nach mehreren mexikanischen Mahlzeiten, vier- oder fünfmal gebratenem Brot für alle und wer weiß wie vielen rohen Teigbällchen und kleinen Dänisch-Plunder-Teilchen sind unsere zehn Pfund Mehl verbraucht.

Am frühen Morgen sichten wir einen verschwommenen Wolkenstreifen im Südwesten, den wir für einen Kondensstreifen halten. Am Nachmittag machen wir noch einen zweiten Düsenstrahl aus – dieses Mal ganz eindeutig.

Ungefähr 25. September, Tag 114 nach der Kenterung

Rick sitzt auf dem Rumpf, sein Haar weht im frischen Wind, er hat die Arme um die Beine geschlungen und späht hinunter in das Fischloch. Keine Fische zu sehen.

John kommt aus dem Cockpit, um zu pinkeln. »Oh, da ist ein Boot«, sagt er in seiner üblichen leidenschaftslosen Art und Weise.

»Wo?«

John zeigt in die Richtung, und Ricks Augen erkennen nach und nach den Umriß von Segeln. John hat erstaunlich gute Augen. Rick ruft Phil und mich an Deck. Das Boot ist zu weit weg, als daß die Besatzung den Rauch sehen würde, den wir bei diesem Wind bestenfalls erzeugen könnten, aber wir freuen uns an seiner Form. Zwei Masten tragen drei Segel, und das Schiff bewegt sich mit der gleichen kraftvollen Zielgerichtetheit wie das Meer selbst.

»Das muß die Steinlager sein«, sagt Phil. Die Steinlager ist eine Rennyacht von internationalem Format, eine 15-Meter-Ketsch mit bis zu 700 Quadratmetern Segelfäche. Während wir mit einer Geschwindigkeit von einem halben Knoten dahintreiben, würde die Steinlager bei diesem Wind mindestens 10 Knoten segeln. Wir sind voller Neid. Gar nicht so weit entfernt arbeitet eine Mannschaft zusammen, um ihr Schiff im Einklang mit Wind und Wellen voranzubringen. Es sieht so kraftvoll aus, so stark. Trotzdem frage ich mich, was passieren würde, wenn dieses Schiff südlich von Kap Hoorn gegen einen Eisberg liefe. Wieviel Mannschaftsgeist wäre noch übrig, wenn die Besatzung erst einmal auf einem Rettungsfloß zusammengedrängt hockt?

Die Steinlager ist die einzige große neuseeländische Ketsch, die Phil einfällt und die sich so schnell vorwärtsbewegen würde. Sie muß wohl zum Training für das Rennen um die Welt draußen sein. Wir müssen uns demnach in Landnähe befinden! Wir müssen in der Nähe von Neuseeland sein! Rick bleibt skeptisch, aber wir anderen fühlen uns ermutigt.

Am 2. September, mehr als drei Wochen bevor wir dachten, wir hätten sie gesichtet, stieß die Steinlager zu ihren Mitbewerbern um das Whitbread-Rennen um die Welt über eine Distanz von dreißigtausend Seemeilen. Der Startschuß verhallte, und auf ging's, den Solent hinunter, die Küste von England entlang, eine halbe Welt entfernt.

Es ist die Mitte der siebzehnten Woche, seit wir auf dem Meer treiben, 116 Tage sind wir schon in dieser Zelle zusammengepfercht. Zumindest das Wetter ist wie Ende März in der nördlichen Hemisphäre, Frühlingsanfang in Neuseeland. Es regnet mehr denn je, aber Stürme sind selten. Wir scheinen ein gutes Stück nach Norden, in Richtung Äquator, getrieben zu sein. An den immer längeren, ruhigeren und wärmeren Tagen können wir viele Stunden im Exerzierhof unseres Gefängnisses verbringen. Noch ermutigender als das Wetter sind die immer größere Zahl von Vögeln und ganze Heerscharen von Bluebottle-Quallen. Sie schwimmen im Wasser gleich neben dem Boot, die bläulich gefärbten, wabernden Bluebottles, durchscheinende Hula-Röcke in Aktion, von der Größe eines Golfballs. Manchmal, wenn sie sich in den Fischteich zwischen den Rümpfen verirrt haben, bleiben einige der Tänzer tagelang bei uns. Rick und Phil schwören, daß es Bluebottles nur vor der Küste der neuseeländischen Nordinsel gibt, besonders in den wärmeren Gewässern des nördlichsten Landesteils. Wir müssen in Landnähe sein, sagen sie. Sie sind sich sogar sicher, daß wir in der Nähe von Auckland sein müssen.

Ein Flieger donnert über den Himmel. Wir sehen nicht nur die Turbulenzen dahinter, sondern sogar den ganzen Bauch des Tieres, das direkt über uns dahindröhnt, nicht mehr als dreitausend Meter hoch. Es muß landen oder starten, und der einzige denkbare Flughafen liegt zu Hause, in Neuseeland.

»Das ist so gut wie eine Ortung«, sagt John, untypischerweise ganz sehnsüchtig. Je mehr Phil sich an das Leben hier an Bord angepaßt hat, desto mehr ist John dessen müde geworden. Er denkt bei sich: Es reicht; wir haben diese Erfahrung durchlebt. Wir sind länger umhergetrieben als irgend jemand sonst. Können wir jetzt bitte nach Hause gehen? Wie ein Marathonläufer hat John sein Ziel erreicht, unter Beweis gestellt, was er beweisen wollte. Der Witz ist natürlich, daß andere, von denen wir nichts wissen, länger auf dem Meer umhergetrieben sind als wir. Es ist, als hätte jemand in aller Stille die Ziellinie verschoben; der Läufer überquert sie und geht nach Hause, nur um zu erfahren, daß sein Rekord von den Wechselfällen des Schicksals für ungültig erklärt wurde. Und so sollte es jedem ergehen, der darauf aus ist, in diesem Bereich Rekorde aufzustellen.

Dennoch möchte auch ich daran glauben. Ich möchte gleich hinter dem Horizont zu Hause sein. Alles, was wir sehen, alles, was meine Kameraden sagen, macht Sinn, aber vielleicht sind unsere Hoffnungen einfach nur Wunschdenken. Wir wünschen uns das Land viel zu sehr herbei.

Phil ist der einzige, der wirklich skeptisch ist. Er sagt: »Wenn ich einen Baßtölpel sehe, werde ich es glauben.« Erwachsene Baßtölpel entfernen sich nie weit von ihren Brutplätzen, von denen etliche in Neuseeland liegen. Es dauert keine zwei Stunden, da erblickt Phil einen sich nähernden Vogel. Seine langen, spitz zulaufenden weißen Flügel mit den schwarzen Streifen, sein gelb gekrönter Kopf, all dies bestätigt, daß es sich um einen Baßtölpel handelt; sogar Phil ist jetzt überzeugt, daß wir fast da sind. Aber als die Sonne untergeht, sind noch keine Anzeichen von Land zu sehen.

Nach dem Abendbrot unter Deck beginnt unser Brenner wie eine Kerze zu flackern. Wir beschließen, einen Abendspaziergang draußen auf dem Kiel zu machen, um den sternenübersäten Nachthimmel, den Mond und die frische Luft zu genießen. John kommt als letzter nach draußen. Rick schaut nach unten und sieht ein schwaches, flackerndes Leuchten im Rumpf. »John, du hast da unten doch nicht etwa das Gas angelassen, oder?«

»Hmmm«, John berührt mit seinen Fingern den Kopf. »Ich glaube doch.«

»Du hast was? Was soll das werden? Versuchst du, das Boot abzufackeln? Du weißt es doch wirklich besser! Du bist ein Idiot!« schreit Rick.

John sitzt still auf dem Kiel. Er würde gern wenigstens die Schönheit genießen, die der Abend zu bieten hat, aber er ist völlig kaputt. Er hat genug von dieser Reise. Er hat genug von Rick, aber er ist es noch mehr leid, sich ständig mit ihm zu streiten. Er reagiert nicht. Statt dessen nimmt er Ricks Schelte ruhig hin, in stiller Resignation. Schließlich gleitet er einfach nach unten, um dem Brenner Gesellschaft zu leisten.

»Sieh mal, Rick. Warum bist du so verdammt hart zu dem Typen?« sage ich.

Rick ist betroffen und denkt einen Moment nach. »Ja, du hast recht. Ich war hart zu ihm, aber das Boot hätte Feuer fangen können.« Er macht eine Pause. »Ich werde versuchen, netter zu ihm zu sein.«

Phil bietet an: »Ich bleibe hier oben und übernehme die erste Wache.«

Rick und ich klettern nach unten. Das Flackern des Gasbrenners erleuchtet noch immer die Höhle, oben am Kopfende des Bettes neben John. John sitzt in die Ecke gedrückt, den Rücken gegen den Rumpf gelehnt, mit dem Kopf an der Decke. Er blickt auf uns hinunter, als ich mich in der Mitte niederlasse und Rick sich neben mich legt. Wir liegen auf dem Rücken. Die abgestandene Luft ist heiß und stickig. Als Rick mit seinem wollenen Oberteil kämpft, um es auszuziehen, blickt er hinüber auf Johns Gesicht aus Stein. Die scharfe Nase und die tief gefurchte Stirn werfen dunkle, unheimliche Schatten auf die eine Hälfte von Johns Gesicht. Die andere Hälfte ist hell ausgeleuchtet. Angespannte Muskelstränge klammern sein spitzes Kinn an die gerade, dünne Linie der Lippen. In ihren tiefen, ausgehungerten Höhlen glänzen seine schwarzen Augen im Licht der reflektierten Flamme.

Rick hält inne, blickt John direkt an und schnauzt: »Wo starrst du hin? Was zum Teufel gibt's denn da zu sehen?«

Aotearoa: Land der langen weißen Wolke 14

28. September, 117 Tage nach der Kenterung

Die Rose-Noëlle gleitet über leicht gekräuselte, träge Wellen dahin. Die metallische Farbe des Wassers spiegelt den grauen Himmel wider. Eine lustlose Brise durchschneidet kaum die feuchte Mittagsluft. Rick sitzt allein auf dem Kiel, den Blick auf den öden Horizont gerichtet, den Kopf in beide Handflächen gestützt. Seine tränenden Augen bohren sich durch den Dunst, erspähen einen Fleck am Rande der Welt. Er ruft nicht: »Land in Sicht!« Er bewegt sich nicht.

Seit Tagen haben wir so viele Anzeichen von Landnähe gesehen – die Bluebottles, ein Düsenflugzeug, einen Baßtölpel und sogar eine lange, tiefhängende, blasse Wolkenbank am Horizont. Die Maoris nannten ihr Land »Aotearoa«, das Land der langen weißen Wolke. Es muß dort draußen sein, auf uns warten. Aber jedes hoffnungsvolle Anzeichen einer baldigen Landung wurde von bitterer Enttäuschung gefolgt. Wir alle waren uns schon so sicher, über dem Meer terrestrische Formen ausgemacht zu haben, nur um sie innerhalb von zwanzig Minuten zu nichts weiter als einer lausigen Wolke werden zu sehen. Vielleicht ist auch diese Erscheinung im Dunst nur ein Produkt unserer Phantasie, eine Bestätigung unseres Wunschdenkens. Rick rührt sich also nicht.

Ich strecke meinen Kopf nach draußen, sehe Rick und riskiere es, auf den Kiel hinauszuklettern und mich neben ihn zu setzen. Auch ich sehe den verschwommenen Holzkohleball am Horizont. Ich rutsche den Kiel hinauf und stelle mich hin, halte mich am Spinnakerbaum fest. Der

Punkt scheint etwas deutlicher zu werden. Ich blinzle, schließe abwechselnd das eine, dann das andere Auge, um sicher zu gehen, daß der Fleck seine Existenz nicht meiner eigenen, nachlassenden Sehkraft verdankt, suche den ganzen Horizont ab und blicke zurück, finde ihn unverändert. Ich gucke zu Rick hinunter und zurück zu der Stelle, von der ich jetzt den Eindruck habe, daß es Land sein muß. Nach unten und zurück, runter und zurück, wieder runter, und meine Augen begegnen Ricks, dann wenden wir uns beide ab. Schließlich hole ich einen Topf und rutsche auf das Seitendeck hinunter, um Entenmuscheln zu sammeln.

John taucht an Deck auf und setzt sich neben Rick, der auf den schmutzigen Fleck zeigt. In der Hocke, damit beschäftigt, die Muscheln vom Unterwasserschiff loszureißen, blicke ich auf. John sagt: »Ja, es sieht aus wie Land.«

»Das habe ich auch gedacht«, sage ich. Seit Rick es entdeckt hat, ist ungefähr eine Stunde vergangen, als Phil in Erscheinung tritt. »Was meinst du, Phil?« fragen wir und zeigen darauf.

»Oh, ja, du meine Güte, das ist Land!« Phil springt auf und tänzelt zum Mast. Er hält sich mit einer Hand fest, lehnt sich nach vorn und pendelt von einer Seite zur anderen, zieht eine Grußhand-über-dem-Auge-Nummer ab. »Verdammt, das ist Land. Ja, das ist Land, John. Es ist bestimmt Land.«

Den ganzen Nachmittag über bleibt der dunkle Umriß zu sehen, unscharf am Rand, aber er dehnt sich etwas aus und wird deutlicher. Wir unterdrücken unsere Aufregung. Wir wagen es nicht, das Schicksal herauszufordern. Wir wagen es nicht, uns Hoffnungen zu machen, nur damit eine leichte Änderung der Windrichtung sie davonweht. Daher machen wir weiter wie immer. John und ich sammeln Entenmuscheln. Phil und Rick lauern den Fischen auf. Teepause. Aber heute unterbrechen wir unsere Routinearbeiten alle paar Minuten, um wieder hinzusehen. Unsere größte Hoffnung, unser Gebet an die höheren Mächte, welche auch immer, besteht darin, am Morgen zu erwachen und den Fleck immer noch vorzufinden. Selbst in unseren Träumen wagen wir es nicht, weiter zu gehen.

DAS LEBEN IST UNGEWISS; ESSEN SIE DEN NACHTISCH ZUERST steht auf einem türgroßen Schild am Eingang von »Befores and Afters«, einem Restaurant, das einem Freund von mir in Wellington gehört. Er hat sich auf Vorspeisen und Desserts spezialisiert. Das sollte auch Phils Motto sein. Seit er und Rick Geburtstag hatten, liegt er John ständig in den Ohren wegen »Phils Leckerei« – ich meine Johns Leckerei. Ist es heute soweit? Schließlich stimmt John zu. Heute ist es soweit. Trotzdem verfolgt Phil ihn seit dem Morgengrauen. »Ist es schon Zeit, John? Wie wäre es jetzt?« John macht sich nicht die Mühe zu antworten.

Schließlich sagt John: »Wie wäre es mit Reispudding? Am besten gleich?«

»Scharfe Sache!« sagt Rick.

»Ah, ja, John, das hört sich großartig an«, sage ich.

»Wird auch verdammt noch mal Zeit«, meint schließlich Phil strahlend.

Nach einer Weile taucht John wieder auf mit einem dampfenden Topf Reispudding in der Hand, der die letzten Reste von unserem Reis, Zucker, den Rest Rosinen und Milchpulver enthält. Mit einer Tasse schaufelt er den Pudding heraus und in unsere Schüsseln, dann verteilt er einige kleine Pfirsichmonde dazu und schüttet den Fruchtsaft darüber, womit auch dieser Vorrat vernichtet wäre. Als Krönung löffelt er uns den Rest der fettarmen Sahne auf die Teller. Was für ein Fest!

Endlich feiern wir Johns Geburtstag. Es ist kaum zu glauben, daß er schon fast vier Monate zurückliegt. John hatte recht. Wir werden es schaffen. Wir haben länger überlebt, als ich es je für möglich gehalten hätte. Mit mehr als hundert Litern Wasser in den Tanks und unserem Erfolg im Fischfang könnten wir, wenn es sein müßte, noch wochenlang, vielleicht sogar monatelang weitermachen.

Flüssige Turbulenzen, ziellose Aktivität und der Zufall mögen den Mörtel bilden, der die Realität zusammenhält, aber menschliche Hoffnungen müssen auf beständigeren Fundamenten ruhen. Als Zuflucht vor der unerbittlichen Realität dienten uns dieses Boot und die grandiose Illusion, daß wir es ganz bestimmt schaffen würden. Johns typischer, anmaßender, dickköpfiger Optimismus, Ricks Geschick bei der Herstellung von Werkzeugen, meine Einteilung der Gewürze für das Essen des nächsten Tages und der Umstand, daß Phil zusätzliche Fische zum Trocknen fangen konnte – all dies beruhte auf der Hoffnung, daß wir Tag für Tag überleben würden, bis wir Land entdeckten. Und hier ist es. Wir sind noch am Leben, nicht in Übereinstimmung mit den Gesetzen der Quantenmechanik, sondern in Übereinstimmung mit dem menschlichen Bedürfnis, an die unserem Schicksal innewohnenden Möglichkeiten zu glauben. Menschen haben keine andere Wahl, als sich so zu verhalten, als ob ihr Leben sicher sei; heb den Nachtisch bis zum Ende auf.

29. September, Tag 118 nach der Kenterung

In der Tat enthüllt das Licht des Morgens eine feste, beständige Form, die noch immer direkt vor uns liegt. Der Wind hat nicht gedreht, das Meer ist unverändert, ebenso der bedeckte Himmel. Die Landmasse ist immer noch von einem trüben Ebenholzton, aber ihre Konturen sind klar erkennbar. Mehrere Inseln sind zu sehen, hoch aufragend mit bergigen Rücken.

John schätzt, daß wir noch etwa dreißig Meilen entfernt sind. Rick glaubt, alte Wasserwandergründe wiederzuerkennen. Die größte Insel, glaubt er, ist Great Barrier Island. Sie steht am Eingang des Hauraki-Golfes auf Wacht. Am Ende des Golfes, nur zweiundfünfzig Meilen entfernt, beherbergt Auckland, die größte Stadt und der größte Hafen Neuseelands, die Hälfte der Landesbevölkerung.

Es scheint unglaublich, daß wir hier sind, daß wir direkt in den Hafen hineintreiben und an einem Anleger festmachen könnten. Ricks Eltern leben in einem Vorort nur wenige hundert Meter vom Meer entfernt. Vielleicht werden wir an jenem Strand angespült und dort abgesetzt. Wir verdienten es; warum nicht?

Aber ist sich Rick sicher? Zu neunzig Prozent, sagt er. Er ist in diesen Gewässern mit dem Kajak unterwegs gewesen. Er hat an der Küste campiert. Die Landmarken stimmen alle. Die Form der Berge stimmt. Aber Rick erzählt uns nicht von seiner Angst vor der Großen Barriere selbst. Sie ist eine Festungsinsel, die mitten im heranbrandenden Meer steht. Es gibt keine richtigen Landeplätze, nur Felsen, an denen man zerschmettert werden kann. Ich selbst kenne keine Furcht. In meiner Unwissenheit habe ich nur die klassische Filmszene vor Augen, wie die Schiffbrüchigen sich auf einem langen Streifen weißen Sandes wiederfinden.

Wir fassen Mut, aber wir fürchten noch immer, der Wind könnte drehen, und hoffen einfach, daß uns jemand findet, bevor wir wieder auf das Meer hinausgeweht werden. Es gibt nichts zu tun, außer wie üblich weiterzumachen. Immerhin beginnt John, Dinge in wasserdichten Behältern zu verstauen, falls ... Am späten Nachmittag machen wir jeweils mehrere Inseln im Süden und Norden der Hauptinsel aus, die mitten in unserem Weg liegt. Auch sie passen ins Bild. Es sind wahrscheinlich die Mercury-Inseln im Süden und die Mokohinau-Inseln im Norden. Wie aufgescheuchte Hühner flattern wir immer wieder zwischen der Höhle und dem Versprechen nahen Landes an Deck hin und her.

Noch vor Mitternacht ist alles in völlige Dunkelheit getaucht, aber über die ferne Fläche des Meeres kommt ein sporadisches, schimmerndes, schwaches Aufblitzen wie ein Gewitter in der Ferne. Abgesehen von dem gelegentlichen Schlürfen einer Welle, bleibt die Atmosphäre unheimlich still. Die Luft fühlt sich dicker an, feuchter, als würde irgendwo dort draußen im Schutz der Dunkelheit eine monströse Masse auf uns lauern.

John platzt heraus mit: »Wißt ihr, ich glaube, wir halten jetzt den Rekord.«

Was? Wovon zum Teufel redet er? »Was meinst du, John?«

»Das Guinness-Buch«, sagt er. »Hundertundachtzehn Tage – ihr werdet berühmt sein. Wißt ihr das?«

»Und wen interessiert das?« faucht Rick.

Ich sage zu ihm: »John, mir persönlich sind deine Rekorde wirklich scheißegal. Ich möchte einfach mit meinem Leben weitermachen. Ich habe das Gefühl, als hätte ich gerade erst angefangen zu leben, als das hier passiert ist. Wenn ich noch eine Chance bekomme, ist das mehr als genug.«

Phil sagt: »Alles, was ich will, ist zurück zu Karen und den Kindern.«

Vielleicht weiß John etwas, von dem wir nichts wissen. Vielleicht erkennt er etwas zutiefst Bedeutungsvolles in dieser fürchterlichen Realität, das uns bisher entgangen ist. Aber wahrscheinlicher ist es, daß diese Reise ihm einfach die Chance gegeben hat, der Welt und sich selbst zu beweisen, daß er Manns genug ist, das Meer zu bezwingen. Während John abwartet und Pläne für die öffentliche Huldigung bei unserer Rettung schmiedet, wünsche ich mir nur, mich selbst zu bezwingen. Meine Kameraden und ich träumen von innerem Frieden oder schlichtem Entkommen.

Gegen ein Uhr morgens ist aus dem fernen Aufblitzen ein regelmäßiges Pulsieren in Abständen von fünfzehn Sekunden geworden. Gegen zwei Uhr beginnen wir den Nadelkopf der Lichtquelle selbst zu sehen. Es ist ein Leuchtturm, und wir kommen voran, nähern uns langsam immer weiter.

Obwohl wir zu aufgeregt sind, um zu schlafen, werden

wir sicherlich nicht allzu bald irgendwo ankommen, daher ziehen wir uns öfter in unser Nest zurück, um auszuruhen oder einen Tee zu brauen. Der schmierige, von Fingerabdrücken übersäte Eingang führt immer noch in die gleiche stickige Atmosphäre und den gleichen Fischgestank, unter die gleiche beengende Decke, die jetzt so stark verrußt ist, daß wir den Kalender kaum noch erkennen können. Der ehemals orangefarbene Schlafsack ist mittlerweile gesprenkelt mit Dreck, Öl- und Wasserflecken. *Arktische Träume,* einst ein dicker, feuchter Ziegel, ist jetzt trocken und plusterig, aber wir schauen gar nicht mehr hinein. Aus dem tunnelartigen Rumpf der Rose-Noëlle ist das hallende Klatschen tanzenden Wassers zu hören, das rhythmische Trommeln von Schranktüren, die im Auf und Ab der Wellen hin und her schaukeln, das Klappern unserer Töpfe und des Kochgestells, die wie Wäsche auf der Leine vor der Höhle hängen. All diese Geräusche schneiden uns von dem friedlichen Luftstrom und dem sanften, gleichmäßigen Wellenspiel des ungebundenen Meeres direkt vor dem Luk ab.

Ich betrachte meine Schiffskameraden und sehe im zitternden Schein der Taschenlampe zerrissene Kleider, ausgemergelte Gesichter mit verfilzten, fettigen Haaren, Bärte, in denen noch die Krümel der letzten Mahlzeit hängen. Alle außer Phil scheinen sich in Zeitlupe zu bewegen. Gleich draußen vor unserem Verlies leuchtet ein Stern der Hoffnung, daß wir schon bald frei sein werden, aber von innen ist unsere Welt immer noch die gleiche, und sie verkommt immer mehr. Ich hoffe, ich bete, daß es diesmal ernst ist, daß es sich nicht um den grausamsten aller Scherze handelt, verübt von einer sadistischen Macht außerhalb unserer Kontrolle. *Bitte, laß uns an Land treiben.*

Endlich beschließen wir, das Licht zu löschen und zu versuchen, ein wenig zu schlafen. John schlüpft nach draußen. Etwa eine halbe Stunde später kommt er wieder zurück in unsere Zelle und sagt ausgesprochen sachlich: »Vor einigen

Monaten wären wir völlig aus dem Häuschen gewesen und nach draußen gerannt, um ein Schiff zu sehen.«

»Wovon redest du?« fragt Rick.

»Ich habe gerade eben ein Schiff gesehen. Aber es ist zu weit weg, um ein Signal zu geben. Man kann nicht einmal die Positionslichter sehen.«

»Was?« schreit Phil, während Rick sich ungerührt umdreht und Johns Einschätzung akzeptiert. Phil schubst John praktisch um und klettert an Deck. »Ich will mir das mal anschauen«, sagt er. Fast sofort höre ich Phil über die Planke in die Höhle zurückstampfen. Er kommt eilig herein, ruft: »Scheiße, John, das Boot ist wirklich ganz nah! Ich werde ihm ein Signal geben.« Er beginnt, im Dunkeln in einem Deckenfach herumzuwühlen. Man hört das Klappern von Ausrüstung, die durch die Gegend fliegt, den Lärm, wenn etwas davon herunterfällt, das Ringen menschlicher Körper. »John, John, wo ist die Stroboskoplampe? Wir wollen versuchen, ein Zeichen zu geben.«

»Nein, das werdet ihr nicht!« befiehlt John streng. »Es ist zu weit weg. Ihr würdet nur eure Zeit und die Batterie verschwenden. Verdammt, Philip, hör auf damit!«

Mittlerweile beteiligt sich auch Rick an den Handgreiflichkeiten. Er ist immer bereit, eher Phil als John zu glauben. »Mach schon, Phil, wir müssen nach draußen! Das Schiff entfernt sich vielleicht schon wieder.«

»Laßt das Stroboskop in Ruhe!« brüllt John.

»Den Teufel werd' ich!« antwortet Phil.

»Ja, John, beweg dich!« befiehlt Rick.

»Mach, verdammt noch mal, daß du aus dem Weg kommst!« ertönt das Echo von Phil.

»Was glaubt ihr, wer ihr seid? Der Kapitän? Das ist mein Boot! Ich habe es gebaut, nicht ihr. Das ist mein Stroboskop. Das sind meine Sachen. Seit vier Monaten habt ihr euch immer wieder großzügig von allem bedient! Ihr dürftet eigentlich überhaupt nichts nehmen. Ich habe hier das Sagen! Ihr tut, was ich anordne!«

»Zum Teufel mit dir, John! Bei dir piept's wohl«, kontert Phil. Ich höre ein Durcheinander von grapschenden Geräuschen und spüre das Ziehen und Zerren miteinander ringender Leiber. Phil muß irgendwie die Lampe in die Finger bekommen haben, denn er schlängelt sich aus dem Loch hinaus mit Rick auf den Fersen.

John und ich bleiben fünf lange Minuten, die uns wie Tage erscheinen, in der Höhle. Ich verhalte mich völlig still. Mir ist es egal, ob sie dem Schiff Signale geben oder nicht. Ich überzeuge mich selbst davon, daß wir jetzt zu dicht an Land sind, um nicht irgendwie gerettet zu werden, selbst wenn es Phil und Rick nicht gelingt, das Schiff anzuhalten. Aber was versucht John denn jetzt, nach all dieser Zeit? Will er seine Befehlsgewalt wiederherstellen? Ich traue mich jedoch nicht, etwas zu sagen. Johns unbändige Wut ist deutlich zu spüren, wie das erste leichte Rumpeln im Boden vor einem Vulkanausbruch. Sein Körper zuckt krampfartig. Plötzlich ist er weg.

Es wird einen Kampf geben. Ich kann es spüren. Wo ist das Tauchermesser?

Ricks und Phils Stimmen sind nur gedämpft zu hören, weil John im Cockpit steht. Nach zwanzig oder dreißig Sekunden taucht John wieder im Höhleneingang auf, macht ein Geräusch, das ich nicht einordnen kann. Entweder lacht er in sich hinein, oder er kämpft mit den Tränen. Als er auf dem Rücken liegt, bricht er in brüllendes Lachen aus. Sein ganzer Körper windet sich in einem spitzen, irren Gelächter, das in diesem kleinen Raum in den Ohren weh tut. Was ist los? Was hat der Typ? Ist dieser Mann, dieses hautüberzogene Bündel Knochen im Begriff überzuschnappen? Er ringt darum, zwischen den Anfällen seiner seltsamen Fröhlichkeit Sätze herauszubringen. »Wenn du etwas – ha, ha, ha -«

»Was, John? Was ist so lustig?«

» – wirklich Lustiges sehen willst – « Er schüttelt sich so vor Lachen, daß er nicht sprechen kann, aber er versucht es, wenn er nicht gerade nach Luft schnappt. »Ho, ho – du solltest sehen – ha, ha – guck dir diese Typen an.«

Als ich den Kopf aus dem Cockpit strecke, sehe ich Phil rittlings auf dem Kiel sitzen und hin und her torkeln. Auf seinen Schultern hockt Rick, der sich mit einer Hand am Mast festhält und mit der anderen die Stroboskoplampe hochhält. Weit entfernt im Norden dampft das Schiff vorbei. Es starrt vor Lichtern wie ein ganzes Volksfest. Für mich sieht es aus, als wäre es nur ungefähr eine Meile bis dorthin. Ich kann einzelne Bullaugen erkennen. Aber jetzt bewegt es sich schnell von uns weg. Ich muß mich fragen, ob John es nicht die ganze Zeit gesehen hat, wie es herankam, und uns nur nichts davon erzählt hat, bis es an uns vorbeizufahren begann. Warum? Was ist so lustig daran? Ich fühle mich schuldig. Rick und Phil haben vergeblich versucht, das Schiff auf uns aufmerksam zu machen, während ich unten geblieben bin, aber in dem Durcheinander ständig wechselnder Beziehungen der letzten Wochen weiß ich so langsam nicht mehr, was ich tun soll.

Ich kehre in unser Irrenhausverlies zurück. »Ist das nicht lustig?« gelingt es John unter wildem Gelächter zu fragen.

»John«, jammere ich, »ich finde das nicht lustig.« Daraufhin dreht er wieder völlig ab vor Lachen. Ich bin jetzt ganz und gar durcheinander, hocke verloren auf einem Karussell gleißender Emotionen in einem Zirkus, der unter den aufgestauten Leidenschaften von vier verzweifelten Männern vernichtet wird. Mein angespanntes Hoffen der letzten Tage mischt sich mit Johns bombastischem Gerede von Rekorden, seiner apathischen Reaktion auf ein ganz nah vorbeifahrendes Schiff, mit seiner heftigen Wut, als Phil – der einst Johns grünschnäbliger, ungeschickter Schützling war – ihn herausfordert, ihn ignoriert und sich dann seinem Befehl widersetzt und jetzt mit dieser unverständlichen Hysterie. Was geht hier vor? Wie komme ich hier raus? Wann komme ich hier raus?

Phil und Rick kehren schließlich nach unten zurück und

legen sich in die Mitte zwischen John und mich. Sie sind aufgeregt, unterhalten sich angeregt miteinander.

»Mann, war das dicht dran.«

»Ja, ich war mir sicher, sie würden das Signal sehen.«

»Das Schiff kann höchstens eine Meile entfernt gewesen sein.«

Phil sagt: »John, du drehst jetzt völlig ab, Mann. Wir hätten dem Schiff schon längst Zeichen geben sollen.«

»Denk doch mal nach, Philip«, schimpft John. »Sie hätten uns niemals gesehen. Es war zu weit weg.«

»Großer Gott, John. Ich versteh' dich nicht. Ich glaube, wir konnten sogar Leute an Deck erkennen. Ich versteh' dich wirklich nicht.«

Langsam fällt die angespannte Atmosphäre in der Kajüte in sich zusammen. Wir beginnen einzuschlummern. Einmal gehe ich nach draußen, um mich umzusehen. Der Leuchtturm ist jetzt ziemlich hell, und ich kann noch einen weiteren im Norden sehen. Als ich meinen Kameraden davon berichte, bekomme ich keine Antwort.

Wir sind gerade wieder im Begriff einzuschlafen, als wir Knoblauch riechen. John hat immer ein langes, ekstatisches Stöhnen von sich gegeben, wenn die Knoblauchflasche geöffnet wurde. Aber jetzt herrscht Stille, dann ein Tröpfeln, dann ein »Oh, Scheiße, oh, meine Güte. Oh, Scheiße! Oh, meine Güte! Ich glaube, ich habe gerade in die Knoblauchflasche gepinkelt.«

Rick kichert in sich hinein. »Das sagt alles.« Als auch diese bizarre Vorstellung für die Nacht geschlossen wird, ist es an uns zu lachen.

30. September, Tag 119 nach der Kenterung

Ich tauche aus dem Bau auf, um zu pinkeln und das Morgengrauen zu begutachten. Fischschwärme ziehen schon an der Oberfläche dahin, bringen Unruhe in die langgezogene, niedrige Dünung. Meine Augen folgen den Wellen, wie sie sich in der Ferne verlieren, wo sie mit einem ... Oh, großer Gott! Der breite Rücken einer monolithischen, zerfurchten Insel beherrscht meine Aussicht. Im Norden empfangen bleistiftdünne weiße Strände die heranrollenden Wellen. Die ferne graue Landschaft taucht aus dem Dunst auf, um ganz in der Nähe in tiefem, sattem Grün zu erscheinen. Farben! Die Farben von alldem! Und die Größe! Fünfzehn Minuten lang labe ich mich selbstsüchtig, ohne meine Kameraden zu alarmieren. Ich bin ein Vielfraß. Ich will das Festmahl ganz für mich allein, wenigstens noch eine Minute länger. Durch einen Teppich von Bäumen sehe ich den Einschnitt einer Straße, die nach Norden führt, dorthin, wo die Hügel abfallen und im Dunst verschwinden. Hinter dem Strand sind auf den bewaldeten Hängen Gebäude verstreut. Genau vor uns, fast auf der Höhe des Berges, erspähe ich eine einsame, winzige weiße Schachtel.

John kommt an Deck und setzt sich neben mich, sagt nur: »Oh, meine Güte.«

Ich sehe mich genötigt zu fragen: »John, geht es dir gut?«

Er starrt auf die Insel. Verwirrung spiegelt sich in seinem Gesicht. »Weißt du, ich bin die Sorte Mensch, die Dinge für sich behält. Gestern abend habe ich mich irgendwie gehenlassen. Ich war mir nicht sicher, was ich tun würde. Es tut mir leid.«

»Du mußt dich nicht bei mir entschuldigen, John.«

Wir sitzen eine Weile ruhig da. Dann seufzt John: »Oh, ich habe alles verloren. Mir bleibt nichts mehr. Ihr drei habt wenigstens etwas, zu dem ihr zurückkehren könnt.«

John sinkt auf dem Kiel in sich zusammen wie eine abgenutzte Vogelscheuche. Er trägt sein schwarzes Trikot. Die Beine hat er durch die Arme eines schmuddeligen weißen Pullovers gesteckt, der mit grünem Bindfaden um seine Taille gebunden ist. Seine Entenfüße, die vor siebzehn Wochen eilig davonpaddelten, um noch in letzter Minute eine Dusche zu nehmen, stecken in ramponierten Wollsocken.

Er sieht völlig erschöpft aus, bezwungen von der See, von uns, dem Leben. Vielleicht dachte er, daß er nur die unumstrittene Befehlsgewalt über ein Boot auf dem weiten Meer brauchte, um seine Träume Wirklichkeit werden zu lassen. Vielleicht dachten wir alle, eine Fahrt unter Männern zu den Inseln würde uns etwas wiedergeben und die Ernsthaftigkeit unserer einsamen Flucht unter Beweis stellen. Es sollte eine völlig unbelastete Reise sein, ohne die Kompliziertheiten unserer Beziehungen an Land. Aber unser Abenteuer schlug um, und es blieb nur ein Wrack zurück – wie das Boot, das jetzt unter uns dahintreibt. Wir mögen während der letzten vier Monate gelebt haben, als sei unser Überleben eine sichere Sache, aber unsere Reise durch das Leben ist es nicht. Träume wie Nachspeisen sollte man am besten teilen, denn durch das Teilen erhalten sie eine Eigendynamik. Als wir vier Männer bereit waren zu teilen, wurde diese Reise mehr als nur eine Frage des Überlebens, sehr viel mehr. Aber wenn wir nicht dazu bereit waren, war sie sehr viel weniger.

Ich erinnere mich an all die Gespräche, die ich mit John während der letzten Monate geführt habe. Er hat mir gesagt, daß ich das ganze Leben noch vor mir hätte, daß ich diese Erfahrung zu meinem Vorteil nutzen solle. Seine Augen funkelten dabei vor Erleuchtung, als wüßten wir etwas, was andere Menschen nicht wissen, als würden wir uns mit dem Geschenk dieser Erfahrung in eine großartige Zukunft katapultieren. Das Wrack der Rose-Noëlle würde ein neuer Anfang sein. Es war das, was ich hören wollte, was ich hören mußte. Er war so zuversichtlich.

»Es tut mir wirklich leid, John«, sage ich jetzt. »Ich weiß, daß ich dich in den letzten vier Monaten beschissen behandelt habe. Aber das spielt jetzt keine Rolle mehr, John. Es ist vorbei. Diese ganze Reise ist vorbei.« Ich erinnere ihn an seine eigenen Worte von Vertrauen und Wiedergeburt.

Er wendet sich mir zu, die Augenbrauen hochgezogen, ein Funkeln in der Tiefe seiner Augen. »Du hast recht, Jim.

Wir haben wirklich Glück, nicht wahr?« Zum ersten Mal fühle ich tatsächlich wie John, und wir sind uns nahe.

Die Fische brodeln in ihrem Teich so stark wie je. In aller Ruhe binde ich das Netz los, gehe zum Fußweg hinüber, ziehe das Netz durchs Wasser und hole einen Fisch heraus. Das Netz biegt sich und klappt unter dem Gewicht zusammen. »Das ist einfach wundervoll, Jim!« beglückwünscht mich John mit strahlendem Gesicht.

»Ich denke, wir sollten alle zusammen noch einmal so richtig essen«, sagt John, »weil wir es brauchen werden.« Rick und John wissen vielleicht, was uns bevorsteht, aber ich habe keine Ahnung. In meiner Vorstellung werden wir immer noch sanft an einem sandigen Strand angespült, nehmen dann eine Leine mit an Land und binden die gute alte Rose-Noëlle an einen Baum. Rick meint, daß vielleicht ein Sportboot zu uns herausdröhnen wird, wenn wir näher kommen, doch es gibt keinen Grund, warum sich hier draußen ein kleines Motorboot aufhalten sollte. Vielleicht kommt ein Fischerboot vorbei, und wir können unsere Ausrüstung und uns selbst an Bord bringen, während sie die Rose-Noëlle ins Schlepp nehmen. Ich habe jedoch nichts gegen ein üppiges Bankett zur Feier des Tages.

John fragt heute nicht einmal, wer welches Stück Fisch möchte; er würfelt ihn einfach und wirft ihn in den Topf. Ich füge die letzte Dose gebackene Bohnen dazu, eine Dose Corned Beef, etwas Wasser und bringe alles zum Kochen.

Das Essen ist warm, und es gibt reichlich. Es hilft, unseren Magen zu beruhigen, während wir immer dichter an die Insel herantreiben. Darauf bedacht, schnell wieder an Deck zurückzukehren, schlingen wir die Mahlzeit in fünfzehn Minuten hinunter. Wir träumen davon, südlich an Great Barrier Island vorbei und in den Golf hineinzutreiben. Inzwischen können wir Einzelheiten der Felsen und Bäume ausmachen. Sogar wilde Ziegen sind zu sehen, die an den Hängen herumklettern. Wellen schlagen gegen die zerklüfteten Klippen und zerstieben zu weißer Gischt.

»Das wird kein Spaziergang, wißt ihr.« Ricks Worte treffen mich wie ein Anker auf den Kopf. Wir werden nicht südlich um die Insel herumtreiben. Wir werden direkt dagegenkrachen.

Unser Schicksal ist schon anderen Seeleuten widerfahren. 1922 zerschellte der Frachter Wiltshire an den Felsen nur wenig südlich von der Stelle, an der wir uns jetzt befinden. Schwerer Seegang hielt 102 Männer an Bord gefangen, und am nächsten Morgen zerbrach das Schiff in zwei Teile. Die steilen Klippen der Insel behinderten die Rettungsarbeiten, aber nach zwei Tagen war jeder einzelne Mann von der Wiltshire sicher an Land. Kein Retter weiß jedoch, daß wir hier draußen sind. Wir können nicht um Hilfe rufen. Unser Schicksal wird eher das der Wairarapa sein, eines Dampfschiffes von rund achtzehnhundert Tonnen, das am 29. Oktober 1894 acht Minuten nach Mitternacht geradewegs in Great Barrier Island hineinfuhr. Einhundertundzwanzig Menschen kamen ums Leben, und bis heute weiß niemand, warum das Schiff zerschellte. Die große Barriere zermalmt die kleinen wie die großen. Alles, was im Jahre 1984 von einem vermißten Segelboot gefunden wurde, waren ein paar Trümmer auf den Felsen. Donnernde Wellen nahmen die zwei Mann Besatzung für immer mit sich fort.

Die Rose-Noëlle wendet sich die Küste hinunter an Felsvorsprüngen mit brandendem Rückstrom vorbei, die als Landmarken dienen. Unsere Geschwindigkeit erscheint geradezu unwahrscheinlich im Vergleich zu der scheinbaren Bewegungslosigkeit der letzten 119 Tage, an denen wir nur von auf und ab wogendem Wasser umgeben waren. Wir gleiten die Insel entlang nach Süden, nähern uns aber mit jeder Stunde mehr der Katastrophe. Die Küste ist jetzt nur noch eine oder zwei Meilen entfernt. Wir werden nicht daran vorbeitreiben.

Wir beginnen, Ausrüstung zusammenzutragen, und pakken sie in alles, was uns irgendwie wasserdicht erscheint. Ohne weiter darüber nachzudenken, nehmen Rick und ich uns einen kleinen Plastikbehälter mit Schraubverschluß, den wir uns teilen. Rick zählt auf, was wir benötigen. »Wir werden unsere Rettungswesten brauchen. Hol deine Schuhe, alles, was du mit an Land nehmen willst.« Ich kann an dem Blick in seinen und Johns Augen erkennen, daß beide Männer angespannt sind. Rick zieht zwei Filmspulen aus seiner Tasche. »Meinst du, ich sollte John etwas davon sagen?« Ich zucke mit den Schultern. »Weißt du, was die wert sind, wenn sie etwas werden?«

Ja, all unsere Schnappschüsse für den Kalender. Da ist das Foto von Phil, wie er nackt mit dem Fisch ringt, eins von uns, wie wir das große Netz fertigstellen, und ein anderes, auf dem wir frustriert in die Kamera gucken – John kratzt sich am Kopf und zuckt mit den Schultern –, als sich das große Netz als Fehlschlag erweist. Wir haben festgehalten, wie John und ich das Loch für die Gasflaschen in den Rumpf schneiden und wie Phil und Rick sich mit großen Stielaugen voller Vorfreude über eine Pfanne beugen, in der Fisch brät. Die Kamera hat Phil bei der Arbeit am Generator eingefangen, während Federn herausspringen und Schrauben ins Wasser fallen, und Phil, der in Richtung Land starrt wie ein indianischer Späher. Ich erinnere mich an unsere Wäsche im Wind, Phil mit dem Speer, während Rick geduldig mit dem Netz wartet, John, der Fisch filetiert wie ein Chirurg, wir vier um den Grill versammelt wie um ein Lagerfeuer. In meiner Erinnerung taucht John mit einem Lächeln und einer Handvoll Spaghetti aus der Tiefe des Meeres auf, oder er lehnt in der Ecke unserer Höhle mit dem Flackern der Flamme und einem wahren Inferno in den Augen. Ich weiß nicht, von welcher dieser Situationen wir Fotos haben, aber die Bilder sind in meine Erinnerung eingebrannt, genug für einen Kalender von dreizehn Monaten. Es war, alles in allem, kein gutes Jahr. Oder vielleicht ist die Dreizehn am Ende doch keine Unglückszahl.

Ich schnappe Rick den Film aus der Hand und werfe ihn schnell in den Behälter. »Da sind sie sicher.« Wir beeilen uns, das Notwendigste zusammenzutragen: die »Briefe an Heather«, unsere Pässe, etwas Geld und die Flugtickets zurück von Tonga.

Rick nimmt mir das Buck-Messer ab und wirft es von einer Hand in die andere, spürt, wie das Gewicht in der Hand liegt. »Das ist schon ein Supermesser«, sagt er, dann wirft er es in die Dose. Der Behälter ist voll.

John und Phil haben auch einiges zusammengetragen, stopfen Kleider, etwas zu essen und mehrere wasserdichte Plastikbehälter in eine Segeltasche. In den Plastikdosen hat John die wenigen verbliebenen Schätze seines Lebens sicher verstaut: seine Notizen, die Bootspläne, das Logbuch, Artikel, die er bereits für Zeitschriften geschrieben hat, und seine Radrennmedaillen. Phil hat seine Regenkleidung angezogen und das letzte halbe Dutzend Lebensmitteldosen in einen Eimer gesammelt; jetzt wirft er das Tauchermesser dazu.

Ein Fleck am Himmel kurvt um die Nordseite der Insel herum, scheint zu verharren und wird größer. Wir hören ein leises Brummen, das zum heulenden Mahlen eines Motors mit hoher Drehzahl anschwillt, während der Fleck länger wird und sich in flächige weiße und rote Flügel mit einem Schwanz verwandelt, die durch einen schlanken, fischähnlichen Körper verbunden sind. Ich greife nach dem PVC-Rohr, das wir von dem Fischernetz abmontiert haben und an dem eine Fahne befestigt ist, springe auf den Kiel und wedle damit herum wie ein Verrückter. Phil schwenkt die Arme, seine weiße Schlechtwetter-Latzhose glänzt in der Sonne, die den Dunst vertrieben hat. Rick schnappt sich Marthas gelbe Regenjacke, um das Flugzeug heranzuwinken. John winkt ebenfalls. Wrrroooommmm, das Flugzeug dröhnt über uns, hinter uns. Er muß uns gesehen haben. Wir warten darauf, daß er eine Schleife fliegt und noch einmal vorbeikommt, aber er legt sich wieder nach Westen in die Kurve und verschwindet um das andere Ende der großen Barriere herum. Würde er überhaupt merken, daß wir in Seenot sind? Aus einer Höhe von zweitausend Fuß, mit dem aufgetakelten Mast und allem, sehen wir vielleicht wie ein ganz normales Boot aus.

Wir denken nicht weiter über das Flugzeug nach. Vielleicht hat man uns gesehen, vielleicht auch nicht, das spielt jetzt kaum noch eine Rolle, weil die Zeit für eine Hilfsaktion ohnehin nicht mehr ausreicht. Wir hören die Brecher, sehen das zerstiebende Wasser zwischen die Felsen hinein und wieder daraus hervor wirbeln. Die Rose-Noëlle steigt und fällt mit den Dünungswellen, die immer höher werden, je näher der Meeresgrund der Oberfläche kommt. Soweit das Auge reicht, stürzen nur schroffe Klippen ins Meer. Es gibt keine Stelle zum Landen.

Während die Rose-Noëlle dahinsegelt, gibt ein felsiger Vorsprung den Blick frei und enthüllt einen Einschnitt in der Küste. Wir sehen einen kleinen Strand in einer Bucht. Seit etlichen Meilen ist dies die erste Öffnung in der Felswand. Ah, mein Strand, denke ich eine Sekunde lang. Vielleicht treiben wir direkt dort hinein.

Mit der einzigen Ausnahme dieser schwachen Hoffnung droht über uns die gefahrvolle Landmasse. Selbst wenn wir praktisch direkt nach oben schauen, sehen wir nur ein Chaos von Felsen. Die Luft ist erfüllt vom Tosen des Wassers, von starkem Brandungsdonner und lauthals rufenden Stimmen. Alle außer mir brüllen Befehle.

»Sieh zu, daß du deine Rettungsweste anlegst!« Nur John hat keine.

»Okay, wenn wir dicht genug an den Strand herankommen, springt ins Wasser und schwimmt drauf zu.«

»Haben alle Schuhe an?« Ich nehme meine vom Mast ab, wo sie die letzten vier Monate verbracht haben. Schuhe fühlen sich jetzt so seltsam und einengend an. Über die offene Wunde, die immer noch gerötet und nässend auf Ricks Fußgelenk sitzt, zieht er ein Paar Strümpfe. Ich sage ihm, daß unter dem Packmaterial in der Achterkajüte ein Paar hohe Turnschuhe sind.

Er rennt nach unten, nimmt das ganze Bett auseinander und kommt wieder an Deck. »Hat keinen Sinn, ich kann sie nicht finden.« Aber Rick hat eine Rettungsweste in der Hand, die er John zuwirft. »Hier, Kumpel, zieh die an. Muß ich denn immer deine Mama spielen?«

John lächelt Rick zu, als er die Weste überstreift. Ungefähr drei Sekunden lang sind wir erleichtert über die ungewöhnlich heitere Atmosphäre zwischen den beiden Erzfeinden. Dann bleibt nichts mehr zu tun, als voll unausgesprochener Angst zu warten. John und Rick stehen auf dem Seitendeck, halten sich an der Takelage fest. Phil und ich sitzen auf dem Kiel, umklammern das Rückgrat des Bootes und den Schwertkasten, schon auf den Aufprall vorbereitet. Ich kaue auf den Mundwinkeln vor Anspannung, stehe auf, klettere auf das Seitendeck hinunter, bleibe einen Moment stehen, kraxle wieder auf den Kiel. Wir halten uns fest, während die Rose-Noëlle die immer höheren Wellen abreitet. Sie brechen sich an dem Luvschwimmer in unserem Rücken. Die Rose-Noëlle wird in die Höhe getragen, und wir klammern uns an sie, als säßen wir auf einem riesenhaften Wildpferd. Sie schlingert, ändert den Kurs, steuert auf eine Felskette zu, die wie die Klinge eines Beils aus der Küstenlinie vorspringt und uns vom Strand trennt. Wir werden es nicht bis dorthin schaffen.

Aber vielleicht schaffen wir es nicht einmal bis zu dem Felsrücken. Verstreute Felsblöcke und Riffe erstrecken sich vor der Küste dreißig Meter weit ins Meer hinaus. Der Ozean bricht sich daran. Wellen klatschen durch Löcher, die das Meer in Jahrmillionen ins Land gebohrt hat. Wasser fließt daraus zurück, sprudelt und schäumt. Kreisende Strömungen greifen nach der Rose-Noëlle, reißen sie herum und drehen sie wieder zurück. »Wir müssen beim Boot bleiben, solange wir können«, beharrt John. Es steht außer Frage, jetzt über Bord zu springen. Allein im Wasser schwimmend, würden wir in winzige Fleischstücke zerrieben. Aber wenn wir an Bord bleiben, wird das Boot sicherlich früher oder später auf den Felsvorsprüngen steckenbleiben. Das Meer wird es in einem letzten brutalen Ansturm zerfetzen und uns an Wrackteile geklammert zurücklassen, allein seinen zornigen Fäusten ausgeliefert. Direkt vor uns befindet sich jetzt ein großer flacher Felsblock wie ein leicht geneigter Tisch, über den die Wellen hinwegspülen.

»Macht euch bereit!« Die Rose-Noëlle erzittert. Ein zögerndes metallisches Stöhnen dringt aus ihrem Körper. Es ist das gedämpfte Geräusch von dem alten Maststumpf, der jetzt unter Wasser nach unten hängt, als er auf den Meeresgrund stößt, sich hineingräbt, ihn zerfurcht und beginnt, an den Felsen entlangzuschrammen. Eine Welle hebt uns in die Höhe, und das Geräusch hört auf; dann setzt uns die Welle wieder ab, und das Boot schüttelt sich, als der Mast aufkreischt, sich verbiegt und wegklappt. Sechs Meter vor dem Tafelriff steigen und fallen wir noch einmal mit einer spürbaren Erschütterung, als der metallene Mast mit dem unterdrückten und unregelmäßigen Geräusch von Fingernägeln, die über eine Tafel gezogen werden, auf den Felsen entlangkratzt. Drei Meter, zwei Meter, ein Meter, eine weitere Welle nimmt uns mit, hält einen Moment inne. Ich blicke auf meine Kameraden hinunter, auf unser Schiff, auf den Felsen, auf den wir fallen. Ich ramme meine Hand in das Loch im Kiel. Rick und ich reichen einander die Hände, schließen sie fest umeinander und drücken zu.

Abschied 15

Die Rose-Noëlle fällt. Sie schlägt auf. Ihre Knochen krachen und splittern. Ihre Haut reißt auf unter dem alles erschütternden Aufprall ihres Todes. Sie wird seitlich auf das Riff gespült, versucht uns abzuwerfen und kippt uns fast hintenüber, als die Welle sich zurückzieht und sie auf dem geneigten Vorsprung zu liegen kommt. Jede neue Welle, die das Boot trifft, zerstiebt am tiefliegenden äußeren Rumpf, der gegen das offene Meer gerichtet ist. Dröhnende Wasserschilde segeln über das ganze Boot und landen auf uns, schockierend, eisigkalt, krachend. Phil und ich flüchten auf das Seitendeck, wo wir hinter dem Hauptrumpf der Rose-Noëlle etwas Schutz finden. Alle vier halten wir uns an der Takelage fest, unsicher, ängstlich.

Für diese Lage gibt es kein Lehrbuchmanöver. Die Rose-Noëlle scheint jetzt recht sicher auf dem Felsen zu liegen. In wenigen Stunden wird die hereinbrechende Dunkelheit uns jede Sicht nehmen. Zitternd lauschen wir darauf, wie die Rose-Noëlle unter den heftigen Angriffen der Wellen in ihre Bestandteile zerrissen wird. Einzelne Stücke treiben um das Boot herum, drehen sich ziellos in den Strudeln. Viele sind mit einem Wald von Entenmuscheln bedeckt. Wir wissen nicht, was wir tun sollen, stehen hilflos herum. Eine Stunde lang schlingert die Rose-Noëlle hin und her, kracht immer wieder auf die Felsen und schiebt sich weiter den Vorsprung hinauf.

John brüllt uns durch den Tumult zu, wir sollten beim Boot bleiben, aber die Kiefer des Ozeans, der hier auf Felsen trifft, zermalmen die Rose-Noëlle. Es wird nicht mehr lange dauern, bis wir in der Dunkelheit gefangen sitzen, auf dem Meer treibend ohne irgend etwas, woran wir uns festhalten könnten. Die Luft ist von so viel Lärm und Wasser erfüllt, von so viel Bewegung, wenn die Rose-Noëlle sich schüttelt und herunterkracht, gleichzeitig von so viel Angst und Befürchtungen, daß keine Zeit für demokratisches Verhalten bleibt. Instinktiv handeln wir danach, was im Moment die beste Idee zu sein scheint. Es sieht aus, als sei das Land nur hundert Meter entfernt. Vielleicht können wir bis dorthin schwimmen, aber wir fühlen uns so klein, wissen so genau, wie zerbrechlich und hilflos unser Boot ist, das hier unter dem starren Blick dieser Landmasse auf dem Felsen sitzt. Rick möchte unbedingt weg von hier. »Seht mal«, sagt er, »das Boot hat sich stabilisiert. Es wird kalt. Wir werden uns demnächst wirklich eine Unterkühlung zuziehen, und es wird bald dunkel. Laßt uns etwas unternehmen!«

Er schlägt vor, ein Floß zu bauen, auf dem wir unsere Ausrüstung an Land bringen können. Selbst wenn wir das Glück hätten, eine winzige Lücke in dem Bollwerk der Insel zu finden, um an Land zu kriechen, ohne daß wir zerschmettert werden, wird es jedoch schwierig genug sein, uns selbst über Wasser zu halten, ohne die zusätzliche Bürde der Ausrüstung. Wir könnten ein Floß benutzen, um unseren Auftrieb zu verbessern und uns zu schützen, wenn wir landen. Rick und John tragen uns auf, die Kühlkiste zu holen und den Deckel fest zu verschließen, außerdem den 20-Liter-Wasserkanister, die orangefarbene Boje von der Mastspitze, einige alte sperrige Rettungswesten, Wasserflaschen in einer Segeltasche und einige Schubladen. All das wird mit Seil zusammengeschnürt. Unsere Taschen mit unseren Sachen, sogar einen Schlafsack und eine Decke binden wir auf dem behelfsmäßigen Floß fest. Unter die Seile stopft Rick den »Bären«.

Wir beginnen, das Floß über Bord zu schieben, aber es landet in dem Fischteich zwischen den Rümpfen. Wenn das Wasser sich zurückzieht, fällt der Fischteich trocken, und das Floß sitzt auf dem felsigen Boden. Wenn die Rose-Noëlle auf einer der nächsten Wellen noch weiter nach vorn rutscht, könnte sie sich über das Floß schieben und es zerquetschen, wenn die Welle zurückflutet. Wir müssen das Floß dort ins Wasser bringen, wo es frei schwimmen kann, aber schon jetzt ist es ein durchweichter, schwerfälliger, unordentlicher Klumpen. John verschwindet unter Deck, um nachzusehen, ob es dort unten etwas gibt, womit wir den Auftrieb des Floßes erhöhen könnten, aber alles, was er findet, sind Trümmer, die in einer Kajüte herumfliegen, deren Dach von darauf einhämmernden Felsen zerstört worden ist. Wellen reißen den Eßtisch aus dem Rumpf und lassen ihn in die Seite krachen. Es ist viel zu gefährlich unter Deck.

Unsere erschöpften Muskeln sind aufs äußerste angespannt, als wir zu viert das Floß aus dem Fischteich herauszerren und -reißen. Wir rollen und schieben es stückchenweise bis ganz nach oben auf den äußeren Rumpf, aber dort bleibt es wie eine mutierte Amöbe sitzen, mitten auf dem Kiel, und will nicht weiter. John und Rick springen vom Boot herunter, um von der anderen Seite an dem Floß zu ziehen. Es gibt nach und stürzt auf den Felsen. Rick und John stoßen es ins Wasser und lassen es schwimmen.

Wir betrachten es ungefähr fünf Sekunden lang. Rick steht etwa drei Meter entfernt auf einer kleinen Erhebung, John direkt neben dem Boot. Ein gewaltiges Grollen erfüllt die Luft. Die Rose-Noëlle stampft, steigt hoch, stöhnt, zerbricht und wälzt sich auf einem aufgewühlten Wasserstrom nach vorn auf John und Rick zu. Rick hält sich an einem Felsen fest, aber John wird umgestoßen und verschwindet in einer dicken Brühe von Meerwasser, marmoriert mit Schaum.

Glücklicherweise trägt ihn die Welle schneller vorwärts als das Boot, daher entkommt er der Rose-Noëlle, als sie mit einem markerschütternden Krachen zum Stehen kommt. Fünfzehn Meter entfernt taucht er wieder auf in einem chaotischen Durcheinander von Strudeln. Erst dreht er sich in die eine Richtung, dann in die andere, wird weggespült, dann wieder zurückgezogen. Sein Kopf ragt aus dem Wasser mit Augen so groß wie Spiegeleier. Die Rettungsweste, die nicht befestigt ist, weil Rick die Bänder für unsere Petroleumlampe brauchte, schwimmt um seinen Kopf wie ein aufgequollenes gelbes Nest. Dreißig Meter von John entfernt, in seinem eigenen Strudel, dreht sich das schnell zerfallende Floß um sich selbst, Teile davon sind auf der Wasseroberfläche verstreut, tauchen auf und werden wieder hinabgesogen in diesem gigantischen Meereswhirlpool.

In meinem Kopf werden schreckliche Traumbilder wach. Einen Moment lang sehe ich in meiner Vorstellung die Rose davontreiben, während Rick auf dem Riff zurückbleibt, allein dem offenen Meer entgegenblickend. Dann wieder ist die Rose-Noëlle noch auf dem Felsen, als eine riesige Welle sie in die Höhe trägt und auf Rick hinunterfallen läßt.

Ich schrecke aus meiner Träumerei auf und schreie: »Komm wieder aufs Boot! Rick, komm wieder aufs Boot!«

Einen Moment lang scheint er mich nicht zu hören, dann dreht er sich um. Benommen stolpert er über den Vorsprung auf uns zu, und wir ziehen ihn an Bord. Noch eine Welle erschüttert das Boot, und noch eine. Die Rose-Noëlle schleudert und windet sich in qualvollen Verrenkungen. Weitere Teile ihres Körpers stoßen zu dem Durcheinander von unserem Floß und John in dem alles umgebenden Maelstrom hinzu.

Auf einmal sind wir frei, treiben weg, schieben uns vorwärts, dann wieder werden wir in Richtung offenes Meer zurückgetragen – vorwärts, zurück, vorwärts, Schleudern nach links, Wirbeln nach rechts ... unsere Sachen schwimmen auf der einen Seite, John auf der anderen. John scheint gar nicht zu schwimmen, sich einfach wieder und wieder im Kreis zu drehen. Wenn er uns etwas zuruft, so können wir seine Bitten durch das Donnern der Wellen und die gewaltsame Zerstörung seiner größten Liebe hindurch nicht hören, während wir alle auf die Küste zutreiben. Rick findet eine Leine, an die Signalflaggen gebunden sind, besitzt genug Geistesgegenwart, sie sorgfältig aufzurollen, schwingt die Seilschlingen vor und zurück – einmal, zweimal, beim dritten Mal läßt er los. Die Leine segelt auf John zu, wickelt sich dabei ab und landet ein Stück vor ihm. Ein zweiter Wurf landet etwas entfernt seitlich. Jedes Mal holt Rick die Leine ein und wickelt sie neu auf, wertet in Gedanken das Ergebnis aus, kalkuliert neu. Beim dritten Wurf fällt die Leine fast direkt über John. Er greift danach, und wir fangen an, ihn zu uns herüberzuziehen. Er scheint mit etwas zu kämpfen, das sich um seine Beine gewunden hat, aber er kommt frei, und wir ziehen ihn an Bord. Er ist ungefähr fünfzehn Minuten im Wasser gewesen.

John hat's eindeutig erwischt, er zittert wie Espenlaub, kann nicht aufstehen. »Oh, danke, danke«, sagt er. »Oh, es tut mir leid, ich glaube, ich habe mir in die Hosen geschissen«, fügt er beschämt hinzu. Diese Reise hat die ganze materielle Welt dieses Mannes zerstört. Sie hat ihn hungern lassen und ihn zu einem Schatten des selbstbewußten, großspurigen Kapitäns John Glennie gemacht, dessen Boot niemals kentern und dessen Herrschaft über den Gott in seinem Innern niemals versagen konnte.

Langsam bahnt sich die Rose-Noëlle ihren Weg durch die Gegenströmungen und Felsen, bis sie schließlich endgültig auf Grund sitzt, nicht mehr als fünf Meter von einem mehrere Meter breiten Streifen flachen, steinigen Erdbodens entfernt, hinter dem steile Klippen aufragen. »Das ist unsere Chance. Los jetzt!« sagt Rick. Er springt vom Boot in das brusthohe Wasser. »Komm schon, Jim!«

Ein Bild beherrscht meine Gedanken. Darauf lasse ich mich ins Wasser fallen, während eine neue Welle die Rose-

Noëlle in die Höhe hebt und ihre sechs Tonnen schwere Hülle auf uns herunterkrachen läßt. Ich kämpfe gegen die Angst. Beherrsch dich, sage ich zu mir selbst. Folge Rick. Tu's! Jetzt! Ich konzentriere mich nur auf die trockenen Felsen über dem Wasser, lasse mich hinab und greife nach Ricks Hand. Wir waten an Land, so schnell wir können, aber das Wasser ist so schwer wie Blei. Zurückströmende Wellen wirbeln um unsere Bäuche, halten uns fest, ziehen uns auf die Rose-Noëlle zu. Ankommende Wellen schieben uns vorwärts, heben gleichzeitig die Rose-Noëlle in die Höhe und lassen sie vorschnellen wie einen zuschnappenden Wachhund. Sie erreicht das Ende ihrer Leine, wird hart zurückgerissen und läßt sich wieder nieder. Es dauert eine Ewigkeit von dreißig Sekunden, ehe wir das Felsband über dem Wasser erreichen. Während wir von dem Wrack wegstolpern, halten Rick und ich uns aneinander fest. Erst verliert einer von uns den Boden unter den Füßen, dann der andere, aber einer ist immer da, um seinem Kameraden zu helfen. Wir können nur hoffen, daß Phil und John uns folgen, ohne zerquetscht zu werden. Sie sind jetzt sich selbst überlassen.

Wir stolpern von Fels zu Fels um die winzige Halbinsel herum, die uns im Weg war und die sanftere Landung auf einem Kiesstrand verhinderte. Hinter uns erkämpfen sich Phil und John den Weg zur Küste durch die Trümmer des zerberstenden Bootes, die immer mehr werden.

Teile unseres Ausrüstungsfloßes schwimmen zwischen den Felsen, sein Kernstück ist ein chaotischer Klumpen. Johns Blick wird von den Überresten seines Besitzes angezogen. Die Rose-Noëlle ist verloren. John bleibt nichts von Wert, außer vielleicht dem Eimer mit seinen Radrennmedaillen, dem Logbuch, den Aufzeichnungen und Bootsplänen, aber er ist zu schwach, um ihn zu bergen. Phil wandert zwischen den Wrackteilen herum, beugt sich zum Hauptteil des Floßes hinunter und schneidet einen Eimer ab. Es ist nicht der Eimer, der die Andenken an Johns vergangene Ruhmestaten oder seine Hoffnungen auf die Zukunft birgt; es ist der Eimer, der das Essen für die Reise enthält, die noch vor uns liegt. Alles, was John tun kann, ist aufstehen und uns folgen. In seiner Tasche trägt er seine Ausweise, nutzlose, überholte Plastikkarten, und, gedruckt auf durchweichten kleinen Rechtecken aus schwerem Papier: John Glennie ... Abenteurer aus Berufung.

Wir halten an der Landspitze an, um auf unsere Kameraden zu warten, und sehen im Zurückblicken Phil und John herankommen. Die Felswände der Halbinsel sind zu steil, um sie zu erklettern, was uns erlauben würde, den Strand, der nur fünfundzwanzig Meter entfernt ist, zu Fuß zu erreichen, aber wir können es auch nicht über uns bringen, wieder in das kalte Wasser zu tauchen. Als Phil und John eintreffen, nehmen wir einige Dosen mit Essen und das Messer aus dem Eimer und stecken sie in unsere Taschen. Ein paar Lebensmittelkonserven und ein Messer sind alles, was von Johns geliebter Rose-Noëlle noch übrig ist. Während sie zermalmt wird, blickt John zurück. Es ist an der Zeit, sich von ihr zu verabschieden, von den Männern, die wir einmal waren.

Phil sagt: »Bis später«, und stürzt sich in die kleine Lagune. Wir sehen ihm ungefähr eine Minute lang zu, wie er hinüberschwimmt und sich am gegenüberliegenden Ufer hochzieht. Wir folgen ihm, halten uns aneinander fest, um uns gegenseitig zu stützen. Drüben angekommen, kämpfe ich mich aus dem Wasser heraus, während Rick John in der Brandung auf die Beine hilft, aber John kann kaum noch stehen, geschweige denn laufen. Als ich zurückgehe, um zu helfen, trifft mich eine Welle unvorbereitet, und ich falle hin, stoße seitlich gegen Ricks Beine und werfe auch ihn um. Er schreit auf vor Schmerz. Als wir uns mühsam wieder aufrichten, schwankt John, stürzt, schlägt mit dem Gesicht auf golfballgroße Kiesel, während seine Beine noch im Wasser sind, und bleibt etwa fünf Sekunden lang bewegungslos liegen. Rick und ich greifen nach unten und helfen ihm auf.

Es wird dunkel, und wir würden uns gern für immer niederlegen, gleich hier und jetzt, aber Rick weiß, daß wir schon zuviel Körperwärme verloren haben, und sagt: »Kommt schon, bleibt in Bewegung.« John will die Kleider abstreifen, aber Rick schimpft mit ihm, er soll sie anbehalten. Immer wieder beginnt John, sich auszuziehen, aber jedesmal zwingen wir ihn, angekleidet zu bleiben.

Sobald wir den Strand hinter uns gelassen haben, sind wir aus dem Wind heraus und suchen uns unseren Weg über einen grasbewachsenen Hang und dann einen Einschnitt hinauf, der immer steiler ansteigt. Unser Ziel ist es, den Kamm des Hügels zu ersteigen und ihm bis zu dem einzigen von Menschen erbauten Gebilde zu folgen, das wir vor dem Aufprall an diesem Ende der Insel ausmachen konnten: zu einer Schachtel, aus der eine Fernsehantenne hervorsprießt, fünfhundert Meter höher gelegen. Unsere Schritte sind unsicher, unser Gleichgewichtssinn gestört durch vier Monate auf See. Wir stolpern über Wurzeln und Buschwerk, schlängeln uns unsicher zwischen kleinen Bäumen hindurch, fallen häufig hin, stehen aber wieder auf und kämpfen uns weiter durch den Busch, bis die Dunkelheit die Bäume und andere sichtbare Bezugspunkte verhüllt und wir mehr Zeit auf unseren Knien und Hintern herumrutschend verbringen als aufrecht gehend. Wir müssen rasten.

Wir rammen das Messer in eine Dose Corned Beef. Hastig greifen wir nach den salzigen Fleischstücken und schlingen sie hinunter, als handelte es sich um einen edlen Braten. Die 119. Nacht verbringen wir jetzt eng aneinandergeschmiegt wie ineinandergelegte Löffel bei dem Versuch, warm zu bleiben. Wir zittern, leiden unter Prellungen und Schnittwunden, fühlen uns schon elend, bevor der leichte Regen einsetzt. Wir lauschen auf die heranrollende Brandung, die mit Felsbrocken klappert, Menschenwerk vernichtet. Einen Moment lang sehnen wir uns nach der Behaglichkeit unserer trockenen, sicheren kleinen Höhle, die jetzt zerschmettert unter uns liegt. Jedesmal, wenn wir anfangen, uns wohl zu fühlen und einzuschlafen, muß einer von uns aufstehen, um sich zu erleichtern. Vielleicht weil wir uns in der Sicherheit selbst dieses elenden Stückchen Landes geradezu aalen, vielleicht weil wir so hundemüde sind, daß wir länger schlafen als nur einen Moment, wie wir glauben, scheint die Nacht im Nu vorüber zu sein.

»Es ist hell«, sagt jemand.

»Nein, das ist nur der Mond«, antworte ich. Aber nein, es ist ein neuer Tag.

1. Oktober

John D., der Direktor von Outward Bound, betrachtet die Reihe der Postfächer für seine Mitarbeiter. Er zögert einen Moment, als wäre seine Handlungsweise ein Verrat an der Hoffnung, daß wir noch immer irgendwo am Leben sein könnten, dann entfernt er ein Namensschild. Jim Nalepka ist verschwunden.

Draußen grunzen und stöhnen die Kursteilnehmer der Schule, während sie sich beugen und strecken, dann zum Dreitausend-Meter-Lauf aufbrechen als Vorbereitung auf die Abenteuer, die sie erwarten.

Vier Monate waren wir auf hoher See verschollen. Jetzt haben wir uns im Busch verirrt. Wir entschließen uns, auf eine nördlich gelegene Siedlung zuzugehen statt auf das einsame Haus auf dem Hügel. Am Anfang machen wir nur einen Schritt und fallen gleich wieder auf die Knie, so schwindlig ist uns. Dann zwei, dann drei Schritte, bis wir schließlich in einer schwankenden, unsicheren Linie vorwärtsgehen. Wir streiten darüber, ob wir hier oder dort entlang marschieren, uns nach rechts oder links wenden sollen, ob es bergauf oder bergab geht. Immer noch halten wir uns an ein entfernt demokratisches Verfahren, aber es wird beeinflußt von unserem Vertrauen in Rick. Selbst John sagt immer wieder: »Das hier ist dein Gebiet. Sei du der Anführer.«

Rick versucht, unseren Trupp an sein Ziel zu führen, aber der Busch wird zu dicht. Schließlich sagt er: »Wir müssen umkehren und zurückgehen. Vom Hügel aus können wir wenigstens sehen, wo wir sind, und auch die Siedlungen erkennen.« Wir bahnen uns also unseren Weg zurück auf den Hügelrücken zu und quälen uns wieder bergauf. Nach vier Stunden ergebnisloser Plackerei kreuzen wir einen kaum wahrnehmbaren Einschnitt im Bewuchs. Möglicherweise, nur ganz unter Umständen, ist es die Andeutung eines Pfades. Wir folgen ihm, bis deutlich wird, daß es sich tatsächlich um einen von Menschen geschaffenen Weg handelt.

Eine Nika-Palme zieht Ricks Blick auf sich. Schuldbewußt setzt er das Messer an den Baum an, den die Neuseeländer verehren, und schneidet aus dem Stamm der Palme Stücke heraus. Wir essen die gelblichweißen, melonenartigen Brocken, deren Konsistenz an eine erstarrte Masse aus trockenen Fischeiern erinnert. Der heilige Baum liefert uns die ersten Früchte der gesegneten Erde, und ich möchte dieses Mahl viel mehr genießen, als ich es tatsächlich tue. Ich möchte, daß dieser Baum ein Zeichen dafür ist, daß unser Überlebenskampf vorbei ist. Ich möchte, daß seine Gabe saftig und süß ist, daß sie uns von der Notwendigkeit befreit, zu tun und zu essen, was immer erforderlich ist, damit wir die Kraft finden weiterzugehen. Aber wie altes Müsli, das nur noch einen Anflug von Süße besitzt, bietet der schöne Baum lediglich eine fade, trockene Substanz, nichts weiter. Wir sind noch immer erschöpfte, verzweifelte, verlorene Männer. Werden wir je hier herauskommen? Wird uns der Busch jetzt gefangennehmen, wie es zuvor das Meer getan hat?

Wir schlagen uns weiter durch, bis der Pfad schließlich

auf einen breiten Feldweg mündet, gezeichnet von Reifenspuren. Wir juchzen und schreien, schlagen einander auf Schultern und Rücken. Wir sind wieder unter Menschen! Der gewundenen Straße folgen wir einen Anstieg hinauf. Bald kommen wir an einem Wochenendhaus vorbei, aber die kleine Hütte ist leer. Hundert Meter weiter steht eine zweite, ebenfalls verlassen und verschlossen, aber davor wächst ein Pampelmusenbaum mit acht herrlichen, köstlichen, saftigen Früchten. Wir sind wie aufgezogen. Noch als wir anhalten, um den Baum anzuschauen, marschieren wir praktisch auf der Stelle weiter, aber der Pampelmusenbaum ist zuviel für uns; er zieht uns an wie ein Magnet das Eisen. Über einen Monat haben wir kein frisches Obst gesehen. Und dies hier schwimmt noch nicht einmal in Salzwasser! Wir pflücken uns eine Grapefruit und schneiden sie in Stücke. Kaum haben wir die Schale der ersten weggeworfen, nehmen wir uns eine zweite, zerteilen sie in zwei Hälften und beißen hinein; eine dritte abreißen, schälen und zerteilen, und schon drücken wir unsere Gesichter hinein. Dann eine vierte, eine fünfte und ein sechste. Saft läuft uns über Nase, Wangen und Kinn. Wir wischen ihn mit den Händen ab, lecken uns die Finger.

Wartet! Das reicht. Wir beschließen, zwei Früchte übrigzulassen. Wir entschuldigen uns bei dem abwesenden Besitzer, danken ihm und gehen weiter.

Ein kalter Nieselregen trübt unsere Sicht, aber als wir aufblicken, sehen wir unser Ziel. Wir kommen an mehreren kleinen Nebengebäuden vorbei, aber alles ist abgeschlossen und verlassen. Schließlich erreichen wir die Kammhöhe, die Tür des Hauses, das wir erst gestern aus der Ferne betrachteten, noch voller Angst. Doch auch dieses Haus ist leer und zugesperrt. Wir sind erschöpft. Wir beschließen einzubrechen, hier die Nacht zu verbringen und morgen von hier weiterzugehen. Glücklicherweise finden wir ein Fenster mit einem zerbrochenen Riegel, durch das wir in unser neues Nest hineinfallen.

Die Zimmer in diesem Haus gleichen einem Wirrwarr von Schachteln. Im Innern wird noch gebaut, Kabelenden stehen aus den Wändern heraus, und im Wohnzimmer sind Bretter gestapelt. Das Telefon und die Stromversorgung funktionieren nicht, aber der Gasherd geht bestens. Ein geräumiger, trockener Ort. Was wollen wir mehr? Darüber hinaus ist das Haus komplett ausgestattet mit Nahrungsmitteln. Jemand muß hier viel Zeit verbringen. Aber wir haben es viel zu eilig damit, die Schränke zu durchwühlen, als daß wir uns um die Ausstattung des Hauses kümmern oder uns Gedanken um seine Bewohner machen würden.

Es dauert nicht lange, und wir stecken mitten in einer Essensorgie. Jemand löst eine riesige Menge Milchpulver auf. John häuft so viel Müsli und Getreideflocken in seine Schüssel, daß sie über den Rand rutschen und auf den Boden fallen. Wie hypnotisiert löffelt er immer mehr darauf, bis ich ihn mit einer scharfen Bemerkung aus seiner Versunkenheit reiße: »John, hör auf damit! Du kriegst nichts mehr in die Schüssel rein.« Wir anderen sind nicht besser. Wir öffnen Tüten, reißen die Oberseiten von Schachteln ab, drehen die Deckel von Gläsern auf wie eine Horde plündernder Bären. Der Tisch ist bedeckt mit Rosinen, Nüssen, Erdnußbutter, Hefeextrakt, Honig, Keksen, Getreideflokken, getrockneten Früchten, Milch, Kakao … Wir machen uns nicht einmal die Mühe, den Herd anzuzünden, ehe wir nicht gesättigt sind. Dann koche ich Kaffee, richtigen Kaffee, heißen Kaffee.

Wir sitzen auf richtigen Stühlen mit richtigen Kissen. Es ist, als säße man in einem warmen Schoß. Die Freude darüber, nicht hautnah neben jemand anderem zu liegen, eine dampfende Tasse in der Hand zu halten, keine Angst zu haben, ist unbeschreiblich.

Ich blicke auf und sehe einen Mann, der uns vom oberen Ende der Treppe anstarrt. Er ist braungebrannt, glattrasiert und steht dort ganz majestätisch in einer weißen Strickjacke über schicken weißen Hosen. Er beginnt, die Treppe hinunterzuschweben wie ein Mannequin, das gleich auf den Laufsteg treten soll. »Meine Güte, Philip, du siehst aus, als hättest du das große Los gezogen!«

»Ah, danke, Kumpel.«

»Wo hast du denn die schnieken Klamotten her, Mann?« fragt Rick.

Phil erzählt uns, daß die Schränke oben reichlich Kleider enthalten, für uns alle.

Wir machen uns Wasser zum Waschen warm und gießen es in eine Sitzbadewanne – eine Duschwanne wie eine halbierte Badewanne. Abwechselnd sind wir jeder für sich allein im Badezimmer. In einen Spiegel zu sehen, ist ein seltsames Gefühl. Ich entdecke dort einen mageren Körper mit langem Bart und langen Haaren. Ich habe fünfundzwanzig Pfund abgenommen, das sind etwa sechzehn Prozent meines Gewichts, aber mein Muskeltonus ist gut. Phil hat gut vierzig, vielleicht sogar fünfzig Pfund abgenommen und sieht dabei jetzt blendend aus. John und Rick sind die ausgezehrtesten, aber keiner von uns wirkt, frisch gewaschen und neu eingekleidet, als käme er geradewegs aus Auschwitz. Wir haben keine verräterischen wunden Stellen vom Salzwasser, die das Markenzeichen der Überlebenden auf Rettungsbooten sind. Wir haben nicht ein Drittel oder mehr unseres Gewichtes verloren, was unter Überlebenden eines Schiffsunglücks, die auch nur die Hälfte unserer Zeit auf dem Meer umhertreiben, durchaus üblich ist. Wir hatten unglaubliches Glück.

In der Zwischenzeit ist Phil mit John nach draußen gegangen. Sie wollen versuchen, einen Generator in Gang zu bringen. Phil kann es nicht erwarten, die Füße hochzulegen und Fernsehen zu gucken. John beginnt, ihm zu helfen, aber dann überlegt er sich, daß es am besten ist, wenn wir den Generator in Ruhe lassen. Mit all den losen Drähten, zwei verschiedenen Spannungssystemen und unserer

Unkenntnis der Anlage könnten wir sie leicht zerstören oder ein Feuer in Gang setzen. Phil bleibt hartnäckig, aber John ist ebenso stur und überzeugt Phil schließlich, es sein zu lassen.

Mit noch einer herrlichen Tasse Kaffee in der Hand sitze ich im Wohnzimmer und blicke durch ein großes Fenster auf den offenen Pazifik hinaus, dessen Fläche nicht ein einziges Mal von einer größeren Landmasse durchbrochen wird, ehe er, fünftausend Meilen entfernt, gegen die südamerikanische Küste brandet.

Als der Nachmittag in den Abend übergeht, wird aus dem Nieseln draußen Regen, und der Wind beginnt, an den Fenstern des Hauses zu rütteln. Es ist kein tobender Orkan, aber er ist stürmisch genug, um mir wieder einmal deutlich zu machen, was für ein ausgesprochenes Glück wir gehabt haben. Wir sind gerade noch rechtzeitig gelandet.

Vielleicht war es Pech, daß wir auf einem Boot saßen, das durch riesige Sturmwellen zum Kentern gebracht werden konnte und sich dann nicht wieder aufrichtete, aber das trifft auch auf viele Boote mit nur einem Rumpf zu. Es ist auch wahr, daß konventionellere Wasserfahrzeuge mit der Unerbittlichkeit eines Felsblocks sinken, wenn sie erst einmal leck geschlagen sind. Tausende von Schiffen aller Art, die unter den gleichen Bedingungen unterwegs waren, wie sie unser Schicksal besiegelten, kenterten, zerbrachen, wurden überflutet und gingen unter. Das Meer macht schließlich doch Gefangene, aber man sollte seine gewaltige Zerstörungskraft keinesfalls unterschätzen.

Ebensowenig darf man den Erfindungsreichtum des Menschen unterschätzen. Nach der Katastrophe richteten wir uns auf einem Boot ein, das nicht sinken konnte. Dort waren wir mit Essen und Wasser gesegnet, mit ausgedehnten Bewegungsmöglichkeiten, wie sie auf Rettungsbooten fehlen. Und als die Zeit kam und wir an Land zu zerschellen drohten, brachte dieses Boot uns sicher hinein, während ein empfindlicheres Gummifloß von der See und den Felsen schon weit draußen zerschlissen worden wäre, zu weit draußen, als daß wir es geschafft hätten, durch die Strudel an Land zu schwimmen. Die Rose-Noëlle gab uns dort draußen eine Chance, und irgendwie fanden wir jeder für sich und alle gemeinsam die Kraft zum Überleben. Manchmal war es sogar noch mehr als das, was uns verband. Rick sagt: »Wir wurden dort draußen ein Teil der Elemente«, fast als wären wir zu Königsmakrelen oder Albatrossen geworden.

Jetzt, frisch gewaschen und schön trocken, während der Regen in Streifen die Glasscheiben herunterrinnt, durch die ich vom Wind gepeitschte Bäume sehe, frage ich mich, ob wir etwas verloren oder gewonnen haben?

Da ist zu viel Rätselhaftes, über das man nachdenken muß. Wie war es möglich, daß wir gerade noch vor dem Einbruch der Dunkelheit, die uns endgültig auf dem todbringenden Meer abgeschnitten hätte, an Land klettern konnten? Wie kam es, daß es immer dann regnete, wenn wir den Regen wirklich brauchten? Und warum sind wir nicht die fünftausend Meilen nach Osten getrieben, statt an genau dem Ort zur Ruhe zu kommen, von dem wir aufgebrochen waren? Die Antworten spielen kaum eine Rolle. Jeder wird seine eigenen finden. Die Fragen helfen mir, die Größe des Geschenks zu ermessen und zu würdigen, das es bedeutet, einfach hierzusein, einfach zu überleben, mehr Lebenszeit gewährt zu bekommen. Zeit: Das ist es, was wirklich zählt.

Wir sind wie Römer, die sich zwischen den endlosen Gängen ihrer Mahlzeiten nur für kurze Momente zurückziehen. Beim Abendessen sind wir jedoch geduldiger, als wir es bei unserer ersten heißhungrigen Attacke auf die Schränke waren. Ich mache Spaghetti mit Spargel. Wir decken einen Tisch mit Kerzen, einer Serviette für jeden, Gabeln und Messern, ich entkorke eine Flasche Rotwein und schenke ihn in zarte, hohe Gläser ein.

Wir sagen einer nach dem anderen mit glasigem Blick ein kurzes, von Herzen kommendes Dankgebet. Wir sprechen ruhig, langsam, wie wir es das erste Mal taten, als wir aus dem alten Harry *poisson cru* machten. Dann heben wir die Gläser und bringen einen gemeinsamen Toast aus: auf das Leben und auf einander. Wir essen gemächlich, genießen jeden Bissen, spüren jeder Geschmacksnuance nach. Keine andere Mahlzeit hat mich je mit solcher Befriedigung erfüllt.

Ein kleiner Ausflug an die Strände Tongas war unser Traum vom Abenteuer. Die Straße, auf der wir reisten, führte durch die Hölle – manchmal waren wir füreinander die Hölle –; aber so anstrengend die Reise auch war, sie brachte doch Erfüllung. Wir alle verspüren das einzigartige Gefühl, etwas Besonderes geleistet zu haben. Jetzt gibt es keine spannungsvolle Ungewißheit mehr darüber, was der nächste Tag bringen wird. All unsere vergangenen Streitereien, unser Elend, unsere Urteile über einander sind davongespült und weggeschwemmt. Wir sitzen im flackernden, romantischen Schein der Kerzen und aalen uns in der wohligen Ausstrahlung der anderen. Ich wünsche mir nicht, irgendwo anders zu sein. Ich bin vollkommen satt und zufrieden hier mit meinen Kameraden.

In gewissem Sinne fühle ich mich erst in Gegenwart dieser Männer als ganzer Mensch. Ich würde gern denken, daß wir einander brauchten, um zu überleben. Wir brauchten Johns zielstrebiges Selbstvertrauen, Ricks Perfektionismus, Phils unerschütterliche Zuverlässigkeit; wir brauchten selbst mein diplomatisches Bedürfnis, gebraucht zu werden. Ich würde sogar gern denken, daß keine andere Gruppe von vier Menschen gut genug zueinander paßt, um das, was wir durchgemacht haben, zu überleben. Aber wenn ich in mich hineinschaue, sehe ich jetzt deutlicher, daß Züge eines jeden Menschen ihren Platz in meiner Seele haben. Unser Überleben war nicht so sehr davon abhängig, welche Stärken uns vier besonders auszeichnen.

Eher ging es darum zu entdecken, wie sehr menschliche Persönlichkeiten schweren Ankern gleichen. Manchmal, wenn wir darum kämpften, auf der tiefen blauen Unendlichkeit zu überleben, bot die Art und Weise, wie wir Probleme lösten und miteinander umgingen, uns Sicherheit. Aber zu anderen Zeiten wurden selbst unsere größten Stärken zu gefährlichen Gewichten, die sich um unsere Füße wanden. Nur ein kleiner Ausrutscher, und zumindest einer von uns wäre nicht lebend zurückgekehrt. Es ist so schwierig herauszufinden, wann und wie man für sich selbst geradestehen soll und wann es an der Zeit ist, sich zurückzuziehen und sich auf jemand anderen zu verlassen, den man möglicherweise nicht einmal mag.

Keiner von uns ist ein Held. Wir sind nur Menschen, so fehlerhaft wie alle Menschen zu allen Zeiten, hangeln uns an der unscharfen Trennlinie zwischen Egoismus und Altruismus entlang, hoffen auf unser Überleben. In dieser Hinsicht sind wir anderen sozial lebenden Tieren nicht unähnlich. Wenn wir einander gelegentlich bestohlen haben, so waren wir manchmal doch auch großzügig. Das wird im nächsten Jahr oder im nächsten Jahrzehnt nicht anders sein, wenn wir beschließen, wie wir unsere Steuererklärung manipulieren wollen, als ob wir das Geld letzten Endes nicht jemand anderem aus der Tasche ziehen, und dann spenden wir plötzlich einen Haufen Geld für einen guten Zweck. Wenn wir schlechte Menschen sind, dann gilt das gleiche auch für unsere Zivilisation, bis zu jenem fernen Tag, wenn die Menschen, aus der Güte ihres kollektiven Herzens, überall ihre liebsten Besitztümer hervorholen und sie gleichmäßig verteilen. Meine Kameraden und ich haben uns Ausreden genug zurechtgelegt, und wir sorgten für uns selbst, ehe wir an unsere Gefährten dachten, aber all das innerhalb gewisser Grenzen, so vage und veränderlich sie auch sein mögen. Ich weiß jedoch nicht, ob das in einem Monat oder in einem Jahr immer noch so gewesen wäre. Dieser Zweifel, ebenso wie das Bewußtsein, daß es noch offene Fragen gibt, lassen mich unser großes Glück würdigen. Wir mußten den tief in uns verborgenen Dämonen nicht gegenübertreten.

Die Reise ist vorbei, zumindest glauben wir das. Zeit für zu Hause. Phil möchte Karen und die Kinder an seiner Seite wissen. Rick sehnt sich nach einer Chance, mit Heather und Mattie neu anzufangen. John und ich ... nun, ich zumindest wünsche mir, daß Martha und ich lernen können, unser gegenseitiges Geben und Nehmen zu genießen. Aber unser fröhlicher Trupp ist jetzt nicht mehr in Eile. Es ist ein gutes Gefühl, einfach auf festem Boden auszuruhen, auf den wildbewegten Ozean hinauszublicken, zuzuhören, wie die Fenster im heulenden Wind klappern, sich geborgen zu fühlen.

Nach dem Abendessen ziehen wir uns in verschiedene Winkel des Hauses zurück. John schreibt einen Brief an seinen Journalisten-Freund Pat, der ihm geholfen hatte, *Playboys des Südpazifik* zu schreiben, und der mutmaßte, wir seien wahrscheinlich mit unserem Propangas in die Luft geflogen oder von einem Schiff gerammt worden. Rick, Phil und ich strecken uns im Schein von Kerzen oder Petroleumlampen aus. Ich höre, wie John sich irgendwo übergibt.

Die letzen Tage, die letzten Monate waren ermüdend genug, aber ich schlafe nicht. Ich rolle mich auf die eine Seite, dann auf die andere, stehe schließlich auf. Ich dachte, ich würde es schätzen, allein zu sein, aber das Gefühl ist zu ungewohnt. Ich sitze auf dem Rand von Ricks Bett. Wir versuchen, unsere Gefühle in Worte zu fassen: wie wundervoll es ist, wieder zurück zu sein, und wie froh wir sind, die heutige Nacht nicht auf dem Meer zu verbringen. Wir sind ganz aufgekratzt, machen uns keine Sorgen über den kommenden Tag.

Auf dem Weg ins Badezimmer oder nach draußen steckt John gelegentlich den Kopf durch die Tür, während wir reden, und sagt: »Oh, ist es nicht wundervoll?« Übelkeit ist dem Umhertreiben auf dem Meer vorzuziehen, nehme ich an. Schließlich finden wir uns alle wieder in der Küche ein, wo wir uns noch mehr Tee oder Kaffee brauen und den nächsten Tag erwarten.

2. Oktober

Rose wacht um 4 Uhr 44 morgens auf. Diesmal hatte sie selbst einen Traum. Darin steht John auf seinem Boot und ruft ihr zu: »Hier bin ich.« Später an diesem Morgen erzählt sie Johns Schwester von dem Traum.

In den Vereinigten Staaten schiebt mein Freund Joe die Papierstapel auf seinem Schreibtisch hin und her und entdeckt meinen letzten Brief an ihn.

Bei Kaffee und Reispudding genießen wir den Anbruch eines neuen Tages. Wind und Regen stören uns kein bißchen. Mit Blick hinaus auf den weißen, tobenden Ozean sagt Rick: »Scheiße, wenn wir heute reingekommen wären, hätten wir es nicht geschafft.«

Phil schlüpft nach draußen, um noch einmal am Generator herumzufummeln, und John setzt ihm wutschäumend nach. Wieder macht John geltend, daß er der Kapitän ist. Er besteht darauf, daß Phil die Stromversorgung in Frieden läßt; wenn ein Feuer ausbricht, sagt John, werde man ihn zur Verantwortung ziehen. Nach einer typischen Konfrontation zwischen Phils neuentdeckter Energie und Glennies Befehlston aus alten Tagen stapft Phil davon, den Hügel hinauf.

Als er zurückkommt, sagt er: »Ich höre weiter oben auf dem Hügel ein Telefon.« Mit Phil zusammen trotte ich die Straße entlang. Durch ein Badezimmerfenster brechen wir in ein anderes Haus ein und entdecken ein Telefon mit Handkurbel. Wir drehen an der Kurbel, können aber nicht herausbekommen, wie das Ding funktioniert, als ein Dreirad die Straße heraufgeknattert kommt. Darin sitzt der erste Fremde, den wir seit vier Monaten zu Gesicht bekommen. Er ist klein, gutaussehend, wirkt freundlich und ziemlich überrascht, als wir ihn mit unserem unverständlichen Gebrabbel überfallen: ein gekentertes Boot, Albatrosse, Schiffe, Kollisionen mit Felsen, eine Buschwanderung ... Ich erwarte, daß er uns um den Hals fällt wie lang vermißten Freunden, aber er nickt nur, hört höflich zu, schüttelt langsam den Kopf und unterbricht unser Geschnatter gelegentlich besonnen mit seinem Schweizer Akzent: »Aha. Unglaublich.« Es muß unglaublich sein. Es waren seine Freunde, die vor vier Jahren in einem Segelboot in die Felsen der Großen Barrier hineinsegelten; sie wurden nie wieder gesehen. Bevor wir mit unserem neuen Freund zu seiner Macadamia-Nußfarm und seinem Zuhause aufbrechen, um eine warme Mahlzeit einzunehmen, verbindet er uns mit der Polizei und Outward Bound.

»Ein R-Gespräch für Sie von Jim. Übernehmen Sie die Gebühren?«

»Wer?«

»Jim Nalepka.«

»Hier arbeitet niemand, der Jim Nalepka heißt. Eh, warten Sie einen Moment.« Ich höre, wie eine Hand die Sprechmuschel abdeckt, Stimmengemurmel im Hintergrund. Nach etwa zwanzig Sekunden nimmt der Direktor von OB den Hörer auf. »Hallo«, bellt er. »John D. am Apparat.«

»John, ich bin's, Jim. Habe ich meinen Job noch?«

Er macht eine Pause, dann »Jim! Jim!«

Ich sage John, er solle einfach still sein, während ich einige Minuten lang rede. Ich erzähle ihm, was passiert ist, und bitte ihn, unsere Familien anzurufen. Immer wieder besteht er darauf, wir müßten auf dem Great Barrier Reef in Australien sein und einfach völlig durcheinander. Ja, wir sind durcheinander, aber wir sind nicht in Australien.

Ein kotbespritzter Geländewagen kommt vor dem Haus

zum Stehen. Shane Godinet, Polizeihauptwachtmeister der Insel und die gesamte Polizeistreitmacht von Great Barrier Island, steht vor uns, als wir das Garagentor hochschieben, um ihn hereinzulassen. Die Hände gegen seinen riesigen, stämmigen 220-Pfund-Körper gestützt, lassen Shanes Schnauzer, sein gelockter Haarbusch und die Krähenfüße um die Augen ihn wie einen jungen samoanischen Albert Einstein aussehen, der Steroide verabreicht bekommen hat. Er beschuldigt uns: »Also ihr seid die Kerle, die in dieses Haus eingebrochen sind.«

»Nun, ja, Sir. Wir freuen uns, Sie zu sehen«, sage ich schüchtern.

Er lacht. Er ist ein bißchen erstaunt über Phils glattrasiertes, elegant gekleidetes Äußeres, aber er hat auf dem Weg hierher unsere Geschichte überprüft und scheint sie zu akzeptieren. Liebenswürdigerweise nimmt er die ganze Crew in seinem Wagen mit und sagt: »Laßt uns zu mir fahren und einen Whisky trinken.« Wir donnern den Hügel hinunter, holpern und schlingern über den schlammigen, rutschigen Weg. »Habe die Kiste erst neu«, sagt Shane mit einem Lächeln. Ich bin wie versteinert – habe viel mehr Angst als an Bord der Rose-Noëlle. Shane reißt Witze, schiebt ein Band mit Liebesliedern von Gene Pitney in den Rekorder und dreht die Lautstärke hoch. Schlingernd kommen wir vor einem Laden zum Stehen. »Okay, was wollt ihr bei mir essen?«

Wie unter Schock starren wir einander an. Ich sage schließlich: »Schinken und Eier?«

Phil fügt hinzu: »Oh, einen Laib Weißbrot.«

John wackelt mit den Augenbrauen und sagt: »Ein paar Riegel Schokolade?«

Und hast du's nicht gesehen, überschütten wir ihn mit Forderungen nach Eiscreme, Saft, richtiger Milch ... Shane verschwindet. Schüchtern kommen einige Leute aus dem Laden, beugen sich hinunter, um durch die Fenster hineinzusehen, halten aber Abstand, als wären wir eine Art wilder, exotischer, unberechenbarer Tiere. Die Türen fliegen auf, Shane kommt zum Auto gestürzt, wirft eine Kiste mit Lebensmitteln hinten in den Wagen, und wir brausen wieder los.

Zu Hause bei ihm duschen wir, während seine freundliche Frau Teresa unsere persönlichen Bestellungen entgegennimmt. Wir frühstücken mit Schinken, Eiern, Whisky und Eiscreme. Ein wenig seltsam, vielleicht, aber recht schmackhaft. Phil lehnt sich zurück und zündet eine Zigarette an, die erste seit Jahren. Er ist überglücklich.

Keine Stunde nach unserer Ankunft in Shanes Haus, übertönt das laut dröhnende Sausen eines Hubschrauberrotors unser Gespräch, erstirbt schließlich. Shane empfängt drei Männer an der Tür, die hereinkommen und umherwandern, ohne ein Wort zu sagen. Einer trägt einen Block Papier, der andere einen Fotoapparat. Mehrere unangenehme Minuten lang nähern und entfernen sich diese Geheimagenten in Wellenbewegungen – wenn wir sie anschauen, kommen sie heran, aber weil wir alle gleich schüchtern wegblicken, ziehen sie sich sofort wieder zurück. Der Typ mit dem Block stellt sich schließlich als Reporter vom *Dominion* vor. Würde es uns etwas ausmachen, einige Fragen zu beantworten?

Sie brauchen nicht auf das Aufleuchten in unseren Augen zu warten. Phil beginnt sofort, alles auszuplaudern. Angespornt durch das ungewohnte Folterinstrument einer klickenden Kamera, machen Rick und ich mit. John ist auffallend still, gibt nur minimale Antworten auf gezielte Fragen, streichelt eine Katze, bis sie einschläft, wartet darauf, daß Pat, sein eigener Reporterfreund, eintrifft.

Das Telefon schrillt. Der Agent ohne Kamera oder Block sagt: »Wir müssen gehen.« Ich habe keine Ahnung, wohin wir gehen oder warum, aber es ist mir wirklich egal. Wir danken den Godinets und gehen in Einerkolonne hinaus zum Hubschrauber. Agent Nummer drei klettert auf den Pilotensitz. Es gibt ein Durcheinander von hin und her rutschenden Körpern, als wir versuchen, uns in den Helikopter zu zwängen. Wir vier klettern auf die Rückbank, die nur für drei gemacht zu sein scheint. Wir suchen nach den Enden der Sicherheitsgurte und lassen uns schließlich nieder, eng nebeneinandergequetscht. Wenigstens sind wir zusammen, im Begriff, einen Hubschrauberflug anzutreten, unterwegs auf einer neuen Reise.

Die langen Rotorblätter des Hubschraubers beginnen sich zu drehen, kreisen freudig, sausen. Die Luft ist voller Lärm und Erwartung. Ein Mann kommt über den Rasen auf uns zugerannt. Ich weiß nicht, woher ich es weiß, aber ich sage zu John: »Heh, John. Ich glaube, das ist dein Freund.« John blickt nach draußen, löst seinen Sicherheitsgurt, macht eine Bewegung nach vorn. Undeutlicher Protest von der vorderen Sitzbank. Darum also ging es bei dem Anruf. Ein weiterer Hubschrauber ist gelandet. Diese Reporter haben versucht, uns als Knüller für sich ganz allein zu behalten. Sie haben die Nase weiter vorn als ihre Konkurrenten, genau wie Rick und ich, als wir uns einen Extrakeks genehmigten. Ich öffne die Tür, und John springt hinunter.

»Okay, okay, laßt uns abfliegen«, sagt der Reporter. Ich ziehe die Tür zu. Wir neigen uns vor und beginnen zu steigen. John läuft von uns weg, rennt auf seinen Freund zu.

16 Davongetragen

Während unser Hubschrauber hoch über dem Golf von Hauraki dahinfliegt, drückt John seinen Freund Pat an sich und denkt: Endlich habe ich einen Freund bei mir. Wie anders wäre alles dort draußen für ihn gewesen mit einem Freund wie diesem, mit einem Menschen, der ihn versteht, einem Menschen, dem er vertrauen kann. Strahlend vor Freude über das Wiedersehen steigen John und sein Freund in ihren Hubschrauber und eilen davon auf ihrem Weg in die Zukunft – ohne uns.

Rick lehnt sich nach vorn und ruft dem Piloten durch den Lärm des Riesenschaumschlägers zu: »Heh, meine Eltern leben in Rothesay Bay gleich am Strand. Da unten gibt es einen kleinen Pfad. Könnten Sie mich da absetzen?«

Der Pilot dreht sich um und sieht einen Moment lang den Reporter an, aber wir können ihr Augengespräch nicht verfolgen. Er dreht seinen Kopf noch etwas weiter zu uns und brüllt: »Nein. Können wir nicht machen.« Dann wendet er sich wieder seiner Aufgabe zu.

Warum geht das nicht? fragen wir uns. Schließlich haben wir Neuseeland nie richtig verlassen. Technisch gesehen, sollten wir nicht den Zoll passieren müssen oder etwas in der Art. Aber wer weiß? Vielleicht haben die da oben unsere Freunde und Familien irgendwo zusammengetrommelt, um das Wiedersehen zu feiern. Wir lehnen uns zurück und genießen den Flug.

Wir landen in der Mechanics Bay in Auckland, werden eilig in eine höhlenartige Garage und auf ein bunkerähnliches Büro zu getrieben. Ricks Eltern tauchen auf, umarmen ihren Sohn, schütteln mir die Hand und werden wieder von einem unaufhaltsamen Strom ungeordneter Bewegung hinweggeschwemmt, der uns in das Büro hineinträgt. Die Interessen des Staates haben immer noch Vorrang vor den Belangen des Herzens.

An einem ovalen Tisch sitzen Rick, Phil und ich, während eine Gruppe von Ärzten und mehrere Polizisten um uns herumstehen und uns beäugen. Von der anderen Seite des Tisches beginnen Kapitän Bowen und Kapitän Lyon, welche die Seefahrtsabteilung des Verkehrsministeriums bzw. die Handelsmarine vertreten, uns zu befragen. Sie horchen uns aus wie die Rechnungsprüfer einer Versicherungsgesellschaft, auf der Suche nach dem betrügerischen Schwachpunkt in unserer Geschichte, in der Hoffnung, uns zu Fall zu bringen. Ich nehme an, in Anbetracht unserer neuen Kleider, der nicht vorhandenen Salzwassergeschwüre und unserer recht kräftigen Konstitution haben unsere Vernehmer das Recht, mißtrauisch zu sein. Wie können wir vier Monate lang auf dem Meer getrieben sein?

Aber warum sollten wir uns eine solche Geschichte ausdenken? Phil scheint bereit genug, auf jedes Nachbohren zu antworten, aber ich möchte einfach, daß es zu Ende ist, damit ich nach Hause gehen kann. Ich habe dieses Trara nicht gewollt. Ich ärgere mich über die Fragerei, die sich immer länger hinzieht. Das Zwanzig-Minuten-Gespräch scheint Tage zu dauern.

Einer der Polizisten sagt zu uns: »Sehen Sie, da draußen sind eine Menge Fernsehreporter und Zeitungsleute, die Sie interviewen wollen. Ich würde vorschlagen, Sie sprechen zehn Minuten mit ihnen und bringen es hinter sich. Dann werden sie Sie nicht mehr belästigen.«

Wir folgen seinem Rat. Es ist nur einer von vielen Fehlern, die wir anläßlich unserer Rückkehr in die Zivilisation machen. Ich fühle mich verloren, verwundbar, so machtlos, wie ich mich fühlte, als die Rose-Noëlle eines Morgens kenterte. 119 Tage lang haben wir darum gerungen, unsere Grenzen und Möglichkeiten kennenzulernen; siebzehn Wochen lang kämpften wir mit dem Meer, um unser Schicksal in den Griff zu bekommen; den dritten Teil eines Jahres bildeten wir unsere eigene kleine Gemeinschaft dort draußen am Rande der Welt. Jetzt mummelt die menschliche Gesellschaft uns ein wie hilflose Säuglinge, zerrt uns hierhin, schubst uns dorthin, streckt uns ihr Gesicht entgegen, gurrt Blödsinn zu ihrer eigenen Unterhaltung und nimmt an, daß wir davon ebenfalls hingerissen sind. Wir haben keine Wahl, können nirgendwohin fliehen, uns nirgendwo verstecken. Ich fühle mich wie erstickt. Ich habe die Kontrolle über mein Leben verloren, und ich ärgere mich, daß sie mir von Leuten genommen wurde, die ich nicht einmal kenne.

Um einen Fernsehapparat versammelt, jubeln Martha, Heather, Mattie und ein Haufen Freunde uns begeistert zu, als sie den ersten konkreten Beweis dafür sehen, daß wir am Leben sind. Sie hören, daß wir auf der bewaldeten »Great Barrier« gelandet sind. Wie die Hellseherinnen vorhergesagt haben, handelt es sich um eine Insel mit zwölf Buchstaben, und als unsere Freunde Rick aus dem Hubschrauber steigen sehen, trägt er Gummistiefel und einen weißen Strickpullover mit Zopfmuster.

Unsere kleine Schar wird in den Hangar zurückgetrieben und zwischen fünf Stühle und eine Unmenge Reporter eingepfercht, die alle ihre Kameras, Papier und Bleistift oder den Kassettenrekorder fest umklammert halten. Wir sitzen mit Paul Holmes, dem TV-Talkshowstar der Nation, in der Runde. Die improvisierte Bühne wird von Lampen angestrahlt. Von hohen, dünnen Beinen starrt uns das unbewegte Auge einer Videokamera an, stiehlt unser Bild und schleudert es der Welt entgegen. Gierig den Rand des Fernsehbildes umlagernd, gleichzeitig sorgfältig darauf bedacht, die unsichtbare Grenze nicht zu überschreiten, wartet ein Mob von Reportern gespannt, bereit mitzubieten, sobald Pat Holmes uns zur Versteigerung freigibt.

Holmes' Fragen sind typisch: »Wie ist es passiert? Wie haben Sie sich Nahrung beschafft? Wasser? Wo ist Ihr Skipper, John Glennie?«

»Das wissen wir nicht. Er hat einen anderen Hubschrauber genommen.«

»Wußten Sie, wo Sie waren? Dachten Sie, Sie würden gerettet werden? Woran haben Sie gedacht?«

Großer Gott, woran hast du in den letzten vier Monaten gedacht? Glaubst du, wir können das in einem Satz zusammenfassen? Glaubst du wirklich, es ist so einfach? Glaubst du, wir sind gehirntot, oder bist du's?

»Sind Sie je verzweifelt in der ganzen Zeit, die Sie dort draußen waren?«

Rick schaut Mr. Holmes gerade in die Augen und gibt eine Frage zurück: »Was glauben Sie?« Vielleicht ist das nicht fair. Holmes macht auch nur seinen Job. Und er ist erst kürzlich von einem Flugzeugabsturz über dem Meer zurückgekehrt, bei dem ein Mitglied der Besatzung ertrunken ist. Er ist auch dort draußen gewesen. Trotzdem wollen wir nur in Ruhe gelassen werden.

Als das Interview vorbei ist, werden wir zu einem Krankenwagen gebracht und in aller Eile ins Krankenhaus gefahren. Dort überprüfen sie unseren Blutdruck, tasten die Knochen ab, nehmen eine Urinprobe, saugen uns Blut aus – ganz wie die Presse. Ja, sogar als ich pinkeln gehe, folgt mir ein Reporter wie ein Schoßhund und japst noch Fragen in meine Ohren, während ich mich über die Rinne beuge. »Bitte«, sage ich, »wollen Sie mich nicht allein lassen?« Eine Sekunde lang weicht er vor meinem Fauchen zurück, aber dann folgt er mir wieder auf den Fersen, bis die Türen des Untersuchungszimmers ihm ins Gesicht schlagen.

Ricks Eltern und Phils Tochter treffen ein. Es dauert nur

Minuten, bis die Schwester sagt: »Sie können gehen.« Im Aufenthaltsraum marschiert hinter den Schwingtüren ein Rudel Reporter wartend auf und ab. »Wir nehmen den Hinterausgang«, sagt die Schwester, führt uns einen Irrgarten von Fluren entlang zu einer Tür, und wir sind ins Sonnenlicht entlassen.

Ich sitze im McDonald's an der Queen Street in Auckland und lasse mich vom bunten Treiben vieler hundert Menschen unterhalten. Punker mit stacheligen, pinkfarbenen Haaren und Ketten in den Ohren, torkelnde, sabbernde Trinker, ein Maori-Radler mit hundert Tätowierungen, dicht an dicht auf Arme geritzt, die wie Rinderhälften von seinen massigen Schultern hängen, Geschäftsleute in Nadelstreifenanzügen, Studenten mit Taschen voller Bücher, Kinder, die herumlaufen und einander Dinge zuschreien, und zwei Überlebende eines Schiffbruchs sind die Besetzung in diesem Straßentheater.

Ich mag diese Art von Essen eigentlich nicht, aber Rick und ich haben so oft darüber gesprochen, daß wir schließlich Heißhunger darauf bekamen. Die nächsten beiden Wochen verbringen wir bei Peter und Helen Hellriegel in ihrem Haus am Meer. Auf dem Weg dorthin haben sie unserem verrückten Wunsch nachgegeben.

Heather und Martha kommen kurz nach dem Dunkelwerden. Ich liege in einer riesigen Badewanne, die Ohren unter Wasser, auf Deckenpatrouille. Marthas Gesicht schiebt sich über mich. Ihr schmaler, sportlicher Körper, das lange, sandblonde Haar und die großen braunen Augen entsprechen perfekt meiner schwärmerischen Erinnerung an ihre natürliche Schönheit. Ich drücke sie ganz fest und lange an mich und mache sie dabei ganz naß.

Wir unterhalten uns über das, was wir durchgemacht haben. Sie zögert nicht, mir zu erzählen, wie hart es für sie gewesen ist, mit Heather als einziger Stütze. Mir fällt auf, wieviel Unruhe wir in das Leben anderer Menschen gebracht haben. Es tut mir leid, aber es ist natürlich nicht meine Schuld. Es ist großartig, Martha zu sehen, aber es ist eine Sache mehr, um die ich mich kümmern muß, obwohl ich eigentlich meine Ruhe brauche. Ich möchte wahnsinnig aufgeregt sein. Monatelang habe ich mir ein wundervolles Wiedersehen ausgemalt, voller Leidenschaft und Intimität, aber irgend etwas ist verkehrt. Ich verstecke es vor ihr, verberge es auch vor mir selbst.

Bei Outward Bound feiern wir alle gemeinsam unsere Rückkehr mit einem Überraschungsessen und Sekt. Die Segler in Picton um Phils Boot herum veranstalten eine Fete, die bis spät in die Nacht hinein dauert. Wir sind wieder zu Hause. Ist das Leben nicht großartig?

Ich möchte so gern, daß Martha den romantischen Traum erfüllt, den ich mir für uns ausgedacht und den ich mir immer wieder vorgestellt habe, aber ich habe nicht die Kraft, ihr ein gleichwertiger Partner zu sein. Es wird nur allzuschnell deutlich, daß wir beide überwältigt, erschöpft, ausgelaugt sind. Nachts, wenn wir nebeneinander schlafen, vermisse ich jetzt die so viel vertrautere Berührung von Rick an meiner Seite, der nichts von mir erwartet, weder körperlich noch emotional. Ich will nicht mit Martha zusammen schlafen; ich will bei Rick schlafen.

Ich klettere die Stufen zur Speisekammer hinauf, um nach einem kleinen Imbiß zu stöbern. Während ich versuche, die Scharniere am Quietschen zu hindern, fische ich mir eine Schachtel Kekse heraus, die gleiche Sorte, die wir auf der Rose-Noëlle immer gestohlen hatten, und schlage sorgsam das Zellophan auseinander, damit es nicht raschelt. Eine Hand landet hart auf meiner Schulter. Ich fahre zusammen und drehe mich um, sehe Rick. Wir lachen, setzen uns hin und teilen unsere stibitzte Süßigkeit und etwas Milch. Die Kekse schmecken nicht mehr so gut wie an Bord.

Als Martha in mich dringt, mit ihr nach Hause zu kommen, weigere ich mich. Ich möchte nicht gehen. Rick und ich fühlen uns verpflichtet, unsere Geschichte denjenigen zu erzählen, die sie hören wollen. Wir geben der Presse drei Tage. Vielleicht ist es in Wirklichkeit eine Ausrede, weil wir einige Tage brauchen, um uns voneinander zu entwöhnen. Die Regierung hat in der Zwischenzeit beschlossen, einen unabhängigen Ermittler zu benennen, der eine erste Untersuchung dessen, was sich auf der Rose-Noëlle ereignet hat, durchführen soll.

Wir bekommen Telegramme, Anrufe und Besuche von Freunden und Verwandten. Manche Leute, die im Haus vorbeischauen, sind Menschen, die ich überhaupt nicht kenne. Unter dem Druck familiärer Verpflichtungen wird Rick von den immer gleichen, ständig wiederkehrenden Fragen regelrecht zermürbt.

Beim Beantworten des Telefons wechseln Rick und ich uns ab. Telefonische Interviews gelangen in den Rundfunk, in die Zeitungen, sogar ins Fernsehen. Uns wird eine Aufmerksamkeit zuteil, die ich mir nie erträumt hätte. Am Anfang gefällt es mir so gut, daß ich die Gefahr einer neuen Sucht sehe. Aber die Aufgabe ist absolut kräftezehrend. Die Medienwelt äußert ihre Wünsche, und aus höflichen Fragen werden sehr schnell Forderungen. Jeder will nur ein kleines Stück von uns, aber es sind ja insgesamt nur soundsoviele Stücke zu vergeben. Wir sehen kaum noch etwas von unseren Familien und Freunden, die es wirklich verdienten. Ein Fernsehreporter bringt seine ganze reisende Show mit in Peter und Helens Keller und zeichnet dort eine Stunde lang auf. Der Interviewer möchte uns alle, jeden für sich, jetzt aufnehmen und dann wieder in einem Jahr. Ich kann das begeisterte Leuchten in den Augen des Journalisten sehen, wenn er nur daran denkt. Was für ein Konzept!

Eines Abends amüsieren wir uns ganz besonders, als wir den Fernseher einschalten und Phil in einem 45-Sekunden-Spot eine Bäckerei betreten sehen. Er steht vor einer Unmenge von Windbeuteln, schnappt sich zwei oder drei und legt sie auf einen Teller. Einen steckt er ungefähr zur Hälfte in den Mund. Die Kamera geht auf Nahaufnahme. »Aaaah, das ist gut!« ruft er aus.

»Wie schmeckt's denn, Phil?« fragt der Interviewer.

»Ah, die lange Warterei hat sich gelohnt!« sagt er.

Rick und ich fallen rücklings vom Stuhl und kugeln herum, lachen so ausgiebig, daß ich schon Sterne sehe. Drei Tage vergehen, bis ein australischer Radioreporter in einer Livesendung fragt: »Stehen Sie immer noch zu Ihrer Behauptung, Mr. Hellriegel?« Zu unserer *Behauptung*? Rick bricht das Interview ab und wirft den Hörer auf die Gabel. Es ist die erste Frage dieser Art aus einem neuen Bombardement von Spitzfindigkeiten. Wir werden nicht mehr gefragt, was wir erlebt haben. Jetzt werden wir dazu aufgefordert zu beweisen, daß wir überhaupt etwas erlebt haben.

War es die Wahrheit, oder war alles Schwindel? Sie spekulieren darüber, daß wir möglicherweise Drogen an Bord hatten und einfach gegen die Insel gelaufen sind. Vielleicht war alles nur eine Riesen-PR-Aktion für Outward Bound?

Rick und ich haben so langsam die Schnauze voll von der ganzen Angelegenheit. Wer hat die Reporter überhaupt gebeten, sich um diese Geschichte zu kümmern? Jetzt vollführen sie eine Hundertachtziggradwendung und beschuldigen uns, etwas Unehrliches getan zu haben. Vielleicht sind *sie* es! Vielleicht haben sie unser Überleben so lange ausgesaugt, wie sie nur konnten, und jetzt gibt ihnen die Idee eines Betruges einen neuen Ansatzpunkt. Vielleicht stecken Leute von der Regierung dahinter, die sich in einer mißlichen Lage befinden, weil es ihnen nicht gelungen ist, uns zu finden. Sie hatten uns als tot abgeschrieben, und jetzt sind sie wütend darüber, daß wir taktlos genug waren, lebendig wieder aufzutauchen. Ich rufe John an und verabrede mich mit ihm. Seine Theorie geht dahin, daß die Aussies das Gerücht in die Welt gesetzt haben, weil sie es nicht ertragen können, wenn die Neuseeländer ihnen etwas voraus haben. Sie müssen uns einfach Sand in die Augen streuen, wann immer sie können. Wer auch immer es ist, es sind Idioten. Glauben sie, daß John alles, was er sich in neunzehn Jahren erarbeitet hat, zerstören würde, nur um eine Story für die Presse daraus zu machen? Nun bleibt aber mal auf dem Teppich.

Wir wissen nichts von den falschen Berichten über unsere Position, von dem Gerücht, wir seien in Tonga gesehen worden, von der Lüge, Heather habe eine Postkarte von uns erhalten, wovon das meiste wohl auf die Bramwellsche Flüsterpropaganda zurückgeht.

Zwei Typen vom Verkehrsministerium klopfen an die Tür und fragen Rick aus. Zwei Tage später verhören sie mich. Sie wollen detaillierte Angaben über den ganzen Vorfall, kehren noch im Nachhinein einmal mehr das Unterste zuoberst.

Nur hundert Meter von Peter und Helens Haus entfernt erstreckt sich ein Strand bis an die Bucht. An klaren Tagen kann ich über fünfunddreißig Meilen Wasser hinweg bis Great Barrier Island gucken. Fast wären wir daran vorbeigetrieben. Wir hätten auch hier landen können: die Erfüllung meines naiven Traumes, an einem hübschen, weichen Strand angespült zu werden. Was hätten die Skeptiker dann von uns gedacht, wenn wir einfach in Sicherheit gesegelt wären, keine hundert Meter vom Familienwohnsitz eines Besatzungsmitgliedes entfernt? Zumindest wird die Untersuchung schließlich die Presse und die Behörden zufriedenstellen und uns wieder unser Leben leben lassen.

Rick hat kein Interesse daran, John zu sehen, aber ich möchte ihn besuchen. Ungefähr eine Woche nach unserer Ankunft setzt Peter mich auf der anderen Seite der Stadt vor dem Haus von Penny Whiting und Doc Williams ab, alten Freunden von John, die ihm eine Bleibe angeboten haben. John ist genauso lebhaft, wie er war, bevor wir mit der Rose-Noëlle aufbrachen, er paßt in Doc und Pennys Familie wie eins ihrer Kinder. Das Funkeln ist in seine Augen zurückgekehrt, und er nimmt wieder zu. Die skeptische Haltung der Presse scheint ihn nicht abzustoßen oder aufzuregen. Er sagt nur: »Oh, ich habe überall Interviews gegeben. Schau dir meine Füße an. Sieh mal, wie sie anschwellen«, ganz wie ein belustigter, neugieriger Wissenschaftler, der die Elephantiasis eines anderen Menschen betrachtet.

In dieser Umgebung wirkt es fast so, als sei John nie weggewesen. Er sieht aus, als ob er sich wohl fühlt, als ob er tatsächlich heimgekehrt ist. Ich gestehe ihm, daß es mir im Moment schwer fällt, mit Martha zusammenzusein. Er erzählt mir, daß er sich große Mühe gibt, nicht mit Leuten zusammenzusein, die irgend etwas von ihm verlangen.

Wir setzen uns zu einem üppigen Festmahl. »Ist es nicht wundervoll, sich wieder an einen lecker gedeckten Tisch zu setzen?«

»Ja, John. Es ist wirklich schön.«

Anfang November veröffentlicht das Verkehrsministerium seine vorläufige Untersuchung der Kenterung und des Umhertreibens der Rose-Noëlle.

Also warum sind wir nicht in Richtung Osten nach Südamerika getrieben? Die Ermittler haben sich die Wetterberichte der Gegend für die gesamte Zeit unseres Umhertreibens besorgt. Sie zeigen, daß die Windverhältnisse dieses Jahr recht ungewöhnlich waren. Der *New Zealand Pilot* stellt fest, daß die Meeresströmungen in der Gegend ziemlich veränderlich und leicht vom Wind zu beeinflussen sind. Das Ozeanographische Institut von Neuseeland vermerkt darüber hinaus, daß der Kreisbogen, auf dem wir vermutlich getrieben sind gegenüber den stärkeren, ausgeprägteren ablandigen Strömungen näher an der Küste lag, daß Informationen über die Strömungsverhältnisse in dieser Gegend rar sind, und daß Informationen aus den letzten Jahren über veränderliche Strömungen die Ozeanographen auf unerwartete Bewegungsrichtungen aufmerksam gemacht haben. Ein Beispiel ist eine Farbprobe, die 1978 in der Nähe des Nordkaps am oberen Ende von Neuseeland dem Meer beigegeben wurde und die nach Westen, gegen die erwartete Strömungsrichtung, trieb, an eine Stelle, die nicht weit von der letzten Etappe unserer Reise entfernt ist. Wenn der Kurs der Rose-Noëlle vom Wetter und wetterabhängigen Strömungen bestimmt wurde, dürfte sie zunächst im großen und ganzen nach Osten getrieben sein. Dann müßte sie sich nach Norden gewandt und einen Kreis nach Westen geschlagen haben, um schließlich nach Südwesten abzufallen. Im Auftrag des *New Zealand Yachting Magazines* hat Greg Reeve vom Wetteramt in Auckland unseren genauen Kurs aufgezeichnet, ausgehend von einem halben Knoten Treibgeschwindigkeit bei zwanzig Knoten Windgeschwindigkeit. So entstand ein geradezu unheimliches Abbild unserer Geschichte. Zwar reicht auf Reeves Plan der Kreis unseres Umhertreibens über Great Barrier Island hinaus und geht durch Auckland, doch er beginnt auch etwas südwestlich von unserer vermutlichen Kenterposition. Wenn man das berücksichtigt und den Bruchteil eines Knotens abzieht, würden wir nach seiner Routenberechnung sage und schreibe auf dem gleichen Felsen landen.

Zwar war es möglich, daß wir nach Neuseeland zurückgetrieben sind, aber war es tatsächlich so? Untersuchungsbeamte kehrten mit John an den Ort des Schiffbruchs zurück, um Teile des Wracks aufzuspüren. Taucher holen Anker, Leinen, Plastikschüsseln, unseren Wasserkanister, den verbogenen Rahmen von Johns Fahrrad, seine Girlande aus Plastikblumen aus dem Meer. Statt Johns Logbuch, seiner Medaillen oder anderer Erinnerungsstücke an unsere dahintreibende Gemeinschaft finden sie die Fetzen einer Segeltasche. Von der Rose-Noëlle sind nur verstreute Trümmer geblieben, wenige breiter als einen Meter.

Professor Brian Foster von der Zoologischen Abteilung der Universität von Auckland hat den Bewuchs von Meereslebewesen analysiert, der sich auf dem Deck angesiedelt hatte. Drei Arten wurden näher untersucht. Ihre Gattung beginnt auf hoher See südlich von neununddreißig Grad südlicher Breite zu wachsen. Ihre Größe stimmte mit einer Wachstumsperiode von sechzig bis neunzig Tagen überein. Professor Foster bemerkte weiter, daß viele der Rankenfüßer beschädigt waren, möglicherweise durch den Aufprall bei der Landung, daß sich jedoch bei manchen Entenmuscheln »die Enthauptung während des Umhertreibens ereignet haben könnte (z.B. durch biotische Einflüsse wie menschlichen Verzehr)«. Ich denke an unsere Entenmuschelsuppen, Entenmuscheln frisch aus der Schale und Weichtiere kurzgebraten. Menschlicher Verzehr, in der Tat!

Ein letztes Stück Beweismaterial, das unsere Behauptungen unterstützt, kommt von Kindern. »Hallo, Daniel«, beginnt der Brief. »Ich habe die Flasche gefunden, in der du die Nachricht geschickt hast ...« Der Brief ist unterzeichnet mit: »Schreib bald mal, Karen Shrubshall, 16 Jahre.« Karen fand die Flasche am 21. September ungefähr fünfzig Meilen nördlich von Auckland. Sie wurde etwa 120 Meilen nordwestlich von unserer Kenterposition ins Meer geworfen, genau westlich von der Position, die Greg Reeves für die Rose-Noëlle am 27. Juni errechnet hat. Daniel Bramwell hat seine Flaschenpost von der Yacht seiner Familie ins Meer geworfen. Auch sie trieb entgegen den kartierten Strömungen, beschrieb einen Kreis ähnlich dem unseren und landete neun Tage vor uns und nur wenig nördlich von Great Barrier Island.

Es ist in der Tat paradox, daß Daniels Vater, Jim Bramwell, die Such- und Rettungsbemühungen so lange mit seinen falschverstandenen Berichten über unsere Position und mit anderen Gerüchten in die Irre geführt hat. Nun beweist sein Sohn mit einer Flaschenpost, daß er Unrecht hatte. James selbst hat schließlich einen Brief geschrieben, in dem er klarstellt, daß er den Sender der unzutreffenden Positionsangaben niemals tatsächlich als die Rose-Noëlle identifiziert hat.

Die Untersuchung macht uns noch deutlicher all die Anstrengungen bewußt, die zu unserer Rettung unternommen wurden. Die Regierung dieses winzigen Landes mit seinen begrenzten Möglichkeiten hat sich, als sie darum gebeten wurde, neun und eine halbe Million Quadratmeilen Ozean abzusuchen, tatsächlich auf die Suche nach uns gemacht. Viele größere Regierungen lehnen es kategorisch ab, auch nur einen Quadratmeter Meeresoberfläche abzusuchen, wenn keine bestätigte SOS/Mayday-Meldung oder zumindest ein Funkbojensignal vorliegt, das man zurückverfolgen kann. Neuseeland hat auf der Grundlage extrem begrenzter Informationen eine ausgedehnte Suchaktion durchgeführt. Meine Schwester Cathy und ihr Freund Joe Schierl aus Minneapolis stießen zu unseren neuseeländischen Freunden, Familien und interessierten Menschen aus Seglerkreisen, um eine wahrhaft beeindruckende Koalition zu bilden. Aber im Endeffekt war es für uns alle, auf hoher See und an Land, ein schmerzliches Abwarten.

Die Ergebnisse der Untersuchung sind eine Erleichterung, sie nehmen uns eine Last von der Seele. In einem Brief an jedes einzelne Besatzungsmitglied kommt Verkehrsminister William Jeffries zu dem Schluß: »Sie und die übrigen Mitglieder der Mannschaft haben Vorbildliches geleistet.« Mit einem Federstrich macht er uns von Lügnern zu Helden. In einer Pressemitteilung führt er weiter aus: »Die wunderbare Reise der Rose-Noëlle zeugt von den Vorzügen einer soliden Schiffskonstruktion, reichlicher Verproviantierung und von der Entschlossenheit und dem Mut ihrer Besatzung. Wenn es je fraglich war, ob die Rose-Noëlle 119 Tage lang gekentert im Pazifik trieb, zerstreut die vorliegende Untersuchung jetzt alle Bedenken.«

Die Medien nutzen die neue Nachrichtenlage natürlich noch einige Tage lang aus, aber dann ist auch das überstanden wie ein böser Traum.

Unser Umhertreiben hatte zumindest ein positives Ergebnis. Bis zu diesem Zeitpunkt hatte Neuseeland darauf vertraut, daß Flugzeuge die Signale von Funkbojen auffangen würden. Kein einziges Flugzeug befand sich innerhalb der Reichweite unserer Hilferufe. Seit Ende 1982 ist es jedoch möglich, daß Satelliten Notrufsignale empfangen, aber sie müssen die Nachricht dann an einen Empfänger auf der Erde weitergeben. Die meisten dieser Empfänger befinden sich am Rande des Atlantik. Neuseeland hat nach dem Zwischenfall mit der Rose-Noëlle entschieden, ein örtliches Benutzerterminal einzurichten und sich dem internationalen Notrufsystem SARSAT (Search And Rescue by SATellite, Suche und Rettung per Satellit) anzuschließen. Das System wird anderthalb Millionen neuseeländische Dollar kosten (850 000 US-Dollar).

Phil kehrt nach Picton zurück, zu Karen, den Kindern, dem Freitagabend im Pub und zu seinem Boot ohne Namen. Er wird es Toroa nennen. Irgendwann will er sich einen Trimaran kaufen.

John geht unter die Literaten und beginnt, sein Buch zu schreiben, zusammen mit Co-Autorin Jane Phare.

Rick und ich kehren heim in die Marlborough Sounds. Das Krankenhaus in Auckland hatte festgestellt, daß wir alle nur ein wenig blutarm seien, aber Rick scheint nicht genausogut wieder auf den Damm zu kommen wie wir anderen. Nachdem er einen Gehirntumor bezwungen hatte und dann auf dem Meer verlorenging, ist Rick nun an Land zurückgekehrt, um zu erfahren, daß ein neuer Tumor in seinem Kopf heranwächst.

Ich muß wieder richtig Tritt fassen. In der Hoffnung, daß sich alles zurechtlaufen wird, wenn ich mich einfach zwinge, dem Rhythmus eines normalen Lebens zu folgen – genauso wie ich mich an die rhythmischen Bewegungen des Meeres gewöhnt hatte –, nehme ich im Dezember meine Arbeit bei Outward Bound wieder auf. Als ich am Müllplatz vorbeigehe, faßt eine Hand nach meinem Arm. Bill Hathornes sonnenverbranntes, gutaussehendes Gesicht ist düster. »Heh, Mann«, sagt er mit sanfter, tiefer, trauriger Stimme. »Es tut mir wirklich wahnsinnig leid, was ich zu dir gesagt habe, bevor du weggefahren bist.«

»Was? Wovon redest du, Bill?«

»Erinnerst du dich nicht, wie ich gesagt habe, daß ich dein Fahrrad möchte, wenn du nicht wiederkommst? Ich wollte damit wirklich nichts andeuten. Ehrlich.«

Alle suchen nach einer Verbindung zu unserem Erlebnis. Wenn sie einen Traum hatten, wenn sie beteten, wenn sie uns ihre Gedanken sandten, wenn sie uns tot glaubten oder wenn sie, wie Bill, mit beiläufigen Worten das Schicksal herausforderten – wie auch immer der Kontakt zu uns oder unserer Reise beschaffen war, sie verspüren das Bedürfnis, eine Verbindung herzustellen. Sie haben dazu beigetragen, das Unglück herbeizuführen, es zu verlängern, uns zu erretten oder seine wahre Bedeutung zu erkennen. Vielleicht haben sie recht – oder vielleicht gibt es gar keine Verbindung. Es gab jede Menge falsche Träume, Visionen, Vorhersagen und unbedeutende Zufälle. Ganz egal, was passiert ist, was daraus geworden ist, in jedem Fall mußte es Menschen mit Verbindungen dazu geben, mit einem Glauben, der durch die Wirklichkeit gerechtfertigt erscheint. Noch jetzt, vielleicht für immer, stellen die Menschen zu unseren Erfahrungen die zerbrechlichsten Verbindungen her. Sie waren daran beteiligt. Sie trauerten. Sie müssen eine Bedeutung darin erkennen, genau wie ich.

Ich habe Bill noch nie zuvor so ernst gesehen. Ich sage ihm, er soll sich keine Gedanken machen; seine Worte waren kein Fluch. Ja, ich verkaufe ihm das Fahrrad. Ich sage ihm, er macht ein verdammt gutes Geschäft dabei.

Es gelingt mir aber nicht, mich wieder in den Alltag hineinzufinden. Ich habe mich auch nie so an das Meer gewöhnen können, daß ich dort ein normales Leben geführt hätte. Ich bin nutzlos. Ich habe den Eindruck, daß ich viel Zeit damit verbringe, ziellos umherzuwandern, mich von meinen Kollegen mitziehen zu lassen.

Ich will niemanden sehen. Es ist ein Gefühl, als würde ich mich zum Winterschlaf zurückziehen. Jeder, der mich sieht, scheint von mir zu erwarten, daß ich ihm oder ihr meine Geschichte erzähle. Ich werde als einer der vier vorgestellt, die vier Monate lang auf einem gekenterten Trimaran auf dem Meer trieben. Ich hasse es! Martha geht nach Kanada zurück. Mir wird klar, daß sie diese Entscheidung getroffen hat, während wir dort draußen auf dem Meer waren. Sie hatte schon getrauert und ihr Leben weitergeführt. Mittlerweile habe ich das Gefühl, daß ich mich an sie klammere. Ich habe Bedürfnisse. Sie hat mir nichts zu geben. Vielleicht habe ich ihr nicht genug gegeben, bevor ich wegging. Wir versuchen, etwas zusammenzuflikken, das von Anfang an nicht ganz war. Bin ich verrückt? Oder geht's mir gut?

Rick und ich suchen Psychologen auf. Sie sagen uns, wir seien in Ordnung – nur ein posttraumatisches Streßsyndrom. Klingt höchst offiziell. Fühlt sich trotzdem nicht anders an.

Körperlich fühle ich mich immer besser und erkenne, daß ich langsam die Kurve kriege, wieder festen Boden unter die Füße bekomme. »Bis später, Martha.«

Sie blickt nicht von der Schreibmaschine auf, während ihre Finger über die Tasten fliegen, damit beschäftigt, noch einen Bericht zu schreiben, noch einen Brief für Amnesty International, einen Artikel für die Jugendherbergszeitschrift, ihre Bewerbung an die Universität in Toronto oder etwas anderes. Solange es Marthas auf der Welt gibt, wird es nie eine echte Energiekrise geben.

Ich trete aus der düsteren Kellerwohnung und werde vom späten Nachmittagslicht geblendet. Während ich vor dem höchsten Haus der Siedlung stehe, gewöhnen sich meine Augen an das Tageslicht und nehmen das Panorama des Queen Charlotte Sounds wahr. Ich kann bis zu seinem Ende sehen. Die gleichen üppigen Berge umringen das gleiche kalte Wasser, aber jetzt, im Dezember, und das heißt im Sommer, stehen die Landschaft und die Gärten in der Siedlung in voller Blüte. Die Hügel sind mit Punga-Bäumen und Stechginster bedeckt, der an seinen dornigen Zweigen verlockende gelbe Blüten hervorbringt. Segelboote und die Kutter von Outward Bound hängen wie Spielzeuge am Anleger, ungefähr dreihundert Meter weiter unten und einen halben Kilometer entfernt. Von diesem Aussichtspunkt aus hätte man vor einem halben Jahr die unglückselige Abfahrt der Rose-Noëlle beobachten können. Viele Meilen entfernt wendet eine leuchtend weiße Fähre auf dem Sound und nimmt Kurs den Tory Channel hinauf. Vielleicht ist es die gleiche Fähre, mit der John so gern David und Goliath gespielt hat. Ich laufe die gewundene, alsphaltierte Straße hinunter.

Jetzt ist Sommer. Kein Frost bedeckt meinen Weg. Eine lausige Zeit zum Laufen. Die Luft ist heiß, stickig, voll grellen Sonnenlichts, aber ich verspüre ein überwältigendes Freiheitsgefühl. Es ist eine Freude zu fühlen, wie meine Muskeln sich anspannen und wieder entspannen, wie mir der Schweiß herunterrinnt. Es ist, als würden meine Gedanken auf einer eilig dahinschnaufenden menschlichen Lokomotive sitzen, leicht in Tagträume hineingleiten, während meine Beine sich rhythmisch auf und ab bewegen, immer vorwärts.

Unten an der kurvenreichen Straße angekommen, biege ich auf ein langes, gerades Stück ab, das ein Tal voller Wiesen und Kühe durchschneidet. Ich sehe Rick und Heathers weißen Kombi auf dieses Wegstück einbiegen und auf mich zu fahren. Zwanzig oder dreißig Sekunden lang wird ihr Wagen immer größer. Heather fährt, und wir verlangsamen beide das Tempo, als sie sich nähert. Wir grüßen einander fröhlich, und ich winke Mattie zu. »Hi, Rick!«

Rick antwortet nicht. Auf dem gegenüberliegenden Vordersitz bleibt er gegen die äußere Tür gelehnt, den Kopf angewinkelt, damit er mich unter dem Rand des Autofensters hervor anstarren kann. Seine Augen passen nicht zu seinem zusammengesunkenen Körper. Sie liegen tief in den Höhlen, sind aber groß und brennen vor Wut. Heather rollt weiter vorwärts, doch Ricks Augen fixieren mich, während sein Kopf sich dreht, um mich im Blick zu behalten, als sie weiterfahren.

Martha reist im Januar ab. Meine Arbeit bei Outward Bound geht noch bis März. Ich besuche Rick und Heather häufig, aber meine Besuche bei Rick sind mal so, mal so. An manchen Tagen ist er warmherzig und aufgeschlossen. An anderen ist er kalt und distanziert, fast leblos. Die Ärzte teilen Rick und Heather mit, daß der Gehirntumor aus medizinischer Sicht nicht operierbar ist. Weitere Bestrahlungen kann Rick nicht verkraften. Sie suchen außerhalb Neuseelands, in Australien und den Vereinigten Staaten, aber auch dort bekommen sie keine andere Auskunft. Der Tumor wächst, und es gibt nichts, was man dagegen tun könnte. Mit Hilfe eines Arztes am Ort erproben sie alternative Behandlungsmethoden wie Visualisation, Kräuter, Farbtherapie und fortgesetzte psychologische Betreuung. Rick beharrt darauf, daß er auch diesen Tumor bezwingen wird. Er ist ein Perfektionist. Er hat alles im Griff. Er kann einfach nicht darauf verzichten, alles unter Kontrolle zu haben.

Im März ist Rick soweit, daß er die meiste Zeit im Bett verbringen muß. Er hat Schwierigkeiten beim Gehen. Im Mai sitzt er bereits im Rollstuhl, und sein Zustand verschlechtert sich rapide. Die rechte Hälfte seines Körpers ist fast gelähmt. Er kann auf der rechten Seite kaum mehr sehen oder hören. Sein Kopf schmerzt. Die Ärzte geben ihm noch sechs Monate.

Ich denke zurück an unsere Tage auf der Rose-Noëlle. Vielleicht begann dieser Tumor schon dort zu wachsen, als Rick ungeschickt zu werden schien, als er häufig stolperte und fiel. Fotos von ihm im Hubschrauber bei unserer Rettung zeigen, daß sein rechtes Augenlid herunterhängt.

Gelegentlich durchleben Rick und ich in Gedanken unsere Reise noch einmal. Wir lachen, erinnern uns an Phil, wie er mit dem Fisch kämpfte, daran, wie er immer alles essen und trinken wollte, was er zu sehen bekam, bis wir kaum noch Wasser hatten und er uns plötzlich mit seinen flehentlichen Bitten um Rationierung schockierte. Wir lachen über das Bild von Phil, wie er Windbeutel verschlingt. Phil war berechenbar, verläßlich. Selbst als wir ihn spüren ließen, daß er nicht viel zu melden hatte, nahm uns Phil das nicht übel. Sobald er seinen Pessimismus vergessen hatte, waren seine Leichtherzigkeit und seine Ehrlichkeit eine Wohltat. Seinen breiten Buckel rutschten Dinge herunter, die uns zerquetscht hätten, und am Ende war er der stärkste von uns allen. Phil brauchte keine Glennie-Helden; er hatte genug Heldenhaftes an sich selbst. Wenn wir Phil treffen, geht es immer lustig zu.

Rick will John nicht sehen. Vielleicht paßte John nicht zu uns, weil er einer anderen Generation angehörte, von der Gesellschaft dazu bestimmt, nach Erfolg, Herrschaft und Macht zu streben, genauso wie die Frauen seiner Generation dazu gezwungen waren, ein solches Streben zu unterstützen und ihre Familien zu betreuen. Und vielleicht ist diese Rollenverteilung längst überholt. Aber in Johns Leben findet sich auch etwas Besonderes, etwas, das von außen nicht so leicht zu entdecken ist, ein Kern von Begeisterung und erfülltem Leben in der Gemeinschaft mit der Natur, selbst wenn die Natur uns feindlich gesinnt war. Er teilte das mit mir, obwohl er nicht gern mit Dummköpfen zu tun hat, und ich war der Clown auf unserem Schiff. Ich bin ihm nach wie vor dankbar. Vielleicht will Rick ihn einfach nicht sehen, weil sie sich zu ähnlich sind.

Aber sie sind auch verschieden. Rick nimmt die Bedeutung unserer Reise für sich an, ringt darum, den Fehlschlägen in seinem Leben ins Auge zu sehen, beginnt die mühsame Aufgabe, seine Beziehung zu Heather und Mattie neu aufzubauen. John hingegen scheint so egoistisch zu sein wie immer. Er stellt sich meiner Schwester mit den Worten vor: »Wollen Sie mir nicht dafür danken, daß ich Ihrem Bruder das Leben gerettet habe?« Vielleicht war es ein Scherz. Wer weiß? Zum Teil hat er ohnehin recht. Ohne ihn hätten wir es nicht geschafft. Aber es gibt wesentliche Einsichten, die ihm offenbar völlig entgangen sind. Wir alle waren schwach und verletzlich, bis wir lernten, uns gegenseitig zu stützen. Glennies demonstrativ zur Schau getragenes Selbstbewußtsein ließ ihn den Überblick nicht verlieren und gab uns die nötige Rückversicherung, daß wir es schaffen würden, aber es scheint, daß er immer noch nicht begriffen hat, daß solche Stärken oft auch die größten Schwächen eines Mannes sind.

Rick und ich waren wie Brüder, aber jetzt kann er es nicht ertragen, mich zu nah an sich herankommen zu lassen, wenn es sich um etwas anderes handelt als eine amüsante Erinnerung. Er muß sich auf andere Menschen verlassen, und das gefällt ihm überhaupt nicht. Mein wieder auflebender Körper eilt davon, um alte Freunde wiederzusehen, in eine angenehme Zukunft hinein, während Rick, noch eingepferchter, ebenso hilflos dahintreibt wie zuvor auf dem Ozean. Er haßt es, Zuschauer zu sein. Wir wissen nicht mehr, wie wir einander trösten sollen. Er wird immer distanzierter, schließt mich aus, löst den Pakt auf, den wir auf dem gekenterten Rumpf der Rose-Noëlle geschlossen haben. Wir sind nicht mehr füreinander da. Wir versuchen es, aber es schmerzt zu sehr.

Seit meiner Rückkehr habe ich weder den Rest meiner Familie noch die Freunde, die ich in den Staaten zurückgelassen habe, wiedergesehen. Es ist Zeit für mich, nach Hause zurückzukehren und etwas anderes zu tun. Ich werde eine Reise nach Afrika unternehmen, ein Projekt, das Rick schon immer im Angriff nehmen wollte.

In Ricks Zimmer sind die Vorhänge zugezogen, um seine empfindlichen Augen vor der Sonne zu schützen. Über dem rechten Auge trägt er eine Klappe. Heute ist Rick um meinetwillen aufgeregt und optimistisch. »Ich bin eifersüchtig. Ich wünschte, *ich* würde nach Afrika reisen«, sagt er.

»Mach dir keine Sorgen. Ich werde wiederkommen und dir alles erzählen.« Wir sprechen darüber, wie verrückt sich die Dinge entwickelt haben. »Mein Gott, Rick, ich fühle mich wirklich mies. Hier liegst du flach auf dem Rücken, bist wieder krank, und mir geht es gut, und ich fahre nach Hause. Ich fühle mich deswegen schuldig.«

»Schuldig?« faucht er zurück mit angespannten Muskeln, sein magerer Körper springt fast aus dem Bett. »Ich werde mich erholen!«

»Großer Gott, das weiß ich doch, Rick. Tut mir leid. Ich wollte wirklich nicht andeuten, daß das nicht der Fall sein könnte.«

Er lehnt sich zurück. »Ich weiß, Mann.«

Ich beuge mich über meinen Freund und umarme ihn. Er legt seinen linken Arm um mich und zieht mich eng an sich. Wir halten uns eine lange Zeit fest. Schließlich lasse ich los. Ich stehe auf. Wir greifen jeder nach der Hand des anderen.

Mattie tobt durchs Haus, unmittelbar vor Ricks Tür. Scheinbar schenkt er dem Zustand seines Vaters keine Beachtung, oder er akzeptiert ihn einfach, wie Kinder eben sind.

Heather kommt mit mir zum Auto. Auch wir umarmen uns lange. Sie flüstert mir ins Ohr: »Wenn er stirbt, mußt du deswegen nicht zurückkommen.«

Odyssee 17

Oktober 1990

»Erwarte nicht, daß er noch so aussieht wie bei deiner Abreise«, sagt Heather, als ich nach Neuseeland zurückkomme. Sein Aussehen ist meine geringste Sorge. Ich bin noch nie zuvor bei jemandem gewesen, der im Sterben lag, und ich bin so nervös wie damals, als Rick uns zum ersten Rendezvous mit der Rose-Noëlle und dem Abenteuer meines Lebens nach Picton fuhr. Habe ich die richtige Ausrüstung, um Rick auf dieser – seiner letzten – Reise zu begleiten? Werde ich wissen, was ich tun soll? Er besiegte einen Gehirntumor, um dann auf dem Meer verlorenzugehen, und er ging an Land, nur um einen neuen Tumor in seinem Kopf zu entdecken. Und hier bin ich, laufe herum, kann von meiner Zukunft träumen, erinnere ihn quälend an das, was er war, an alles, was er besaß. Wie kann ich seinem verständlichen Ärger und seiner Ungeduld begegnen? Mein Alptraum ist, daß er sich mir zuwendet und sagt: »Warum bist du zurückgekommen?«

So vieles ist passiert in dem einen Jahr, seit Rick und ich auf dem Rücken der Rose-Noëlle unseren Pakt schlossen. Doch unsere Reise endete nicht an den Felsen von Great Barrier Island. Rick treibt weiter.

Heather fährt mich ins Krankenhaus. Sie sieht gut aus, geradezu glücklich. Ihr Haar weht im Wind, der sich über den Rand des Autofensters stiehlt, ihre Hand liegt nachlässig auf dem Lenkrad. Sie überrascht mich. Nachdem sie ein Jahrzehnt mit Ricks Traumata gelebt hat und ein Jahr lang ihn und den zwei Jahre alten Mattie ganz allein versorgen mußte, steht sie immer noch um vier Uhr morgens auf, um ihr Tagwerk zu bewältigen. Kürzlich starb Heathers beste Freundin an einer Gehirnentzündung, und nach zweiundzwanzigjährigem Ringen mit einer multiplen Sklerose starb auch ihr Vater. Vielleicht funktioniert sie, ohne Zeit zu trauern, nur dank einem Adrenalinstrom. Heather wischt das bittere Schicksal ihrer Lieben beiseite wie Staub. Sie erzählt mir, Rick sei guter Dinge. Es wird ihm besser gehen.

Mein Herz schlägt heftig, als wir Ricks Zimmer auf der Pflegestation des Krankenhauses erreichen. Ich erblicke ein Gespenst. Ricks ein Meter fünfundsiebzig großer Körper wiegt nur noch etwa hundert Pfund. Der Umfang seiner Handgelenke und seiner Oberarme ist gleich geblieben. Eine Augenklappe aus Gaze ist über sein rechtes Auge geklebt. Er kann seine rechten Gliedmaßen nicht bewegen und auf dem rechten Ohr nicht hören. Aber seine cremigweiße Porzellanhaut steht in auffallendem Kontrast zu seinem schwarzen Bart, den großen Augen und dem kantigen, schiefen Lächeln. Er ist immer noch ein gutaussehender Mann.

Trotz krampfhemmender Medikamente beginnen Ricks rechter Arm und sein Bein zu zucken, als ich zu ihm hinlaufe. Sein Kopf bewegt sich ruckartig. Er ringt nach Luft, als müßte er hyperventilieren. Seine Augen füllen sich mit Tränen. Ich beuge mich über ihn, und wir umfassen einander. Ricks gesunder Arm legt sich um mich und zieht mich dicht heran. Wir haben beide Angst loszulassen. »Es ist großartig, dich zu sehen, Mann«, sagt er.

Die Hände fest ineinander verschlungen, blicken wir uns voller Freude in die Augen, und ich erzähle ihm von meinen Reisen, als hätten wir sie gemeinsam unternommen. Wir erreichen den Gipfel des Kilimandscharo bei Sonnenaufgang nach leichtem Schneefall und überblicken die endlosen Ebenen, die sich unter uns ausdehnen. Es ist ein Gefühl, als könnten wir ganz Afrika sehen. Zwischen Lehm- und Dunghütten schlürfen wir Tee mit den gutaussehenden, fast arrogant stolzen Bewohnern des Massai-Dorfes, die Perlenketten um den Hals tragen, leuchtende Tücher um die schlanken Körper gewunden, riesige Löcher in den Ohren. Eine übergroße Sonne geht in einem orangeroten Feuerball unter, Zebras, Giraffen und Gazellen zeichnen sich davor ab, während wir in einem britischen Bahnwagen aus den dreißiger Jahren von Nairobi nach Mombasa fahren. Ich kann in Ricks Augen sehen, daß er mit mir zusammen dort ist.

Es dauert nur Minuten, und ich nehme Ricks Ausgezehrtheit gar nicht mehr wahr. Seine Zuckungen beruhigen sich und wirken so normal wie ein Gähnen. Sorgfältig auf seine undeutliche Aussprache lauschend, bitte ich ihn noch gelegentlich, etwas zu wiederholen, aber schon bald ist es nicht anders, als müßte man den Akzent eines Ausländers entschlüsseln. Er gibt sich Mühe, langsam und sorgfältig zu sprechen, und ich gebe mir ebenfalls Mühe beim Zuhören. Es dauerte Monate, bis wir uns an die schwerbeschädigte Rose-Noëlle gewöhnt hatten, aber ich akzeptiere ohne Anstrengung das bloße Gerippe von Ricks Körper, der nur im Vergleich zu dem, was er einmal war, zerstört erscheint.

Rick sagt, er sei glücklich, hier im Hospiz zu sein. Es ist einfacher für Heather. »Das Essen ist allerdings mies.«

»He, Mann, darum bin ich ja hier. Ich bin nicht zehntausend Meilen weit gereist, um dir stinknormales Essen zu kochen!«

Alle paar Tage wechseln Heather und ich uns an Ricks Seite ab. Wir bürsten ihm die Zähne, reiben ihm die Füße, bereiten seine Mahlzeiten zu. Die Schwestern müssen ihn nur duschen oder baden, wenn er zu schwach ist, um sich ins Badezimmer helfen zu lassen. Die Schwestern wären bereit, alles zu tun, aber es ist ein gutes Gefühl, wieder mit Rick zusammenzuleben, Heather etwas Hilfestellung zu geben, überhaupt zu geben. Mir fällt auf, wie die Schwestern ihn füttern, ihn bewegen, ihm die Haare bürsten. Ich habe nie die Vielzahl von Helden und Heldinnen zu schätzen gewußt, die keine Berge versetzen oder Armeen befehligen, sondern die gewissenhaft von Mensch zu Mensch gehen und die Bettpfannen wechseln, immer eine nach der anderen.

Auf Ricks linkem Knöchel sitzt eine dunkelviolette, dick überwachsene Narbe, der Überrest der offenen, eiternden Wunde von der Kenterung der Rose-Noëlle. Rick bedeutet sie nichts; selbst der Tumor ist besiegbar. Während sein Körper immer schwächer wird, wächst seine Entschlossenheit. Er fordert alle Welt heraus. »Du hast mir gestern gesagt, ich solle eine von diesen Tabletten nehmen. Warum heute zwei? Was ist das überhaupt?« Nicht mehr in der Lage, sich selbst zu bewegen, befiehlt er uns, seine Arme und Beine zu bewegen, die Füße zu reiben. Eine Schwester mag er ganz besonders, sie nennt ihn im Scherz »Eure Hoheit«.

Besucher werden zu einer Belastungsprobe. Rick wacht auf, fühlt sich gut, und ein mitfühlender, wohlmeinender Gast überfällt ihn mit Tränen. Wie mager er ist, fällt dem Besucher auf. Rick zuckt zusammen, als wäre Mitleid ein Messer, mit dem seine Besucher sich Fleisch aus seinem Körper schneiden, um davon zu essen. Er muß sie beruhigen, sie stärken, während er kaum genug Energie aufbringen kann, um sich am Leben zu erhalten. Wenn die Besucher ihn verlassen, fühlt er sich ausgelaugt. Rick bittet uns, seine Gäste vorzusortieren. Im November will er schließlich kaum noch jemanden sehen, außer Heather und mir.

Auf dem Weg zum Krankenhaus fühle ich mich wie ein frisches, herumtänzelndes Pferd. Ich gehöre zu Ricks engstem Freundeskreis. Heather und ich zeigen ihm unser Mitleid nicht, deuten nicht an, daß es ihm heute schlechter geht oder daß er bald sterben wird, selbst wenn ich denke, daß es so ist. Statt dessen richten wir uns auf ein Leben im Wrack ein, nehmen die Unsicherheit des Morgen in Kauf, genießen kleine Dinge, Mahlzeiten, das Hier und Jetzt.

Rick und ich ergehen uns in Erinnerungen über unsere Zeit auf dem Meer, oder wir plaudern über Phils jüngste Gewichtszunahme und seine neue Tochter, die er ausgerechnet Phillipa Rose genannt hat.

Rick glaubt, daß er für das Entstehen seiner Krankheit verantwortlich ist. Im Angesicht der Berggipfel und der tosenden Meere war er furchtlos, aber er hat nie die Grenzen in sich selbst weiter vorangetrieben. Als wolle er ein Bildnis schaffen, gemeißelt nach einem Archetypus edler Männlichkeit, trieb er sich dazu, selbstgesteckte Ziele zu erreichen, aber niemals, sich seinen Schwächen und seinem weichen Herzen zu stellen. Bleib aufrecht. Bleib hart. Beug dich nicht hinab, du könntest zerbrechen. Rick glaubt heute, daß Spannungen zwischen seiner äußeren Stärke und seinen inneren Schwächen einen Riß entstehen ließen, in dem der Tumor Wurzeln schlug.

Ich frage ihn, was er mit seinem Geschäft machen will, und er sagt mir: »Ich weiß es nicht. Ist mir egal.« All seine vergangenen Eroberungen und künftigen Pilgerfahrten – das Fotobuch, Abenteuer, die Erweiterung des Geschäfts – bedeuten nichts mehr. »Alles, was ich will, ist heimgehen und in meinem Haus leben, ein einfaches Leben, und auf den Sounds paddeln mit Heather und Mattie.«

Als wir die Rose-Noëlle eben verlassen hatten, fragte ich Rick, ob er sich jetzt kleiner vorkomme. Er sagte: »Verdammt, nein«, und sah mich an, als müsse ich verrückt sein. Aber diese Krankheit hat ihn bescheiden gemacht. Er weiß das einfache Reiben seiner Füße und das Vergehen jedes einzelnen Tages zu schätzen. Statt sich über sein Unglück zu beklagen, sagt Rick zu mir: »Ich bin jetzt glücklicher, als ich es je in meinem Leben gewesen bin.«

Ricks Zustand und unsere Gefühle fahren Berg-und-Tal-Bahn. Manchmal hat er nicht genug Kraft, um selbst zu essen. Ein anderes Mal kann er kaum atmen. Weil er denkt, daß er das Wochenende nicht mehr erleben wird, bittet

Rick uns, seine Mutter anzurufen. Zwei Tage später sagt er, wir sollen ihr wieder absagen. Er glaubt, er schafft es.

Rick kann nicht kauen, daher pürieren wir seine Nahrung wie Babybrei – Haferflocken und Obst mit Joghurt zum Frühstück, Reis mit Erdnußsauce oder vielleicht Lasagne zum Abendessen, sogar Kuchen zum Nachtisch. Plötzlich will er die Tomaten gehäutet haben und stellt sich an mit der Temperatur des Essens. Ich habe langsam die Schnauze voll, aber dann versuche ich zu verstehen, wie er sich fühlt. Essen ist alles, was ihm noch bleibt.

Ich beginne immer mehr, die unausgesprochene Intimität zu schätzen, wenn ich Ricks Haare bürste, ihm die Zähne putze. Jeder Tag bringt eine neue Herausforderung und eine neue Krise, und ich merke, daß ich ihn brauche, einfach weil er mich braucht. Ich gewinne Kraft aus meiner Kontrolle über sein Leben. Doch noch immer träume ich davon, daß er aufstehen und hier hinausgehen wird, daß er allen zeigt: Sie haben sich geirrt. »Wäre das nicht großartig?« sage ich zu ihm.

Seine Augen leuchten, und er sagt: »Ja!« Aber nur ich stehe auf und gehe tatsächlich hinaus.

Wenn Heather kommt, ist Rick ganz aufgeregt und bekommt einen besonderen Blick. Wenn sie dann zusammen sind, sprechen sie liebevoll miteinander, werfen sich Küsse zu. »Rutsch rüber«, ordnet sie an, obwohl sie weiß, daß er sich nicht bewegen kann. Also schiebt sie ihn beiseite und legt sich neben ihn ins Bett. Er schlingt den gesunden Arm um ihre Schulter und streichelt ihren Arm. Je besser ich Heather kennenlerne, desto mehr begreife ich, was Rick an ihr liebt. Sie legt es einzig darauf an, Beziehungen herzustellen. Sie strahlt Freude und eine innere Ruhe aus, die sich dem ruhelosen Rick entziehen. Gelegentlich streiten Rick und Heather, aber im großen und ganzen sind sie zufrieden. Ich möchte auch so einem Menschen verbunden sein. Ich möchte eine Frau haben, zu der ich sagen kann »rutsch rüber«, wenn ich in ihr Totenbett klettere, und wenn es an der Zeit ist, möchte ich, daß sich jemand zu mir ins Bett legt.

Im Dezember wird Rick endgültig aus dem Hospiz entlassen. Er soll jetzt bei seiner Familie sein, ein häusliches Leben führen, so gut er kann. Sein Haus ist jedoch nicht besonders geeignet für eine lange Pflegezeit, aber Heathers Mutter, Gloria, bietet ihr maßgeschneidertes Haus an mit Türen, die breit genug sind für einen Rollstuhl, mit einem Badezimmer für einen Behinderten und allem.

Das Haus sieht aus wie ein Country Club am Ufer des Meeres, direkt neben dem guten alten Outward Bound. Morgens laufen die OB-Schüler hier vorbei. Rick lebt im Bett, aber er kann sie schnaufen und maulen hören. Gloria erzählt Rick oft: »Jetzt fährt eine Gruppe mit Kajaks hinaus.« Oder: »Sie steuern mit einem der Kutter aufs Meer.« Manchmal klettert eine Gruppe die Felswand direkt vor seinem Zimmer hinauf. Er reagiert nie.

Jemand muß bei Rick schlafen, um seine Bettflasche zu leeren oder ihm ins Badezimmer zu helfen. Ricks schlechtes Gehör macht es ihm schwer, sich auf mehr als die Stimme einer Person zu konzentrieren; er lehnt es ab, Fernsehen zu gucken oder Musik zu hören, und wir verbringen seine wachen Stunden damit, uns mit ihm zu unterhalten oder ihm vorzulesen. Obwohl er fünfzehn Stunden am Tag schläft, ist Rick mit Füttern, dem Einnehmen der Medikamente, Waschen, der Unterhaltung und der Physiotherapie ein Vierundzwanzig-Stunden-Job.

Manchmal schaffen wir es nicht, ihn rechtzeitig in den Rollstuhl zu bekommen und ins Badezimmer zu bringen. Ich möchte, daß diese Monate eine Feier für Ricks zu Ende gehendes Leben sind. Ich möchte, daß alle einander nahe sind, völlig selbstlos, aber manchmal sind wir so müde und reizbar, daß wir nur unsere Freizeit feiern. Manchmal ist eine tödliche Krankheit gerade so erhebend wie das Abkratzen menschlicher Fäkalien vom Fußboden.

Die finanziellen Mittel der Familie müssen fast erschöpft sein, aber Rick sagt, ich soll das Scheckbuch holen. Er trägt mir auf, Heather einen 100-Dollar-Geschenkgutschein für ein nobles Restaurant im Ort zu kaufen, etwas, das sie weg von Zuhause mit einer Freundin genießen kann. Er diktiert eine Karte:

Heather, ich weiß, daß ich dich mehr liebe als irgend jemanden sonst. Du bist es, die mich am Leben hält. Ich danke dir. Ich liebe dich.

An einem strahlenden Weihnachtstag mitten im Sommer gleiten auf dem Wasser Boote vorbei, vorwärtsgetrieben von einer leichten Brise, die vom Sound heraufweht und den Geruch von Schnittblumen mit sich bringt. Aufgeregte Kinder plappern, zeigen einander begeistert ihre Geschenke. Wir hören die Nachbarn beim Grillen oder auf dem Weg zum Strand. Ich genieße das Familienleben, den Truthahn, den Wein, das faule Herumsitzen, die Abwechslung, einmal nicht an Ricks Seite gekettet zu sein, aber da ruft er nach mir. Sein verdunkeltes Zimmer ist angefüllt mit einem schalen Geruch. Er sitzt aufrecht im Bett mit einem Kissen im Rücken, wie ein Toter, der spricht. Die Serviette, die wir ihm um den Hals gebunden haben, ist mit Essen beschmiert. Ich habe das Gefühl, wieder an Bord der Rose-Noëlle zu sein, wieder jene Tage mit wenig Hoffnung, kleinsten Freuden, monströsen Ängsten und schmerzenden Sehnsüchten zu erleben. Ich möchte fliehen, zurück nach draußen laufen und Sherry trinken, alles über Rick und dieses Zimmer hier vergessen. Nur für einen Tag. Aber was kann ich sagen? »Bis später, Rick, ich muß ein bißchen an die frische Luft«? Ich versuche, das Gespräch abzukürzen, aber Rick dehnt es aus und erzählt lange aus seinen Erinnerungen. Nach und nach finde ich mich drein, setze mich, ruhe aus. Ich verachte das Wrack seines Körpers, mit dem wir endlos umhertreiben; ich vermisse das helle, sorglose Licht des normalen Lebens, aber ich freue mich doch darüber, die Liebe meines Freundes zu spüren. Er hat so wenig außer seinen Erinnerungen.

Während aus Januar Februar wird und Februar in März, April, Mai und Juni hinübergleitet, jammert Rick noch immer nicht über seine Krankheit. Er sagt nie: »Ich Armer.« Aber wir sind Ricks Sklaven. Immer wenn wir an seinem Zimmer vorbeikommen, ruft er uns herein. »Zieht mir die Shorts etwas hoch. Nein, nein, wieder runter. Weiter zur Seite. Nicht so viel.« Das Essen ist nie recht. Es ist zu heiß, zu kalt, zu breiig, nicht breiig genug. Manchmal schickt er es fünf- oder sechsmal zurück. Heather geht schließlich in die Luft, aber Rick trägt im Gegenzug nur noch dicker auf. »Wenn du mich aufgibst, werde ich sterben«, droht er. So wie er es sieht, sind gerade die Kleinigkeiten entscheidend für sein Überleben und seine Heilung. Um eine Stufe höherzuklettern und sich auf einem kleinen Vorsprung auszuruhen, arbeitet er hart daran, seine Medikamente, sein Essen, seine Atmung, sogar seine Ausscheidungen zu kontrollieren. Wundersamerweise wird seine Aussprache deutlicher. Dann erkrankt er an Grippe, oder seine Gelenke schwellen an, oder er bekommt eine Infektion. Manchmal schläft er einen ganzen Tag lang durch. Wenn es ihm gut genug geht, zwingt er uns gnadenlos, auf jedes Klümpchen in der Brühe und jede Falte in seinen Laken genausoviel Aufmerksamkeit zu verwenden wie er selbst.

Heather scheint zu wissen, mit welchen Worten man ihn bei Laune hält. Oder vielleicht setzt er für sie ein besonders tapferes Gesicht auf. Eines Tages jedoch, als ich bei ihm bin, bricht er zusammen und weint. »Ich habe Angst. Ich fürchte mich im Moment so sehr. Ich fürchte mich vor dem Sterben«, gesteht er. Ich weiß nicht, was ich sagen soll. »Danke«, fährt er fort. »Danke, daß du hier bist. Ich brauche dich und Heather wirklich.« Ich massiere ihm die Füße. Er schließt die Augen und schläft ein.

Wenn Rick Durchfall hat, bekommt man das Gefühl, alle

haben Durchfall. Wir kämpfen gemeinsam darum, ihn zur Toilette zu bringen, ihn zu säubern, uns selbst zu säubern. Er brüllt Heather an: »Mach schon, mach schon! Bring mich da rein. Ich scheiße auf den Fußboden!« Das Telefon klingelt. Mattie kommt ins Zimmer und ruft nach Mammi, Mammi.

»Ich wünschte, du wärst wieder im Hospiz«, sagt Heather verzweifelt. Sie nimmt den Hörer ab.

»Wie geht's?«

»Rick hat Durchfall.«

»Ach so, aber wie geht's sonst?«

»Rick hat Durchfall! Kapierst du nicht?«

»Heather?« brüllt Rick. »Ich muß schon wieder!«

Nach einer Weile haben auch Außenstehende es begriffen. Dann rufen sie an und fragen: »Was macht Ricks Durchfall?« Aber zu dem Zeitpunkt ist es schon wieder etwas anderes.

Zunehmend erschöpft und gereizt taumeln Heather, Rick, Gloria und ich von Tag zu Tag. Heather und Rick hakken ständig aufeinander herum und streiten sich bei jeder Gelegenheit. Keiner von beiden kann verstehen, wie schlimm das für den anderen ist. Als sich Ricks Zustand verschlechtert und unsere Arbeitslast zunimmt, gehen wir alle immer häufiger in die Luft. Ich versuche, etwas Positives zu sagen, nur um meine gute Absicht durch das Herausrutschen eines einzigen Wortes zunichte zu machen. »He, Rick, ich hab da diesen Artikel gelesen von jemandem, der auch im Sterben lag, aber schließlich gesund wurde –«

»Du altes Arschloch!« schreit Rick.

»Was? Was hast du gesagt?«

»Du hast gesagt, er lag auch im Sterben.«

»Ich hab's nicht so gemeint, Rick.«

»Doch, hast du!«

Ich weiß, daß Rick anfangen muß, sich mit der Realität auseinanderzusetzen, aber ich fühle mich trotzdem mies.

Als es ihm etwas besser geht, versöhnen wir uns wieder. Damit er auch mit Heather das Kriegsbeil begraben kann, läßt Rick mich das Telefon hereinrollen, und wir führen ein Gespräch zu dritt, bei dem ich als Sprachrohr für die beiden anderen diene. »Sag ihr, ich hab sie ganz, ganz lieb.«

»Er sagt, er hat dich ganz, ganz lieb, Heather.«

»Sag ihm, ich auch.«

»Sie sagt: ›Ich auch.‹« Sein schiefes Lächeln erscheint auf seinem Gesicht.

Heather fährt fort: »Jim, frag Rick, ob er sich an jenes Mal in Frankreich erinnert, jene Nacht, als wir –«

»Heather!«

»Ach, mach schon und sag's ihm.« Sie geben mir fast das Gefühl, in ihnen beiden drinzustecken.

Ab und zu bringe ich Bier mit und schenke Rick ein Glas ein. Wenn er es geleert hat, sagt er: »Mann, bin ich breit.« Wir reißen Witze, kehren für eine Weile zu einem normalen Leben zurück, meistern unser Schicksal, genau wie damals, als wir auf hoher See in einer Höhle gefangen saßen. Phil kommt einige Male zu Besuch, und wir lachen viel zusammen, wie ein Haufen Saufkumpane in der Kneipe an der Ecke.

Rick verbringt viel Zeit, ohne etwas zu sagen, denkt einfach nur nach. Ich frage mich, womit er die Zeit ausfüllt. Manchmal weiß ich, daß er in eine andere Welt hinübertreibt, wo er, mit einem gesunden Körper, auf die ruhigen Wasser des Sounds zurückkehrt. Er setzt sein Kajak ins Wasser, rutscht in den Sitz, taucht das Paddel ein und gleitet davon. Er arbeitet an seiner Traumwelt wie ein großer Künstler, bis sie so real wird, sogar noch realer als dieser trostlose Ort, an den er doch zurückkehren muß. Da ist das Geräusch der Wassertropfen, die vom erhobenen Blatt des Paddels fallen, der Geruch nach Blättern, das Gefühl des Windes. Bald, hoffe ich, bald laß ihn eine solche Traumwelt für immer bewohnen.

Rick nimmt Valium, vermischt mit krampfhemmenden Medikamenten, Schlaftabletten, verdauungsfördernden Mitteln, einem Asthmaspray und starken Steroiden, die das Anschwellen des Tumors verringern helfen, aber sein Gesicht aufschwemmen. Seine Arme hängen wie dünne Zweige an seinem Körper. Über den gewölbten Brustkorb spannt sich eine dünne Schicht Muskeln. Nur sein Bauch ragt vor wie eine riesige Melone.

Gelegentlich gibt es gute Tage, aber sie sind selten genug, um die eigene Wahrnehmung von gut und schlecht zu verändern. An einem guten Tag macht Rick sein Testament. Er hinterläßt mir ein paar Kaffeetassen und einige Kleider, seine Kajakausrüstung bekommt sein Partner. Das meiste, was übrig ist, geht an Heather und Mattie. Er hat wenig zu hinterlassen, aber dieser Akt enthält für uns die Botschaft, daß er schließlich doch beginnt, Abschied zu nehmen.

Am Morgen laufen Mattie und Heather in Ricks Zimmer, springen in sein Bett und ziehen sich die Bettdecke über den Kopf. Gloria kommt sie suchen. »Oh, wo können sie bloß sein?« Mattie liebt dieses Spiel.

Manchmal ruft Rick Mattie ins Zimmer, und Mattie klettert neben ihm ins Bett. Rick sieht seinen Sohn an; Tränen laufen ihm über die Wangen. »Daddy hat dich lieb«, sagt er.

Mattie blickt auf in Ricks Gesicht. »Warum bist du traurig?« fragt er. »Ist Daddy traurig, weil er krank ist?« Er tätschelt Ricks Wangen mit seiner kleinen Hand. Rick weint.

Heather sieht mitgenommen aus. Keiner von uns freut sich mehr darauf, Zeit mit Rick zu verbringen, und wir alle spüren die schwere Last des Schuldgefühls deswegen. Wenn wir erst einmal bei ihm im Zimmer sind, ist alles in Ordnung, und ich genieße die Zeit, aber man braucht immer mehr Energie, um durch die Tür zu kommen. Weiter gibt es nichts zu sagen. Niemand hat sein Leben in der Hand. Niemand hat die Wahl. Erleichterung ist nicht in Sicht.

Die einzige wirkliche Alternative ist die Langzeitpflege auf einer unpersönlichen offenen Station. »Ich gehe nicht in so ein Heim. Ich tu's nicht! Würdet ihr dorthin wollen?« attackiert uns Rick.

Wut macht sich in mir breit. Ich bin wütend auf Heather, weil sie nicht mehr auf sich achtgibt. Ich bin wütend auf die Krankheit. Ich bin wütend auf Rick. Wie kann er so blind sein für das, was wir alle für ihn tun? Aber wenn ich mich neben ihn setze und seine zerbrechliche Hand ergreife, verschwindet die Wut. Ich gehe mit ihm an Bord, versuche, mich in seine Lage zu versetzen, seinen Schmerz zu spüren, seine Enttäuschung, seine Sehnsüchte. Manchmal funktioniert es. Einen Moment lang bin ich wirklich da. Es ist einfach zu schrecklich.

Auf und ab, auf und ab – gerade wenn wir denken, daß er sterben wird, geht es Rick wieder besser. Er spricht deutlicher, das Schlucken fällt ihm leichter. An Heathers Geburtstag lädt er sich Besucher in sein Zimmer ein. Er sitzt im Bett und ißt mit seiner Frau Kuchen. Sie küssen sich.

Diese Reise mit Rick hat doppelt so lange gedauert wie die Reise, die wir gemeinsam mit der Rose-Noëlle unternommen haben. Ich möchte so gern am Ende der Reise noch hier sein, daran teilhaben, aber wann wird sie enden? Ich möchte meine Verpflichtung Rick gegenüber, mir selbst gegenüber, so gern erfüllen, aber wird sie je erfüllt sein, selbst mit seinem Tod? Und ich weiß wirklich nicht mehr, ob er sterben wird.

Wird Rick denken, daß ich ihn im Stich gelassen habe, wenn ich abreise, um über unsere gemeinsame Odyssee zu schreiben? Zitternd vor Angst enthülle ich ihm meinen Plan. In stiller Resignation greift Rick tief in sich selbst hinein, faßt Mut und Würde, ich weiß nicht woher, und läßt mich gehen. Er gibt mir Kraft durch seine Begeisterung für mein neues Ziel und durch seine Dankbarkeit dafür, daß ich die letzten acht Monate mit ihm verbracht habe.

Mehrere Wochen bevor ich abreise, sagt Rick zu mir: »Ich bin wirklich sehr, sehr müde. Mir reicht's einfach. Ich bin es leid, mich abzumühen. Ich habe das alles einfach satt.« Seine Knie und Fußgelenke sind so stark geschwollen, daß die Haut aufzuplatzen droht. Er leidet Schmerzen, welche die Medikamente nur zum Teil unterdrücken können. Er hat keine kräftigen Muskeln mehr, ist nur noch Haut und Knochen.

In den letzten Stunden, die wir gemeinsam verbringen, liest Gloria uns die letzten Kapitel aus Barry Lopez' *Krähe und Wiesel* vor, das ich oft mit Rick zusammen gelesen habe. Krähe und Wiesel ziehen in eine Wildnis im Norden, in die noch nie jemand von ihrem Stamm gewandert ist, um den Horizont ihres Volkes zu erweitern und in sich selbst das kennenzulernen, was die Reise ihnen enthüllen wird.

Rick und ich sind ebenfalls in weitere Fernen gereist und haben Dinge gesehen, die keiner von unserem Stamm je sah, Dinge gefühlt, die nur eine solche Reise auslösen kann. Ich nehme an, alle Menschen legen einen ähnlichen Weg zurück, wenn sie die Korridore des Todes durchwandern – oder sogar schon früher –, aber wie Krähe und Wiesel haben Rick und ich einen besonderen Weg miteinander geteilt. Unsere Seelen haben sich berührt, sind beieinander geblieben und schließlich eins geworden.

Nach ihrer anstrengenden Reise blicken Krähe und Wiesel zum Himmel auf und fragen sich, ob diejenigen, mit denen sie manches Wegstück ihrer Odyssee teilten, die gleiche Schönheit wahrnehmen. Und sie hoffen, daß es so ist, genau wie meine Schwester, als wir auf dem Meer trieben. »In der Stille, die folgte, sagte Wiesel ganz leise: ›Es ist gut, am Leben zu sein. Freunde zu haben, eine Familie, Kinder zu haben, an einem besonderen Platz zu leben. Diese Beziehungen sind heilig.‹

›Ja‹, sagte Krähe. ›So soll es sein.‹«

Während Gloria liest, füllen sich unsere Augen mit Tränen. Rick kann nicht mehr weinen. Seine Augen werden feucht, während er unruhig herumrutscht und stöhnt und in schnellen, kurzen Stößen atmet.

Wir umarmen einander mehrere Minuten lang, unfähig loszulassen. »Nimm du das Buch mit«, sagt Rick zu mir. »Ich möchte, daß du meine Hälfte bekommst.« Er sagt, es sei wie das Geschenk, das Maus Krähe und Wiesel gab, nachdem sie über die Schwierigkeiten gesprochen hatten, ein gutes Leben zu führen, »... wahrhaftig zu sein statt gewitzt im Umgang mit den Menschen, in einer Gemeinschaft zu leben, wo viel Weisheit ist.« Maus gab seinen Freunden dann einen Flintstein, der Wiesel das Gefühl vermittelte, Teil von etwas sehr viel Größerem als er selbst zu sein. »Er hatte das Gefühl, er könne jetzt sehr weit gehen, ganz egal wie dunkel oder dicht der Wald erscheinen mochte.«

Langsam gehe ich rückwärts aus Ricks Zimmer hinaus, nehme alles an ihm noch einmal in mich auf, hoffe, ich werde mich immer an jede Linie seines Gesichtes erinnern, an die genaue Biegung seines schiefen Lächelns. Ich möchte ihn ganz und gar mitnehmen, aber schon jetzt beginnen die Spuren seines Atems und die Wärme seiner Umarmung zu verblassen. Die Wunde auf seinem Knöchel ist nur noch eine etwas farblose Erinnerung. Die Feuchtigkeit von seiner Träne auf meiner Wange trocknet.

Auf dem Weg zur Fähre denke ich daran, wie seltsam die letzten Jahre gewesen sind – vom Straßenbautrupp zu Martha, und von dort zur Rose-Noëlle und zu Rick. Wie leicht die Ereignisse einen doch verändern können. Wie leicht kann man sie in Bewegung setzen. Wie schwer ist es, weise zu leben.

Am 5. Juli 1991, drei Wochen nachdem ich Neuseeland verlassen hatte, starb Rick Hellriegel. Er ist mein Freund.

Dank

Vor unserer verhängnisvollen Reise auf der Rose-Noëlle hätte ich mir das Unergründliche des Meeres und die Not, die wir durchmachen sollten, nicht vorstellen können. Während jener Tage, als wir auf dem Ozean trieben, war das einzige, dessen ich mir sicher war, daß wir am Leben waren. Unsere Familien und unsere Freunde hatten unglücklicherweise keine Ahnung davon, was geschehen war. Da die offizielle Darstellung wahrheitsgemäß lautete, daß unsere Überlebenschancen äußerst gering seien, konnten die uns Nahestehenden ihre Hoffnung nur in unseren Überlebensinstinkt und die starke Kraft ihres eigenen Glaubens setzen. Ich verstehe heute, daß das, was sie durchmachten, mindestens ebenso traumatisch und schmerzhaft war wie unsere eigenen Qualen. Ich glaube an die Kraft eines kollektiven menschlichen Geistes und habe das Gefühl, daß er bei meinem Überleben eine wichtige Rolle gespielt hat. All denjenigen, die bei mir waren, auf dem Meer und an Land, danke ich für ihren fortgesetzten Glauben und ihre Hilfe, ohne die wir nicht überlebt hätten.

Unendlich dankbar bin ich meiner Schwester Cathy, ihrem Ehemann Tom Moynihan und ihren Kindern Meg und Jack für ihren unbeirrbaren Glauben und ihre bedingungslose Liebe und Unterstützung. Außerdem geht ein Dank an meine Mutter, meinen Vater, Doris, Bruder Mike und ihre Familien für all ihre Gebete und Bemühungen um meine sichere Rückkehr. Joe und Peggy Schierl, Mary O'Donnell, Pam Caldwell und viele Freunde und Bekannte in Minnesota arbeiteten selbstlos gemeinsam mit meiner Familie daran, Informationen zu bekommen, Aktionen anzuregen und einander in jenen harten Zeiten beizustehen. Ich spreche ihnen allen meinen Dank aus und versichere sie meiner Freundschaft.

Ich fühle mich kaum in der Lage, meiner großen Familie von Freunden in Neuseeland meine Dankbarkeit auszudrücken. Den geduldigen und verständnisvollen Mitarbeitern an der Outward-Bound-Schule von Cobham danke ich für ihre liebevolle Zuwendung, als ich sie brauchte. Einen besonderen Dank schulde ich Sue B. in Neuseeland für ihre standhafte Liebe und Unterstützung, die mir so viel bedeutet haben. Mein aufrichtiges Gefühl von Dankbarkeit an Pete Brady und Jenny Jones, Martha Bell, Pete und Lee, Gino Rocco und Familie, Mary P. und all die Menschen, die die starke, fürsorgliche Gemeinschaft in den Marlborough Sounds bilden.

Wie faßt man in Worte, was die Erfahrung bedeutet, an der Seite eines guten Freundes zu sein, wenn er stirbt? Heather Hellriegels erstaunlicher Mut und ihre starke Liebe gaben Rick und uns allen Auftrieb. Ihre Mutter, Gloria Whiting, war ganz und gar selbstlos während Ricks langandauernder Krankheit. Heathers und Ricks Sohn Matthew war unglaublich sensibel und aufmerksam, was allen Kraft gab, die mit ihm zu tun hatten. Ricks Eltern, Peter und Helen Hellriegel, und seine Schwester Debbie bewiesen außergewöhnlichen Mut im Angesicht des Unvermeidlichen. John und Nancy Stewart waren großartige, objektive Zuhörer und halfen uns allen, mit unserem Leben zurechtzukommen. Steve O'D., Frith O'H. und alle Mitarbeiter des Wairau-Hospizes gaben uns so viel, weil sie liebevoll und fürsorglich sind. All diese Menschen machten das, was ein schwieriger Prozeß war, zu einer tiefen Erfahrung des menschlichen Seins.

Während ich dieses Buch schrieb, war es mir eine Ehre und ein besonderes Vergnügen, mit Steve Callahan zusammenzuarbeiten. Sein Talent, sein Fleiß, sein Verständnis und seine schlichtweg harte Arbeit (zwischen den Nickerchen) ließen die Geschichte lebendig werden. Was als Treffen zweier Unbekannter begann, wurde zu einer intensiven Beziehung und ehrlichen Zusammenarbeit. Seiner Partnerin Kathy ein persönliches Dankeschön für ihre niemals enden wollende Unterstützung und Freundlichkeit. Sowohl Steve als auch Kathy gestatteten mir, Teil ihrer Familie zu sein während der endlosen Monate, die wir gemeinsam in Maine »litten«.

Der neuseeländische Schriftsteller Bruce Ansley stellte uns großzügigerweise Niederschriften von Interviews zur Verfügung, die er mit Rick und mir geführt hatte. Sie halfen uns sehr dabei, dieses Buch zu schreiben. Vor allen Dingen erlaubten sie uns, Ricks Sicht der Dinge und seine Erinnerungen wieder lebendig werden zu lassen, nachdem er nicht mehr in der Lage war, uns persönlich zu helfen. Rose Young gestattete uns liebenswürdigerweise, ihre Fotos zu benutzen. Danke an HarperCollins und das Schweizer Verlagshaus für ihr Vertrauen in diese Geschichte.

Mein tiefer und bewundernder Dank geht an meine Kameraden Phil Hofman, John Glennie und Rick Hellriegel, ohne die ich nicht überlebt hätte. Schließlich ein längst überfälliger Tribut der Dankbarkeit und des allergrößten Respekts an die Rose-Noëlle, die uns sicher, trocken und warm durch 119 Tage brachte.

Jim Nalepka, Oktober 1991